La tierra más hermosa

Joaquín Leguina
La tierra más hermosa

ALFAGUARA

© 1996, Joaquín Leguina
© De esta edición:
　1996, Santillana, S. A.
　Juan Bravo, 38. 28006 Madrid
　Teléfono (91) 322 47 00
　Telefax　(91) 322 47 71

• Aguilar, Altea, Taurus, Alfaguara S. A.
Beazley 3860. 1437 Buenos Aires
• Aguilar, Altea, Taurus, Alfaguara S. A. de C. V.
Avda. Universidad, 767, Col. del Valle,
México, D.F. C. P. 03100

ISBN: 84-204-8230-7
Depósito legal: M. 14989-1996
Diseño:
Proyecto de Enric Satué
© Ilustración de cubierta:
Manu Berástegui

© Foto: Jorge Aparicio

Todos los derechos reservados.
Esta publicación no puede ser
reproducida, ni en todo ni en parte,
ni registrada en o transmitida por,
un sistema de recuperación
de información, en ninguna forma
ni por ningún medio, sea mecánico,
fotoquímico, electrónico, magnético,
electroóptico, por fotocopia,
o cualquier otro, sin el permiso previo
por escrito de la editorial.

A todos los cubanos que, desde el 10 de octubre de 1868 hasta hoy, han dado su vida por la libertad.

Ésta es la tierra más hermosa que ojos humanos vieron.

CRISTÓBAL COLÓN

*Ahí está la isla,
todavía surgiendo entre el océano y el golfo:
ahí está.
Y ahí estará, esa triste, infeliz y larga isla...
sobreviviendo a todos los naufragios
y eternamente bañada por la corriente del golfo:
bella y verde, imperecedera, eterna.*

GUILLERMO CABRERA INFANTE

Los únicos paraísos que existen son los paraísos perdidos.

MARCEL PROUST

Todas las penas pueden soportarse si las ponemos en una historia.

ISAK DINESEN

I.

La luz restalla sobre los edificios y los vuelve aún más blancos de lo que ya son. La avenida está desierta y silenciosa. De pronto, un muchacho aparece corriendo, se detiene alzando los brazos y gesticulando. En la tarde calurosa se oye clara su voz. «¡No tiren! ¡No tiren!», grita.

Desde el acantilado llegan dos sordas descargas de fusilería. La primera alcanza al joven en la espalda, la segunda en la cabeza. Cayó frente a la estatua de José Miguel Gómez. Los mulatos que le habían disparado marcharon tranquilos con sus fusiles descuidadamente al hombro. Ya lejos, se detuvieron para mirar atrás, sin la menor emoción, al joven que yacía inmóvil sobre su sangre.

Dentro de la casa, Nela Ruente intenta consolar a su joven protegida Ana Lamar.

—Esta mañana he visto otra vez al negro —dice Ana—, con su cigarro y su traje blanco. Estaba en la plaza, con esos ojos que traspasan me miró al pasar, como si me conociera, como si supiera que no soy de los suyos, como si me advirtiera que tenga cuidado, como si quisiera recordarme lo de mi padre. Y ahora esto... ¿has visto cómo lo han matado?

—Ya pasó, ya pasó... —le corta Nela— no creo que Machado dure mucho tiempo. Roosevelt no permitirá que esa rata siga gobernando Cuba. Vamos, vamos, es la segunda vez que lloras hoy. Verás como todo acaba pronto. Nos iremos a España en agosto.

Nela Ruente, que entonces tenía veintiún años, se había casado en 1920 con Ángel Cagigas, a quien las chicas de

La Habana se disputaban. Le conoció durante una fiesta en el verano de 1919. Fue él quien la acosó con sus demandas, pero ella quería llegar entera al matrimonio. No era religiosa. Al contrario, pensaba que Dios probablemente no existía y, en todo caso, jamás hubiera creado un mundo tan desgraciado. No estaba dispuesta a ceder ante el primer hombre guapo y menos si era rico. La virginidad no es una virtud sino una disciplina, pensaba. Morena. Su rostro, aunque en su familia se hubiera negado siempre cualquier mezcla racial, tenía algún tinte levemente mestizo. Sus ojos negros y su boca carnosa le daban un toque sensual y atrevido a su cara.

El primer nacimiento fue una hija, Lucía, luego llegó Luis. Fue después de nacer éste cuando pusieron casa en El Vedado y por primera vez se sintió dueña y señora. Tres mulatas y un jardinero se bastaban y sobraban para atender la casa y el gran jardín lleno de palmeras. Ángel, su marido, no volvería a ser llamado El Niño por su suegro y su cuñada. Poco antes de nacer Laura, en 1925, compraron a través de parientes una casa cerca del río Asón, en la Montaña de Santander, sin que, hasta entonces, hubieran ido a visitarla. Nela había salido de la isla tan sólo en tres ocasiones, dos de ellas hacia La Florida acompañando a su marido, capitán de un barco. La tercera para ir sola hasta Veracruz y allí había pasado un mes completo.

Su temprana avidez por la lectura había derivado hacia la curiosidad por quienes escribían. Poco a poco la casa de El Vedado se había transformado en centro de reunión de escritores, periodistas y políticos que allí encontraban agradable cobijo y el ron, el café y los pasteles siempre dispuestos. Lamar Saheweger, un historiador, solía acudir acompañado de su hija Ana, que acabó siendo la íntima amiga de Nela. También era asiduo un médico, vecino de los Cagigas, que se llamaba Grau San Martín. Con el tiempo, Gerardo Machado, el dictador, había ido desterrando a casi todos los asiduos de aquellas tertulias.

Nela era amiga de Elena Medem quien con su esposo, Hilario González, acudían y ayudaban a organizar las reuniones en casa de los Cagigas, al menos, una vez al mes. La vivienda de Nela se convirtió en una prolongación del Lyceum cuando éste se fundó en 1929. Institución a la que Nela prestaba ayuda como socia fundadora. El Lyceum era una organización femenina que acabó teniendo sucursales en la mayor parte de la isla. Su labor no se limitaba a la extensión cultural, allí se tomaron iniciativas cívicas y sociales de alguna trascendencia, tales fueron la creación de la asistencia social, la escuela gratuita para adultos o la figura de la enfermera a domicilio. Ángel vio siempre con buenos ojos que su mujer empleara una cantidad nada despreciable de tiempo y de dinero en estas actividades. Entendía que una mujer como Nela necesitaba salir de casa, aportar su capacidad organizadora más allá del entorno familiar.

A mediados de 1932, al salir de su casa en el centro de La Habana Vieja, Jesús Lamar fue tiroteado desde un coche en marcha por los matones de Machado. Eran asesinos a sueldo, como lo es ese negro cuya visión ha asustado esta mañana a Ana, su hija. Parado en una esquina céntrica viendo pasar la gente. Vestido de punta en blanco con su imponente traje de dril, su camisa de cuello inmaculado y la corbata oscura con motas blancas, el pañuelo en el bolsillo de la americana y un sombrero de pajilla. El hombre está allí detenido en el tiempo como en una fotografía de Evans: zapatos negros y una mirada profunda de ojos desvelados. Ana, que iba rápida por los soportales con la intención de comprar *Carteles* y *Cinelandia*, se quedó petrificada ante la mirada del negro enjuto que la traspasaba, como si fuese transparente y pudiera mirar a través de ella a alguien que él estuviera vigilando al final de la calle. Se descompuso y echó a correr, llamando la atención de los muchachos que por allí pululaban vendiendo periódicos y baratijas.

Ana, cuya madre murió al nacer ella, fue a vivir a casa de los Cagigas al día siguiente de la muerte de su padre. Hija única, podría haber ido a vivir con sus tíos o seguir en su casa, pero prefirió la compañía de Nela. Algo exigente con los hombres, Ana ha seguido, sin embargo, respondiendo a las solicitudes masculinas. Se ha dejado llevar a más de un baile, al teatro y al cine. Muchas veces haciéndose acompañar de Nela, y con algún pretendiente pasajero en no menos ocasiones. Ayer mismo, al concierto del Teatro Nacional, con un joven que la corteja desde hace meses sin éxito.

Ana no sabe ahora lo que quiere. Sentada en el porche contemplando el jardín, tiene una sombra de tristeza más visible de la que la ha acompañado tras la muerte de su padre. Se ha puesto un dos piezas, blanco de seda, largo hasta los pies. Los zapatos, también blancos con cordones. Melena corta de color castaño y cejas concienzudamente depiladas, como es moda. Nariz pequeña, levemente aguileña. Ojos vivos color miel. La acompaña Nela vestida con un traje adornado con un gran lazo negro de lunares blancos que se extiende a ambos lados de su pequeño escote. Nela lleva un sombrero negro con una cinta blanca en la que luce un dibujo geométrico. Se han servido dos vasos de ron con Coca-Cola y callan. Sin embargo, Nela no deja de posar su mirada protectora en su amiga hasta romper el silencio.

—No te preocupes —le dice—, es maravilloso. Ya se lo he dicho a Ángel, a primeros de agosto nos vamos a España, es mejor que el niño nazca allí.

Nela le toma la mano izquierda con las suyas y mira casi suplicante a sus ojos, unos ojos que parecen estar a punto de llorar.

—Niña... todo va a cambiar y te queda toda la vida por delante. Con nosotros tendrás la libertad que quieras y, además, todos seremos tuyos. Somos tu familia.

Visto desde el muelle, el barco tiene una altura imponente. Aún deben estar semivacías las bodegas. Aunque viene de Nueva York, es en La Habana donde recogerá la mayor parte de los pasajeros y la carga. Azúcar y tabaco, pero también automóviles y material eléctrico. Es fama que el Marqués, fundador de la compañía, amasó la mayor parte de su fortuna transportando carga humana desde África en tiempos de la reina Isabel II de España. Va para un siglo de ello y aún se dice en la isla que en el negocio de esclavos no sólo participaba el Marqués, sino las más altas instancias de la Monarquía española. Es bien cierto que sobre los hombros de la Reina, que ya lo era antes de nacer, cayeron los rumores más despiadados. Quizá porque fue una mujer y no atendió en el lecho sino a sus caprichos, también hubo de ser voluble y altanera en lo tocante a los asuntos del Gobierno. Los muchos años transcurridos desde su muerte no han hecho sino aumentar su mala fama. Mientras la Reina quiso atemperar sus pecados con la compañía o la complicidad de un cura de segunda fila y una monja llagada y milagrera, el Marqués, de apellido vulgar, buscó el remanso de la Compañía de Jesús que resultó, una vez más, la mejor compañía y el más fiel socio a fin de silenciar los pecados pretéritos y presentes. En todo caso, su empresa naviera le sobrevivió y ahí está uno de sus trasatlánticos, que lleva el nombre de un navegante portugués e imperial, atracado en La Habana, el más hermoso puerto de cuantos construyeron los españoles en América.

Desde el muelle sube una red trenzada. Dentro de ella van dos baúles y tres maletas todos de cuero y del mismo color, lustrosos, como recién comprados para el viaje. En tierra, dos negros tiran de las poleas mientras en la cubierta superior esperan tres o cuatro de su raza para recibir la carga. A éstos, desde el muelle, sólo se les ve intermitentemente las cabezas sudorosas. Nela y Ana ya están hace rato inspeccionando su amplio camarote. Mientras, los tres niños enredan cuanto pueden, se suben a todas las camas y corretean por los pasillos del barco para espanto de los camareros que, vestidos de un blanco impoluto, intentan agradar a los pasajeros recién embarcados.

Dieron el aviso de desembarcar y el padre y los tres niños bajaron de cubierta por la larga y empinada escalerilla cuyos pasamanos de maroma les sirvieron de apoyatura. Era la primera vez que su madre marchaba tan lejos... a España, un lugar del que oían hablar continuamente, un país con vacas y prados muy verdes, donde hacía siempre mucho frío, «mucho más frío que cuando más frío hace en Cuba. No lo podéis ni imaginar... como el hielo», les había dicho su abuelo.

Ha caído la noche y ya en su casa, desde el balcón de su amplia alcoba, Ángel Cagigas contempla la tormenta. No recuerda haber visto una tal cantidad de relámpagos y truenos. A veces, las pausas entre los rayos, que rajan la bóveda celeste por encima de los tejados del lejano centro de la ciudad, son tan cortas que el cielo aparece permanentemente iluminado. La débil silueta de una niña mirando la tormenta desde el terrado de una casa cercana se dibuja nítidamente contra la espeluznante claridad. Cuando amainan los rayos, queda la lluvia, que cae constante, refrescando el ambiente.

Era el 3 de agosto de 1933.

II.

Hoy es mi cumpleaños. He cumplido once años. Yo nací en España, pero no me acuerdo de España porque al poco tiempo me trajeron a Cuba. Algunos niños en el instituto me llaman gallego, pero yo no soy gallego, soy cubano. El gallego es mi abuelo que habla como un gallego, aunque él lo niega. Dice que los gallegos son de Galicia y él es de La Montaña. «¡Montañés, carajo!, o español.» Mi abuelo tiene un bigote grande y se llama Ramón. Aunque mi padre, que se llama Ángel, es más alto que él, mi abuelo es más grande, más ancho y habla con voz más fuerte. Siempre está fumando un cigarro y dice malas palabras. Eso a mi madre no le gusta.

—No diga usted esas cosas delante del niño y del servicio —le dice.

Y él contesta:

—No querrás que este muchacho cuando crezca se vuelva maricón. Los hombres hablan así, ¡carajo!

Un día que estábamos en su casa porque era su cumpleaños (yo no sé cuántos años cumplía, pero debían ser muchos), mientras yo jugaba en el jardín, oí que le decía a mi padre: «Me gusta este bastardo que me has dado. Va a ser un gran hombre, se parece a mí ¡carajo!».

Yo sabía que se refería a mí y por la cara que puso mi padre y por lo mal que sonaba *bastardo* me puse mosca. Así que al día siguiente fui a buscar en el diccionario lo que significaba la palabra *bastardo*. A mí me parece un insulto, pero no entiendo por qué el abuelo me iba a insultar, si él me quiere mucho, me lleva al béisbol y también al cine y me compra juguetes. Aunque ahora no tantos, porque mi mamá se enfada y le dice que me malcría. A veces, mi abuelo me lleva en el carro a casa de mi hermana Lucía que vive en Marianao con su marido que se llama Ovidio.

Mi abuelo vive en el centro, en una casa muy grande, de pisos, dice que el campo está bien para las vacas y tiene un Cadillac muy grande, lo conduce Nelson vestido de uniforme. Mi abuelo le llama a Nelson, *negro*. «*Negro*, vamos a tal sitio; *negro*, haz esto o haz lo otro.» Mi madre dice que a la gente hay que llamarla por su nombre y no hacer nunca mención, dice ella, al color de la piel. Así que yo a Nelson le llamo Nelson y nunca le digo *negro*. Además, si llamáramos *negro* a todos los negros, no los podríamos distinguir. Mi abuelo dice que todos los negros son iguales, pero no es cierto.

Lucía se casó cuando yo era pequeño y acaba de tener una hija. Se llama Bertita y es tan chiquita que no habla. Mi padre le dijo una vez a Lucía que le estaba haciendo viejo y que no dejaría que la niña le llamara abuelo. Yo creo que mi hermano Luis también se va a casar cualquier día, aunque no sé con quién pues siempre está con alguna mujer, pero no con la misma. Él dice que son compañeras de la universidad. Mi madre le dice a mi padre que Luis es más mujeriego de lo que era mi padre de joven. Mi padre protesta y mi madre se ríe. Mi otra hermana se llama Laura y está estudiando. Yo creo que mi padre quiere que termine pronto de estudiar inglés y otras cosas que estudia para que le ayude en el trabajo. Mi padre pasa mucho tiempo de viaje en Tampa y en Nueva York. Siempre me dice que me va a llevar a ver Nueva York que es una ciudad muy grande, mayor que La Habana.

Cuando no está mi padre, a veces, mi mamá me deja dormir en su habitación. Es un cuarto muy grande y desde la ventana se ve el mar. La cama es también muy ancha, la más grande que yo he visto. Cabemos tres: mi mamá y yo y tía Anita. Tía Anita no es pariente de mamá, pero mi madre dice que para ella es más que una hermana. A tía Anita no le gusta que yo le llame tía. «Llámame Ana», me dice siempre, pero como mis hermanos le dicen «tía» a mí se me escapa. Cuando no se me olvida le digo Ana. Como tía Anita me quiere mucho y, además, yo soy el más pequeño con diferencia, mi madre siempre le está diciendo también que me malcría y que basta de caprichos. A veces duermo en el cuarto de la tía Anita, pero a mi madre no le gusta y nos riñe, pero poco. No es que se enfade, no le gusta. Un día, cuando yo era pequeño, estaba jugando encima de la cama de mi tía. Yo no sabía que ella estaba en casa y resultó que estaba bañándose, así que se abrió la puerta del baño y apareció desnuda y al verme no se tapó ni nada, así que la vi entera... los muslos, las tetas... Ella luego se dio la vuelta para vestirse y le vi el culo... Después de ese día, algunas veces, cuando sé que va a bañarse, entro sin hacer ruido en su habitación, espero a que salga del baño y la veo. Ella sonríe como regañándome, pero no dice nada.

«Cuando sea mayor me casaré contigo», le dije una vez a tía Anita. Se volvió, como si le hubiera picado una avispa. Se quedó mirándome muy seria y, de repente, se echó a reír, se me acercó y me dio un beso. Luego me dijo: «Anda, vamos a la mesa que nos estarán esperando».

En mi casa manda mamá, ella es la que dice a las criadas y al criado lo que hay que hacer, lo que hay que comprar, cocinar y limpiar. Mi madre dice que en una familia debemos comer y cenar todos juntos y cuando alguno de mis hermanos llama por teléfono para avisar que se retrasa, siempre les riñe un poco. Los jueves, Lucía viene con Bertita a comer y entonces mi madre se pasa la tarde jugando con Bertita, no sé por qué se lo pasa tan bien con ella si Bertita ni habla ni anda. Bueno, anda. Pero se cae y llora. Eso sí, llora mucho.

Al principio en el instituto no lo pasaba bien pero ahora sí, ya conozco a todos los niños y tengo tres amigos:

Nello, Julio y Darío. Nello es italiano, su padre es italiano. Julio es mulato, eso dice mi hermano Luis, aunque a mí no me lo parece, pero debe ser verdad porque tiene el pelo negro y con esos ricitos que tienen los negros, pero tiene los ojos claros; y Darío es rubio, muy rubio, mi madre dice que parece alemán. A él no le gusta porque los alemanes son malos y enemigos de Cuba, aunque ahora la guerra con Alemania todo el mundo dice que se va a ganar. A veces vamos al Malecón, pero mi madre prefiere que juguemos en el jardín. Un día fuimos al puerto para ver los barcos y Julio me dijo que mi padre nos debía enseñar algún barco por dentro. Nello y Darío nunca han visto un barco por dentro, Julio sí. Me dijeron que le pidiera a mi padre que nos enseñara uno. Yo se lo dije y me contestó que sí, que después de Navidad iríamos. Mi padre es capitán y maneja los barcos como Nelson el coche, pero nunca va por la calle con el uniforme. Los barcos en los que manda mi padre son «de la familia», dice él, aunque yo creo que son de mi abuelo. Mis amigos vienen mucho por mi casa y mi madre les da de merendar. Mi madre dice que es mejor que estudiemos juntos. Como don Casimiro, el profesor de matemáticas, le dijo a mamá que se me daban bien los problemas, yo les ayudo con los deberes de quebrados y Nello hace las traducciones de latín. Julio y Darío miran en el diccionario las palabras que Nello no sabe. Un día salimos pronto del instituto, porque el profesor de Historia no vino, y nos fuimos los tres al cine Plaza a ver una película de guerra: *Treinta segundos sobre Tokio*. Es de un avión que tiene la misión de bombardear Japón y mientras está soltando las bombas, los cañones antiaéreos le disparan y al piloto, que es el bueno y tiene una mujer en EE UU, le hieren en las piernas y se queda cojo. Bueno... cojo no, peor, le tienen que cortar las dos piernas en el hospital. Cuando ya está bien, pero sin piernas, sentado en una silla con una manta encima, vienen a verle dos chinos vestidos de chinos. Un hombre y una mujer con esos trajes largos de seda y sombreritos redondos. Ellos no sabían que al piloto le faltaban las dos piernas, porque la manta se lo ocultaba. Los chinos le traen como regalo unas zapatillas y entonces él les da las gracias, entonces los chinos se dan cuenta de que le faltan las piernas y se ponen muy tristes y a él se le saltan las lágrimas y a mí también me dio mucha pena.

Un día, Julio me llevó a su casa y luego he vuelto allí algunas veces. La casa donde vive Julio está cerca del instituto, pero no es como la nuestra, es más grande, y allí vive mucha gente. Tiene tres pisos y todas las habitaciones dan a un pasillo y a un patio. Siempre hay gente hablando en los pasillos y en el patio. El padre de Julio trabaja en un taller de carros. Julio dice que su padre entiende mucho de motores. Su madre siempre está en casa y se tiñe el pelo de rubio o de pelirrojo, según. Viven todos en una habitación y el baño está fuera, en el pasillo, y lo usan varias familias. Los padres de Julio no son de La Habana, pero vinieron del pueblo antes de nacer él, que tiene un año más que yo. A Julio le gusta mucho leer y una vez nos pasó una novela que él llama de relajo. Muchas palabras no las entendía, pero era de mayores que hacían... bueno, eso que llaman singar. Yo la guardaba en mi mesa, pero una vez se me olvidó encima de la mesilla de noche y la vio la tía Anita. Así que por la tarde, cuando volví del instituto entró en mi habitación y me señaló la novela que se titula *Noches del Trópico* y me preguntó de dónde la había sacado. Yo le dije que me la había prestado un chico en el instituto. «Pues hay que quemarla», me dijo. Yo pataleé y me puse bravo. Entonces, la tía porfió: «Devuélvela mañana mismo».

Yo siempre le pedía a mi padre que me llevara con él en el barco. «Cuando seas mayor», me contestaba. El verano pasado se lo pedí otra vez y me volvió a decir «Cuando seas mayor» y yo le contesté: «Ya soy mayor». Entonces él se calló y dos días después, mientras tomábamos el desayuno, me dijo: «Si ya eres mayor, como dices, mañana zarpamos». Mi padre usa siempre palabras raras que son, dice mi madre, marineras. Así que tía Anita me preparó para el viaje una maleta pequeña con ropa y otras cosas como el cepillo de dientes. También metió allí dentro varios libros de cuentos y *La isla del tesoro,* una novela de barcos. «Es muy divertida», me dijo tía Anita. En el camarote de mi padre habían puesto una cama pequeña, «cama turca» dijo mi padre, y allí dormía yo. Salimos (o sea zarpamos) casi de noche y me quedé dormido enseguida, pero me desperté temprano. Todos los marineros me preguntaban si estaba mareado. Decían que uno cuando sube por primera vez a un barco se marea y devuelve y se pone verde, pero yo no me mareo. Íbamos a Veracruz y luego a Florida. Por la mañana, antes de desayunar, yo leía *La isla del tesoro,* desayunábamos todos juntos. El cocinero nos daba huevos fritos y bacon, café con leche y fruta fresca. A partir de ese momento, yo andaba arriba y abajo. La novela de *La isla del tesoro* es muy bonita y cuenta la historia de un niño que descubre un mapa, bueno, entre la madre y él descubren que un viejo pirata que tenían alojado en su casa (alquilaban habitaciones porque eran pobres) guardaba un mapa donde estaba dibujada una isla y en la isla había un tesoro. El pirata se muere y ellos le quitan el mapa y lo llevan donde unos amigos ricos que deciden equipar un barco y salir en busca del tesoro. El niño, que se llama Jim, va con ellos, de grumete. Yo también quería hacer de grumete en el barco, pero a mí no me mandaban a hacer recados, pues nadie se atrevía a dar órdenes al hijo del capitán. Los piratas amigos del muerto, sin que los otros se den cuenta, se enrolan como marineros y entre ellos va John Silver, un viejo con una sola pierna, que se hace amigo de Jim. Pero una noche, Jim se mete en un barril de manzanas para comerse una y desde allí escucha todo lo que están tramando. Jim se lo cuenta a sus amigos y éstos deciden esperar. Cuando llegan a la isla, estalla el motín y se arma un gran lío. Bueno, el caso es que

Jim, al final, consigue, él sólo, salvar el barco que se llama *La Hispaniola* y la mayor parte de los piratas mueren. Queda vivo John Silver que era muy malo, pero no sé si era tan malo, porque trataba bien a Jim, además era muy listo. Total, que los que no mueren se reparten el tesoro. Los amigos de Jim sobreviven todos. Todos menos los criados que mueren en un fortín, en la isla, defendiendo a sus amos.

En nuestro barco, que se llama *Ampuero* (dice mi padre que Ampuero es un pueblo de Santander), yo era Jim y por eso iba saltando de un lado a otro lado todo el día. Una mañana tuvieron que ir a buscarme porque era ya la hora de comer y yo no aparecía. Me encontraron en una bodega, al lado del azúcar. Mi padre me dijo que no bajara a la bodega que era peligroso. Pero no me riñó. «¿Lo has pasado bien?», me decía todas las noches, y como yo le contestaba que sí, siempre me decía: «Ya te cansarás».

En Veracruz mi padre me llevó a ver la ciudad, que es muy bonita, y a comer y a un espectáculo donde cantaba una señora a la que llamaban La Negra. Mi padre decía que cantaba muy bien, pero a mí me pareció que tenía una voz así... como de hombre.

Allí estuvimos atracados dos días mientras descargaban y cargaban cosas. Los marineros volvían muy borrachos y mi padre se enfadó con el oficial porque no les reprendía. Salimos de Veracruz y fuimos hacia La Florida, todo el tiempo se veía la costa. Unas veces más cerca y otras más lejos. Cuando llegamos a Tampa ya me aburría un poco y pensaba en llegar a Cuba y salir con mis amigos para ir a la playa. En Florida sólo estuvimos un día y zarpamos hacia La Habana. Nada más llegar a casa, yo estaba deseando irme a la calle.

Pero primero había que estar allí un rato y decir que sí cada vez que me preguntaban si me lo había pasado bien, y también había que estar allí mientras mi padre repartía los regalos, que eran ropas y perfumes y un sombrero blanco para Luis. Yo ya conocía todos los regalos y lo que quería era salir corriendo, porque después de tantos días encerrado en el barco me apetecía ver a Julio y a Darío y que me preguntaran por el viaje y poder contarles lo bien que me lo había pasado.

  Como era verano salíamos por la tarde y andábamos por el centro y por El Vedado con otros muchachos. A mi madre no le gustaba mucho que fuéramos por ahí «sin control», decía ella. Una tarde, que estábamos en la Plaza de Armas, se nos acercaron dos chicos mayores que eran mulatos y nos pidieron dinero. Como no se lo dimos, nos insultaron, entonces yo les contesté y el más alto se volvió, me agarró por la guayabera y me rompió de un tirón los botones. Julio se echó sobre él y le empujó, entonces el otro le dio a Julio un golpe por detrás y empezó la pelea. A mí no me dio tiempo a pegarle, pero el negro grande que me tenía agarrado me dio un puñetazo en la cara y empecé a sangrar por la nariz. Darío salió corriendo y gritando a llamar a un policía y los dos negros nos pegaron entonces todo lo que quisieron. Yo sólo pude darle una patada en la espinilla al que me tenía agarrado, pero él me dio un rodillazo en el estómago, me tiró al suelo y me quedé sin respiración. Vino gente a separarnos y al final llegó el policía. Los mulatos echaron a correr y nos dejaron con las camisas rotas y las caras llenas de sangre. Cuando llegué a casa, mi madre, encima, me riñó y me prohibió que saliéramos solos. Así que el resto de los días merendábamos en casa y salíamos por allí cerca jugando con la bicicleta. Como sólo teníamos la mía nos turnábamos dando vueltas. Lo más lejos que íbamos era al Malecón. Algunos días mi madre nos dejaba ir al cine.

  En agosto nos fuimos toda la familia a Varadero. Allí, en la playa, tengo otros amigos, pero son menos amigos que Julio y Darío. Salgo con ellos porque son hijos de vecinos y sus padres son conocidos de los míos. Mi hermana mayor está con nosotros y con su marido y con Bertita, en la casa de Varadero. Vamos a la playa todos los días y a mí me gusta estar siempre en el agua. «Te van a salir escamas como a los peces», me dice tía Anita. A veces nos llevan en un barco de vela a dar una vuelta por el mar, pero a mí me gusta mucho más bañarme en la playa. A los mayores sí les gusta subir en barco y ponerse a tomar el sol. Así que todos estamos muy morenos. Menos mi madre que siempre, cuando va a la playa y va muy poco, lleva una sombrilla. A mí me gusta que los sábados y los domingos venga Luis a Varadero porque siempre viene con amigas y amigos y son muy divertidos. Por las noches, hacen baile en casa y luego cantan. A veces apagan las luces y las parejas se esconden por los alrededores de la sala. Una vez pillé a dos en mi habitación. Yo creí que era Luis con una amiga y al entrar le dije: «Te he visto», pero no era Luis, era un amigo suyo con una chica. La chica me dijo: «No le digas a nadie que estamos aquí escondidos», pero yo sabía lo que estaban haciendo. A mí me daba igual, pero a mi madre no creo que le gustara que anduvieran por la casa a oscuras.

  El invierno pasado, un domingo, vino a comer el presidente, que fue elegido hace poco. Mi madre es amiga del presidente que, según dijo, antes era vecino nuestro. El presidente se llama Ramón, como mi abuelo, y era doctor y curaba a la gente, pero ahora no puede dedicarse a dos cosas a la vez y se pasa todo el día en el palacio. A mí me dieron de comer antes que a los demás y me mandaron a jugar, pero yo bajé cuando estaban ya tomando el postre y el presidente me preguntó muchas cosas del instituto. Es muy simpático y habla muy seguido, como si lo que dice se lo supiera de memoria. Cuando les dije a Julio y a Darío que el presidente había estado en mi casa, me miraron como si no se lo creyeran, así que a la hora de merendar le pedí a mi madre que les dijera si era verdad o no que él había estado en casa y mi mamá se lo dijo y entonces ellos sí se lo creyeron. Mi padre, que se marcha mañana a Nueva York, dijo durante la cena, refiriéndose al presidente, que Cuba había perdido un buen médico... Yo pensé que el presidente, cuando dejara de serlo, podía volver a curar enfermos, pero no dije nada. Mi padre lo dijo con un tonillo que era como si no le gustara el presidente, aunque sea amigo de mi mamá y aunque haya venido a comer a casa.

Mi padre me ha prometido que, si saco buenos resultados a fin de curso, nos llevará a todos a pasar las vacaciones en Nueva York para mejorar el inglés. Aunque yo creo que ya hablo inglés, pues todos los días menos los domingos me da clase Wendy. Wendy es profesora de inglés y sus padres viven en Florida, pero ella lleva viviendo mucho tiempo aquí en La Habana. Wendy dice que le gusta mucho estar aquí y que no se piensa marchar. También durante el verano Wendy viene a darme clase. Bueno, más que una clase lo que hacemos es hablar y hablar. Yo la escucho y voy contestando, pero ella lo que quiere es que yo le cuente cosas en inglés y cuando me equivoco me corrige. No me deja hablar en español.

Aunque mi padre dijo que nos llevaría a Nueva York en verano, cuando llegaron las Navidades, el día que nos daban vacaciones, casi sin avisar, nos llevó al aeródromo y nos fuimos en un avión. Yo no había subido nunca en un avión, pero no tuve miedo. Es como una guagua que vuela. Nueva York no es como La Habana, tiene unos edificios muy altos que llaman rascacielos y nieva. Hacía mucho frío y todos llevábamos abrigos. Mi tía Anita y mi madre se habían comprado abrigos de piel, con pelo y todo, y a mí, además del abrigo de paño, me compraron unas botas de cuero, calcetines gordos de lana y guantes forrados de pelo de oveja. Aunque hace mucho frío, la gente pasea por la calle y hay muchos soldados con abrigos que van con sus novias cogidas del brazo. Mi mamá y mi tía compraron cosas todo el tiempo y a mí me aburre esperar en las tiendas mientras ellas se prueban los vestidos y se ríen de la pinta que tienen y van y vienen y se dicen la una a la otra lo lindas que están y se lo repiten y cuando ya parece que van a comprar el vestido y nos vamos a ir, pues resulta que una de las dos se arrepiente y vuelven a empezar. Aunque mi padre tiene un apartamento cerca, nosotros fuimos a un hotel que tiene nombre cubano, se llama Plaza y está cerca de un parque muy grande que le dicen Parque Central, está nevado y la gente se tira bolas de nieve y corren por allí como en la playa, pero todos muy abrigados. Yo estaba en la habitación de mi tía que tiene dos camas, pero ella siempre se iba al cuarto de mis padres, hablando todo el tiempo.

A la hora de dormir, mi tía me leía un libro que habíamos comprado y que son las aventuras de Tom Sawyer y sus amigos. Por la mañana el camarero nos traía el desayuno y yo llamaba a mi tía por el teléfono para que viniera a desayunar conmigo. Aquí en La Habana, a veces, mamá viene con ella y jugamos un rato a hacernos bromas unos encima de otros. En Nueva York salíamos a la calle y a las tiendas. Comíamos casi siempre en restaurantes y luego íbamos al circo, al cine o a un museo. A mí los museos me aburren, pero hay uno, cerca del hotel, que es de historia natural y me gustó mucho. Se puede uno meter debajo de los esqueletos de los dinosaurios y tiene muchos animales, aunque ninguno está vivo, como es lógico, porque es un museo. También me han llevado al Museo de la Ciudad. Dice mi madre que donde está ese museo se llama la Quinta Avenida. Tiene una entrada muy grande con el suelo de mármol que brilla y yo me puse a patinar resbalando con mis botas nuevas. Hay una máquina roja de bomberos, muy grande. También muñecas y disfraces y muchas fotografías de Nueva York antes de que levantaran los rascacielos.

Un día vimos una película de los hermanos Marx que se llama *Una noche en la ópera* y es graciosa, pero hay cosas que no entendí porque la gente se reía y no se oía bien.

Ahora ya estamos otra vez en casa. Nueva York me gustó mucho y papá me dijo que cuando fuera mayor iría allí a estudiar. De todas formas, hay una cosa que no me gustó de Nueva York. El cielo está casi siempre gris, nublado, y aunque no llueva hay nubes. En La Habana el cielo es azul y hay más luz. Aquí hay mucha luz.

* * *

La luz. De todas las cosas que se me han ido, de las muchas añoranzas que me quedan de Cuba, es la ausencia de esa luz la que más me lacera. En el Mediterráneo o en África hay un recuerdo de ese cielo, pero luz que blanquee, que tenga un poder cromático como la de Cuba, no la he visto en ningún lugar.

Aquí, donde ahora escribo, en La Montaña de Santander, los días de sol no abundan y, aunque el paisaje es tranquilo y bello, el color que predomina en el cielo es el gris. Un gris difuminado en el verde del paisaje que forman árboles y yerba.

Los baúles con mis cosas llegaron de Cuba hace unos cuantos años y, aunque he pasado temporadas aquí, en Asón, hasta ayer no he tenido el humor, o la nostalgia, para decidirme a abrirlos y distribuir su contenido en esta casa donde pretendo tengan asiento definitivo. Entre los libros, no tan numerosos, ha aparecido este cuaderno escrito por mí cuando tenía once y doce años. No sé cómo ha sobrevivido. Es más, no recuerdo cuándo lo escribí. No me veo a mí mismo con una estilográfica sobre este cuaderno rayado de tapas duras y azules. Pero aquí está como signo vivo del pasado, como una indicación que reclama la atención acerca de lo que fui y, por tanto, de lo que soy.

Leído ahora, el esfuerzo que significa para un niño hacerse cargo de su propia vida, no deja de llevarme, por ser, además, mío, hacia la ternura que me han producido siempre los empeños nobles... e inútiles. Salvo en los datos, no me reconozco más en ese muchacho que en cualquier otro que hubiera decidido escribir un diario. Por eso, además de a la ternura, su lectura me lleva hacia el vacío de la nostalgia. Porque no se tiene nostalgia del pasado, sino del futuro, del futuro que estaba por llegar cuando escribí con cuidadosa letra esas páginas.

Con frecuencia, me gusta fantasear con mi memoria, o quizá con mis recuerdos, dándole vueltas al pasado. Imagino que el tiempo vuelve a repetirse, que uno tiene una segunda oportunidad, que la vida retorna con todo el caudal de la experiencia acumulada a los catorce, a los diecisiete años, e imagino qué decisiones tomo en cada paso con la ventaja sobre los demás de ya haberlo vivido una primera, pero no definitiva, vez. Soy así un jugador que resulta inmensamente superior a todos quienes me rodearon en los años ya transcurridos. Naturalmente el juego tiene un toque doloroso que se hace más patente cuando en mi imaginación decido no intimar con alguien, no enamorarme de tal o cual mujer, decir la palabra apropiada en aquella conversación o rescatar del ostracismo aquel rechazo en el que caí en mi primera representación. En mi imaginación no pretendo cambiar el mundo, simplemente trato de recorrer otros caminos. Caminos que inexorablemente, caso de poder realizar semejante ensoñación, volverían a producirme otras nostalgias.

Aunque tenga aún futuro a la edad en que esto escribo, el pasado es ya para mí casi todo. Más, si se tiene en cuenta que he sido, entre los de mi generación, de aquéllos que creímos haber cambiado el mundo... una parte del mundo. Se puede asegurar, además, que lo hicimos. Mi duda más acuciante no radica hoy en la verdad de ese cambio, sino en la bondad del mismo. No es sólo la más urgente, sino la más vertiginosa duda y tanto más, cuanto más se acerca a convertirse en convicción. Supongo que, en efecto, sí cambiamos el mundo que nos tocó vivir, pero ésta es la hora en que me inclino a pensar que no lo hicimos adecuadamente.

Un cautivo de Batista en Isla de Pinos escribió hace ya muchos años lo siguiente:

Hay una edad de la que el hombre no debiera pasar, es aquélla en que comienza a declinar la vida, cuando se apaga la llama que encendió el momento más luminoso de cada existir... Entonces se les ve caminar cabizbajos y arrepentidos, cual viles renegados, en el pantano de la abyección.

Ignoro en quiénes estaría pensando Fidel Castro cuando redactó estas líneas. No tengo razones para sentirme concernido por ellas, tampoco soy capaz de imaginar qué pensaría el *líder máximo* caso de releerlas hoy. Sin embargo, me desasosiegan.

En algún momento, uno tras otro... tantos, pasamos por la encrucijada en la cual decidimos plantarnos, no seguir transigiendo, pero lo hicimos dispersos, como caen las hojas de los árboles y no al modo de la multitud que se arracima y grita ¡basta! Al final nos han podido, ¡quién lo hubiera dicho!, el silencio y el miedo. El miedo a ser confundidos con, y tachados de, contrarrevolucionarios y el silencio, un enorme silencio. El silencio cómplice de la injusticia. O, mejor, digamos su verdadero nombre: el silencio condescendiente con la tiranía. Ahora puede ser sencillo pronunciar esa palabra: tiranía. Durante mucho, demasiado, tiempo nos resultó impensable o prohibida.

Me resisto a admitir, no quiero pensar, que la vida sea un esfuerzo inútil, pero he de asumir algo más trágico. La nuestra, la vida de tantos revolucionarios, se ha tergiversado, pues poniéndola al servicio de un mundo mejor, a la postre ha podido ser usada para lo contrario. A quienes hemos sobrevivido nos unirá hasta el final la muerte, que nunca ha estado lejos de nosotros, de quienes enfrente o al lado nos acompañaron en esta larga historia.

III.

En el recuerdo se tiende a edulcorar la infancia, pero no creo que haya niños felices, como no hay adultos felices. La felicidad es un invento del siglo XX. Un siglo en el que los avances de la ciencia han ido paralelos a las matanzas y las dictaduras con vocación universal. A la postre, un siglo que ha traído de todo menos la felicidad entre los hombres.

Con frecuencia, la memoria concatena los buenos recuerdos y arroja de sí los peores. En este único sentido mi infancia fue feliz, la niñez de un niño rico. También tímido, con un excesivo, casi patológico, temor al ridículo, a quedar en ridículo. Sobre mí pesó, además, un origen ambiguo, una identidad confusa que quizá aún arrastro. Aunque nunca he sido dado a la contemplación de mi propio ombligo, esa ambigüedad probablemente ha influido en mi carácter, en mi personalidad y en mis sentimientos. Mis padres podrían haber sido sinceros conmigo desde el principio. Es un reproche que nunca les hice, pero es posible que ese engaño haya basculado sobre mi conciencia a la manera de un pecado original.

Al hecho inocultable de ser rico, es decir, de disponer de una buena casa, automóviles y algún dinero de bolsillo (ni a mi padre ni a mi madre les gustaba que sus hijos exhibieran el dinero) se unió pronto la fama de ser un chico listo. Listo para la familia o para algunos profesores. Toda mi listeza consistía en una aptitud ligeramente superior a la media para entender el lenguaje o los lenguajes y sus lógicas internas. Por lo demás, siempre me consideré una persona normal. El empeñamiento de mi padre respecto a mi aprendizaje del idioma inglés me convirtió muy pronto en bilingüe y eso, supongo, ayudó también a la buena consideración académica.

Mi hermano Luis estudió su bachillerato con los jesuitas en Belén y también mis hermanas acudieron a colegios religiosos, pero mi madre decidió hacer conmigo el experimento de la escuela pública llevándome al instituto. Lo cual, según ella afirmaba, me permitiría tratar con chicos de todas las clases. Era bien cierto, pero, además, tuve la suerte de encontrar allí a muy buenos profesores en las materias que más me atraían o para las que estaba mejor dotado.

Julio Carnero, Nello Tabucci y Darío Hering fueron, en efecto, mis tres amigos primeros, luego hubo más, pero con Julio mantuve una amistad estrecha que llegó a ser fraternal y adulta. Fue el compañero junto a quien conocí los inicios de casi todas las cosas: los libros, el cine, el sexo... Debía tener trece años cuando tuve la primera experiencia de ello en su expresión adulta.

Una forma de aproximación venía siendo perseguir a las criadas en algunos juegos consistentes en acercar mis manos a sus posaderas. Una mañana de domingo, la más condescendiente, que debía tener apenas veinte años y se llamaba Tesa, estaba haciendo mi cama y yo, aprovechando las insinuantes posturas a que su labor la obligaba, puse mis manos por detrás en sus muslos más arriba de lo considerado conveniente. Se volvió y me dijo: «¿Quieres jugar, chico?».

Le contesté con una risa nerviosa sin palabras. Ella, ni corta ni perezosa, se volvió hacia la puerta y la cerró por dentro. Me miró de frente. Su mirada seria me turbó y aunque era más o menos de mi estatura de entonces yo veía en ella a una persona mayor. Sin decir una palabra, se quitó el vestido y la escasa ropa interior. Con la misma firmeza vino a mí y comenzó a desabrocharme la guayabera y los pantalones.

Mis ojos no podían separarse de su cuerpo firme y oscuro y especialmente de su pubis. Aún con los pantalones en mis tobillos, me empujó hacia atrás hasta hacerme caer sobre la cama y me arrancó lo que quedaba de mi ropa con un decidido tirón. El juego me produjo una erección mayúscula. Sin más preámbulos, se puso mi miembro entre sus senos produciéndome una sensación que en mis juegos privados no había imaginado. Con decisión se colocó a horcajadas sobre mí e introdujo a aquel inexperto instrumento dentro de sí. No creo que la mujer disfrutara gran cosa, pues enseguida vino a mí un temblor, en verdad, de caballo. En el mismo silencio con el que se había desarrollado el breve encuentro, se vistió y continuó con sus labores como si nada hubiera ocurrido.

Hubo dos o tres ocasiones más, pero Tesa desapareció de la casa un buen día, traspasada a Marinao a servir en la de mi hermana. Nunca supe si la causa de ese traslado fueron mis escarceos, aunque tiendo a imaginar que sí. Las madres tienen un especial olfato para estas cosas. Mi hermano Luis me confesó, muchos años después, sus experiencias iniciáticas que lo fueron también con una criada y ocasionaron a la muchacha el mismo fulminante ostracismo que en mi caso. «Mamá —me dijo Luis— sabía leer en los posos de todas las sábanas y en los gestos de la casa.»

La pelota (el béisbol) y el cine fueron durante años nuestras más firmes aficiones. A Darío se le daba muy bien el bate, yo era un seguro pero segundón jugador a su lado. Más tarde, animado por el profesor de educación física, entré a formar parte del equipo de atletismo, primero en la especialidad de salto de altura, luego, terminé corriendo las vallas, en los cuatrocientos metros. En esta distancia llegué a destacar. Julio y Darío me acompañaban a las pruebas y se colocaban en la recta final para darme ánimos. Quien haya corrido cuatrocientos metros, con o sin vallas, sabrá muy bien del ahogo que se siente precisamente allí, en los últimos ochenta metros, al salir de la segunda curva.

Nuestro paseo más frecuentado era el Prado, conocido también con el nombre de Alameda de Extramuros por estar situada más allá del cinturón amurallado que rodeaba en tiempos la capital. Comenzó a construirse durante la colonia, bajo el mando insular del marqués de La Torre. Sus sucesores lo fueron mejorando considerablemente. Durante el gobierno del general Valdés se le llamó de Isabel II. Después de la Independencia, el Ayuntamiento le puso el nombre de José Martí, pero los habaneros siempre lo han conocido como Paseo del Prado, probablemente por su semejanza con el que se extiende en Madrid desde Cibeles hasta la estación de Atocha.

La madre de Julio era un personaje pintoresco que mandaba en la casa y no sólo en las habitaciones que ocupaba la familia (los padres, Julio y su hermana menor Augusta) sino en todo el edificio. Julio vivía con su familia en el centro, detrás del Capitolio, en una calle paralela a Monserrate. Era una casa de vecinos con un gran patio y servicios comunes, un *solar*. Una especie de falansterio, lo que en Madrid llamarían una *corrala*, donde la privacidad apenas existía dada la convivencia forzada de todos los que allí habitaban. Los pasillos de los tres pisos y el patio estaban permanentemente ocupados en un continuo ir y venir. El padre de Julio se llamaba, cómo no, César y era un hombre callado a quien sustituía en su autoridad y en sus palabras la madre, que cambiaba el color de su cabello cada poco tiempo. Esos cambios capilares formaban parte de su fantasía. Mujer dada a la lectura indiscriminada, sobre su mesa de labor podían verse novelas de Faulkner con la misma probabilidad que cualquier folletón construido a base de amores imposibles entre nobles europeos y bellas criollas. Pero lo que más le gustaba eran los novelones de Félix B. Caignet que escuchaba en su radio de baquelita exigiendo silencio alrededor. *El derecho de nacer* fue uno de los títulos inolvidables. Toda La Habana paraba sus labores para escuchar las andanzas de los personajes que la CMQ radiaba en innumerables capítulos. Cada novelón tardaba años en ser desgranado en breves e intensas entregas. En la guagua, en la tienda, en las casas, nadie hablaba de otra cosa. Los hombres, simulando una pretendida superioridad irónica y las mujeres que parecían vivir en carne propia todas las injusticias, desprecios y desmanes, que el autor acumulaba sin recato sobre las débiles espaldas de la protagonista. Como la vida misma, sólo que al final la virtud resplandecía y la justicia llegaba, pero eso ocurría sólo en el último capítulo tras un infinito calvario por entregas. En política, la madre de Julio era una radical, partidaria acérrima de Eddy Chibás y sus prédicas radiadas, en las que, según su hijo, creía más que en los Evangelios.

Las dos cadenas que se disputaban la primacía en la radio eran la ya nombrada CMQ y la RHC. De los actores y actrices que hacían oír sus voces dulces o feroces, recuerdo a María Valero, Mirta Muñiz, Carlos Badías, Miguel Llao o Armando Osorio. Aunque no seguía puntualmente, ni mucho menos, las emisiones, sí recuerdo que los folletines comenzaban sobre las diez de la mañana e iban dirigidos muy especialmente a las mujeres. A partir de las doce, las novelas radiadas por capítulos parecían orientadas hacia los jóvenes. Me vienen a la memoria un par de novelas de aventuras que fueron famosas, aunque soy incapaz de recordar a través de qué cadena se emitían: *Los tres Villalobos* y *Los bandidos de Río Frío*. Hacia la una y media o las dos se emitían novelas *serias* en versión de Juan Herbello. *La señal del olvido,* era, creo, su título genérico. Maupassant, Zweig, Flaubert, Gogol y Pirandello eran los autores que Herbello cocinaba. La apoteosis de los folletines se daba más tarde, a partir de las ocho u ocho y media. Félix B. Caignet, ya lo he dicho, era el rey de la CMQ, pero la RHC contraatacaba con *Rebeca, Doña Perfecta, Sangre y arena, Jane Eyre* y otras novelas consagradas. Nela escuchaba muy atentamente *La*

Universidad del aire, un programa que dirigía el profesor Jorge Mañach. Este programa se emitía los domingos después del almuerzo, aunque con Batista sufrió frecuentemente la censura.

Los padres de Darío tenían una tienda en La Habana Vieja en donde su hermano mayor y, a veces, él mismo despachaban. Poco hablador, los mejores esfuerzos los dedicaba Darío al béisbol y con el tiempo acabó siendo un buen jugador. Julio y yo éramos sus más entusiastas seguidores. Cuando terminamos el instituto perdí su pista.

Mi padre no fue nunca propenso a las expresiones cariñosas en público, su forma familiar de expresar el afecto era la ironía, la broma, pero en lo tocante a besos y caricias era sumamente parco, limitándose a lo estrictamente imprescindible. Mi costumbre de ronronear cerca de Anita y de mi madre había roto desde niño la frontera de la habitación matrimonial sin respetar la elemental norma de llamar a la puerta antes de entrar. Un anochecer de verano, finalizada una tormenta, entré corriendo en aquella habitación, que estaba a oscuras. Mi entrada fue en tromba, como acostumbran los niños a irrumpir en cualquier estancia. Sobre la balconada, mirando en dirección al mar, estaba mi padre con el brazo derecho sobre los hombros de una mujer que apoyaba la cabeza sobre su pecho. La figura femenina, vestida de blanco, se amarraba con su brazo izquierdo a la cintura de mi padre sin abarcarla. Por un instante, pensé que era mi madre, pero al volverse, y en el momento en que mi padre decía «¿qué quieres?», vi que la mujer era Anita. Me quedé parado y contesté «nada», di la vuelta y salí despacito, sin hacer ruido, consciente de mi inoportunidad.

En ausencia de mi padre, Anita dormía con alguna frecuencia en la gran habitación con mi madre. Siempre supuse, y los signos así lo corroboraban, que cuando mi padre estaba en casa, Anita ocupaba su propia habitación. Mas una noche, tendría yo quince años, salí al cuarto de baño casi de madrugada y no sé qué demonio me instigó a entrar con el mayor silencio en el cuarto de ella. No estaba allí. Picado en mi curiosidad recorrí la casa: cocina, biblioteca... sin hallarla. Cuando, lleno de dudas, retornaba a mi cama, me atacaron los celos y estuve convencido de que mi amada Anita estaba compartiendo el lecho con mi hermano Luis. Aquel maldito mujeriego, no contento con engatusar a todas las muchachas de La Habana, había seducido al objeto de mis platónicos amores. Subí a su habitación y abrí la puerta con un estrépito que despertó al durmiente entre cuyos brazos sólo estaba Morfeo. «¿Qué ocurre?», dijo sin entretenerse en reconocerme. Se revolvió un momento y siguió como un tronco. Deduje que Anita estaba con mis padres, y esa conclusión me tranquilizó por completo.

Anita tenía por aquellos años novios-golondrina, acompañantes de temporada, que venían a buscarla y la paseaban, supongo, por la ciudad vieja, la llevaban a los cafés o al cine. También al teatro y hasta a la ópera. De la ópera me gustaban mucho los preparativos, aquellos vestidos largos que se probaban y volvían a probarse hasta el mismo momento de salir de casa. A veces, pocas, mi padre completaba las dos parejas. En otros casos, mi madre hacía el trío junto a la pareja que formaban Anita y el pretendiente de turno. Mi primer traje de smoking lo estrené para acompañar a mi madre a la ópera. Anita llevaba aquella noche un vestido de raso negro hasta los pies y, aunque iba acompañada por un enamorado maduro, imaginaba que era yo quien le servía de escolta. Me había aprendido la ópera (*Così fan tutte*) y su ingenuo enredo de memoria, de tal suerte que me pasé los entreactos dando explicaciones a las damas acerca del libreto, ante la extrañeza, o quizá el desprecio, del impecable acompañante de Anita, cuyo nombre y aspecto ahora confundo.

Una tarde, después de comer en su casa con él y tía Angelita, mi abuelo me llevó una vez más al béisbol. Nelson, de uniforme, nos conducía cuando, cerca ya del estadio, noté una profunda palidez en la cara del viejo, que en un susurro nos dijo: «Volvamos a casa, no me encuentro bien». Un fuerte dolor en la espalda le tenía paralizado. Con dificultad pudimos subirle por la escalera del porche y meterle en el ascensor. Una vez dentro de la casa se derrumbó en el amplio canapé del salón. Apenas pudimos ayudarle a quitarse el sombrero y el saco. Se le oía respirar con gran ansiedad. Angelita, mi tía, era incapaz de hacer nada que no fuera lloriquear moviéndose por la inmensa habitación. Telefoneé a casa y mi madre se encargó de llamar al médico que llegó enseguida. «Está muy mal, una angina de pecho» —nos dijo. Cuando, poco después, llegó mi madre, se enfrentó con el doctor diciéndole que habría que llevarle al hospital, pero el abuelo había dejado ya de hablar y sólo suspiraba. Unos minutos más tarde murió. Tenía, según me enteré entonces, ochenta y siete años y nunca, que yo recuerde, había estado enfermo.

Por primera vez, vi de cerca la cara de la muerte, una muerte que en la Cuba de entonces estaba permanentemente en la calle y en las portadas de periódicos y revistas. Sin embargo, en esa expresión callejera no me parecía más que una reproducción de lo que se veía con tanta frecuencia en las películas. Al golpear así, directamente a mi lado, aunque mi abuelo fuera un anciano, me produjo una impresión muy honda.

Cuando yo tenía diez años, en 1944, con la Constitución de 1940 ya en vigor, ganaron las elecciones los Auténticos. Batista, presidente hasta entonces, había presentado a su amigo el doctor Saladrigas a quien también apoyaron los comunistas, pero le fallaron los cálculos y ganó Grau San Martín. El viejo líder anti-Machado tenía casi sesenta años. No obtuvieron los Auténticos, sin embargo, la mayoría en el Congreso. El 10 de octubre de 1944 Grau tomó posesión y fue ese día la primera vez que asistí a una manifestación. No he olvidado los cartelones enormes con la figura del nuevo presidente, ni el coro de voces que cantaba himnos delante del palacio presidencial, ni los bailes de los guajiros venidos de lejos para la ceremonia, pero recuerdo con mayor viveza el huracán que se desató aquella tarde, un rabo de nube que tumbó la palmera más alta de nuestro jardín.

En esa época prosperaban grupos que en su origen habían nacido para pelear contra Machado. Como suele ser común, una vez desaparecido el dictador, no supieron abandonar las armas y lo que en un principio tuvo un contenido ideológico y de resistencia acabó por convertirse en una forma de vivir. Una degeneración que sobrevoló todo ese largo tiempo sobre la República llenándola de sangre y de lodo. Tales grupos armados no eran sino bandas de gánsteres. La principal de ellas se llamaba Acción Revolucionaria Guiteras, degeneración de la Joven Cuba que dirigió Antonio Guiteras a quien, años antes, habían asesinado. Su principal dirigente era Jesús González, *El Extraño*.

El segundo grupo de matones trabajaba bajo el nombre de MSR (Movimiento Socialista Revolucionario) y lo encabezaba Rolando Masferrer, quien había combatido en la guerra de España dentro de las filas comunistas. Manolo Castro, que fue nombrado por Grau presidente de la Unión de Estudiantes y luego director de Deportes, era su segundo.

Cuando, más tarde, ingresé en la universidad, este Castro ya no enseñaba en la Escuela de Ingenieros la asignatura de Diseño, simplemente porque le habían asesinado en febrero de 1948. A Fidel Castro le acusaron entonces de haber participado en esa muerte cometida por la UIR (Unión Insurreccional Revolucionaria), otra banda en la que Fidel participaba, pero nunca se probó nada. El jefe de la UIR era a la sazón Justo Fuentes, a quien los amigos de Manolo Castro asesinaron a su vez un año después.

Todos estos grupos tenían presencia en la universidad y mantenían fuertes lazos con el Gobierno. Muchos de estos gánsteres, ya lo he dicho, provenían de la lucha contra Machado, lo que sirvió de coartada al Gobierno para nombrarles, incluso, responsables de la policía.

Mi abuelo había sido un reaccionario profundo, atemperado por su característico humor. Su muerte cambió la vida de mi padre que pasó a ocuparse legalmente, y no sólo de hecho, de todos los negocios familiares que él mismo había diversificado. En realidad, era cada vez más un hombre de negocios yanqui con intereses en Cuba. Siguió algún tiempo con los barcos y reforzó la empresa constructora que operaba en la isla, pero sus mayores intereses los movía ya entonces en Nueva York y en Florida con socios de allá. La constructora, cuyo nombre era significativo, La Habana-Building, la empezaba a codirigir por entonces mi hermano Luis, egresado de la Facultad de Derecho. Una escena que hoy recuerdo ilustra la concepción que mi padre tenía de su profesión de empresario, muy diferente de la común entre los hombres de negocios cubanos de su tiempo.

Cuando él estaba en casa procurábamos almorzar todos juntos. Lo cual, sabíamos, les agradaba tanto a él como a nuestra madre. Aunque generalmente no se hablaba de negocios en la mesa (mi padre consideraba que hablar de dinero era de mala educación), Luis sacó un asunto, sin duda, económicamente relevante.

—Podemos conseguir la construcción de la nueva aducción de aguas en La Habana Vieja —dijo—. He tenido una entrevista informal con el presidente. Estuvo tan simpático como siempre, me dio un abrazo para vosotros y no paró de hablar maravillas de esta familia y de ti, mamá, pero respecto al asunto no se quiso comprometer y me remitió a Paulina.

Paulina Alsina de Grau era entonces secretaria de la Presidencia, había estado casada con Francisco, hermano del presidente y periodista. Francisco Grau se suicidó en la sala de esgrima del Centro de Dependientes. Se dijo que lo había hecho quemado por los celos que le producía el amancebamiento de su esposa con su hermano.

—Paulina me recibió radiante —continuó mi hermano—, besos por aquí y por allá —señaló sus dos mejillas—, pero fue al grano. Resumo: un veinte por ciento para gastos del Partido, del presidente o de quien sea y la obra es nuestra. Descontada la comisión y teniendo en cuenta los retrasos con que paga el Gobierno, aún le sacaríamos, muy por lo bajo, ciento veinticinco mil dólares.

—Ni hablar —dijo mi padre sin levantar ni la vista ni la voz.

—Pero papá, todos lo hacen...

—Pues que lo hagan —cortó contundente mi padre. Así nos luce el pelo. Un país en que los empresarios y los políticos mezclan sus negocios no tiene porvenir, mejor dicho, tiene un porvenir negro. Además, al final, estos sucios asuntos los acaba sabiendo todo el mundo. Cuando Grau se vaya, y ya está sobrando, vendrán otros y si lo desean, les interesa políticamente o, simplemente, Dios lo quiera, son honrados, tiran de la manta y ahí aparecemos nosotros. No sólo es un asunto moral, tiene que ver con la eficacia empresarial. Así no se puede trabajar. En los EE UU es posible y hasta probable que alguien en una alcaldía o una gobernación haga estas cosas, pero sabe que se expone a la cárcel y al escarnio público y, desde luego, ni al presidente de los EE UU, ni a su querida, si la tiene, se les ocurriría tal desmesura porque les volaban la cabeza y con toda razón.

Se hizo un silencio que rompió mi madre.

—Me extraña que Ramón, que además tiene bastante dinero, se meta en tales asuntos. Será esa lagarta de Paulina... me han hablado tan mal de ella...

Mi padre la cortó amablemente.

—Déjate de historias, Nela, el sinvergüenza es Grau y toda esa maraña de componendas que ha metido en el Gobierno. Ya en el año treinta y tres era un imbécil, ahora, además, es un corruptor. La vejez no arregla a la gente, la empeora.

Las duras palabras de mi padre contrastaban con la condescendencia de mi madre hacia Grau cuando éste, muy de tarde en tarde, venía a nuestra casa. Naturalmente a partir de ese día no volvió.

Tras la muerte del abuelo, mi hermana Laura, que tenía veintitrés años, se fue a vivir a la casa del centro con nuestra tía Angelita y allí siguió viviendo después de casarse, lo que hizo un año más tarde. Su marido, Juan Salvador, era un profesor de Química de instituto y no destacaba por su fortuna, pero fue muy bien recibido por mi madre a quien los profesores y artistas le resultaban siempre muy fiables. «Dinero ya tenemos nosotros», creo que dijo a propósito de su yerno.

El banquete de boda se celebró en la casa del abuelo y mis padres se debieron gastar bastantes pesos en unos fastos que duraron todo el día. Me permitieron invitar a mis amigos del curso y bailamos todos los boleros del mundo con las muchachas que en número nutrido habían sido invitadas a la boda. A Julio lo pillamos ese día en actitud algo más que cariñosa con una rubia en cuyo traje de organdí quedaron huellas del altercado. Las bromas duraron varios días, pero él no soltó prenda acerca de la chica ni de hasta dónde había llegado en la pelea.

Ese mismo año, cuando estaba terminando el curso y después de muchas dudas, decidimos Julio y yo probar suerte en un bayú que operaba al lado del puerto, no lejos del centro. Allá nos fuimos entre temblores. Llamamos a la puerta y abrió una matrona mulata, entrada en carnes.

—¿No son muy jóvenes ustedes?

Pusimos cara de avezados jugadores de póker y la gorda siguió:

—¿Ya ustedes tienen plata?

Saqué un manojo de billetes del bolsillo y se los medio enseñé. Pasamos al salón donde dormitaba un anciano con sombrero y bastón arrullado por una joven prieta.

—¿Cómo les gusta?

—Nos da igual —dijimos a coro.

De los oscuros pasillos, que confluían en aquel salón con columnas, salieron dos mulatas en paños menores y se dieron un paseo de castigo por la sala.

—¿Quieren ocuparse los dos juntos o separados? —preguntó la gorda dando por sentado que aceptábamos la oferta.

Nos miramos entre nosotros y encogimos los hombros.

—Bueno, juntos —contestó Julio, como si la mutua compañía fuera a ayudarnos.

Pagué a la madama y allá fuimos. La habitación se hallaba iluminada por una lámpara desvaída, apenas dos o tres débiles bujías que imitaban a las antiguas velas. Las ventanas estaban tapadas con gruesas cortinas. Una de las mujeres apagó la luz y la estancia con sus dos amplias camas quedó en una tiniebla tan sólo rota por una luz rojiza que provenía del suelo. Me invadió la inquietud y en aquel momento hubiera preferido estar en casa leyendo una novela o, en todo caso, en una habitación con menos gente, pero el instinto se impuso sin tardar a los miedos. Cuando hubimos acabado, una de las mujeres encendió un gran cigarro que extrajo de un bolso. Desnuda, retadora, satinada, sentada en el sillón de orejas que ocupaba el centro de la estancia, comenzó a fumar tranquilamente. Mientras expulsaba una larga bocanada de humo blanquísimo, dijo:

—¿Qué tal si cambiamos de pareja, chicos?, sólo les costará un poco más.

Julio me miró incrédulo, pero yo estaba aquella tarde dispuesto, en mala hora, a tirar la casa por la ventana.

—De acuerdo —concedí inconsciente.

La segunda vez fue, naturalmente, más reposada y lenta. Recuerdo que el calor empezó a hacer su efecto y cuando, por fin, llegué al final, estaba bañado en sudor y éste había contagiado a la fumadora, cuya piel tersa y dura se me escurría entre las manos.

—Se transpira más aquí que trabajando en el muelle —dijo mientras se levantaba hacia el reparador chorro de agua.

Nos lavamos e incluso utilizamos el sórdido peine allí depositado, cuyo uso me produjo un cierto reparo. Salimos al pasillo y al salón y allí fue Troya.

Cuando la gorda nos comunicó lo que debíamos, tuve la certeza de que no alcanzaría el dinero que llevaba encima y así fue. Nos pasó a una habitación adonde la seguimos con el rabo entre las piernas. Hubiera deseado verme muerto, que estallara una bomba o que un huracán, tan frecuentes como inoportunos en Cuba, derribara la casa para salir corriendo, pero no. La gorda seguía allí pidiendo explicaciones.

—Él se queda, mientras yo voy a buscar más pesos —me atreví a decir.

—No —contestó la detestable obesa—, ¿quién me asegura que tú vuelves? Llama. Ahí tienes un teléfono.

Y llamé, pero Luis no estaba en casa. Al fin le localicé en la oficina. Se encontraba en una reunión y se resistía a venir exigiendo mayores precisiones.

—Vente, estoy retenido, es cuestión de vida o muerte. Tráete bastante dinero —concluí dándole la dirección.

La escena que hube de soportar cuando mi hermano, el salvador, apareció en el burdel, aún me llena de espanto. Pagó religiosamente y salimos. Luis había venido en auto, así que en él subimos los tres.

—¿A ti dónde te dejo? —preguntó a Julio.

Éste, corrido, pero ni la centésima parte que yo, dio la dirección de su casa y para allá nos fuimos. Cuando abandonamos a Julio, mi hermano comenzó por silbar una cancioncilla y acabó estallando en una carcajada que no parecía tener fin. Hube de contarle con pelos y señales, entre sus comentarios y risas, lo que nos había ocurrido.

—Cuando quieras mostrarte generoso, procura llevar suficientes pesos en el bolsillo. Por cierto, supongo que habrás usado goma —debí poner cara de no enterarme, así que continuó—. Sí, carajo, un condón, se pone como protección en la pinga, en la levana, en el pene, ¿te enteras? Así, como si fuera un guante.

Y, mientras manejaba el auto, hizo un gesto levemente obsceno con el dedo índice de su mano izquierda.

—No, no me lo puse —confesé.

—Pues puedes haber agarrado unas purgaciones, una enfermedad venérea. Un purgatorio, chico.

—Y eso, ¿en qué consiste? —me atreví a indagar.

—Hay varias, la más grave es la sífilis, la treponema pálida. Una gonococia es lo más común. Tarda unos quince días en madurar, a las dos semanas aparecen los primeros síntomas.

—¿Qué síntomas?

—Te empieza a picar, ¿sabes?, y luego te sale pus por la uretra, por el tubito del pis. Dicen que ahora se cura todo eso con penicilina, un nuevo remedio que han inventado en Inglaterra.

—Y mientras, ¿qué hago?

—Nada, cuando llegues a casa te lo lavas bien y... a esperar —concluyó sádico.

Sabía que él no diría nada y así fue, pero durante los siguientes quince días tuve picores imaginarios y miré tantas veces aquel apéndice inquietante que me lo aprendí de memoria. A Julio no le dije nada acerca del riesgo de enfermedad, no fuera a ocurrírsele confesárselo a su madre y se armara.

Contada con la distancia y la superioridad que da el tiempo transcurrido, esta historia de mi primera visita a un burdel puede resultar graciosa, pero una vez escrita vuelvo a ponerme en el lugar real, no contado, del muchacho que yo era y de nuevo siento el ridículo inmenso que soporté entonces. El desaire, la humillación y la timidez componen esa sensación que con frecuencia me ha atacado a lo largo de los años. Ver el ridículo en que, a juicio del espectador, cae una persona o provoca una situación, poco se parece al sentimiento que un tímido soporta al sentirse él mismo grotesco. Es mi posición ante los demás la que se ve golpeada por la espalda a causa del ridículo. La basamenta misma del yo queda truncada. Con frecuencia me ha invadido esa sensación que paraliza y desasosiega. El ridículo se produce porque algo falla en la respuesta que uno espera de los demás, se trate de un chiste al que los oyentes no le encuentran la gracia o, por el contrario, un acto propio que produce risa ajena sin habérselo propuesto. En suma, uno se siente inferior o preterido al no dominar las reacciones de los otros o la situación general. Mas el peor de los ridículos es para mí aquél en que la posición de uno se ve trocada de dominante en dominado. Si voy a un restaurante y pido lo mejor de la carta, me sirven con trato exquisito y a la hora de pagar tengo que confesar la insuficiencia de mi bolsa, tal como ocurrió en el bayú habanero aquella aciaga tarde, siento que el mundo se desploma a mi lado. Nunca se hace el ridículo solo, es la presencia de los demás la que nos entierra en él. He envidiado y envidio a quienes, tan seguros de sí, son capaces de hacer el ridículo sin que tal sentimiento les atosigue o siquiera les roce. Llegar a una tienda en lugar extranjero y no encontrar la palabra adecuada me sigue produciendo un apuro desmesurado, mientras a mi lado un individuo, solo o acompañado, despliega una mímica simiesca que, sin embargo, le sirve para hacerse entender por un vendedor encantado de ayudar a encontrar el objeto innominado que el cliente torpemente le demanda.

La familia de mi padre era católica, pero la única que acudía a misa era la tía Angelita. Ni a mi abuelo ni a mi padre los vi nunca en la iglesia, a excepción de algún funeral, boda o bautizo. Mis hermanas, mientras estuvieron en casa, acompañaban a la iglesia a tía Angelita en días muy señalados: Navidad y Semana Santa. El resto del año no creo que frecuentaran los servicios religiosos, sin embargo, todos estábamos bautizados y nos considerábamos católicos. Todos menos mi madre. Ella, más anticlerical que atea, no solía hablar de este asunto y las pocas veces que se expresaba en términos religiosos lo hacía exclusivamente para criticar a los curas, sin mayores pretensiones. Al ser éstos, en una gran proporción, españoles, los comentarios maternos, levantaban las suspicacias de mi padre que atajaba la conversación con una frase contemporizadora: «Bien Nela, dejémoslo ya en paz» u otra semejante. En el instituto, la Religión fue siempre una materia menor que recuerdo más como historia del pueblo hebreo y de Jesucristo que como doctrina.

El profesor de Matemáticas, que era un provocador irónico a quien yo estimaba especialmente pues era un magnífico pedagogo, tenía fama de ateo. Al hilo de una explicación acerca de si un teorema había quedado demostrado, nos dijo:

—Vamos a ver si esto queda claro. La lógica tiene reglas que es preciso respetar. ¿Quién se sabe las vías de Tomás de Aquino?

Un silencio clamoroso respondió a la pregunta.

—Sí, Tomás de Aquino creyó demostrar la existencia de Dios de cuatro formas diferentes y ustedes las debían de conocer. ¿Aquí nadie cree en Dios?

Se produjo un grueso murmullo y alguien —no recuerdo quién— decidido a defender sus creencias, se puso en pie y dijo:

—Yo, yo creo en Dios.

—Está bien, pues demuéstrenos la existencia de Dios —dijo el profesor.

—Mejor demuéstrenos usted que no existe —contestó el muchacho en tono algo impertinente.

—Primera y fundamental regla de la lógica: corresponde demostrar a quien afirma, no a quien niega. Usted ha afirmado, yo no.

—Bueno —comenzó el muchacho—, el mundo en que vivimos, el universo, el hombre... alguien los ha creado. A ese ser lo llamamos Dios.

—Un ser —contestó el profesor—. ¿Por qué ha de tratarse precisamente de un ser? Además, un ser semejante al hombre. Porque se afirma que el hombre fue hecho a semejanza de Dios. ¿Por qué no una energía primera? si es que hay un primer impulso. Además, la ciencia, que no la lógica, ha demostrado que el hombre, tal y como hoy lo vemos, es el resultado de una continua evolución. En cualquier caso, no fue creado con las características que ahora tiene. Pero no va usted mal encaminado, lo que ha expuesto es una de las vías que Tomás de Aquino hizo famosas, pero que desgraciadamente no demuestran nada. Es más, la propia religión cristiana consideró siempre la fe como una gracia, una virtud, vale decir, un mérito y ¿qué mérito tendría creer si se pudiera demostrar la existencia de Dios, como se demuestra un teorema?

—Entonces, ¿qué? —se atrevió a indagar el muchacho.

—Entonces, nada, que la existencia de Dios no se puede demostrar y menos apelando a creencias aparentemente obvias, que todos los días la ciencia se encarga de derrumbar. Por ejemplo, siempre se creyó que era el Sol quien giraba, mientras la Tierra permanecía inmóvil. Nadie osó pensar lo contrario hasta ayer, ayer en términos históricos y sin embargo la Tierra se mueve, aunque a Galileo casi lo quema la Inquisición por decirlo.

El profesor se dio la vuelta con la intención de volver a su mesa, cuando se oyó una voz.

—Y usted, ¿cree o no cree en Dios?

Toni Ortiz, que portaba unos espejuelos de niño repelente, era quien se atrevía a tan personal interpelación.

—Mi opinión tiene poco interés, pero si la curiosidad les invade no les dejaré con ella. Sólo la presencia de Él —dijo mirando al techo como si Dios estuviera en el piso de arriba— podría demostrarnos su existencia y hasta ahora, milagros y apariciones forman parte de la superchería de los pueblos. Cuanto más atraso cultural hay, más milagros aparecen. Tiendo a pensar que Dios es creación de los hombres, fruto de la soledad y la perplejidad en la que nos encontramos dentro del Universo y, sobre todo, es el resultado, a mi modo de ver apresurado, de la búsqueda de una explicación a nuestro destino mortal. Dios es, ante todo, quien asegura la vida más allá de la muerte, pues en verdad es muy duro asumir que todo cuanto somos se acaba definitivamente, que un buen día dejamos de pensar y desaparecemos. Así pues, soy agnóstico, ya que asegurar que Dios no existe, como hacen los ateos, me resulta demasiado contundente. En conclusión, no sé si Dios existe o no, pero pienso que si no existe está más en su papel.

Aquella breve discusión produjo en mí, paradójicamente, una profunda despreocupación. Una despreocupación que se extendió interesadamente hacia la existencia del pecado y, con ella, un alejamiento hasta ahora definitivo de la religión. Si una persona ilustrada, a quien yo admiraba por su inteligencia, se tomaba el asunto con tanta soltura, no había de ser yo quien se encargara de resolver tales enigmas. Nunca he tenido angustias existenciales al respecto y cuando he estado cerca de la muerte mis pensamientos han sido mucho más pedestres. Sin embargo, en algunas ocasiones he discutido y, sobre todo, escuchado con atención y hasta placer a creyentes que han sabido elevar el tono del discurso y en todos los casos han atacado el problema desde la inteligencia y el sentimiento más profundos. Para muchos de ellos, Dios existe porque el Hombre está dotado para pensar sobre sí mismo, sobre su inmenso sufrimiento. ¿Cómo es posible —se preguntan— que pueda existir un ser capaz de sentir amor hacia sí mismo y hacia sus semejantes y verlos y verse sufrir hasta la desesperación sin posible esperanza? Dios es para ellos consuelo y explicación. Dan así un sentido a la vida que, para ellos, sin Dios no la tendría. Puesto que pensamos y sentimos de manera cualitativamente distinta a los demás seres que nos rodean, Dios ha de existir, dicen. Se trata, en el fondo, de un pensamiento inconformista, que, aunque no me convenza, no puedo desdeñar y mucho menos despreciar.

En 1929, cuando ya la teoría de la relatividad le había hecho famoso, un periodista algo atrevido se dirigió a Einstein y le preguntó:

—¿Usted cree en Dios?

—Yo creo en el Dios de Spinoza —contestó Einstein.

Para Spinoza, que según Einstein era «uno de los hombres más puros y profundos que ha producido el pueblo judío», Dios se revela en la armonía organizada de lo que existe, no es un Dios que se interese en absoluto por los actos y el destino de los hombres. Un Dios, éste, que ignora la existencia del Bien y del Mal. En suma, un Dios despersonalizado. Veinte años más tarde, Einstein afirmó que para él la idea de un Dios personal era un concepto que no podía tomarse en serio. Un Dios de las características del Dios de Spinoza, insensible a las miserias de los mortales, es un Dios sobre el que resultaría imposible edificar una religión. Este Dios vendría a ser una hipótesis innecesaria.

Se cuenta que Laplace fue requerido por Napoleón para que le explicara el funcionamiento del Universo. Laplace lo hizo, recogiendo en su discurso los conocimientos de los que se disponía en aquella época. Cuando el físico concluyó la explicación, el Emperador le preguntó:

—Y en todo esto, ¿dónde está Dios?

—Esa hipótesis no es necesaria —concluyó Laplace.

Nuestras aficiones más frecuentes eran, empero, menos trascendentes que la religión y menos arriesgadas que visitar burdeles y entre todas ellas, el cine ocupaba lugar de privilegio. En las buenas ocasiones íbamos al Payret, un antiguo teatro convertido en cine de estreno, ubicado en el centro de la ciudad al lado del Niza, pero a éste no fuimos sino un par de veces pues tenía mala fama, igual que el Bélgica. Allí, en el Prado, donde estaba el Payret, había otros buenos cines: el Plaza, el Fausto... En la Plaza Vieja estaba el Habana. En la calle San Rafael el Dúplex, al lado del cual había otro, creo que su nombre era el Rex. Allí no fuimos nunca, pues sólo se exhibían documentales. En la Avenida Italia estaba el más caro de todos, al que me llevaba siempre mi abuelo, no le gustaba ir a otro, y se llamaba América. Fue allí, creo recordar, donde vi la primera película en color. *Huracán* era su título y tenía como protagonista a un caballo. La trama se me ha ido completamente de la memoria, pero recuerdo una escena en la que el protagonista, vestido tan sólo con esa indescriptible prenda interior y enteriza de los pioneros, caía en una charca de lodo y salía de ella corriendo. Fue tal la hilaridad que me produjo la ridícula escena que mi abuelo hubo de taparme la boca con su mano para detener el escándalo que mis prolongadas carcajadas estaban produciendo entre los espectadores.

En el arranque, me parece difícil recordar algo más que imágenes sueltas de las películas que vi durante los años del bachillerato... y que fueron cientos. Sin embargo, al traer una cualquiera de ellas al primer plano de la memoria, acuden, concatenadas, muchas otras, como si hubieran permanecido allí paradas en el tiempo, esperando ser sacadas a la luz desde la oscuridad de un pozo.

A los catorce años conseguimos ver *Duelo al sol*, aunque no era recomendable y Jennifer Jones, a quien yo había visto hacer de Santa Bernadette con mi tía Angelita, me acompañó vestida (o semivestida) de Perla, la mestiza, durante tantas noches... *Cielo amarillo* también con Gregory Peck y Richard Widmark haciendo de villano. *Río Rojo, El Virginiano, Las calles de Laredo, Al sur de San Luis,* todas del Oeste. Tampoco le hacíamos asco a las comedias y de esa época recuerdo *Un yanqui en la corte del rey Arturo,* de Bing Crosby, *Nace una canción,* con Virginia Mayo, Dany Kaye y Louis Amstrong soplando la trompeta hasta salírsele los ojos de las órbitas. *El tercer hombre,* donde Orson Welles hacía un personaje de *malo* inquietante y distinto. La serie de *La mula Francis,* que ahora me viene a la memoria, también es de la época, lo mismo que *I was a male bride,* donde Cary Grant hacía del esposo francés de una mujer-soldado norteamericana; él se disfrazaba de enfermera para poder tomar un barco. *Arsénico por compasión,* también con Cary Grant, o *La costilla de Adán,* con Spencer Tracy y Katharine Hepburn.

Cuando, más tarde, dediqué alguna atención a leer las críticas que G. Cain publicaba en *Carteles* e incluso compré alguna revista especializada, caí en la cuenta de que todas aquellas películas, que yo recordaba haber visto cuando era un muchacho, resultaban ser muy estimadas por los especialistas y que sus directores eran famosos, pero por entonces, como director, sólo conocía a Alfred Hitchcock, de quien recuerdo ahora *Notorius,* también con Cary Grant.

Releo lo inmediatamente escrito y me doy cuenta de que la lista podría alargarse muchas páginas. El cine que nos tocó ver a los de mi generación no es el mismo que el que vino después. No es que mitifique aquel cine, sino que la forma en que se veía, la oscuridad y las grandes pantallas han sobrevivido con dificultad a la televisión. El espectador de las grandes salas estaba dentro de la acción, no fuera. Los actores eran allí colosos y no las hormigas que aparecen en el televisor. Admitir que las grandes epopeyas del Oeste, u otras, hayan conformado nuestro carácter e influido en nuestras decisiones, quizá sea una hipótesis arriesgada, pero acudir a ver una de aquellas películas aseguraba la participación en una aventura, que no concluía en el momento de salir a la luz de la calle.

A partir de los quince años, las que hasta entonces habían sido despreciables *niñas,* se convirtieron en *compañeras* de andanzas, de cines los domingos, a veces de playa. Un grupo flexible en su dimensión, que se agrandaba durante los veranos y se encogía al llegar el invierno. Mi padre poseía, desde que tengo memoria, un barquito atracado en el muelle que solía usar mi hermano para lo que yo imaginaba turbulentas *orgías,* pero a partir de mis catorce años Luis compró un velero y dejó de utilizar el barquito que pasó a estar, más o menos, a mi disposición. Eso sí, con su piloto y cuidador, un prieto bastante gandul y algo borrachín que se llamaba Washington Iparraguirre. Washington sostenía haber nacido en Bilbao. «Soy gallego de pura cepa, chico», decía muy serio. Si queríamos incorporar alguna nueva muchacha, la envolvente oferta de un paseo en barco daba resultados excelentes. La Caleta de Raíces, cercana a la boca del río Jaruco, era una de nuestras excursiones. Iparraguirre se mostraba muy aficionado a esa travesía. Una vez allí, decía: «Estamos a tiro de piedra de los EE UU. Si yo quisiera —insistía— podría ir nadando a Yanquilandia, pero allá a los morenos no nos tratan bien». Lo normal era un paseo los domingos por la mañana hasta recalar en El Morro. La Habana que se contempla desde el castillo es la visión más familiar que, aún hoy, sigo teniendo de la ciudad.

En los dos últimos cursos del instituto, con alguna frecuencia y normalmente con ocasión de un santo o un cumpleaños, éramos invitados a fiestas. Mi madre y Anita no ponían inconvenientes cuando llegaba la ocasión de que invitara yo. Antes al contrario, durante el verano, casi semanalmente, venía a casa un grupo de amigos. Las bebidas no eran alcohólicas, pero siempre corría bajo mano alguna botella de ron y, más de una vez, le dimos un tiento a la botella de coñac francés o español que se guardaba en casa celosamente para ocasiones extraordinarias. Sólo en las grandes efemérides se contrataba una orquestina, lo normal era la música de disco. Los microsurcos se generalizaron y en los bailes alternaban el swing, la rumba y el bolero. El rock fue muy posterior. Lo que más nos gustaba a los chicos eran los finales, cuando la luz natural desaparecía y las muchachas apuraban los últimos minutos antes de despedirse. El jardín ofrecía un agradable territorio para ciertas incursiones íntimas. Sobre todo, si una mano amiga, que nunca faltaba, apretaba el interruptor, dejando en tinieblas aquella pequeña selva. Los arrumacos y los besos nos parecían entonces la cumbre del erotismo. Y lo eran pese a que, como decía quejoso Toni Ortiz, rubio, bajito, con espejuelos y víctima de nuestras bromas a causa de su aspecto y prematura miopía: «Estas chicas no son aficionadas a la lingüística», haciendo alusión a sus castos besos. Besos en los que se imitaba a los protagonistas de las películas de entonces que, como se puede comprobar, en poco se parecían a los besos que actualmente se ven en el cine. En mi caso y, supongo, en el de los otros muchachos, el erotismo *canalla* que conocíamos a través de inconfesables encuentros no era trasladable, ni en grado de tentativa, a nuestras compañeras de juegos, consideradas *formales*. Sólo en las fantasmagorías solitarias imaginaba yo a alguna de aquellas muchachas en las desenvueltas posturas que, por ejemplo, Tesa me había mostrado. En esta compartimentación erótica influía más la clase social que la clase de Religión.

    Mi primer amor no provino, sin embargo, de estos encuentros sino del teatro, bien que de aficionados. Es el caso que el profesor de Literatura quiso introducirnos en el teatro moderno y distribuyó a los voluntarios en cuatro grupos. Para dirigirnos trajo al instituto a cuatro jóvenes de la Facultad de Letras, donde también él enseñaba. Eran componentes del Teatro Universitario. Así apareció Elena, quien debía andar por los veinte. Para mí, que acababa de celebrar el cumpleaños número dieciséis, era una mujer *mayor*.

La obra que nuestro profesor nos hizo llegar editada en cuartillas («Una función estrenada el año pasado en París», nos dijo), se titulaba *Los justos* y su autor era Albert Camus. Elena, aparte de dirigirnos, se reservaba el papel de Gran Duquesa, esposa de aquél a quien los anarquistas mataban en aras de un mundo mejor. Leí el texto y me gustó. Luché denodadamente, no siempre con nobles artes, hasta que me dieron el papel de Kaliayev, un idealista que en un primer intento se niega a arrojar la bomba sobre el carruaje ducal porque en él viajan niños. Cometido, al fin, el atentado, la Duquesa, ya viuda, visita en la mazmorra a Kaliayev, es decir a mí, que me dispongo a afrontar el pelotón de ejecución con entereza, el alma limpia y el deber cumplido. Esa escena me encantaba, sobre todo porque la ensayábamos a solas la Gran Duquesa y yo.

No podía ser de otra manera, me enamoré de Elena y los casi dos meses que duraron los ensayos, mañana, tarde y noche mi pensamiento no se ocupaba en otra cosa que no fuera su cara pálida de rubia o su estilizado cuerpo que me conmovía.

—¿Qué tú tienes, estás enamorado? —me preguntó una tarde Anita, atenta a mis huidas y soledades.

Y se lo confesé y, aunque inmediatamente sintiera vergüenza ante su sonrisa condescendiente y cómplice, me gustó poder compartir con ella la confidencia de una pasión tan desbocada. Todos los libros que busqué aquellos días, Stendhal, Ortega y Gasset y tantos más, trataban sobre el amor. Lo había encontrado y quería enterarme exhaustivamente de sus secretos. Todo cuanto leía me resultaba familiar y aplicable. No estaba simplemente enamorado. No. Todo el amor que los hombres habían sentido desde Adán, se resumía, se concentraba, se diluía y hasta se oscurecía en la pasión total, absoluta, cósmica y eterna que yo sentía por Elena.

Y Elena, ¿qué? Supongo que algo habría de notar la muy *sata* y en su coquetería se dejaba querer. Una tarde, después de muchas vueltas y con el pretexto de seguir preparando la función, la invité a La Bodeguita del Medio. Y acepté. La Bodeguita estaba llena. Aun así, conseguimos una mesa esquinada propicia a mis intenciones. Y se lo dije, le declaré que la quería, que no podía vivir sin ella, que me mataría si se me negaba (no sé si llegué tan lejos). No me miró sorprendida, sino indulgente.

—Quizá somos demasiado jóvenes —pluralizó amable—. Tendríamos que conocernos mejor.

Para cualquiera, aquellas frases hubieran significado *dar largas*. Para mí fueron un *sí* retardado. Salimos de La Bodeguita y, ya atardecido, la llevé al Malecón. Allí me atreví a tomarle la mano. Sentados de cara al mar, le pasé el brazo por encima de su hombro (por suerte yo era un chico alto) y, tras un rato, la atraje hacia mí y la besé en los labios. No me rechazó, sino que colaboró con algún entusiasmo en el encuentro. La verdad es que no conseguí animar la conversación, así que decidí cambiar de escenario y, puesto que nos habíamos besado, era ya buena hora de que Elena fuera presentada a la familia.

—¿Te vienes a cenar a casa?, no está lejos —le dije con la desfachatez del tímido.

—Y tu familia qué va a decir, así, sin avisar —protestó levemente.

Y para allá nos fuimos. Cuando mi madre entró en el salón, quedó algo sorprendida, pero no dejé que hablara.

—Es Elena —dije—, dirige la función de teatro que estamos preparando. La he invitado a cenar.

—Está bien —aceptó mi madre, mientras alargaba la mano para saludarla —pero otra vez avisas. No cuesta nada llamar por teléfono.

Elena inició una justificación, emitió unas leves excusas, pero mi madre la cortó.

—No te preocupes hija, este chico es un poco atolondrado.

Ya estábamos sentados a la mesa del comedor, mi madre, Anita, Elena y yo, cuando irrumpió Luis exigiendo que le pusieran cubiertos.

—Buenas noches, me excuso por llegar tarde... y esta belleza quién es —dijo mirando a Elena con descaro.

—Una profesora de Jesús —contestó mi madre y la palabra *profesora* me golpeó en el esternón.

Mientras, Luis, el maldito, el ceremonioso, el insinuante, saludaba a Elena, a *mi* Elena.

Mi querido hermano se pasó toda la cena haciéndose el simpático y, lo que es más grave, Elena le reía las gracias. Sólo Anita me comprendía, aunque sus sonrisas y atenciones (en más de una ocasión trató de que la conversación girara en torno a mi persona) no resultaron bálsamo suficiente para mi maltratado orgullo. Y llegó la hora de la despedida. Mi madre ofreció a Elena que nuestro chófer la llevara hasta su casa y, cuando ella inició una débil negativa, el inevitable Luis dirimió la cuestión.

—No te preocupes mamá —dijo radiante —, yo tengo que salir. La dejaré encantado donde ella me diga.

Con su marcha, me quedaron el beso de su adiós y un odio eterno hacia mi hermano. Sólo las caricias de Anita, que vino a mi habitación a comentar la velada, a elogiar mi buen gusto refiriéndose a Elena, en suma, a consolarme, lograron anestesiar mi inquina hacia Luis. Aquella noche, me juré crecer rápido, hacerme mayor cuanto antes y darle un gancho de izquierda a mi hermano delante de alguna, o mejor, de todas sus enamoradas.

Hacia el final de curso, un sábado a la noche, hicimos la función y bien me cuidé de que Luis no asistiera al estreno. Fue un éxito, aunque algunos graciosos de cursos inferiores, que no entendían el sentido de la obra, hicieron algún comentario en voz alta sin conseguir sus propósitos de reventar la velada.

Grandes proyectos pasaban por mi cabeza cuando llegó el verano, pero apenas había retirado de mi mesa de estudio los libros de texto, cuando, una tarde, Elena llamó por teléfono.

—Tenemos que vernos, quiero contarte algo —anunció.

Naturalmente quedamos citados, pero alguna inquietud empezó a moverse dentro de mi estómago. Primero fuimos al cine y luego, una vez más, a pasear por el Malecón. No quería ser yo quien interrogara sobre aquello que había prometido contarme y que ahora evitaba. Mis temores iban en aumento. Algo le pasaba. Había perdido su aplomo. Percibí en ella, por primera vez, una cierta torpeza. Al fin sin mirarme de frente, paseando y ayudándose con las manos, habló:

—Mira, me resulta agradable estar contigo, ser tu amiga, pero no puedo ir más allá. He empezado a frecuentar a un chico que me gusta y ya no saldremos más juntos tú y yo... No saldremos como ahora.

—¿Quién es él? —pregunté.

—Un compañero de la universidad. Aún no hay nada entre los dos, pero me gusta y quiero salir con él.

—Si lo que quieres es un chico mayor, un buen partido, allá tú. Quizás me he equivocado contigo —dije despechado.

Mis frases, pretendidamente hirientes, sólo sirvieron para facilitarle las cosas.

—Si ésa es la idea que tienes de mí, no creo que sea necesario seguir hablando.

Quise retroceder, pero como suele ocurrir en estos casos, cada palabra mía me hundía más en la humillación. La parada de la guagua no estaba lejos. Elena se fue hacia allí y yo ni siquiera la acompañé.

Hubiera deseado tirarme al agua, pero no, me fui a casa y estuve lamiéndome las heridas lo que quedaba de la tarde. No bajé a cenar y provoqué así la visita de mi madre y de Anita, preocupadas por mi salud. Más tarde, volvió Anita sola y la confesión del fracaso me hizo bien.

Creí que nunca saldría de aquel trance. Sin embargo las playas, los paseos, el cine y los bailes dulcificaron mi pena a una velocidad vergonzosa. A final del verano, Elena se había convertido en una leve amargura, no mayor de la que ahora siento al recordarlo y, sobre todo, al recordarme.

Hasta que entré en la universidad, la política me era ajena, pero la violencia política estuvo presente en Cuba durante toda mi adolescencia y primera juventud. Las portadas y las páginas de *Bohemia*, *Carteles* o del *Diario de la Marina* venían continuamente —ya lo dije— plagadas de fotos con personas ensangrentadas, arrojadas en plena calle. Aquellos primeros planos de caras deformes a causa de los disparos, que se publicaban sin censura alguna, se me quedaron para siempre en la memoria y marcaron mi adolescencia.

En 1948 se celebraron elecciones en Cuba. Recuerdo bien los continuos discursos radiados. Carlos Prío era el candidato de los Auténticos, Ricardo Núñez se presentaba en nombre de los viejos partidos: el liberal, el democrático y el republicano, y Eduardo Chibás, creador y alma del Partido Ortodoxo (Partido del Pueblo Cubano era su verdadero nombre). El escritor Juan Marinello fue en esas elecciones el candidato del PSP, la sigla que el Partido Comunista usaba desde 1944.

Ganó Prío, que acababa de cumplir los cuarenta y cinco años. Según decían y luego él demostró, le gustaban mucho el dinero y las mujeres. Ni la corrupción ni el gansterismo mejoraron. Más bien todo lo contrario. Desde la emisora de radio CMQ, que entonces estaba en la esquina de Monte y Prado, Eddy Chibás con su voz chillona de erres arrastradas clamaba y cada vez menos en el desierto.

«Dígame Carlos Prío, cómo puede usted comprar tantas fincas y construir en ellas tantas y tan variadas cosas, mientras que al tiempo dice que no hay dinero para hacer carreteras o llevar a cabo las obras públicas...»

La audiencia de Chibás crecía y la situación se deterioraba; mientras, el pistolerismo arreciaba y la corrupción no cedía. En marzo de 1951, era mi último curso en el instituto, procesaron a Grau, el antiguo amigo de mi madre y a diez de los que fueron sus ministros. La cosa no prosperó. Robaron el sumario, cambiaron los jueces; al final nada.

El ministro de Educación, durante ese mi último año del bachillerato, se llamaba Aureliano Sánchez Arango. Vino a visitar el instituto poco antes de los exámenes finales. Con él llegaron la televisión, que acababa de inaugurarse, y las emisoras de radio ocupando parte del salón de actos donde el ministro estuvo encantador con todos, profesores y alumnos. Al final, cuando ya el acto estaba por concluir, dirigiéndose a las cámaras de televisión cambió de tono y de gesto y arremetió contra Eduardo Chibás con duras palabras, que nos dejaron sorprendidos a todos los presentes. «Especulador de café, jefe de la difamación, apóstol de la mentira y aspirante a dictador» fueron algunas de las lindezas que le dedicó.

Todo el mundo en La Habana esperaba la respuesta de Chibás como en un combate de boxeo se espera el directo al mentón que lanzará el campeón sobre el aspirante que lo ha golpeado en el hígado. En efecto, Chibás había acusado al ministro de robar caudales públicos y de dedicarse a negocios sucios de madera en Guatemala. La pelea duró varias semanas. Sánchez Arango presentó pruebas demostrando o intentando demostrar su inocencia y desafió a Chibás a sostener con él un debate de cuatro días en la radio. Chibás habló una vez más por la CMQ:

«El próximo domingo a las nueve y media de la noche, ante estos micrófonos, mostraré a la nación las pruebas con respecto a los libros de texto, el mobiliario y las comidas escolares, los negocios en Guatemala y otras cosas aún peores que demuestran que el Gobierno de Prío es el más corrompido de la historia de la República».

El domingo siguiente era el 5 de agosto de 1951 y todo el mundo esperaba en Cuba el parlamento de Chibás. Recuerdo que pasé ese fin de semana en Varadero con un grupo de amigos. Volvimos pronto y escuchamos a Chibás en un viejo café del centro. A la hora en punto, el local estaba lleno, pero no se oía ni el ruido del hielo en los vasos. Chibás, que parecía abatido, comenzó a hablar:

«Galileo tenía razón, la Tierra da vueltas alrededor del Sol, pero no pudo demostrarlo», comenzó.

Luego arremetió contra el Gobierno y también contra Batista. El breve parlamento terminó en arenga: «Camaradas de la Ortodoxia, ¡adelante! ¡Echemos a los ladrones del Gobierno! ¡Pueblo de Cuba, levántate y anda! ¡Pueblo de Cuba, despierta! ¡Éste es mi último aldabonazo a tu puerta!».

La emisión se cortó ahí, pero a los pocos minutos la CMQ informaba de que Chibás se había disparado un tiro en el estómago con una pistola del 38. Por lo que se dijo, Chibás hubiera querido que el disparo se oyera por la radio, corroborando de esa forma su *aldabonazo* verbal. No fue así. Le perdió su propia elocuencia, pues olvidó que el programa contratado duraba exactamente 25 minutos y ni uno más. Pasados éstos la emisora puso la correspondiente publicidad. Si su intención era tan sólo herirse, tampoco resultó. Diez días después moría.

El entierro de Eduardo Chibás constituyó, según dijeron los periódicos, la más grande manifestación de duelo vista hasta entonces y la multitud que lo acompañó ocupó en toda su extensión las veinte cuadras que van desde la calle 12 por la 23 hasta la escalinata de la universidad, de donde partió el cortejo.

La muerte de Chibás descompuso a su partido y con él a todo el sistema político cubano en vísperas de unas elecciones que habrían de celebrarse el año siguiente, en mayo de 1952. En esas circunstancias políticas ingresé yo en la universidad.

En los primeros días de setiembre, mi padre quiso que tuviéramos una conversación. Después del almuerzo, hizo servir el café en la biblioteca.

—He consultado lo que voy a decirte con Ana y con tu madre —comenzó—, pienso que te sería fácil conseguir matricularte en la universidad de Columbia, en Nueva York. Tienes buenas calificaciones, especialmente en las materias más importantes si, como dices, quieres estudiar Arquitectura. Ellas dos prefieren que sigas en La Habana y es lógico, pues así te tienen cerca, pero estoy convencido de que es mejor para ti lo que te propongo.

Me recorrió una especie de pereza universal. Irme a Nueva York no entraba en mis planes... Dejar Cuba no me apetecía y así se lo dije, aunque dejé abierta la posibilidad de reconsiderar el asunto, si no me iba bien en la Escuela de Arquitectura.

—La universidad de La Habana es una jaula de grillos donde la política, la política que aquí se hace y la que hacen los estudiantes, claro —continuó—, ocupa más tiempo y más espacio del razonable y conveniente. Sin embargo, no te quiero forzar. Te expones a perder un curso. Ahora bien, has de prometerme una cosa: dentro de un año volvemos a hablar.

Se lo prometí y me matriculé en la escuela. Así comencé mi vida universitaria con la intención de mostrarle a mi padre que en La Habana también se podía estudiar.

El instituto, en el centro de la ciudad, era un noble edificio, pero la universidad, por donde había pasado muchas veces y en cuya plaza central, la Plaza Cadena, había estado en algunas ocasiones, me impresionó cuando por primera vez la pisé en calidad de alumno. Era un mundo distinto en el que entraba con la timidez exacerbada que siempre me acompaña ante lo nuevo. Tenía diecisiete años y al recordarlo no me imagino como el adolescente que era, sino como un hombre hecho y derecho.

Desde la ciudad, las escaleras que suben al cerro, rematadas por la estatua femenina con los brazos en cruz que representa la *alma mater*, tienen en mi memoria un aspecto imponente. Sobre esa colina, los edificios clásicos recuerdan al Partenón. Quizá eso quisieron indicar quienes decidieron ubicar allí la universidad de La Habana en los años veinte: el Partenón de la sabiduría. Los bajorrelieves con los nombres de Pasteur, Cuvier y otros sabios y los cuatro edificios de otras tantas facultades limitando una plaza de las más hermosas y, sin duda, la más bulliciosa de La Habana en aquellos años. En una esquina de esa Plaza Cadena, sobre la que da a su parte posterior, la *Escuela-de-Ingenieros-y-Arquitectos. Anno MCMXXVII*. Así dice la inscripción del friso situado encima de la entrada principal de la escuela que da al exterior del recinto universitario.

Me resistía a perder los viejos amigos. Procurábamos citarnos para callejear. Pero se fueron alejando lentamente, incluso a Darío, que estudió Leyes a dos pasos de mi escuela, lo fui tratando menos y acabó por convertirse en un viejo conocido. Julio comenzó ese mismo año a trabajar en el *Diario de la Marina* como administrativo. Los fines de semana hacía horas extras corrigiendo pruebas de imprenta. Seguíamos viéndonos con alguna frecuencia, pero sus nuevos amigos del periódico le ocupaban la mayor parte del tiempo libre, aunque en las vacaciones siempre le recuperaba.

Los primeros meses en la escuela me volvieron estudioso, más solitario y familiar. Me había propuesto sacar adelante el curso y a ello dedicaba una gran parte de mi tiempo con gran agrado de la familia, especialmente de mi padre. Las Matemáticas y la Física resultaron bastante más complicadas que las del bachillerato, lo que me obligó a un esfuerzo suplementario, pero encontraba en los resultados de los exámenes la satisfacción y el alimento para mi orgullo.

De aquellos días aún me queda el regusto de las salidas nocturnas con Anita para ir al centro, bien al cine y con menos frecuencia al teatro. Incluso para asistir de acompañante a la ópera, por más que aquel ambiente empezara a resultarme poco grato, pero sí adecuado para la aspiración de sentirme ya mayor. Anita no representaba los treinta y ocho años que tenía y su aspecto parecía, en efecto, producto del «elixir de la eterna juventud» que mi padre le atribuyó un día delante de su esposa y de mí con una ternura que hubiera levantado rumores de haberse expresado delante de cualquiera que no fuéramos los allí presentes.

Los diecisiete años son probablemente la edad de la confusión y en ella entró mi cariño por Anita. Una tarde de sábado fuimos juntos al cine. La película, lo recuerdo bien, se titulaba *Secreto de mujer* y en ella actuaban dos actrices bien distintas y muy atractivas, Maureen O'Hara y Gloria Grahame.

A la salida del cine, nos acercamos al Hotel Inglaterra, que tanto le gustaba, a tomar un daiquiri. Debió de subirme a la cabeza esa estúpida fiebre que convierte en probable autor de *Las flores del mal* a cualquiera que tenga mi edad de entonces. Fue el caso que, mientras agitaba los cubitos de hielo dentro del vaso, me encaré con ella y mirándole a los ojos le disparé con aire, supongo, donjuanesco.

—¿Recuerdas una vez, cuando era niño, que te dije: «Cuando sea mayor me casaré contigo»?

—Sí, me acuerdo. ¿A cuántas más se lo has dicho desde entonces?

—A ninguna. ¿Qué contestarías si te lo volviera a repetir?

—¿Me lo piensas repetir? —dijo con un gesto que yo confundí con la coquetería.

—Pues sí —me atreví a entrar directamente—, creo que con nadie podría ser tan feliz como contigo.

—¿Sabes cuántos años tengo? ¿Sabes que soy tu tía?

—Poco importan los años que tengas y no eres mi tía. Te apellidas Lamar, ¿recuerdas?

—¡Vaya por Dios! —dijo como para sí—. Si se entera Nela de esto... no le va a gustar nada. ¿No crees?

—Y qué más da. Es nuestra vida —dije solemne—. No podré querer a nadie como te quiero a ti.

—A tu edad siempre se piensa eso, por suerte, ese amor definitivo cambia de dirección y de sentido cada semana. ¿Te acuerdas de Elena? Bueno... ahora me ha tocado a mí, ¡qué le vamos a hacer! Te pido que te lo quites de la cabeza cuanto antes o acabaremos por tener problemas. Además, yo también tengo un *secreto de mujer* —concluyó haciendo mención al título de la película que acabábamos de ver.

Salimos del hotel y tomamos un taxi que nos dejó en casa. Durante el trayecto agarré su mano y ella se dejó hacer en silencio. En los días siguientes, espié todos sus movimientos. Aquel *secreto de mujer* no podía ser otro que un amor desconocido, alguien por quien ella esperaba. Quizá alguna enfermedad que ocultaba. Miserable, rebusqué entre sus cosas sin encontrar nada, ni un remedio medicinal, ni una carta.

La mañana del domingo siguiente, tal y como solía hacer de niño, me colé en su cuarto sabiendo que se estaba bañando y esperé a que saliera con intención ambigua. En mi calenturienta cabeza había rondado demasiadas veces la escena y esa fantasía siempre tenía un final feliz. La oía canturrear entre el chapoteo del agua, mientras el cerebro me daba vueltas como si me acabara de beber una botella de ron. Se hizo el silencio y supuse que se estaba secando. En efecto, salió completamente desnuda. Reprimió un grito al verme y se dirigió corriendo hacia el armario, de donde sacó un batín negro de seda y se lo puso.

—¿Qué haces aquí? ¿Qué quieres? ¿Es que en esta casa ya no se llama antes de entrar? —dijo.

—Quería verte —conseguí articular.

—Pues espérame abajo y desayunaremos juntos.

—No —le dije abrazándola torpemente.

—¡Déjame! O me sueltas o grito.

Vi en su cara la ira y el miedo, así que la solté, mientras en retirada le decía:

—¿Por qué no me quieres?

—¡Hazme el favor! —contestó irritada—. Eres un niño malcriado —continuó—. Debes entender que lo que haces no está bien —y más calmada—, claro que te quiero, no seas necio.

Quedó en silencio y se puso a llorar. Sin ruido. Me acerqué de nuevo y la besé en las dos mejillas. El sabor salobre me chocó.

—Vete ahora —dijo— y después del almuerzo hablamos. Yo iré a tu cuarto.

Me sentí miserable, con esa vergüenza que tantas veces me ha hecho encerrarme a rumiar el ridículo. Bajé a almorzar por no alarmar a mi madre. Por fortuna, ese día fue el escogido por Luis para presentarnos a su novia. Una nueva aspirante, pensé, pero esa vez me equivoqué, pues acabó casándose con ella tan sólo cuatro o cinco meses después. Mi madre hizo, como siempre, los honores, procurando mantenerse en la amabilidad sin caer en la zalamería.

Katy era una yanqui morena con ojos azules. Tenía el pelo suelto en una melena lisa y un cuerpo relleno, pero esbelto. Sólo sus senos resultaban escasos. Por lo demás, no desmerecía en nada a las anteriores conquistas de Luis. Hablaba un español primitivo, tanto como el inglés de mi querido hermano. Acabamos por hablar cada uno en nuestro idioma y, en mala hora, yo me pasé al inglés. Fue a este propósito cuando, Katy, poniendo esa cara estúpida, que sólo consiguen los yanquis con mucho entrenamiento, dijo, dirigiéndose a mi madre:

—*This boy talks very good English.*

Lo de *boy* me humilló y consiguió diluir el elogio contenido en la frase y que, estoy seguro, hubiera mortificado a su novio tanto como me hubiera alegrado a mí. Por suerte, después del matrimonio resultó ser mucho más agradable de lo que me sugirió aquel primer encuentro. Sin mérito alguno por mi parte, me ofreció siempre su cariño por encima de los avatares que el tiempo fue trayéndonos a todos. Luis la había conocido en Nueva York en uno de sus frecuentes viajes. Era hija de un amigo de nuestro padre y, aunque después de la boda vivieron algún tiempo en Cuba, ella siempre echó de menos los rascacielos de su ciudad.

Me despedí, pretextando un trabajo inaplazable y esperé leyendo en la cama la visita de Anita. Abrió sigilosa la puerta que cerró por dentro y de puntillas, como si intentara no despertar a alguien, se sentó en la cama y comenzó a acariciarme el pelo de igual forma que cuando era niño y me dormía mientras ella canturreaba. Yo la miraba serio, recordando el desencuentro matutino.

—No quiero herirte por nada del mundo —comenzó—, pero te pido que no insistas ni en broma. Esta mañana me he sentido muy mal.

Se calló, sin saber por dónde empezar la narración que había preparado para mí. Levanté los ojos y noté que la angustia se había apoderado otra vez de su rostro, como si de repente hubiera envejecido. Vi en ella la cara del náufrago buscando una cuerda a la que asirse. Fue un instante en que su malestar me atrapó e intenté sacarnos a los dos de una situación insoportable. Mientras, su mano seguía sobre mi cabeza, pero las caricias ya no eran tales sino un movimiento mecánico. Mirando hacia la ventana le dije:

—Está bien, no lo haré más. No te preocupes.

—Prométemelo... y no olvides nunca, nunca, que te quiero más que a nadie.

—Te lo prometo —concluí.

Su cara se relajó. Separó su mano de mi cabeza y la sonrisa volvió a ella. Con el mismo sigilo que a la llegada, se fue sin hacer ningún ruido.

Mi actitud le había roto algo por dentro y no estaba dispuesto a seguir por ese camino. De repente, se esfumaron mis apetencias eróticas. Mi amor, que por la mañana se había expresado tan inoportuna y enloquecidamente, se transformó en una curiosidad no menos morbosa por descubrir aquel secreto del que me había hablado en el bar del Hotel Inglaterra. Detrás, estaba seguro, había un nombre, el de un amor oculto. Aprovechando sus ausencias, no paré de husmear entre sus cosas. Ni un diario, ni una carta, ni un regalo. Nada encontré en su cuarto que me diera una pista. Aquel vicio se extendió durante una época a toda la casa y aprovechando mis largas permanencias en ella a causa de mis estudios y las frecuentes y lógicas ausencias del resto de la familia, me convertí en un husmeador hábil de todos los rincones y muy especialmente allí donde más acumulación de material había, es decir, la gran habitación matrimonial y el despacho de mi padre en la planta baja. Nada encontré, pero conocí los orígenes de los negocios familiares, el curioso testamento de mi abuelo —tan preocupado por el futuro de su hija, la tía Angelita—, fotografías hasta entonces ignoradas, clasificadas con cuidado por mi madre donde descubrí la obviedad, ignorada comúnmente por los hijos, de que nuestros padres también han sido niños y jóvenes. Fotografías de mi padre estudiante de marina en Bilbao y luego, de uniforme, como flamante capitán de un barco llamado *Santander*. Las amistades de mi madre alrededor de una gran mesa en el jardín con la fecha y los nombres de cada persona cuidadosamente caligrafiados. Todo lo revolví y lo volví a su sitio meticulosamente, pero nada hallé que me indicara por dónde andaba el objeto de mis pesquisas.

El primer domingo de marzo de 1952, mi padre, mi madre y Anita tomaron en Rancho Boyeros un avión para Nueva York y les acompañé al aeródromo. «Haremos compras, ¿qué quieres que te traigamos?», me dijo mi madre al darme un beso de despedida. «Un televisor», le contesté sin pensarlo. Sé que hice esa petición y sé que el televisor viajó de vuelta. Al recordarlo, me resulta chocante este capricho, pues desde el principio, saciada la curiosidad de los primeros días, siempre consideré la televisión como una adormidera. A finales de ese mes, cuando los tres volvieron de Nueva York, las cosas habían cambiado mucho en Cuba.

La muerte de Chibás, ya lo dije, dejó a los ortodoxos descabezados y divididos. A finales de 1951, designaron candidato para la Presidencia a Roberto Agramonte, un profesor de la universidad. Fui a escuchar uno de sus discursos, creo que en la Facultad de Leyes y me resultó grato, aunque un poco blando. Cuando quería ponerse duro resultaba una caricatura de Chibás. Era hijo del general de la Independencia, Ignacio Agramonte, muerto en combate, quien tiene una estatua a caballo, con la espada desenvainada en su mano derecha, en Camagüey, al lado de la iglesia. Su familia, aparte de notable, se contaba entre las más ricas de aquella provincia. Roberto Agramonte había sido embajador en México durante la presidencia de Grau.

Las huestes ortodoxas eran las más activas en la universidad y controlaban la Federación Estudiantil Universitaria (FEU), cuya sede, siempre muy animada, estaba ubicada en un bajo a dos pasos de mi escuela. Para enterarse de lo que realmente ocurría bastaba con pasar por allí, cosa que yo hacía con alguna frecuencia. Con ello estaba expuesto a un doble riesgo. Perder, sin darse uno cuenta, toda la mañana, pues dentro de aquel local el tiempo corría con rapidez y, además, sin sentirlo, podías encontrarte organizando una manifestación o repartiendo un manifiesto. Me gustaba enterarme e incluso participar, pero las clases eran sagradas para mí. El día que le dije a Marcos esa frase, me contestó riendo: «Si son sagradas, mejor no tocarlas».

A Marcos Montes de Oca lo traté desde el primer día de curso y pronto nos hicimos amigos. Era hijo de un vendedor de autos, concesionario en La Habana de la General Motors y de origen canario. Marcos y yo formábamos una especie de sociedad en la cual yo ponía la parte académica y él la política. Es decir, yo intentaba ayudarle en los estudios, especialmente antes de los exámenes, que era cuando pasábamos noches enteras haciendo problemas y él me guiaba en las aguas revueltas de la política. También empezamos a salir con un grupo donde pronto menudearon las chicas. Marcos era uno de los seguidores de José Antonio Echeverría. La humanidad oronda de Echeverría, compañero de escuela y presidente de la FEU, era muy atractiva y hablaba «como Jesucristo» en expresión que oí a una hermosa joven una buena mañana allí, en la Plaza Cadena.

Echeverría vivía en una casa de huéspedes, abundantes en los alrededores de la Colina. A pesar de su activismo, acudía puntualmente a las clases. En las tardes, después de la comida, le recuerdo conversando en la esquina de la calle 27, al lado de la universidad. No muy lejos, había una residencia de muchachas conocida como La Bombonera. Echeverría tenía una novia allí. Por las mañanas era frecuente ver a sus partidarios en los bancos de la Plaza Cadena, frente a Derecho. Marcos era asiduo de esa tertulia, donde las conversaciones pasaban con gran versatilidad de la política al erotismo.

Aunque consideraba algo flojito a Roberto Agramonte, Marcos era partidario acérrimo de la Ortodoxia y en más de una ocasión le acompañé a distribuir hojas volanderas. Uno de esos días, en el centro de La Habana, mientras repartíamos propaganda, se paró un auto a nuestro lado y, sin bajarse, mi hermano Luis, que lo ocupaba, me increpó:

—¿Qué haces por aquí a estas horas? ¿Es que no hay clases en la universidad?

La verdad era que, en efecto, la clase se había suspendido. Pero tal fue el malestar que me produjo aquella paternal admonición que le contesté:

—¿Y a ti qué te importa? Estoy haciendo lo que me parece.

—Ya hablaremos en casa —dijo mientras seguía, empujado por el abundante tráfico de aquellas horas.

No creo que tratáramos de ello en casa, pues mis calificaciones eran un antídoto contra los consejos. De todas formas, a mi padre le llegó el chivatazo, pues algunos días más tarde me reconvino, señalando, una vez más, la conveniencia de que bajo ningún concepto me metiera en política.

—Los jóvenes necesitan desfogarse, ello no es malo, pero no veo la necesidad de que sea a través de la política. De la política cubana —aclaró—, llena de violencia y malas artes. Te aseguro que no me hace feliz, está plagada de pistoleros y, lo que es más triste, también campan por la universidad. Por curiosidad, ¿qué papeles repartías el otro día en el centro?

—De la FEU — contesté.

—Supongo que apoyan a Agramonte. De entre todos, no es el peor —dijo para sí—, pero es difícil que gane las elecciones y si gana, también será un fracaso. Ya sé que lo haces, por lo tanto poco he de recomendarte acerca del estudio, pero me desagradaría verte envuelto en alguna reyerta.

El día anterior habían atentado contra Masferrer y por esa época los de la UIR mataron a Cossío del Pino, que era el propietario de Radio La Habana y a un tal Prendes que, según se dijo, había sido veinte años atrás policía con Machado.

En febrero de 1952, corrió el rumor por toda La Habana de que jóvenes oficiales estaban preparando un golpe de Estado y aunque tales voces no eran raras en Cuba, sí fue la primera vez que yo les presté atención.

El 9 de marzo de 1952, Fulgencio Batista dio un mitin en Matanzas y después se fue a su villa, La Kuquine, pero no se metió en la cama. A medianoche salió en un Buick y acompañado de cuatro oficiales retirados, se dirigió hacia el campamento Columbia. Iba escoltado por otros dos Buicks también con oficiales dentro. Uno de los coches comprobó que en el palacio presidencial todo estaba tranquilo. En efecto, Carlos Prío pasaba esas horas en su finca, La Chata, y su hermano Antonio estaba bailando en un club. Por su parte, algunos ministros hacían la sobremesa en Río Negro. Cuando los tres grandes Buicks llegaron al Columbia, el oficial de servicio, que estaba en el complot, los dejó pasar.

Batista se dirigió al cuartel del Regimiento n.º 6, que se puso a sus órdenes de inmediato. Militares de su confianza asumieron el mando de los cuatro batallones de infantería. Un grupo de oficiales jóvenes arrestó a varios generales del ejército que no ofrecieron resistencia. El general Tabernilla tomó el mando del cuartel La Cabaña y un teniente, Rodríguez Calderón, se hizo cargo de la Marina. Otro teniente, llamado Rafael Salas, se apoderó de la central telefónica y luego fue nombrado jefe de la policía. Alertado de la situación, Prío reunió al Gobierno.

A las cuatro de la mañana sonó el teléfono en casa y la criada subió a despertarme. «Es don Marcos, que se ponga usted, dice que es muy urgente.» Marcos me contó que había un golpe de Estado y los de la FEU estaban en la universidad esperando que Prío les entregara armas. El ruido debió despertar a Luis que en batín me preguntaba el porqué de tanto jaleo. Le conté lo que Marcos me acababa de informar. «Pues tú te quedas en casa bajo mi responsabilidad» —dijo muy serio. Así lo hice, pero hubiera dado igual, las armas nunca llegaron a la universidad.

Prío, acompañado de su primer ministro, Tony Varona, salió de palacio, también en un Buick, con la intención de ir a Matanzas y hacerse fuerte allí, pero Batista se le había adelantado y el cuartel ya estaba en manos de los insurrectos. Volvió a La Habana y se refugió en la embajada de México. Los periódicos no salieron a la calle aquel 10 de marzo, ni los bancos abrieron las puertas. El sindicato, la CTC, declaró una huelga general que, más que entorpecer, ayudó al golpe. Al parecer, Batista aseguró a Mujal, jefe de la CTC, que las leyes laborales seguirían en vigor. De hecho, el día 11, la huelga general se desconvocó, después de que Batista justificara por la radio el golpe militar.

Así fue el golpe de la *sunsundamba,* así llamado en alusión a una cancioncilla por entonces en boga. Prío salió para México el día 13 de marzo. En el número de *Bohemia,* que se publicó tras el golpe, el editorialista le puso el epitafio a Carlos Prío Socarrás.

«Cayó como fruta podrida, casi por su peso, víctima de sus propias intrigas, de sus desiguales ambiciones y del desprecio por la opinión pública. Como otros trepadores, veía en el cargo una escalera para el rápido enriquecimiento. Dado a hablar en el momento de la acción, tortuoso en sus relaciones privadas, superficial en sus afectos, era tan inepto para el crimen, como condescendiente con los criminales.»

Pero el trasiego de aquellos Buicks no iba a traer nada bueno.

Mi madre llamó asustada desde Nueva York el mismo día 10 por la tarde. Luis y yo la tranquilizamos. De hecho, todo estaba en calma. En los días que siguieron al golpe, las adhesiones a Batista se sucedieron y hasta el cardenal Arteaga lo felicitó. Sólo la universidad mostró desde el principio su frontal resistencia. Fue allí, el día 12, cuando vi por primera vez a Fidel Castro hablando ante un grupo de estudiantes que inmediatamente comenzaron a repartir un manifiesto con su firma, lo había titulado *Zarpazo*. Marcos se encargó de explicarme quién era aquel abogado, cuya fuerte complexión física acompañaba a sus gestos y palabras. La sensación que se respiraba en la universidad era de frustración y yo comulgaba con ella.

La cómoda y acomodada burguesía cubana vio en este Batista de 1952 a un escalador que en nada iba a molestar. Recuerdo una fiesta que dieron mis padres en los primeros días de abril. Las reuniones sociales no abundaban en nuestra casa, quizá porque mi padre estaba más tiempo en los EE UU que en Cuba, o porque mi madre se resistía a ver a sus viejos amigos, tan instalados, carentes ya de interés para ella. Sin embargo, debió ser mi padre, seguramente para pulsar el ambiente ante los tiempos que se avecinaban, quien convocó aquella fiesta a la que acudieron las gentes del *establecimiento* habanero. De la prensa, la política y los negocios, acompañados de sus señoras vestidas con las mejores galas.

Sensible, como estaba, ante la usurpación que Batista representaba para mí y para las personas que me importaban, me quedé en la fiesta curioseando y detecté indiferencia entre aquella gente. También asentimiento. «Lo único que quiere el *generalito* es crecer y para mí que lo va a conseguir. Se está haciendo el simpático.» Quien pronunció estas frases era, según supe luego, un rico exportador ligado a los azucareros Lobo y con muy buenas relaciones entre los intereses yanquis en la isla. Traía en su mano la revista *Time*, acabada de llegar, y en la portada aparecía un retrato de Batista aureolado por la bandera cubana con un texto: «Batista de Cuba ha burlado a los centinelas de la Democracia». Para entonces, los EE UU habían reconocido al Gobierno salido del golpe y Elliot Roosevelt, el hijo del difunto presidente, había visitado a Batista. Sentí rabia y desprecio.

Recuerdo la conversación durante el almuerzo del día siguiente.

—A los norteamericanos les importa bien poco Cuba, les basta con asegurarse que está de su lado, ¿y de qué otro iba a estar? —dijo mi padre—. Pero la culpa de nuestros males es nuestra, no de ellos. Aquí en la democracia cree poca gente y muchos menos están dispuestos a defenderla arriesgando.

—Pues algo habrá de hacerse —propuso mi madre sin demasiada convicción.

—De momento esperar. ¿No crees? —contestó mi padre.

—Parece mentira que Batista quiera convertirse en un nuevo Machado. ¿Cómo pueden cambiar tanto las personas? —se preguntó Anita.

—Yo no creo que este mulato haya sido nunca trigo limpio. Es astuto y trepador, pero jamás tuvo clara la cabeza y mucho menos el corazón. De todas formas, ha prometido elecciones. Ya veremos —concluyó con desgana mi padre.

Durante la fiesta del día anterior, más de un comentario había tenido por objeto la guerra de Corea, donde las tropas norteamericanas, cubiertas con la capa de la ONU, no conseguían grandes victorias, sino un largo y sangriento empantanamiento. Sin embargo, *todos* parecían aplaudir aquella guerra que, según conversaciones oídas al paso, traía buenas expectativas para los negocios, lo mismo que la reconstrucción europea, aunque «Alemania ha vuelto a producir remolacha». Esto último preocupaba, como todo aquello que tuviera que ver con el mercado del azúcar, el dulce infierno que ha pendido, como espada, sobre la cabeza de los cubanos durante todo el siglo con cualquier régimen político que haya gobernado la isla.

Creía entonces y sigo creyendo ahora, que mi padre era un hombre decente. Decente y pesimista. Tenía en su cabeza los valores de la democracia, en eso se diferenciaba de los cubanos de su clase. Era, en este sentido, menos isleño que yanqui. Más que culto —sus lecturas, no despreciables, las inducía, sobre todo, su esposa— era un hombre preocupado por su tiempo. El haber sido rico desde niño le hacía desmitificar el dinero, pero ni mucho menos despreciarlo. Al contrario, lo apreciaba y, sin ser un tacaño, siempre nos hizo relacionarlo con el trabajo y la inteligencia. Su interpretación de la democracia era la de un liberal. La igualdad para él estaba en los derechos individuales, no creía en la igualdad social, a la que consideraba un mito absurdo y peligroso. Su inquina y su desprecio contra los comunistas eran profundos. Un día, que vio por casa el periódico *Hoy*, órgano de los comunistas cubanos, dirigiéndose a mí, me espetó: «¡No leas basura!».

Mi madre terció en mi defensa para aclarar un extremo significativo:

—He sido yo quien ha comprado ese periódico. Hay un artículo que me interesa.

—Perdona, hijo —se disculpó, sonriéndome—, no sabía que en ese libelo se publicaban artículos que interesaran a tu madre.

Aunque nunca indagué sobre su pensamiento acerca de Cuba como nación independiente, era obvio que para él ser cubano era un accidente. Basculando entre los dos países dueños de la isla, la España en donde había nacido y donde se había hecho y los EE UU hacia donde orientaba su vejez, cuya proximidad, me consta, le aterraba, Cuba resultaba para él lugar de promisión, es decir, de trabajo. Le dolían los males que allí pudieran ocurrir, pero psicológica y económicamente sus agarraderas estaban también en otros sitios.

El 4 de abril, la FEU convocó una manifestación para enterrar la Constitución de 1940, aquélla que paradójicamente Batista había ayudado a traer. Cuando la policía se enteró, llamó a la sede de la FEU para amenazar con los tanques. La manifestación se adelantó y tan sólo acudimos unos cientos de estudiantes. Fue mi primera manifestación estudiantil y allí, delante del busto de Martí, en la esquina de la calle 25 con Hospital, muy solemnemente, enterramos la Constitución. A mi lado estaba Marcos y cuando nos disolvimos nos juntamos con un grupo de Leyes con quienes fuimos paseando hacia La Habana Vieja.

Me había fijado en ella un par de veces en los jardines de la universidad. Siempre estaba rodeada de muchachos, cuya actitud más parecía la de admiradores que la de camaradas. Aquella figura espigada y compacta me había llamado la atención. Su desenvoltura irradiaba seguridad. Sus ojos, sus gestos, hasta su forma de moverse, sus andares, atraían las miradas y la simpatía de todos. Durante aquel paseo me puse a su lado e intercambiamos una conversación trivial. Llevaba el pelo suelto, moreno y liso y el aire lo agitaba intermitentemente sobre el rostro, entonces, ella apartaba el cabello de los ojos con un movimiento que, de repetido, se le había convertido en un acto reflejo. Estaba en segundo curso, de lo cual deduje que era un año mayor que yo, pero me trataba como si ella fuera la profesora y yo el alumno. Más que escucharla, yo admiraba su cara, que de perfil resultaba aún más hermosa. La nariz era recta y los labios carnosos, tocados con un carmín rojo tendente a sobrepasar las comisuras. Su poderosa dentadura brillaba cuando reía abiertamente. Recalamos en Floridita y allí seguí mirándola, sin atreverme a intervenir, sino de cuando en cuando, en la conversación que ella, como lo más natural del mundo, acaparaba. De haber intentado una aproximación, hubiera chocado con demasiada competencia. Ella era consciente de la admiración que despertaba, también de la mía.

Mi estrategia, a partir de ese día, se puede describir como un juego consistente en la entrega de sucesivos signos, manteniendo, eso sí, la ambigüedad del intento, para moverme entre intelectual, lúdico... en fin, mostrando un interés limitado, pero constante. Primero le entregué un libro que por aquel entonces yo consideraba definitivo, *La hora veinticinco*. Había quedado impresionado con su lectura. Se lo hice llegar al domicilio en un paquete junto a una nota manuscrita. Había conseguido la dirección a través de un compañero suyo. Me dio las gracias al encontrarme en la escalera de la FEU. Al poco tiempo, y por el mismo procedimiento, le envié *El Gran Gatsby*. «Todavía estoy con el primero que me mandaste», me dijo al agradecerme el nuevo presente. Decidí, pues, no prodigarme, de momento, con la literatura y pasar a otras exhibiciones.

En mayo, se celebraron unos juegos en el estadio de atletismo vecino a la universidad para los que me llevaba preparando varias horas todas las semanas. La invité para que asistiera a las pruebas y le pedí a Marcos que me echara una mano.

—Veo que te pones altas metas —me dijo—, esa chica tiene muchos donde escoger. Pero si te empeñas yo insistiré para que vaya. ¿Estás seguro de que vas a ganar?

—Eso nunca se sabe, pero por los tiempos que estoy haciendo, al menos me meto en la final —le dije con seguridad.

Dos días antes de que comenzaran las pruebas, me la encontré, siempre rodeada de gente, delante de su Facultad, la saludé y, sin que yo iniciara conversación alguna, me dijo: «Iremos a verte. Ya me ha dicho Marcos que vas a ganar. Allí estaremos».

El plural no era mayestático, no menos de quince personas la acompañaron al estadio y ella, luciendo una gorra de béisbol, lindísima, animaba el cotarro. Con más chanza que convicción, todos gritaban ¡*Ca-gi-gas*! ¡*Ca-gi-gas*! Mientras, yo, nervioso, colocaba los tacos de madera para la salida sobre la ceniza de la pista. Era necesario ganar esa prueba para pasar a la semifinal. Me tocó correr por la calle de fuera, es decir, sin referencias. Me dejé las piernas y los pulmones y cuando a la salida de la última curva, desaparecidas las compensaciones, me encontré el segundo, blasfemé en voz alta, lo que produjo risas entre mis *fans* que redoblaron sus gritos. Eché el resto y gané. Me volví hacia la masa y les saqué la lengua más por agotamiento que por burla. Fuimos a celebrarlo y, por primera vez, dentro de la tropa de admiradores recibí un trato preferente. Al día siguiente, conseguí ganar la semifinal y hubo la consiguiente celebración en La Habana Vieja. Aquella noche, cuando me acosté, tuve la convicción de que en la final del día siguiente volvería a ganar.

Por la mañana, invité, o pedí, a mi madre y a Anita que fueran a verme. Anita me prometió que iría y Nela, tras afirmar que ella no entendía nada de atletismo y, suponiendo que las vallas eran tan altas como las que saltaban los caballos en la hípica, me dijo: «Ten cuidado no vayas a caerte». Había quedado para almorzar en casa de mi hermana Laura y, si la acompañaba su yerno, iría.

Nela, Anita, mi hermana Laura —que estaba embarazada de seis o siete meses— y su marido ya habían llegado al estadio cuando salí a calentar. Naturalmente mi grupo de animadores estaba también allí y entre ellos el objeto de mi mayor atención. Gritaban mi nombre ante la extrañeza y, supongo, algún orgullo de mi familia. El haber ganado una de las semifinales me dio opción a la mejor calle, la segunda, y allí fui a colocar las maderas de apoyo. Salí bien y al final de la primera recta había tomado la compensación al de la calle tercera. En la salida de la segunda curva superé al corredor que iba por la cuarta calle. No veía al de la primera, que acabó llegando el último, pero el de la quinta me sacaba dos metros, también el de la sexta inició la última recta por delante de mí. Apreté cuanto pude, pero el mulato de la quinta resultó ser de hierro. No le mordí ni un centímetro. Tras tirar la última valla, llegué el segundo con el hígado saliéndome a trozos por la boca.

De golpe, cuando fui a felicitar al ganador, percibí la diferencia entre ser el primero y ser el segundo. Los dos metros de distancia no medían precisamente con exactitud esa diferencia. «Lo importante no es ganar, sino participar»... y una mierda, pensé. Me acerqué a la familia que me aplaudía, especialmente mi cuñado y Anita. Mi madre se dirigió a mí:

—Hijo, creí que te caías antes de llegar. ¡Qué barbaridad! He pasado un mal rato, es demasiado violento para mí.

Todos rieron y yo, todavía con el resuello a medio gas y manteniendo el tipo, le contesté:

—Mañana empiezo a entrenar en boxeo, a lo mejor te resulta menos violento.

—No digas eso ni en broma, hijo —me contestó.

La frustración probablemente se mide por la diferencia que hay entre lo que uno cree merecer y lo que la realidad le ofrece. La incontestable objetividad de aquellos doscientos centímetros que me separaron del mulato no ocultaba, sin embargo, la imaginada diferencia entre lo que yo, sin decirlo, había ofrecido a mis seguidores y especialmente a *ella*, es decir, la victoria y lo que en *realidad* había conseguido: el segundo puesto, es decir, la derrota. Quizá tales diferencias no estuvieran en sitio alguno, sino en mi orgullosa cabeza.

Pasé por la ducha, me vestí y nos fuimos a bailar. No era muy común que lo hiciéramos, ni fue idea mía, pero resultó una forma agradable de acabar aquella incompleta jornada. Sobraban varones, así que nos turnamos con las chicas.

—Estás bien entrenado para correr delante de la policía —me dijo cuando me tocó el turno de bailar con ella—, nos debieras enseñar a todos. Lo vamos a necesitar.

Sonaba un bolero, pero la conversación no era propicia a otras aproximaciones, ni físicas, ni verbales. Luego, nos fuimos a celebrarlo con una cena.

La calle de San Miguel corre oblicuamente a su vecina Neptuno, para juntarse ambas en el Paseo del Prado y formar lo que los habaneros llaman *el cuchillo de San Miguel*. La intersección de estas calles con la de Consulado forma una esquina conocida como la esquina de El Ariete que tomó su nombre de un restaurante de ese nombre, famoso por su arroz con pollo. El Ariete estaba regentado por un asturiano de nombre Pertierra. Era entonces centro de reunión de periodistas, autores y actores teatrales y músicos. Allí cenamos.

El tiempo que restaba hasta los exámenes lo dediqué a estudiar con una constancia encomiable. Casi angustiado por superar todas las materias, le pedí a mi madre que me buscara un profesor particular.

—Que te tomes los estudios tan en serio está muy bien, pero no te obsesiones —me dijo—. Ya sé que esta dedicación tuya sería la envidia de cualquier familia, sin embargo, conviene que seas un muchacho normal, alegre y feliz. Eso es lo importante.

Me pareció injusto y se lo dije. Se disculpó y me buscó un buen profesor, un joven ingeniero, con el cual aprendí Cálculo y Física intensivamente, de forma que los exámenes finales no me resultaron un obstáculo difícil de saltar. Me dispuse a pasar un verano «alegre y feliz», en el decir de mi madre.

Ayudé a Marcos todo lo que pude o me pidió. Quiero pensar que la causa de que no superase algunas materias, y fueron unas cuantas, no fue mi pedagogía, sino su dedicación intensiva a la política.

En 1949, la empresa de mi padre, por encargo de una familia yanqui, construyó una villa en Varadero. Una vez acabada, resultó que dicha familia o no tenía la plata suficiente o decidió escoger otros aires. Fue el caso que aquella villa sobre el mar se la quedó el constructor, es decir, mi familia. Con cierta frecuencia la ocupábamos y era donde mi padre invitaba a descansar a alguno de sus socios o a quien quería obsequiar para la mejor marcha de sus negocios. Algunos llegaban de La Florida en sus barcos y residían allí una temporada. Mi padre se quejaba de los excesivos gastos que su mantenimiento requería y hacía protestas sobre la necesidad de vender aquel «lujo innecesario». Nunca llegué a estar más de un par de semanas seguidas en aquella casa, que mi familia vendió antes de la revolución, sin embargo, de todas las cosas que he perdido, es la que echo de menos con más insistencia, como si entre aquellas paredes y, sobre todo, en sus balcones sobre el mar, se hubiera quedado varada una parte de mi juventud. Un destino que en mi deseo e imaginación era tan ancho como el Caribe visto desde los ventanales de Veracruz, nombre con el que mi madre había bautizado al lugar, pensando en el no tan lejano puerto mexicano, que ella recordaba con nostalgia. Nostalgia de cuyos motivos sólo supe más tarde.

La madera que allí utilizó el constructor era el ébano. Con aquellas columnas torneadas y los artesonados pretendía ganarle la batalla al salitre y al tiempo. La tercera planta la ocupaba un enorme salón. Cada habitación de la segunda planta tenía los muebles adecuados a las personas a quienes estaban en un principio destinadas. Todos diferentes, todos de *art-déco* y todos con unos baños de mármol propios de una Cleopatra tropical. En el sótano, habilitado como bar y bodega, se hallaba instalado un órgano cuya música, a través de una chimenea sonora, llegaba impoluta al salón del tercer piso. El fallido cliente de mi padre resultó ser un sibarita más inestable de lo que se les suele suponer a los caprichosos.

Mi madre me animó a que invitara a la villa a cuantos amigos quisiera y así lo hice. Por Veracruz pasaron aquel verano Marcos y también Julio y cuando ya estábamos concluyendo nuestras vacaciones, Marcos, respondiendo a mi insistencia, se trajo a pasar un domingo al grupo en el que *ella* reinaba. Nos bañamos, comimos en la casa, fuimos al puerto, donde Washington nos esperaba para navegar en un barquito. El día no podía quedar completo si no estrenábamos el salón de baile. Lo hicimos y ocurrió que, precisamente allí, comprobé cómo mis fantasiosos pensamientos se hundían una vez más en el pozo de la desilusión.

No había mucha luz, pues alguien se había encargado de ahorrar electricidad, pero sí la suficiente para ver, a los compases de una melodía más suave de lo que yo hubiera deseado, cómo ella unía su cara primero y sus labios después a los de un joven en quien yo no había reparado como probable contrincante. Se me torció la noche y cuando, alegres, todos se retiraron, las amables palabras que ella me dirigió, ignorante de mi despecho, me sonaron lejanas y desabridas.

Estaba claro que mi destino con las mujeres no resultaba fácil. Al parecer, se me daban mejor los estudios. Para un tímido, los fracasos, o lo que me parecían fracasos, no resultaban un estímulo para seguir insistiendo. Me retraje de nuevo y el final del verano lo pasé más en casa que en la calle.

Se llamaba Isidora Morales. Tardé algún tiempo en verla de nuevo. Mas cuando se produjo el reencuentro las cosas habían cambiado. Eran ya otros tiempos, también otro país.

IV.

Acuciado por la curiosidad pasé buena parte de aquel verano dedicado, entre lecturas, playas y paseos, a seguir investigando dentro de la casa, frecuentemente solitaria. Una especie de compulsión me retenía tardes enteras en mi habitación o en la biblioteca leyendo, pero también, aprovechando las ausencias, revolví todos los rincones de la casa. Los armarios y el altillo donde se guardaba toda clase de artefactos inservibles. Los desvanes resultan ser la memoria averiada de las casas y en ellos suelen mezclarse ropas en desuso con los más variados cachivaches que un día, quizá, dieron lustre a la parte principal de la vivienda. Descubrí una gran cantidad de fotografías depositadas en todos los baúles. La juventud y la niñez de los mayores, aun siendo una obviedad, ya lo dije, no deja de sorprendernos con su testimonio inmóvil.

Una tarde, al final del verano, di con la llave que abría la caja fuerte colocada dentro de un armario en la habitación de mis padres, empotrada en la pared maestra. Aquella caja fuerte, cerrada con una simple llave, es decir, sin cierre de combinación, estaba allí desde siempre y siempre pensé que contenía dinero y títulos de propiedad. Ese pensamiento la había salvado hasta ese día de mi curiosidad, pero la ocasión era demasiado propicia, así que abrí la caja.

No encontré dinero y sí documentación. En efecto, allí estaban depositadas acciones de varias compañías. Al fondo, había un portafolios de cuero y, dentro, una colección de cartas viejas en donde distinguí a primera vista la letra inconfundible de mi madre y también la de mi padre. Sin recato, me llevé el portafolios con todo su contenido a mi habitación, después de cerrar la caja y dejar la llave en su sitio.

Efectivamente, eran cartas cuidadosamente ordenadas según las fechas de expedición...

* * *

Santander, 15 de agosto de 1933

Querido Ángel:
El viaje fue tranquilo, aunque resultó algo pesado al final. Cuando llegamos a Vigo ya habíamos hecho buenas amistades. Por lo que nos dijo, el capitán había sido advertido de «nuestra importante presencia» y se deshizo en atenciones. A lo que se ve, tu padre, aunque no se dignó venir a despedirnos, le había hecho llegar la encomienda. Vigo es una ciudad muy hermosa, pero cuando llegamos nos recibió con lluvia, una lluvia fina y persistente que no acaba de abandonarnos tampoco aquí en Santander. Avisamos de nuestra llegada por telegrama desde el barco y cuando atracamos en el muelle —efectivamente Santander tiene una preciosa bahía— Antonio, el primo de tu padre y Toñuco, su hijo, nos estaban esperando con un coche alquilado. Querían que fuéramos inmediatamente hacia Asón, pero preferimos pasar un par de días en la ciudad.

Antes de desembarcar, el capitán nos informó de que unos días antes —no nos lo había dicho por no alarmarnos— en Cuba había estallado una revolución. «Machado ha huido», nos dijo. Confirmamos la información en Santander y, en efecto, con gran alegría comprobamos que el dictador había sido, por fin, derrocado. Sin embargo, las noticias siguen siendo contradictorias, como si existiera una gran confusión. Esperamos que, cuando llegue tu carta, todo esté ya aclarado.

Los parientes se llevaron el grueso del equipaje y a los dos días volvieron a buscarnos a la capital. Santander es una ciudad muy linda, pero hasta hoy, y hemos vuelto dos o tres veces, no hemos visto allí el azul del cielo. Hablé con el director del banco, que resultó *don amabilidades*. Los precios son aquí muy bajos, así que he caído una vez más en el pecado de despilfarro del que te ríes y me acusas. Hemos comprado toda clase de ropa para el invierno, que, según nos han dicho, es aquí duro. La ropa cubana de poco nos va a servir después del verano... La casa estaba muy bien preparada (tiene calefacción, como en Nueva York), pero he ampliado y cambiado el mobiliario. No te preocupes, es barato y de buena madera, como a ti te gusta. Antonio, Marisa, su mujer, y sus hijos siempre andan preocupados por nosotras, así que no nos falta de nada. Marisa y las chicas, María y Julia, se ocupan de la casa y nosotras... como reinas.

La casa tiene tres plantas, la última abuhardillada y dividida en habitaciones para el servicio. En la segunda, alrededor de un gran salón central, están las distintas habitaciones, seis en total, y al frente el gran balcón acristalado (acá lo llaman galería). Desde ese balcón lleno de luz se ve una gran extensión hasta el río y, al fondo, un bosque de hayas, robles (cagigas), fresnos, alisos... Justo delante de la casa, hay toda una plantación de frutales: perales, manzanos... y también, a la izquierda, un rectángulo con huerta: patatas, judías, tomates, cebollas. El prado ocupa el resto de las tres hectáreas y allí pacen las seis o siete vacas que Antonio sube desde el pueblo todos los días para retirarlas al anochecer. En la planta baja están las cocinas, pensadas como para un hotel, un gran salón con piano y todo (Anita saca de él alguna melodía de tarde en tarde). Bajo la galería y enmarcando la entrada principal (existe una segunda entrada que da acceso directo a las cocinas), hay un porche abierto donde, es de suponer, en el verano puede hacerse tertulia. En conjunto, un lugar para retirarse a meditar... a recordar... a esconderse del mundanal alboroto. Creo que hiciste una buena adquisición.

De inmediato me compré un radio enorme (una radio dicen acá) y por la noche podemos oír alguna emisora norteamericana. Por las noticias fragmentadas sobre Cuba, que Anita consigue entender mejor que yo (ya sabes mi torpeza con el inglés), parece que la confusión continúa. Deseamos tus noticias con ansiedad y ojalá no esperes a que llegue esta carta para escribirnos.

En Europa no se habla de otra cosa que de Hitler y los temores que suscita, aunque aquí, en España, parece contar con no pocos amigos. Por ejemplo, el cura, don Perfecto (qué nombre tan inapropiado) quien vino a saludar y, según parece es costumbre, se quedó a merendar. Marisa se esmeró y más que merienda parecieron las bodas de Camacho. Don Perfecto es, como te digo, un entusiasta partidario de Hitler y de la nueva Alemania. «Eso, eso es lo que necesita España: acabar con el comunismo y con toda la chusma de vagos y habladores que nos ha traído la República. En él se tenía que fijar Gil-Robles y no andarse por las ramas», dice.

También vino de visita el maestro. Parece que rendir honores a las *indianas,* como aquí nos llaman, es costumbre de las fuerzas vivas. Don Alfredito, el maestro, es un joven apuesto, muy activo en política (es del partido de Manuel Azaña, Izquierda Republicana se llama) y en nada coincidente con don Perfecto, de quien habla pestes. Al parecer, el cura aprovecha el púlpito para soltar soflamas anti-republicanas. Por cierto, Marisa nos recomendó ir a misa los domingos: «Estaría muy mal visto que no fueran ustedes», nos dijo. Así que allí nos tienes de punta en blanco, mirando de reojo para saber cuándo hay que arrodillarse. Anita me toma el pelo por mi naciente devoción, pero vamos a necesitar de los buenos oficios del cura y estoy muy dispuesta a confesarme y comulgar, si necesario fuera.

A través de Antonio, andamos en tratos con una familia de aquí, con vistas a la finca, para construir en ella la casa de tu hermana. Enterado el cura, también él quiere echar una mano: «El precio debe ser justo. No porque ustedes tengan dólares les deben cobrar más de lo debido». Todo acabará bien, espero, y con una buena limosna se arreglará la comisión para el párroco. Él ya se ha encargado de recordarme que «don Ramón —tu padre— es muy religioso, nada mojigato, pero buen creyente y amigo de la Iglesia». No te preocupes, no le he contado al cura lo bien que se las entiende tu padre con las mulatonas, antes y después de la muerte de tu pobre madre. La verdad es que en esto del mujerío resulta de una vitalidad envidiable. A propósito, yo sé, pues tampoco soy mojigata y son muchos meses de separación, que será probable encuentres más de una ocasión para lanzar, como se dice, alguna cana al aire. Desde aquí quedas autorizado, siempre que cumplas con dos, espero que fáciles, condiciones. Primera: que lo pases bien y en ambiente sano. Nada de bayús ni de lagartonas. Segunda: que te acuerdes de nosotras que, como tenaces hormiguitas, laboramos por tus bienes y en tu recuerdo.

El embarazo avanza con bien, al menos, eso nos ha dicho el ginecólogo con quien tuvimos en Santander una muy larga y amable sesión con todo tipo de análisis, conversación e inspecciones oculares y manuales.

Echo de menos la luz de La Habana, te echo de menos a ti y echo de menos a los niños, para quienes te mando una cuartilla aparte.

Te quiere.
Manuela

P.S. Ángel, el tiempo pasa despacio. A veces me vuelven los miedos, pero Nela los ahuyenta con su charla y su cariño. Yo también te echo de menos.

Un beso.
Ana

* * *

Queridos hijos:
Nos acordamos mucho de cada uno de vosotros. España es muy grande, pero nosotras apenas nos movemos. Hace mucho frío y el cielo está casi siempre gris. Cuando vayamos a Madrid le compraremos a Lucía las reproducciones de Goya que le pidieron en el colegio y cuando volvamos a Cuba os llevaremos una muy grande sorpresa y muchos regalos. Decidnos en vuestra carta qué os gustaría, para ir viéndolo en las tiendas.
Portaos bien con papá y con tía Angelita. No hagáis rabiar a las tatas.
Besos de Mamá y tía Ana.

* * *

La Habana, 20 de agosto de 1933

Queridas Nela y Anita:
No espero vuestra carta porque, aunque os supongo enteradas de los últimos acontecimientos que por acá han sucedido, creo que os gustará recibir información de primera mano, aunque os tarde en llegar.
Al poco de zarpar vosotras, en la noche del 10 de agosto, el embajador de EE UU, el señor Welles, tuvo una larga conversación con el general Herrera y le propuso que Machado pidiera al Congreso permiso para ausentarse. Luego dimitiría todo el Gobierno excepto el propio Herrera, quien actuaría como presidente hasta la entrada en funciones del vicepresidente Céspedes. El día 11 fue tenso y transcurrió entre idas y venidas. El ejército se mostraba, dicen, reticente a aceptar a Herrera. El tío de Anita me telefoneó la noche del 11 para recomendarme que cerrara bien puertas y ventanas. Ya estaba en la cama cuando se presentó en casa muy asusta-

do para decirme que Machado se iba al extranjero. Le dije que se quedara a dormir. Estaba preocupado porque, según él (yo la verdad no lo había visto) los del ABC habían paseado todo el día sus banderas verdes por La Habana. A la mañana siguiente, mientras desayunábamos, dieron por radio la noticia de que Herrera había dimitido en favor de Céspedes.

Ese día, la multitud asaltó el palacio presidencial y en la esquina de Virtudes con Prado una manifestación se topó con Jiménez, el jefe de la policía. Lo lincharon. No es cosa de llorar por él, pero esos métodos no auguraban nada bueno.

Según supe por nuestro amigo Chibás, a quien Céspedes nombró ministro (y también a Carlos Saladrigas), el embajador Welles, que está resultando un auténtico imbécil (no hay cosa peor que un necio con buenas intenciones), telegrafió a su presidente el mismo día 13, diciéndole que todo estaba bajo control. Una falsedad absoluta. Los días 12 y 13, según fuentes de las que me fío, murieron más de mil personas y empezaron los saqueos de las casas, pero por aquí no ha ocurrido nada, ni nada va a ocurrir. No paséis cuidado por nosotros.

Se desató una verdadera caza de los *porristas,* que Machado había tenido a sueldo, pero no todos los muertos eran pistoleros. Para mí que han abundado las venganzas y otros arreglos de cuentas.

Chibás vino a almorzar y me dijo con esa tranquilidad desesperante que Dios le dio: «La opinión pública está en contra de cualquier autoridad nacional, pero lo más grave es la situación del ejército. Está cohibido». No me aguanté y le dije que cómo podía estar allí tan tranquilo, comiéndose un arroz con pollo, mientras aseguraba tales despropósitos. «Sí —me contestó—, pero que yo esté en el Gobierno no quiere decir que controle la situación. La responsabilidad es del presidente y para decirte la verdad de lo que pienso: a Céspedes no le llamó Dios por el camino de la energía. Le he repetido que es preciso acabar con la matanza de *porristas* o se le hundirá el Gobierno entre las manos.» Mientras, siempre según Chibás, Welles pide acciones enérgicas, pero no las concreta. El tal Welles vive en el Hotel Nacional y aquello se ha convertido en una gatera donde todos hablan y nadie escucha. Estaréis conmigo en que éste no es un país serio. Para empezar, nadie habla de elecciones, sino que lo importante es saber quién tiene el favor del embajador norteamericano. Así que la legitimidad bascula entre el Departamento de Estado y los manifestantes callejeros. Resulta difícil caer bien a los dos, pero alguien lo intentará. Para colmo, tenemos un ejército que ni es respetado ni se respeta a sí mismo. En poco tiempo estaremos en manos del primer coronel que se llene la boca con la palabra *revolución*.

Bueno, basta de crónica. Espero que la mar haya estado más tranquila durante vuestro viaje que la tierra firme, que, como veis, anda revuelta.

Aquí todos estupendamente. Los niños encantados sin colegio, mi hermana rezando por las cuatro esquinas de la casa y mi padre llamando todo el día por teléfono para blasfemar en contra de la situación que, según él —y quizá no le falte razón— no traerá nada bueno.

Estoy deseando que lleguen noticias vuestras. De momento, el correo funciona, eso me han dicho. No os preocupéis demasiado, para cuando os llegue ésta, el viento habrá amainado.

Cuidaos. Mucha suerte y besos para las dos.

Ángel

* * *

Santander, 24 de agosto de 1933

Querido Ángel:
Aún sin carta tuya. Parece que las cosas se van estabilizando en Cuba, al menos, eso cabe deducir de la ausen-

cia de noticias escritas o radiadas. Por aquí reina la tranquilidad más absoluta. Si tuviera que encerrarme en esta casa mucho tiempo acabaría por morir de aburrimiento, un aburrimiento, eso sí, feliz. He aprendido a tejer con agujas y a ello dedico algún tiempo, el resto a leer (compré en Santander un surtido de libros) autores de esta tierra. José María Pereda —me lo recomendó el médico de Anita—, muy empapado de las *verdes campiñas*. Este novelista local es algo plomo, pero poco a poco mi estómago lo va admitiendo. Anita, sin embargo, no se anima a meterle el diente a las novelas y lee poesía. Le gusta Juan Ramón Jiménez, a quien yo tampoco había leído.

Los días de sol, que pese a ser verano bien sabes que no abundan, damos largos paseos por el campo y hacemos amistades en el pueblo. Somos allí una atracción y supongo que objeto de conversación. Aquí nunca pasa nada, todo pasa en Madrid donde también la política se agita.

Nuestro estado de ánimo es una mezcla de temores, alegrías y deseos. Sin saber lo que pasa exactamente en Cuba, nos preocupa la situación, pero a la vez, la caída de Machado nos hace pensar en un futuro mejor para todos.

El embarazo avanza, pero aún no es visible, así que, quitando algunos vómitos que desaparecerán, como suelen, al tercer mes, Anita está como una rosa, eso sí, comiendo inusualmente. Preparamos un viaje a Madrid. Quisiéramos ver el Museo del Prado, pero aguardaremos a que venga el otoño, pues nos han dicho que en el verano hace allí un calor seco que ahoga.

En espera de tus noticias, recibe un abrazo y un beso.
Nela

Ángel:
Todo va bien, ojalá que lleguen noticias tuyas pronto. Te queremos mucho.
Ana

* * *

La Habana, 20 de setiembre de 1933

Queridas Nela y Anita:

Llegó, por fin, vuestra carta del 15 de agosto y veo con alegría que todo os va bien. Por aquí las cosas no acaban de estabilizarse, aunque la vida, hasta cierto punto, se ha normalizado.

En los primeros días de este mes de setiembre, las cosas se complicaron. Corrió la voz en los cuarteles de que, dadas las circunstancias económicas, el Gobierno se proponía reducir los sueldos de los suboficiales y de la tropa. Un grupo de sargentos se encargó de hablar con el ministro de Hacienda. El muy estúpido no les recibió. Un oscuro telegrafista mulato (mezcla de negro, chino e indio) llamado Fulgencio Batista arengó a la tropa en el cine del campamento Columbia. Habló —dicen— de los desórdenes del pasado, de los cuales culpó a los jefes militares. Criticó al Gobierno de los EE UU. Arrestó a los oficiales y tomó el mando del ejército.

La toma del Columbia dejó al Gobierno a los pies de los caballos. Céspedes estaba ese día en Oriente a causa de un huracán que había producido allí cuantiosos daños. Ferrer, el secretario de Guerra, telefoneó a Welles para decirle que «no había esperanza de solución». Mostraba así la textura de un aguerrido gobierno poco dispuesto a resistir. Por la noche, el cuartel Columbia era un hervidero. Allí los dirigentes del Directorio Estudiantil daban el tono revolucionario. Entre vivas y mueras un grupo de cinco hombres se hizo con la situación y al frente se colocó nuestro vecino Grau San Martín. Junto a él, el banquero Porfirio Franca, del National City Bank, Carbó, el director de *La semana*, el profesor de derecho Guillermo Portela, el abogado Irizarri y el hijo de nuestro amigo Chibás, que representaba al Directorio Estudiantil. ¿Os acordáis de él, Eddy, con sus espejuelos de gruesas lentes, tan poca cosa? Pues ahí lo tenéis, de revolucionario.

A Welles, naturalmente, no le gustó nada esa *Pentarquía* que se había formado, así que telegrafió a Washington para pedir... lo de siempre, «dos barcos de guerra para La Habana y uno para Santiago». Parece ser que habló a sus jefes de la proclama de los sublevados que, según él, estaba firmada por los radicales más extremistas de la organización estudiantil y tres profesores universitarios «cuyas teorías son francamente comunistoides». Así, textualmente, intentando ayudar.

Entre la confusión, el sargento Batista se ascendió a sí mismo a coronel «por méritos de guerra y servicios excepcionales al país». ¡Qué desfachatez! Los otros sargentos que se le habían unido fueron ascendidos, más modestamente, a capitanes. Los grupos políticos insistieron, sin ningún éxito, cerca de la *Pentarquía* para que ésta devolviera el poder a Céspedes.

En la mañana del 8 de setiembre y por votación de los presentes en la sala —así de sencillo— se dieron poderes a la *Pentarquía* para que ésta eligiera presidente. Entretanto, casi trescientos oficiales estaban en reunión permanente en el Hotel Nacional, residencia hasta ahora del embajador Welles, quien seguía insistiendo en un desembarco norteamericano. Según me han asegurado, tuvo que ser el presidente Roosevelt personalmente quien le ordenara desistir del empeño.

Al día siguiente, los estudiantes por boca de un tal Carlos Prío, decidieron que ellos mismos nombrarían presidente. A las dos y media de la madrugada Eddy Chibás propuso a Grau. Así que Grau nombró su gobierno. Antonio Guiteras es el nuevo ministro del Interior. Las órdenes de este Gobierno no llegan muy lejos y en el Hotel Nacional han empezado, cuentan, a acumular armas. Mientras, en Washington se niegan a reconocer a Grau como presidente. Huelgas, peleas callejeras y motines se suceden de forma intermitente. Batista calla.

Así que tenemos un gobierno nombrado por los estudiantes, un embajador rodeado de militares acobardados dentro de un hotel y un gran desorden mental (que es el peor de los desórdenes) instalado en todas las cabezas. De manera que he decidido coger a los niños, a mi padre, Angelita y a los criados e irme a Florida en un barco que tenemos esperando en el puerto. Desde allí, me trasladaré por unos días a Nueva York. Pasaremos las Navidades en Tampa. Ya os enviaremos postales. No os preocupéis por nosotros. Cuando esto se aclare volveremos. Os mandaré un aviso por el telégrafo a través del Banco para que os lo hagan llegar.

Ánimo y mucha suerte. Y tú, Anita, cuídate mucho. Besos para las dos.

Ángel

* * *

La Habana, 24 de enero de 1934

Queridas Nela y Anita:

Ya os habrá llegado el aviso de nuestra vuelta. Hemos descansado de Cuba, aunque yo no he perdido el tiempo. La verdad es que la política cubana es capaz de aburrir a las estatuas. En fin, parece que las cosas, mal que bien, se van aclarando. Los niños están preciosos y encantados de no ir a las clases, aunque en Tampa les puse un profesor para que, al menos, aprovecharan el tiempo con el inglés.

Sin noticias vuestras, estoy seguro de que todo va bien y que el embarazo se desarrolla con normalidad y ya estará muy avanzado. Cuidaos mucho.

Ayer, nuestro vecino Grau San Martín, tras más de cuatro meses de inestabilidad y tropelías por doquier, salió del puerto hacia México. El coronel Mendieta ha sido reconocido presidente por los EE UU y, lo que es hoy más importante, por Fulgencio Batista que en estos meses se ha ido haciendo un hombrecito, el peso fuerte de la situación. Como bien sabes, Nela, no tuve nunca especial simpatía por personas como Grau, pero este final lo es por agotamiento. El coronel Mendieta, el nuevo presidente, viejo político donde los haya, ha hecho un gobierno que se parece mucho al que formó Céspedes al día siguiente de la caída de Machado, pero quien mueve los hilos, al menos eso dicen, es Batista. El sargento ha conseguido en estos meses agotar a todo el mundo: al ejército con dos acciones armadas que os contaré más adelante, a los estudiantes, que acabaron por mandar a casa a los líderes del Directorio Estudiantil y al embajador de los EE UU, Welles, que ha sido, por fin, relevado de su cargo para su descanso y el de todos los cubanos.

Como ya os conté, muchos de los oficiales del ejército habían tomado el Hotel Nacional como base de operaciones. Pues bien, el día 2 de octubre, Batista, que según dicen había advertido a Welles de sus intenciones, ordenó rodear el hotel y desde el mar, frente al Malecón, el crucero Cuba empezó a bombardearlo. Los oficiales juraron resistir hasta la muerte. A las cinco de la tarde se habían rendido, no sin antes haberse dedicado al tiro de pichón contra los soldados que rodeaban el edificio (80 muertos y 200 heridos según los periódicos). Cuando los oficiales fueron saliendo, ya desarmados y enarbolando heroicamente una bandera blanca, gente apostada en los alrededores disparó sobre ellos matando a once e hiriendo a más de veinte. Batista tuvo entonces la ocasión de hacerse con el poder, pero prefirió seguir jugando a dos paños. Por un lado, con los revolucionarios, y con Mendieta y Welles, por el otro. Total, que el sedicente gobierno de Grau se radicalizó y empezó a editar decretos y Guiteras a detener gente desde el Ministerio del Interior. A primeros de noviembre, era un clamor que el ejército haría una nueva intentona. Los oficiales conspiradores no las debían tener todas consigo, pues concentraron sus tropas el 8 de noviembre en el cuartel Atarés con la intención de resistir allí y esperar a que corriese la bola. Nada de eso ocurrió. Batista puso la artillería frente a la fortaleza y empezó el bombardeo. Esta vez no se anduvieron con bromas: ni banderas blancas, ni historias. Entraron a tiros. Murieron doscientas personas, unas en el asalto y otras en los tiroteos que siguieron toda la noche. Cada vez se entiende mejor por qué éste es un país que tiene una provincia llamada Matanzas.

El embajador, este necio procónsul romano que nos tocó en suerte, quedó una vez más en entredicho. El día 20 de noviembre se marchó de La Habana para ver personalmente a Roosevelt en Warm Springs. Warm Springs es un balneario situado en Georgia con aguas salutíferas conocidas ya en tiempo de los indios precolombinos. La familia Roosevelt tiene allí una finca familiar, la Georgia Warm Springs Foundation, dedicada a los poliomielíticos. Y allí se presentó Welles el domingo 22 de noviembre. La entrevista con Roosevelt duró cinco horas, y de ella salió una declaración que ni era carne ni era pescado. Los EE UU siguieron sin reconocer al Gobierno de Grau y, mientras, el incompetente embajador era incapaz de conseguir un gobierno de consenso. Y eso que Grau le ofreció la posibilidad de la dimisión. El 12 de diciembre, ¡al fin!, Welles se marchó a Washington con el rabo entre las piernas. El nuevo embajador se llama Jefferson Caffery. Ha sido, creo yo, el comienzo de la zafra de azúcar, es decir, la necesidad de conseguir los créditos yanquis para comenzarla, lo que ha forzado la llegada de Mendieta al poder. Así estamos.

Mi pesimismo político es grande, lo que contrasta con mi optimismo económico. Las cosas en EE UU empiezan a ir mejor. El dinero comienza a moverse. No os aburriré con ello, pero este año va a ser excelente para nosotros. He trasladado parte de nuestra actividad a Nueva York y hemos diversificado el negocio. Encontré unos socios solventes y hemos creado una compañía cuyo objeto es la construcción. Tenemos en marcha una operación urbana en Miami y pronto, si las cosas se tranquilizan, comenzaremos a operar en Cuba. Ya he tenido una entrevista con el alcalde de La Habana que vuelve a ser nuestro viejo amigo Miguel Mariano Gómez.

Los niños os echan de menos, pero siguen tan lindos y felices. Angelita ejerce la autoridad y las domésticas se ocupan de lo demás, que no es mucho, pues las dos mayores se pasan casi todo el día, ¡por fin!, en el colegio.

Yo seguiré viajando, ahora más a Nueva York y menos a Florida. Así que con la nueva empresa he comprado un apartamento no lejos del Central Park. Aún no lo he inaugurado. De «canas al aire» hay poco que contar, aunque creo que la distancia y el cielo gris parecen producirte (a Nela) una cierta tendencia morbosa. Trataré de ser digno de ella.

Mi padre, que cumplió setenta y uno, sigue tan impertinente como siempre y, no sé por qué, con alguna que otra suspicacia en lo que se refiere a vuestro viaje. Procuro hablar con él lo imprescindible y no demorarme en cuestiones personales, que son las que parecen interesarle ahora más. De negocios ni quiere oírme y me despacha con una frase sacramental: «Tú haz lo que más convenga». Si las cosas salieran mal, habría que oírle luego. Sigue paseando por el Malecón todas las tardes y, me temo, también hace tertulia en algún bayú del barrio Colón con los de su camada, que no por viejos son menos rijosos.

Nuestra habitación me resulta extraña por desierta. Ahora, mientras os escribo, está cayendo un chaparrón violento que, como siempre aquí, será efímero. Hace tanto tiempo que no consigo retener con nitidez el verde del prado o el gris del cielo que os acompañan en Santander... y lo siento, pues al recordaros me gustaría hacerlo en ese ambiente en que ahora estáis, deseo que felices, esperando.

Un beso muy fuerte para cada una.

Ángel

***

Santander, 27 de febrero 1934

Querido Ángel:

Recibimos la tuya, que nos alegró mucho. Las noticias, que confusamente captamos por las noches en el aparato de radio, quedan meridianamente claras en tu carta. Me entristece el final de la revolución. Por el momento, los cubanos seguimos sin conseguir ni la independencia ni la decencia, en fin, será nuestro sino.

La fecha del nacimiento se acerca. Según nos dijo el médico, podría ocurrir hacia mediados del mes próximo, es decir, dentro de dos semanas. A veces me entra miedo de afrontarlo a solas con Ana, así que he contratado, a partir de la semana próxima, una comadrona, como aquí se llaman, para que venga a vivir con nosotras y asista al parto. El ginecólogo nos asegura que nada hay que temer, pero una primeriza siempre es fuente de preocupación. Yo conozco las aprensiones que se sienten, aunque ella no lo diga. Los temores a una deformación, a un mal parto y, siempre, al dolor desconocido. Los andares de Ana se han vuelto pesados y tengo que obligarla materialmente a pasear, lo cual hacemos todas las tardes que no llueve. Y cuando llueve... bailamos en el salón, con la música de una vitrola enorme que he comprado y, sobre todo, discos de Gardel que abundan por aquí.

Rechiflao en mi tristeza,
hoy te evoco y veo que has sido...

La hinchazón de su vientre nos separa, pero no tanto como para no dirigir convenientemente los pasos del tango que con tanta dedicación aprendí de ti.

Aunque hemos vuelto tres o cuatro veces a la capital, la mayor parte del tiempo lo pasamos en casa leyendo y hablando. Bueno hablando yo, pues a ella el embarazo la ha vuelto más retraída, como ensimismada, aunque siempre cariñosa. Naturalmente también te extrañamos y, claro está, a los niños. Echamos de menos Cuba y no sólo el sol y la luz...

También por aquí la política está enrarecida y tengo que aguantar pacientemente a don Perfecto, el cura, que más que ocuparse de Dios se preocupa por la cosa pública, la República, que para él, monárquico convencido, no es sino una usurpación. Le doy la razón como a los niños, pero no parece muy seguro de mis convicciones así que insiste una y otra vez. ¡Qué castigo!

El maestro, que había puesto los ojos, creo yo, en Ana, al ver crecer su vientre, tan llamativo, ha vuelto su mirada hacia mí con gran contento por mi parte. Así que coqueteo con él sin recato y sólo la presencia de Ana le impide, pienso, pasar a mayores... ¡si él supiera! Le tengo cogido de la correa y le ato corto o largo según me place.

El viaje a Madrid lo hemos pospuesto para después del parto. Un día por otro... ya veremos el museo en la primavera. En efecto, Santander, la ciudad, es hermosa y, cuando hemos tenido la suerte de que el sol se dejara ver, resulta transparente, aunque no tanto, ¡ay!, como La Habana. También hemos ido a Santillana, una maravilla que supongo conoces y a las cuevas de Altamira con las pinturas prehistóricas que, me imagino, ya viste de muchacho. Por si no fue así, te he comprado un libro que, aunque desmerece del natural, está bien ilustrado.

Conviene que prepares a los niños para que no les coja de sorpresa la llegada de un hermanito.

Recibe un largo, fuerte y cariñoso abrazo con todo lo demás, todo lo que tú quieras...

           Manuela

Ángel:
Me balanceo entre la ilusión y el desánimo. Parece lógico que así sea, pues si Nela me anima, el cielo gris me deprime. No puedo dejar de pensar en mi futuro y me siento inútil y a la vez necesaria. Es decisión tomada, me digo, pero no puedo dejar de impresionarme. En fin, quedan quince días y espero portarme bien. Te prometo ser valiente.

Te echo de menos, claro que te echo de menos.
Un beso.

              Ana

* * *

Telegrama
Santander, 17 de marzo de 1934
Nació Jesús. Todo bien. Sigue carta.
Manuela y Ana

* * *

       Santander, 24 de marzo de 1934

Querido Ángel:
El parto, en contra de mis previsiones y de los temores de Ana, fue corto y perfecto. El niño es hermoso, blanco como una rosa blanca y tranquilo. Ana está perfectamente, aunque su depresión ha aumentado. El doctor dice que eso es normal. Así que todo va según lo previsto, incluida la complicidad de don Perfecto a quien he contado una bella historia melodramática.

Según ésta, Ana quedó embarazada de un novio que murió en la revolución. Abandonada y huérfana nos hicimos cargo de ella con el compromiso, por su parte, de tener el hijo en contra de la opinión de su familia que la quería obligar al aborto. El nuestro (el compromiso de la familia Cagigas) es prohijar a este niño para lo cual es imprescindible que parezca nacido de mí y de ti. Entre convencido y estimulado por la generosa limosna que le entregué, accedió. Aunque le hubiera gustado que tú se lo confirmaras. A este respecto convendría que al recibo de ésta le enviaras a la parroquia un telegrama con un texto, más o menos, así:

D. Perfecto Miera
Muy agradecidos por su buena acción.
Familia Cagigas

De esta forma quedará todo resuelto. Iremos a Madrid con la partida de bautismo a inscribirlo en el consulado de Cuba. Espero no tener problemas allí.

Supongo que tu padre te habrá comentado la carta que le envié al poco de llegar, diciéndole que estaba embarazada y quería tener el niño en España. Es la misma historia que, si no lo has hecho, debes contar a los niños. No se me escapa que vuestros familiares de aquí y todo el pueblo puede hacer llegar a tu padre la verdad sobre mi nueva maternidad, pero a estas alturas eso me importa poco. En todo caso, es una cuestión que dejo completamente en tus manos. ¿De acuerdo?

La primavera ha llegado con fuerza y milagrosamente ha estado quince días sin llover. Los frutales se han llenado de flores y el porche es ahora nuestro más preciado lugar de reunión. El maestro continúa rondándome la calle con más retórica que pasión, todo hay que decirlo, pero me sigue gustando el juego literario y floral. Debe pensar que las cubanas, morenas y parlanchinas, son más *satas* (coquetas dicen por acá) que santas. Es verdad, pero no tanto como para meterme en una aventura. Por ese lado, estáte tranquilo.

Volver a tener un bebé entre los brazos me hace sentir más joven y a la vez más serena (lo quiera o no, yo no soy quien le da de mamar) que cuando tuve a los otros. Ahora también me siento padre, quien arregla los papeles. Este niño, por tanto, tendrá dos padres, no dos madres. Un buen argumento para un drama de las hermanas Brönte, pero nosotros tres haremos, ya lo verás, que su argumento sea muy otro: alegre y libre.

Un beso muy fuerte.

Manuela

* * *

Santander, 20 de abril de 1934

Querido Ángel:

Sin carta tuya, continúo ya de vuelta de Madrid. Todo resultó bien, sin problemas. Tengo el libro de familia, copia de la inscripción y todas las bendiciones del caso. Aunque Anita anda todavía un poco débil, fuimos los tres a Madrid. El viaje en coche fue cómodo y en dos etapas. Así aprovechamos para ver Burgos y su catedral.

Madrid me resultó sorprendente. Parece mentira que desde este pueblo grandón y destartalado se haya gobernado el mundo. Como París y Roma sean tan decepcionantes, se me caerán todos los mitos europeos.

Aprovecho para anunciarte que en cuanto el médico nos autorice, viajaremos los tres a París y luego a Milán, Venecia, Florencia y Roma. He visto precios en Madrid y son verdaderamente bajos pagados en dólares (supongo que en moneda local será otra cosa). De Madrid, el Museo del Prado, la Plaza Mayor, el palacio presidencial y poco más.

¡Ah! El Escorial, pero no está en Madrid. El monasterio de Felipe II sí nos ha impresionado. Pero no sé por qué te cuento todo esto, si tú ya lo conoces.

Supongo que los niños saben ya de la llegada de su hermano Jesús. Me imagino que tu augusto padre y tu no menos augusta hermana han sido informados de *nuestra* nueva paternidad. No me gustaría tener que dar explicaciones. Ya sabes mi teoría: una mentira dicha con aplomo tiene muchos más visos de realidad que cualquier verdad. Además ¿qué es la verdad?

No tengo que decirte que estoy animosa. Hoy luce un sol primaveral que hace brillar el verde del bosque lejano como si fuera una esmeralda.

Te echo mucho de menos. Un beso con todo lo demás...

Manuela

Ángel,

Me voy recuperando bien. La presencia del niño le da sentido a la locura cometida. Sin embargo, tengo dudas de que la decisión tomada respecto a los apellidos del niño, etc., sea la correcta. En fin, ya veremos.

Te quiero y te echo (te echamos) de menos.

Ana

* * *

Volví a ordenar meticulosamente aquellos papeles, blancos los de él, azules los de ellas y los coloqué donde habían estado durante dieciocho años, dentro del portafolios de cuero repujado.

El mulato cortaba las ramas en el jardín con su característico ritmo lento. De vez en vez se oía el *clic* de la podadora. Fui al baño, me di una larga ducha, me sequé y me puse el esmoquin. Toda la plata que tenía la distribuí entre los bolsillos del pantalón. Era domingo y la casa estaba desierta. Salí al jardín y me dirigí al mulato: «Diles que no me esperen para cenar». Bajé hacia el Malecón mientras el sol se escondía. Al llegar al mar, me dirigí por el paseo, aún desierto, hacia el centro. Las calles se fueron animando con el atardecer. Mi indumentaria no levantó la menor curiosidad entre los todavía escasos paseantes. Paré en el Hotel Inglaterra y pedí un daiquiri en la barra. En la Plaza Vieja, silenciosa y semidesierta, me hice lustrar los zapatos de charol. Quedaron tan brillantes que se pusieron, solos, a dar unos pasos de claqué ante la mirada incrédula del negro a quien acababa de dar una propina espléndida. Pasé por la estación y el bullicio reinante me sorprendió. Allí compré cigarrillos y una caja de cigarros Montecristo que metí bajo el brazo. Por primera vez en mi vida, encendí un cigarrillo y su sabor me resultó desagradable. Lo arrojé al suelo. Fui hacia el puerto, habitado tan sólo por un grupo de marineros vociferantes. Volví atrás y en la calle Virtudes entré decidido en un bayú del que me habían hablado.

Un negro de casi dos metros de altura me franqueó la puerta sin dignarse abrir la boca y me hizo entrar al enorme salón interior iluminado por media docena de lámparas de mesa que le daban un tono sombrío. Pasado el tiempo y acostumbrada la retina, la semioscuridad desaparecía para dejar paso a una tenue, pero suficiente, iluminación. Un hombre leía el *Diario de la Marina* sentado en un canapé. A su lado reposaba un sombrero de pajilla y un bastón de caña. Vestía una camisa blanca, inmaculada, con la pechera escarolada, la corbata de lazo largo de un chocante color verde, el mismo que lucía su saco de alpaca. Los pantalones y los zapatos eran negros. Le ofrecí un habano y aceptó. El salón era redondo y estaba decorado al estilo del novecientos: gruesas cortinas en colores crudos y alfombras en buen estado. El hombre debía tener unos cincuenta años y, aunque me había aceptado el tabaco, no parecía dispuesto a darme conversación. Me senté no lejos de él, en un *tú y yo* de gutapercha, ancho y cómodo. Comenzó el desfile. Eran siete o quizá ocho mujeres, variadas en edad, volumen, altura, color, formas y vestidos. El hombre no separó sus ojos del periódico durante el pase de modelos, como si las nalgas, senos y lencería, no fueran con él. Pensé que era el encargado, así que me atreví a dirigirle la palabra.

—Quizá pueda decirme usted si aquí se puede estar sin consumir —le pregunté.

Sin levantar su mirada del diario me contestó.

—Depende de lo que usted llame consumir.

—Quiero decir... sin ocuparse con alguna mujer.

—Usted verá —me dijo—. Yo vengo aquí casi todas las tardes a leer el periódico.

Tras un silencio demasiado largo, insistí.

—Pero algo más hará usted...

—Bueno, me tomo un ron —y levantó una minúscula copa ya vacía, que había sobre su mesa y que me había pasado desapercibida.

—Pues si usted me lo permite, tendría mucho gusto en invitarle. Yo me tomaría de buena gana un daiquiri.

Dio un par de palmadas sin mirarme y al instante apareció por el foro una criada con cofia.

—¿Qué desean los señores?

—Un ron para el señor y para mí un daiquiri —le dije.

Se fue por donde había venido y volvió con la comanda que depositó sobre nuestras respectivas mesas en silencio. El hombre se tomó el ron de un solo trago, sin pestañear.

Entró un tipo bien vestido, saludó y se sentó. Al poco, se produjo un nuevo desfile, pero esta vez una mulata se quedó con él conversando y enseguida salieron juntos hacia el fondo. Una pareja de mediana edad, un hombre y una mujer con aire vulgar, aunque con aspecto de tener buenos pesos en el bolsillo, pasaron acompañados del negro, pero no se sentaron, sino que se fueron directamente por el fondo.

—¿Ha visto usted? —me atreví a comentar.

—He visto ¿qué?

—Era una pareja.

—Tendrán ganas de fiesta. Un domingo de agosto, aquí en La Habana, no da para mucho. No me he fijado bien, pero para mí que no están en edad de ir de arrullos por el Malecón. Seguro que aquí lo pasan mejor y en buena compañía, aunque es algo más caro.

Entraron dos jóvenes, seguramente llegados esa misma tarde de Camagüey o de Trinidad. Bien vestidos, formales, con plata fresca. Nuevo pase, consultas entre ellos y... hacia el fondo.

Desde la atalaya en que me había colocado recordé el mal rato que Julio y yo habíamos pasado la primera y única vez en la que había visitado un burdel.

El hombre dejó de leer, dobló cuidadosamente el diario y, mirándome por primera vez, me dijo:

—Veo que no se decide, joven. Así que si no le parece mal le invitaré a otro daiquiri. Yo seguiré con el ron.

Su cigarro estaba ya en las últimas, así que le ofrecí otro que aceptó, elogiando la calidad.

—Bien —continuó—, si usted me permite un consejo, le diré algo. Como habrá visto, hay buen material, pero no es oro todo lo que reluce. Si usted busca la estética, vaya a Tropicana o, simplemente a Floridita de mirón, pero si uno viene a un lugar como éste, el mejor de La Habana, se lo digo yo, es porque desea una cosa dis-tin-ta —dijo separando las sílabas—. Eso es lo que le hace dudar, ¿no es así? —no esperó respuesta y siguió—, pues aquí lo puede encontrar. Ha pasado por delante de su cara y difícilmente la ha podido distinguir. Se llama Ruth. No tiene los senos más grandes, ni los más perfectos. No tiene el trasero más poderoso, ni el más llamativo. Su cara no es la más morbosa, ni la más pintada. Es de conversación normal, pero en la cama... en la cama, joven, es una artista, ni Velázquez, el pintor, ni Bola de Nieve cantando (¿le gusta Bola de Nieve?, canta como los ángeles) le llegan a la suela del zapato en arte, porque lo suyo es arte. Un arte que puede transformarse en huracán. No se lo pierda.

Otras dos palmadas y nos trajeron de beber. El silencioso lector, tan parco en palabras hasta entonces, se había transformado en gran conversador.

—Veo que se sonríe —dijo—. Le hago una apuesta. Llamamos a Ruth, usted la ve y luego se va con ella. Si no es lo que digo, yo pago el servicio, pero si tengo razón, me invita usted a la próxima copa.

No me dejó contestar, se levantó, pasó dentro y al poco entró en el salón una mulata de color caramelo. Había desfilado con el grupo, pero sólo me había fijado en sus medias blancas hasta la mitad del muslo que sujetaba con un liguero también blanco. Llevaba el sexo descubierto y cubría su cuerpo con una blusa negra que escasamente le llegaba a la cintura.

—A este joven me lo tratas bien, que es amigo mío —le dijo—. Debe quedar contento. Ya ves que viene de una fiesta y la chica que le acompañaba le ha dejado por un oficial del ejército. Haz que se olvide para siempre de esa mujer indeseable.

Los daiquiris empezaban a hacer su efecto. Me levanté sin decir palabra y fui caminando hacia el fondo de la escena. Ruth me seguía un metro atrás, guardándome la retaguardia. Antes de desaparecer tras la cortina, se oyó la voz del hombre que me decía:

—Sin prisas, chicos. Estaré aquí esperando en compañía de estos magníficos cigarros.

—¿Qué color desea para la habitación? —dijo Ruth en cuanto salimos del salón— rojo, malva, azul celeste o negro.

—¿El negro es para quienes están de luto? Prefiero el rojo —le dije.

Todo el rojo estaba concentrado allí en sus distintas variedades: granate, carmesí, bermellón... desde el pálido casi rosado hasta el más chillón y colorado. Aquella habitación era, en efecto, un auténtico campo de gules. Ruth cerró la puerta por dentro y empezó por quitarme el saco del smoking, luego siguió con las demás prendas. Cuando acabó con los zapatos, comenzó la guerra de Troya. El tiempo se paró. Fue un curso completo de ciencia y técnica, una expresión acabada de pedagogía, el enseñar y el aprender. No pudo durar tan sólo la hora que marcaban las manecillas de mi reloj cuando abandoné aquella habitación de fuego.

El salón estaba ahora más animado, una decena de hombres platicaban con las mujeres, que habían abandonado las habitaciones interiores y compartían allí conversación y tragos. El hombre seguía en su sitio, pero en el *tú y yo*, antes ocupado por mí, estaba ahora una pareja en actitud confidencial. Fui hacia el lector y me senté a su lado.

—¿Todo bien? —dijo como saludo.

—Yo pagaré los tragos... los de toda la noche. Creo que es lo justo —dije por toda respuesta.

—De acuerdo, joven. Estará usted conmigo en que el arte no tiene precio. Lo que acaba de pagar llega, apenas, para la entrada al museo y se ha llevado usted consigo el mejor cuadro de la exposición. Siempre lo tendrá. Cuando quiera gustar de él, le bastará con cerrar los ojos y... La fantasía es la única cualidad humana no sujeta a las miserias de la realidad.

Por la entrada del fondo apareció una mujer con un traje de fiesta negro hasta los pies, el cuello cubierto de perlas. Mediría un metro setenta y cinco, delgada, teñida de rubio. Se movía dejándose mirar y se dirigía hacia nosotros. Al verla llegar, el hombre se levantó y acercó una silla invitándola a tomar asiento con un gesto. Ella lo hizo todo con gran majestad, mientras decía:

—Me alegro de verle, don José. Parece que se ha adelantado hoy la hora del cierre.

—Sí, doña Marucha. Ahora con la censura se nos aligera el trabajo.

—Este joven... ¿es pariente suyo?

—No, acabo de conocerle, pero tengo la sensación de que nos hemos hecho amigos. Ya sabe usted que compartir estos salones une mucho.

—Ruth, supongo —continuó la señora.

Alargó la mano cubierta de anillos y tomó un cigarro de la caja mientras decía «¿puedo?», a cuya demanda los dos asentimos. De cerca, seguía siendo linda, pero se le notaban los años. Luego continuó, mientras encendía el veguero:

—Es una chica que vale más de lo que pesa. Con gente así da gusto trabajar. Además, es una persona excelente, buena compañera, ordenada, leal e inteligente. Si alguien se decidiera a tomarla en matrimonio —Dios no lo quiera— se llevaría una joya.

—Aquí el joven, por cierto, ¿cómo se llama usted?, ha quedado satisfecho.

—Jesús es mi nombre —dije, y les di la mano a los dos muy ceremonioso.

—Pues bien, Jesús —dijo doña Marucha—, ha de saber usted que aquí todas las chicas son de confianza, ya me entiende. Aunque la clientela es selecta, cada semana viene el médico y realiza una revisión total. Se les trata bastante mejor que en sus casas. No les falta de nada... y buenos ahorros que van haciendo. Cuando llegan, la mayor parte arrastra una historia... aquí rehacen su vida. No veo por qué este oficio ha de ser peor que cualquier otro, siempre que se haga, claro está, con profesionalidad. Es lo único que se les exige.

La conversación atrajo más ron y daiquiris. Empecé a notarme volando, como si el alcohol ingerido diera alas a mi cuerpo y a mi imaginación. De repente, me encontré narrando la historia que allí me había llevado y la estaba contando en primera persona. Doña Marucha se interesaba cada vez más en ella. Preguntaba detalles, fechas.

—Y dice usted que se llama Jesús —inició—, pero no nos ha dicho su apellido.

Iba a responder, cuando don José me interrumpió.

—Su historia es buena, pero no desearía yo que cayera en manos de Félix B. Caignet y apareciera difundida a los cuatro vientos por la radio. Es preferible que su apellido paterno quede en el anonimato. Déjenos poner algo de nuestra propia imaginación en su secreto.

Doña Marucha echó sobre el periodista una mirada aviesa y yo, lanzado y protagonista, seguí.

—No me importa, no veo por qué he de ocultarlo —y lo dije.

—Cagigas... Ya, quizá el de la naviera —se atrevió a aventurar doña Marucha.

—Así es —concluí.

—Su padre murió, ¿no es así? —siguió inquiriendo la mujer, mientras encendía otro cigarro.

—No, mi padre vive, quien murió fue mi abuelo —aclaré.

—Pues era un gran señor. Tuve ocasión de conocerle, no íntimamente, entiéndame, pero sí..., sí que le conocí. Era un gallego muy simpático y espléndido. Nunca se detenía por una cuestión de plata.

—Creo que es hora de que nos dé el aire. Es un poco tarde —dijo el hombre.

Salimos y en cuanto pisamos la calle, me miró atentamente y preguntó.

—¿Está usted en condiciones de pasear o prefiere que tomemos un auto?

—La noche es joven —contesté con una risa estúpida.

—Está bien. Iremos por el puerto y el aire marino nos despejará.

Paseamos un trecho hasta llegar a la altura de la Plaza de Armas, viramos allí en perpendicular y nos sentamos en el café O'Really. Cuando nos sirvieron unos refrescos —«Nada alcohólico ¿verdad?», me había dicho antes de pedir la bebida—, comenzó a hablar sin dirigirme la mirada.

—Joven —empezó—, ha cometido usted una imprudencia. Nada grave, es cierto, pero no debió decir su apellido. No es que esa señora vaya a poner un aviso en el *Diario de la Marina*, pero no dejará de hacerse la interesante reproduciendo su historia que, de usted para mí, nada tiene de siniestra. No veo por qué usted ha de romper un secreto que en el fondo no es suyo, sino de sus padres, si se me permite decirlo.

—Y ¿quiénes son mis padres? —pregunté—. Pues en las cartas, tal como les he contado, queda claro quien es mi madre, pero ni mucho menos quién sea mi padre.

—¿Y no ha pensado usted, joven, que su padre podría ser *su padre?* Según usted cuenta que es la relación entre los tres... tan íntima, es, incluso, lo más fácil de deducir. Por otra parte, más que la cuestión de quiénes sean sus progenitores, para mí, se lo confieso, la parte más interesante de su historia y el personaje más seductor y más benévolo es el de su madre legal, más que el de su madre biológica. Usted es el objeto de un bello amor, pero no del amor entre su padre y Ana, ¿dijo que se llamaba así?, sino del amor de su madre legal, a la vez por su marido y por su amiga. Debía estar usted agradecido del secreto, no diré yo el engaño. Los engañados, los burlados, han sido los prejuicios de esa buena sociedad a la que usted tiene la suerte... o la desgracia de pertenecer. No sé de qué se queja —calló un momento y continuó—. Si quiere atender un consejo, y ya sé que en estas cosas los consejos valen bien poco, no intente arreglar las cuentas ni con sus padres ni con su pasado. No se hará bien a usted, no les hará bien a ellos y, además, cometerá una injusticia. Y ahora, si le parece, vamos a celebrarlo. Usted ha dicho que la noche es joven.

Llamó a un taxi y me llevó con él a un lugar en Miramar donde tocaban toda clase de ritmos. No probamos alcohol y a mí la melopea se me fue diluyendo lentamente, como había venido. A él no pareció nunca hacerle efecto el abundante ron que había tomado en el bayú. Cuando miré el reloj eran las tres de la mañana y nadie en aquel lugar parecía tener prisa. A eso de las cuatro, un negro se sentó al piano y comenzó a tocar. Se hizo un silencio absoluto cuando arrancó a cantar sin micrófono. Era Ignacio Villa, *Bola de Nieve.* Tenía la voz quebrada, pero, en efecto, cantaba como los ángeles y allí estuvimos escuchándole, con breves interrupciones, hasta las seis de la mañana.

Amanecía cuando salimos a la calle y tomamos un taxi. No hablamos durante el trayecto, cuando bajé, frente a mi casa, al despedirnos me dijo:

—Me puede encontrar donde nos hemos visto hoy o en *Bohemia,* allí trabajo... o, al menos, allí es donde me pagan. Hágame caso, el pasado no se puede arreglar... quizá el futuro.

El taxi arrancó sin esperar mi respuesta. Todos dormían cuando llegué. Me metí en la cama y sólo desperté para el almuerzo. La casa respiraba normalidad, y yo, alentado por el tranquilizador consejo de mi acompañante, no hice nada por quebrar aquel espejo en calma.

V.

La lluvia, una lluvia lenta y persistente, me había acompañado nada más bajar del avión. No había vuelto a Nueva York desde niño y no lo recordaba como ahora estaba. No tardé mucho en darme cuenta de que Nueva York es de color verde tiza, el color de los tejados y las molduras de los viejos edificios. También puede ser rojo y pardo. Le Corbusier decía que Nueva York es blanco. Lo dijo porque, seguramente, sólo se fijó en los rascacielos y no en los barrios de pequeños edificios que son los que, en verdad, dan color a la ciudad. Una ciudad inabarcable, de unas dimensiones difíciles de comprender para alguien que ha nacido y vivido en La Habana. Una ciudad que, sin embargo, sabe hacerse habitable en sus barrios, donde puede ser íntima y provinciana.

En los últimos días de agosto, mi padre había vuelto a insistir en la conveniencia de mi traslado a la universidad Columbia. Más tarde supe que, sin consultarme, había hecho una preinscripción a mi nombre. Sus argumentos fueron apoyados esta vez por toda la familia, incluido Luis. Los tiempos en Cuba no iban a ser tranquilos, al menos en la universidad. Nada más obtener mi consentimiento, mi padre consiguió formalizar la matrícula en la Escuela de Arquitectura. Fueron quince días de preparativos y despedidas. Mi ánimo anduvo confuso, aunque cada vez más decidido a iniciar la aventura en solitario. «Quiero vivir solo», le dije a mi padre en un alarde de independencia escasamente meditado. Se resistió, alegando que en su apartamento había sitio suficiente. Al final, cedí, más por miedo a la soledad que otra cosa. Acordamos que el primer año ocuparía su apartamento y luego yo decidiría. En ese momento me alargó un llavero. «Éstas son las llaves. Podrás tener la misma independencia que si vivieras solo», dijo.

La casa estaba en la calle 78 Oeste, entre las avenidas de Amsterdam y Columbus. Un edificio de ladrillos rojos, vecino al Museo de Historia Natural que tanto me había impresionado de niño en mi anterior visita a Nueva York. Al lado del Central Park y no excesivamente lejos de la Columbia, a cinco estaciones del metro que atraviesa, bajo Broadway, esa zona de Manhattan.

Cuando entré por la puerta del edificio y subí con mi maleta en el ascensor (el resto del equipaje llegó más tarde en barco) tuve una sensación de angustia. No sólo porque era la primera vez que iba a vivir en una casa de pisos, en el piso sexto, sino porque desde mi llegada al aeropuerto no había podido evitar la impresión de ser un número entre una multitud que aparentaba moverse con rumbo fijo, como cumpliendo una obligación. Abrí la puerta del apartamento y me encontré solo.

Era un piso amplio, de unos ciento cincuenta metros. Anochecía, así que encendí todas las luces y lo inspeccioné a fondo. Amueblado con aire impersonal. Una gran cocina y un salón con dos ventanales que daban a la calle 78. Al lado, con entrada no desde el salón sino desde el amplio pasillo en escuadra, estaba lo que supuse y luego comprobé iba a ser mi habitación. En ella, un amplio ventanal daba a la Avenida Columbus. Alguien había colocado allí, aprovechando la luz, una mesa de despacho con una silla a juego. Dos estanterías desnudas enmarcaban una cama de cuerpo y medio. Las estanterías, el buró, la cama y dos sillas suplementarias eran de la misma madera de color claro e idéntico estilo. En un rincón, plegada, una mesa de dibujo con su taburete desentonaban del conjunto. En otro, un sillón de orejas tapizado en tela gris. En el hueco, entre una de las estanterías y la pared, había un armario empotrado.

Hasta que llegó mi padre, ya tarde, pasé varias horas acobardado con una exagerada sensación de desarraigo, como si al abandonar Cuba hubiera viajado hacia lo desconocido en el mayor de los desamparos. Esta impresión, bien que en retroceso, me habría de durar un par de meses. Cuando esa noche mi padre y yo nos sentamos a la mesa en la enorme cocina a tomarnos una cena calentada por él, le hubiera pedido que se quedara allí conmigo hasta que pudiera volver a La Habana. Naturalmente, nada le dije.

—Tendrás que aprender dos cosas con urgencia. A cocinar y a manejarte con el metro y los autobuses —me advirtió.

Jamás había hecho yo en la cocina algo más complicado que un sándwich. Nunca había ido al mercado.

—Una mujer vendrá tres días por semana a arreglar la casa —continuó—. He hablado con ella y le puedes dejar una nota y dinero para la compra... ya sabes, bebidas, carne... fruta. También puedes comprar tú.

No le contesté, pero aquella sencilla operación se presentaba ante mí como una montaña inaccesible... no sabía los precios, ni cómo cocinar lo que trajera. Una vez más, callé por no parecer un inútil y tal era como me sentía. Las cosas, luego, suelen ser más sencillas, pero siempre he tenido y aún sigo teniendo, una profunda impotencia sicológica para enfrentarme en las nuevas situaciones a estas minucias que me resultan, sólo al inicio, impedimentos que sé son estúpidos, pero que se me hacen difíciles de escalar.

Dos días más tarde, mi padre marchó a Florida y de allí a La Habana. Tardó más de un mes en volver y para entonces había estropeado y conseguido que me vinieran a reparar el frigorífico. Mi dieta se había limitado a carne a la plancha y patatas fritas. Emma, la negra cuarentona que hacía la limpieza, las conseguía ya cortadas y listas para freír. La mujer era dicharachera, lo que, por un lado, me facilitaba las cosas, pero su inglés me resultó al principio complicado en extremo. Pasé demasiados días sin hablar con alguien que no fuera el portero de la finca, Emma o los taquilleros del cine. El idioma tampoco ayudaba a mi pesada timidez. Aunque en clase con profesores o compañeros no tenía problemas, en la calle, en las tiendas o librerías, al principio, algunas veces, tenía que hacerme repetir las frases, lo cual atormentaba mi inseguridad. Mi acobardamiento cedió de golpe la tarde en que después de las clases me arrimé materialmente a un grupo de tres compañeros para ir al cine. A la salida, aproveché para invitarles a tomar algo en casa. Cuando, a una hora temprana, marcharon, me vi entrando en el camino de la normalidad.

Del primer sábado que pasé en Manhattan recuerdo con gran viveza la vista de Broadway desde Times Square. Aquello me pareció un parque de diversiones. Una estridente galería de vallas con anuncios donde se mezclaban la Coca-Cola y Clark Gable. Los cigarrillos Pall-Mall y Rita Hayworth con el olor a patatas fritas y a hamburguesa. Un olor que se fundía con la humedad de la calle. Una vieja porteadora de una gran caja llena de cigarrillos, peines y cordones de zapatos. Un hombre-sándwich gigantesco anunciando una película con carteles que le cubrían tanto el pecho como la espalda hasta los tobillos, y en las vitrinas del Times Building las noticias de última hora. El Capitol, el Rivoli, el Forum, el Victoria o el Warner exhibiendo sus anuncios luminosos con las últimas películas estrenadas o por estrenar.

Cuando entré por vez primera en la universidad Columbia, en Broadway, descubrí de dónde habían sacado muchas de sus ideas quienes construyeron la universidad de La Habana. Los edificios universitarios en torno a la biblioteca y el pórtico de columnas jónicas que señalan su entrada me recordaron mi anterior universidad, así como la escalinata coronada por una estatua —aquí de bronce— de la *alma mater*.

Las clases comenzaron en firme el tres de octubre, cuando ya todos los alumnos estuvimos bien ubicados. El curso se dividía en dos cuatrimestres, uno de invierno y otro de primavera. Al final de cada uno se realizaban los exámenes. En enero y mayo respectivamente. Para quien dejara asignaturas pendientes, había exámenes de recuperación en setiembre. El curso completo constaba de doce asignaturas (seis en cada sesión). Diseño, Geometría Descriptiva y Matemáticas eran las materias principales en el primer cuatrimestre. Diseño, Dibujo y Materiales y Métodos de Construcción se daban durante todo el año, es decir, en las dos sesiones del primer curso. En el segundo cuatrimestre Historia de la Arquitectura Antigua, sustituía a Arquitectura y Sociedad que sólo se cursaba en la primera sesión. Física (Mecánica Estática) reemplazaba en la segunda parte del curso a las dos asignaturas de Matemáticas del primer cuatrimestre.

Durante la primera sesión supe que no tendría dificultades en sacar adelante las materias consideradas más difíciles. Lo estudiado en La Habana parecía suficiente para superar esas pruebas. En Diseño, sin embargo, necesitaría una dedicación mucho mayor. Con todo, me hice el propósito de no confiarme ni perder pie.

En aquel curso la mayoría de los alumnos eran, lógicamente, norteamericanos y, entre ellos, una gran proporción de neoyorquinos. También los europeos estaban presentes, especialmente los ingleses. Un panameño, dos mexicanos, un portorriqueño y yo constituíamos el grupo hispano. Ni uno solo de los alumnos de aquella promoción era de color, aunque no todos eran de familias con dinero —entre nosotros se sentaba una proporción pequeña, pero no despreciable, de becados—, la mayor parte no pertenecíamos precisamente a las clases populares.

Desde el inicio, destacó entre todos nosotros un joven espigado, moreno, reacio a ponerse la corbata —su atuendo normal consistía en un jersey de cuello alto y pantalones de cheviot—, que con naturalidad y sin que nadie lo hubiera elegido, pero a quien nadie tampoco negó su autodecidida representación, tomaba la palabra para dar la opinión cuando algún profesor la demandaba, dirigiéndose al conjunto de alumnos.

Se llamaba Percyval A. Ross. Era hijo de un abogado, al parecer notable, y su madre era profesora de Filosofía allí, en Columbia. Anna Aron era su nombre. Su padre en realidad se apellidaba Rossemberg. Percyval era judío, aunque en muy contadas ocasiones hacía explícita su condición de tal. Tomó enseguida fama de *liberal* y a él no le desagradaba que así se le considerase.

En los primeros días de noviembre, poco antes de las elecciones presidenciales que habría de ganar con holgura el general Eisenhower, Percy provocó una acalorada discusión pública. Los EE UU habían fabricado una bomba de nuevas características. La bomba de hidrógeno. El aún presidente Truman lo anunció, solemne, por la radio y por la televisión. Se trataba de un ingenio mortífero capaz de destruir tanto como harían mil bombas del tipo de la lanzada en Hiroshima. Dado que los soviéticos tenían ya la bomba atómica, se trataba de mostrarles y mostrar al mundo que la distancia en la carrera de armamentos seguía siendo favorable a los EE UU. Un aviso también para los chinos que, por entonces, estaban metidos de hoz y coz —al igual que los EE UU— en la guerra de Corea, aunque el frente ya estaba estabilizado en torno al paralelo 38 y el armisticio se había puesto en marcha.

—Mientras al país le sigue faltando de todo, cuando aún se ven mendigos por las calles, como si estuviéramos en plena depresión, nuestro Gobierno no sólo nos mete en una guerra al otro lado del mundo, sino que además se gasta enormes cantidades de dinero y de esfuerzo científico en fabricar una bomba cuya única utilidad es matar y destruir.

Percy se hacía oír en medio del aula. Unos estaban de pie rodeándole, otros seguían sus palabras desde el asiento con aire displicente, pero con atención.

—No querrás que los comunistas nos ganen —le interrumpió una voz salida de entre quienes estaban sentados al fondo.

—Ganarnos ¿qué? —contestó Percyval—, lo único que nos debiera interesar es ganar la batalla contra la pobreza aquí y fuera de los EE UU. El mejor aliado del comunismo es precisamente la injusticia. Contra ella tendría que ser nuestra única guerra.

—Para ti, Ross, todo es muy fácil y todo el mundo es bueno, excepto el Gobierno. ¿Crees que el presidente y la gente que dirige este país están a favor de la pobreza?

Quien hablaba era una de las pocas chicas del curso y lo hacía con convicción.

—Lo que creo —contestó Percy sin levantar la voz, pero con firmeza— es que con la capa de la amenaza comunista se tapan muchos intereses y que esos intereses no son precisamente nobles. Por ejemplo, la guerra de Corea es un desastre para quienes luchan y mueren allí, pero es un buen negocio para la General Motors... cuantos más tanques y camiones se destruyen... más beneficios.

—O sea que, según tú —replicó la chica—, a Corea no nos han llevado los comunistas del norte que querían hacerse con el poder en toda la península, ni los soviéticos que les apoyan, ni los chinos que han llegado allí por millones, ni siquiera las resoluciones de las Naciones Unidas que decidieron la intervención occidental y no sólo la de los EE UU, sino que ha sido la General Motors. Mira Ross...

En ese momento entró el profesor de Matemáticas, Mr. Fisk, y se acabó momentáneamente la discusión. No podría decirse que Percyval la hubiera ganado, pero su manera de expresarse o quizá las ideas que lanzaba me recordaron a otra persona, a Isidora Morales. Me cayó simpático. Este tipo de discusiones se repitió con alguna frecuencia, de suerte que el mismo Percy propuso y obtuvo que los debates se institucionalizaran el jueves último de cada mes. Ese día, al acabar las clases, quien quisiera podía asistir a una charla seguida de coloquio. Percy, el profesor de Matemáticas y dos compañeros más preparaban los temas e invitaban a los conferenciantes.

La madre de Percy inició el ciclo de conferencias con un título, en verdad, adecuado a la situación por la que atravesaba Cuba y no sólo Cuba: *Los derechos civiles. El derecho a tener derecho.* Con sorpresa por mi parte, la exposición de la mamá de Percy fue entretenida. Era una señora de algo más de cuarenta años, enjuta y de escasa estatura, que contrastaba con la de su hijo. Su forma de vestir, el color oscuro de su traje de dos piezas, hacía pensar en una sufragista del siglo XIX. Aunque su cara tenía rasgos agradables, su aspecto general resultaba vulgar... hasta que comenzaba a hablar, entonces se transformaba y sus palabras perfectamente escogidas y ensambladas, pronunciadas con voz nítida, fuerte y con un leve acento alemán, resultaban, sin embargo, dulces y atrapaban la atención de la concurrencia. Comencé a frecuentar a Percy y su familia después de las Navidades, que pasé en La Habana.

A los pocos días de mi vuelta a Nueva York para reiniciar las clases tras la Navidad, recibí la noticia de la muerte de un estudiante en la universidad de La Habana por disparos de la policía. El apellido de este estudiante era, paradójicamente, Batista. Rubén era su nombre. A partir de esa fecha pedí a mi familia que me enviaran la revista *Bohemia* que, pese a la censura, mantenía una postura informativa decente. Tal como mi padre había previsto, la universidad de La Habana se había convertido en el centro de la vida política opositora. En abril, Batista cerró la universidad.

Por esas fechas y al hilo del cierre, cientos de universitarios fueron detenidos y entre ellos Isidora Morales a quien apalearon. Su familia protestó y su protesta condujo a la detención de su propio padre, lo cual constituyó un escándalo entre la gente socialmente bien situada de La Habana.

Con frecuencia irregular, mi madre y Anita me enviaban cartas conjuntas a las que yo procuraba responder, aunque a juicio de mis comunicantes, lo hacía con excesiva brevedad. Tales cartas no podían dejar de recordarme las que ellas le escribían a mi padre desde España en los meses anteriores a mi nacimiento y ello me procuraba un cierto resquemor irracional. Racionalmente había asumido con todas las consecuencias lo que el viejo periodista me había indicado aquella larga tarde-noche del burdel, pero sentía sobre mí un inexistente desaire, como si hubieran tenido la obligación, más de consultarme que de comunicármelo. En una injusta paradoja, tales sentimientos me alejaban de Nela, de mi madre, y no de mi padre o de Anita. Como si en mi fuero interno le aplicara a ella la calidad de instigadora y a los responsables biológicos del evento les reservara tan sólo el papel de meras marionetas entre sus manos. Por suerte, la distancia física impidió que ella percibiera mi enfriamiento. Esta actitud fue desapareciendo y cuando, no mucho más tarde, en circunstancias dolorosas, volví a convivir intensamente con ella, las cosas retornaron a la normalidad dentro de mí, permitiéndome descubrir en Nela facetas que hasta entonces desconocía y abrirme a un amor filial de un talante nuevo y adulto.

Mi padre aparecía por el apartamento de forma irregular y en escasas ocasiones permanecía en él más de una semana. No le gustó nunca hablar de negocios en casa y menos conmigo. En realidad charlábamos poco, pero ello no quiere decir que no nos entendiéramos. Yo le agradecía su parquedad en las palabras. Siempre he sentido, y aún siento, reparo en conversar sobre mí mismo o en ser receptor de confesión alguna. Él utilizaba el apartamento para dormir y, si era el caso, preparar asuntos y entrevistas. Le recuerdo pegado al teléfono u ordenando papeles en su despacho. Tampoco era raro verle leer o ante el televisor que hizo traer en la primavera de 1953.

—Te prohíbo que lo pongas en funcionamiento hasta después de los exámenes —me dijo riendo.
—Entonces, ¿para qué lo has comprado? —repliqué.
—Para estar al día —concluyó.

El individuo, cualquier ser humano, es doblemente inefable porque jamás podemos, desde fuera, alcanzar el fondo de su ser, la raíz de la que brota su personalidad. Tampoco él mismo, desde dentro, puede manifestarse plenamente, mas, si eso es cierto, en el caso de mi padre, tan insuperable posibilidad era evidente, pues jamás hablaba de sí mismo. En aquellos años, esa cerrazón me hizo observarlo con especial curiosidad.

En muy escasas ocasiones invitaba a alguien al apartamento. En tal caso, siempre era para cenar y se hacía servir por camareros que llegaban a media tarde con toda la impedimenta que la cena requería. Yo estaba invitado a participar, pero no se me exigía la asistencia. Con frecuencia, prefería irme al cine y tomar cualquier cosa en la calle. De vuelta, solía encontrar a mi padre con los invitados, de tertulia, en el salón. Saludaba, tras ser presentado a cada uno de ellos y me retiraba a mi cuarto. En alguna ocasión, bien por iniciativa propia, bien a requerimiento de mi padre, compartía cena y sobremesa con sus huéspedes. Una tarde de marzo, al llegar a casa, mi padre me pidió que abandonara mis planes si los tenía y me quedara a cenar. Compartimos la mesa con dos matrimonios, uno de cuyos nombres he olvidado, el otro se apellidaba Parker-Shaw. Ambos tenían alguna relación comercial o financiera con los negocios de mi padre. Tanto la cena como la sobremesa transcurrieron sin nada reseñable. Recuerdo, sí, que se habló de la muerte de Stalin, anunciada días antes por los soviéticos. Los comentarios no fueron precisamente elogiosos hacia el fallecido. Durante la conversación, percibí una especial deferencia de mi padre respecto a la señora Parker-Shaw. En un hombre tan parco, diríase que las atenciones hacia esa invitada iban más allá de lo exigido por la cortesía. Allí había un tipo de simpatía o complicidad perceptible sólo por alguien que conociera tan bien como yo los resortes que movían los comportamientos sociales del señor Cagigas. Fumados los consabidos cigarros habanos, los matrimonios se despidieron y nosotros, tras aguardar la marcha del cocinero y los camareros, nos fuimos a dormir.

La tarde siguiente, estando solo en casa, sonó el teléfono. Cuando contesté, una voz femenina se hizo confidencial.

—¿Ángel?

—No está, soy su hijo.

—¡Ah! Jesús, soy Lisa. ¿Sabes quién soy? Cenamos juntos ayer.

—Claro que sí, la señora Parker-Shaw.

—Sí. ¿Cómo estás? Por favor dile a Ángel que me llame mañana a partir de las diez. Estaré en casa. ¿Se te olvidará?

—No, no se me olvidará.

Cuando mi padre recibió el recado no movió un músculo de la cara, tampoco salió de su boca el más leve comentario, pero tuvo mala suerte. Sólo había un teléfono en casa y estaba en el salón, precisamente colgado de la pared medianera con mi habitación y yo no tenía clases por la mañana ese día. Así que me dispuse a satisfacer mi curiosidad. Desayunamos juntos y luego volví a mi cuarto para estudiar. Pocos minutos después de las diez, atento como estaba, oí que mi padre descolgaba el teléfono y marcaba. Me levanté y pegué materialmente mi oreja derecha a la pared. Pese a hablar él en voz queda, yo le oía perfectamente.

—Sí, cariño, puedo dejarme la tarde libre... en la habitación 324..., sí, en el Plaza..., no te preocupes estaré allí a las cinco en punto.

Mi padre iba a cumplir los cincuenta y siete años. Nunca había imaginado que tuviera una amante. Quizá en mis fantasías había pensado en algún amor mercenario, o de paso, marinero. Pero me sorprendió que a su edad le estuviera poniendo los cuernos a un socio, o lo que fuera el señor Parker-Shaw.

Esa noche cenamos juntos y no pude quitarme de la cabeza a la rubia Lisa y a mi padre compartiendo a deshora la habitación del hotel Plaza. Me sentí dominador de la situación poseyendo un secreto a solas conmigo mismo. Por supuesto que, ni aquella noche, ni hasta mucho después hubo el menor comentario entre los dos.

Los días en los que tenía mis clases por la tarde, coincidía en casa con Emma, a quien encantaba la cháchara. Me contó con detalles las andanzas de su marido, «un negro más vago que la Estatua de la Libertad». Él había nacido en St Louis y ella en Nueva York, a eso atribuía Emma la poca afición de su marido por el trabajo. Tenían cuatro hijos, todos varones. Los dos mayores ya trabajaban y habían formado sus respectivas familias. «Han salido a mí», aseguraba. Emma vivía en el Bronx, pero su clientela la tenía en Manhattan. Cuatro o cinco apartamentos que adecentaba y cuyas llaves ilustraban un llavero enorme, anuncio de la casa Ford. «A mis patronos apenas les veo. Casi siempre están fuera de casa», me dijo. Me picó la curiosidad y venciendo mi timidez le propuse acompañarla un día en su trabajo. Me atraía el oficio de *diablo cojuelo* neoyorquino.

Aceptó encantada y una buena mañana me dispuse para el safari en tan amable compañía. Salimos de casa para dirigirnos en primer lugar a la lavandería a dejar allí la ropa sucia. Ella depositaba la ropa y dejaba el recibo con el precio en la casa correspondiente. En este caso me lo metí directamente en el bolsillo. Para el trasiego de la ropa, Emma se hacía acompañar de una enorme bolsa de plástico que, vacía o llena, casi arrastraba por el suelo. Comenzamos por un apartamento en la octava planta de la calle 89. Dos habitaciones, salón y cocina amueblados en serie. «Aquí vive un piloto de la PAM. Yo vengo una vez por semana, pues él no para mucho en casa. ¡Dios mío!, cuando está en Nueva York nunca duerme solo. Yo creo que invita a media compañía. Gente del aire, ya sabe, floja de cintura para abajo.» En efecto, la casa estaba en un estado deplorable. Botellas medio vacías y vasos pegajosos sobre las mesas y encima de todos los muebles, aptos como soportes. Un olor acre a tabaco viejo inundaba las habitaciones cerradas a cal y canto. «Arre», dijo Emma, mientras abría de par en par las ventanas. Debajo de una cama apareció una braga de encajes. «Ya ve —me dijo—, salen de aquí con prisas.» Imaginé el apuro de la mujer buscando por toda la casa la prenda sin caer en la cuenta de dónde la había dejado al acostarse. Sobre una mesilla aparecieron dos pendientes y luego sobre un sillón, debajo de unos pantalones azules, parte de un uniforme, otro pendiente más, descabalado y solo, que su dueña tampoco fue capaz de hallar cuando le tocó la hora de partir con una de sus orejas al desnudo. En poco más de una hora, Emma, con mi torpe ayuda, había conseguido dejar aquello utilizable. Cargó la abundante ropa sucia en la bolsa y aún necesitó otra que consiguió encontrar dentro de un armario. Nos disponíamos a salir cuando sonó el teléfono. Emma dudó un momento, pero al fin volvió sobre sus pasos y contestó.

—No, él está fuera. Soy la mujer de la limpieza.
Largo silencio.
—Sí, los he encontrado. Los he dejado encima de la mesa del salón... de nada. ¡Oiga! ¿No será suya una prenda interior?... Una braga con puntillas... ¿No es suya? Pues la llevaré a la lavandería.

Emma colgó. «Seguro que es suya. No se atreve a decirlo, pero es suya. Se lo he notado en la voz», rezongó.

Cargué con la gran bolsa de la ropa. Entrega en la lavandería. El chino, casi un enano, que la regentaba contó y ordenó hasta tres veces las prendas. Bajamos al metro y llegamos a la Décima Avenida, esquina con la calle 34. Un tercer piso.

—Se acaban de divorciar. Ella trabaja en el teatro, me dijo que es regidora. No sé qué oficio es ése. Se ha quedado con la casa, pero el niño que tienen se ha ido con el marido —dijo Emma.

Entramos. La casa estaba decorada con aires modernos. Reproducciones y litografías que mostraban gustos dispersos o confusos. *La ronda de noche,* una copia casi de tamaño natural, y *El Cristo* de Dalí, colgados en el salón.

—Tenemos ya nuevas amistades —dijo Emma, mostrándome un cenicero lleno a rebosar donde destacaba enhiesto un resto de cigarro habano—. Gente de teatro... ya se sabe, inestable. No me extraña que el chico se haya ido a vivir con su padre.

—¿Y a qué se dedica el padre? —pregunté, metido de lleno en el cotilleo.

—Es médico y trabaja en el Ayuntamiento. Médico para pobres —contestó.

Sobre la mesa del salón descansaban dos vasos largos y una botella semivacía de ginebra. Mientras retiraba los vasos, miró de reojo la botella y dijo.

—Prepare un par de martinis. A esta hora sientan bien.

—¿Dónde guardan el martini? —pregunté.

—Un buen martini no lleva martini. Basta con la ginebra y una aceituna —contestó desde la cocina—. Ahora le llevo las aceitunas. Las copas están en el aparador, ahí, en el salón.

Extraje dos copas cónicas del mueble y vertí en ellas ginebra hasta la mitad. Emma entró con dos aceitunas atravesadas por sendos palillos. Una en cada mano.

—Llene las copas hasta el borde. Un martini no es medio martini —ordenó experta.

Bebimos y antes de continuar la limpieza encendió la radio. Nos envolvió una música melódica que bajo el efecto de la ginebra me produjo una agradable sensación de bienestar. Ya nos disponíamos a salir cuando se sirvió otro buen trago de ginebra que bebió de un solo impulso.

Lavandería, metro y nueva casa en la 32 Este. Allí cohabitaban dos «intelectuales», me dijo. «Pintora y profesor. Ella, además, trabaja en la publicidad. Eso sí da dinero, no crea, el arte no se vende bien.»

Las paredes rebosaban de cuadros, casi todos iguales, abundaba en ellos el negro y la geometría. La inquilina era pintora abstracta.

—Naderías —comentó Emma muy segura de sí—, mi hijo podría hacer lo mismo, pero en el Bronx nadie daría un chavo por semejante pintura.

Allí bebimos bourbon. La ingestión de alcohol ayuna de alimentos comenzó a hacerme efecto. Emma colocó un disco en el *pick-up* e inició unos pasos de danza. La gorda se movía con una soltura y un ritmo que resultaban inimaginables viéndola quieta. Me llamó con su mano invitándome a que la acompañara. Lo hice y me introdujo materialmente entre sus firmes carnes. Su ritmo era contagioso. Cuando salimos, mi paso no era todo lo firme que debiera.

—Ha sido divertido ¿verdad? —dijo— y eso que no hemos visitado la casa de un joven escritor. Voy allí los lunes y los jueves. Es muy gracioso y debe ser cubano, como usted, aunque tiene acento del sur. Se llama Capote. Es un nombre cubano, ¿no cree?

Asentí y nos despedimos. Aquella tarde sustituí las clases por una larga siesta.

Con cierta frecuencia acompañaba a Percyval a su casa y allí o en la mía solíamos estudiar juntos, especialmente los fines de semana. Ya cerca de la Pascua, me invitó un sábado a comer con su familia. Los Ross vivían en la calle 63 Este, en un amplio apartamento, muy cerca de la Quinta Avenida, al lado de la Rockefeller University. Percyval tenía una hermana más joven que se llamaba Sara. La madre, Anna, había nacido en Alemania, si bien el lugar donde pasó los primeros años de su vida fue anexionado, después de la II Guerra Mundial, por la Unión Soviética. Recién graduada en Heidelberg, había salido con sus padres de Alemania, poco después de la llegada de Hitler al poder, pero mientras ella viajaba a los EE UU y se casaba casi inmediatamente con Rossemberg, sus padres cometieron el error de volver a Alemania pretendiendo recuperar parte de sus bienes. Toda la familia menos Anna había muerto en los campos de exterminio, antes y durante la guerra. El padre de Percy era neoyorquino y formaba parte de un prestigioso bufete de abogados. Años más tarde, se hizo fiscal. Eran judíos, pero no religiosos. La señora Aron (a ella no le gustaba que le aplicaran el apellido de su marido) tenía, ya lo dije, un aspecto corriente, pero al oírla uno se olvidaba de su figura y se dejaba atrapar por la atracción hipnótica de sus palabras y de sus gestos. Inmediatamente después de la guerra, había publicado un libro titulado *Las raíces del totalitarismo.* Tengo sobre mi mesa en este momento un ejemplar dedicado por la autora. Lo leí por entonces, mas lo consideré sólo fruto de su amarga experiencia. Al releerlo ahora lo encuentro lleno de sentido. Cuando la conocí, acababa de regresar de Europa. Allí había pasado su año sabático. No debió ser fácil para ella volver a Alemania, donde habían desaparecido los miembros de su familia y buena parte de sus amigos. Todos ellos asesinados en los campos de concentración. Sin embargo, no acostumbraba a quejarse de ello. Quería aprovechar tan dura experiencia para construir un mejor futuro —decía—, no para llorar sobre el pasado. Fue la primera persona que conocí a quien le interesaba la política por encima de casi todo. Pero no la política como uso del poder. Los acontecimientos políticos, que le gustaba comentar por triviales que fuesen, le servían para construir reflexiones generales verdaderamente brillantes. Había temas que por entonces volvían una y otra vez a su boca y tanto Percy como yo la escuchábamos con interés sin apenas interrumpirla. No sé a él, pero a mí me costaba introducir opiniones en la conversación, no porque careciera de ellas, sino por no cortar el hilo de su discurso. El personaje más citado no era otro que Joe McCarthy, un senador por Wisconsin, que había conseguido convertir un comité senatorial sin importancia, el *Committee on Expeditures in the Executive Departments*, en pieza clave de una vasta operación de investigación política sobre vidas y haciendas. Lo que luego se conoció como *caza de brujas*. Anna Aron pensaba que McCarthy podía ser el Hitler que utilizara a un nuevo Hindenburg, el general Eisenhower. Ella confiaba sus temores a un profesor que había tenido en Heidelberg llamado Jaspers, ante quien, según ella decía y luego tuve ocasión de comprobar, había profetizado en 1931 la llegada de Hitler al poder. En efecto, nos enseñó a su hijo y a mí una carta de Jaspers: «He pensado mucho en sus profecías de 1931 y en por qué no la creí entonces. Podría ocurrir lo mismo en los EE UU, pero es mucho menos probable que ocurra» —decía la carta.

Los cambios que se estaban produciendo en la Unión Soviética tras la muerte de Stalin eran también objeto de su atención. No compartía el optimismo que reinaba al respecto entre sus amigos liberales. «*El deshielo* es un espejismo», decía, refiriéndose al libro publicado por Ilya Ehrenburg, a quien consideraba tan sólo un sirviente del régimen comunista. Le resultaba especialmente repudiable la idea de muchos de sus colegas intelectuales para quienes el comunismo no era otra cosa que una religión laica, sin Dios. A su juicio, tales teorías reintroducían la religión en la política y de ello nada bueno podía seguirse. «Pienso dedicarme a estudiar *el mal,* es el problema clave de nuestro tiempo», le oí decir en una ocasión. No lo entendí entonces. Lo comprendí mucho más tarde.

El juicio que se siguió aquel año contra el matrimonio Rosemberg, una pareja de judíos comunistas a quienes se acusaba de haber espiado para la URSS y haber enviado allí las fórmulas que permitieron a los soviéticos acceder a la bomba atómica, llenó de inquietud a los padres y al propio Percy. Supongo que, en parte, por la condición de judíos de los acusados, cuyo apellido casi coincidía con el de la familia. También por los procedimientos seguidos en el juicio que, en opinión del padre de Percy, eran absolutamente irregulares. Según Anna, el juicio estaba marcado por la propaganda política que pretendía enviar dos mensajes. En primer lugar, que los científicos soviéticos eran incapaces de alcanzar por sí mismos la construcción de la bomba y tenían que recurrir a obtener esos conocimientos mediante las malas artes del espionaje, y también para alertar al país sobre el peligro interno, sobre la traición latente que los EE UU soportaban a causa de un grupo de intelectuales comunistas y sus desaprensivos compañeros de viaje. En este ambiente los Rosemberg fueron condenados a muerte y ajusticiados.

A veces, mientras estudiábamos en el cuarto de Percy, su madre nos visitaba y con el pretexto de traernos el té, interrumpía nuestros estudios, cosa que agradecíamos, y charlaba con nosotros de las cosas más variadas. Me solía preguntar por la situación de Cuba, de la cual ella ignoraba entonces casi todo. Como sabía mi origen español, se extendía en consideraciones acerca de la guerra de España, la cual, según decía, la había afectado mucho. Para ella, tanto el apoyo dado a Batista como los acuerdos que la nueva Administración republicana firmó en el otoño de 1953 con Franco, mostraban una peligrosa debilidad en las convicciones democráticas de los republicanos.

En general, yo estaba de acuerdo con los argumentos que Anna expresaba y siempre tuve la sensación de que parte de la profundidad dialéctica que alcanzaban tales argumentos se la debía aquella gente al hecho de vivir políticamente emparedada entre sus convicciones anti-soviéticas, régimen al que consideraban totalitario y criminal, por un lado, y la deriva, a su juicio, cada vez más represiva y anti-liberal de la política y de la opinión pública norteamericanas, por el otro. En el fondo, sí latía, al menos en Anna, un miedo intelectualmente sabio, es decir, un miedo sentido primero en la propia piel y avalado después por la reflexión a que se repitiera en EE UU la experiencia totalitaria que ella había vivido en Europa.

Percy, que tenía indudables dotes para el dibujo y una envidiable memoria, encontraba algunas dificultades en las Matemáticas y por derivación en la Física. Me alegraba poder ayudarle. Pasamos apurados los dos últimos meses del curso, pero ambos conseguimos superar todas las materias. El curso nos fue bien a los dos. Él obtuvo mejores calificaciones en Dibujo y Diseño y yo en Matemáticas y Física. Ambos tuvimos algún problema menor con Materiales y Métodos de Construcción. Cuando le comuniqué los resultados a mi padre, incluso salió de su parquedad expresiva para felicitarme con solemnidad. Se levantó y me tendió la mano diciendo: «Felicidades. Todos se pondrán muy contentos». El inicio del verano coincidió con una serie de charlas que la madre de Percy había de dar en Berkeley y otros lugares de California. Allí se fue Percy con ella y con su hermana.

En las tardes, al final de la primavera, y para distraerme un rato de los estudios, me gustaba pasear desde

Irving Place hasta la Octava Avenida. El sol oscilaba entre las márgenes de los ríos, la isla se llenaba de automóviles y las tiendas ofrecían mercancías baratas y aún tan buenas como las de Herald Square, colmando en la calle 14 la mirada y las aspiraciones de los negros e inmigrantes que por allí deambulaban. Daba entonces la sensación de que en Manhattan no había yanquis, sólo negros, polacos, árabes, judíos y, sobre todo, portorriqueños.

Durante el curso, algunos sábados, íbamos al teatro Percy, su hermana Sara y yo. Eventualmente nos acompañaba alguna amiga de Sara. Y, muy de tarde en tarde, Anna. El padre de Percy no era «hombre de teatro, sino de cine», como él mismo solía decir. Me impresionó el estreno (al parecer reestreno) de *Muerte de un viajante*. Un drama familiar muy bien armado y con unos excelentes actores. Después de la función, Anna nos llevó a cenar a Sardi's. Allí van las gentes de teatro y allí estaba el autor, Arthur Miller, a quien Anna saludó. Todos esperaban con ansiedad la salida de los periódicos porque una hora después de acabada la función se ponían a la venta el *Times* y el *Herald* con las críticas escritas después del estreno. Llegaron los periódicos y uno de los actores leyó en voz alta la crítica. Como era buena, todos se pusieron a aplaudir y nosotros también. La compañía nos invitó a champán. Se decía que siendo buena la crítica la obra estaría en cartel dos años. Si hubiera sido mala se habría caído del cartel a los pocos días. Percy me comentó, muy en serio, que el teatro en Nueva York estaba en un ochenta por ciento en manos de judíos. Un martes fuimos a visitar el Actor's Studio. Un tugurio que estaba en la zona del puerto. Allí había multitud de actores y algunos directores que se sentaban en corro en torno a un señor llamado Strasberg. Un grupo de actores interpretaba una escena breve y luego explicaban a sus colegas las dificultades de la interpretación. Al final, Strasberg les soltaba una lección. Un actor sin nada escrito representaba un problema suyo, personal. El actor se mete en la cama, se levanta preso de la desesperación, blasfema, pone un disco, se calma... Luego se discutía. Strasberg tenía la idea fija de la sinceridad: «Los actores deben ser, ante todo, sinceros», decía. Había allí un aire freudiano que yo detestaba entonces y sigo detestando hoy.

Volví a La Habana dispuesto a perder concienzudamente el tiempo y recuperar el sol y la luz. No esperaba tal recibimiento. Nela, Anita, incluso mis hermanas y Luis festejaron mi llegada de hijo pródigo. Mi tía Angelita preparó una comida familiar de bienvenida y allí acudimos todos, incluido mi padre.

El verano había dispersado a mis antiguos amigos y compañeros de la universidad. Localicé, sin embargo, a Marcos Montes de Oca. El curso le había ido mal e intentaba recuperarlo durante las vacaciones. Me puso al corriente de la situación, de lo que él pensaba que estaba ocurriendo.

—Aquí, chico, ni los auténticos ni los ortodoxos van a hacer nada por derribar a Batista. Hay mucha gente de la Ortodoxia que estamos dispuestos, pero seguimos sin organización. De todas formas, por lo que sé, algo puede ocurrir, pero lo llevan con mucha discreción.

Me contó que un contable de la General Motors (el padre de Marcos, como ya dije, era uno de los concesionarios de esa marca en La Habana) le había informado de las prácticas de tiro que se realizaban, pero me confesó que las armas eran pocas y viejas. Le pregunté por Isidora Morales y me explicó que después de su detención (la liberaron en junio) no la había vuelto a ver por la universidad. El cierre de las aulas les había dispersado.

Estuve con Julio en su casa. Él andaba cerca de los comunistas, pero su madre aseguraba que, mientras no apareciera un nuevo Chibás, la situación seguiría sin arreglarse. «Batista es muy capaz de engañar a todo el mundo a la vez. Hay más corrupción que en tiempos de Prío, que ya es decir, con una diferencia: por lo que se va sabiendo, ahora son los militares quienes mangonean los negocios sucios... garitos, putas... Batista debe pensar, el muy cuco, que un ejército corrompido es un ejército inmovilizado. Vamos de mal en peor.»

Una mañana, me acerqué a la redacción de *Bohemia* por ver a don José. No sabía su apellido, pero con la descripción que hice, bastó para que supieran darme razón de él. Así supe su nombre completo: José Aguadé. Me di entonces cuenta de que había leído algunos artículos suyos. Estaba de vacaciones, pero se le esperaba para la semana siguiente. Cuando, más tarde, volví a buscarle, amablemente me invitó a compartir ron y daiquiris por La Habana Vieja.

—¿Se han resuelto los problemas? —me preguntó nada más sentarnos.

—Seguí su consejo —contesté.

—Bien hecho. Los secretos de otros, adquiridos con malas artes, deben de ser guardados más que si fueran propios.

Se alegró de saber que me iba bien con mis estudios en Nueva York. Pensaba que la dictadura duraría mucho tiempo.

—Batista, que no es inteligente, pero sí listo, le ha tomado la medida a la situación. ¿Ha visto usted el embajador que han mandado los yanquis? Un auténtico lameculos ese tal Gardner. Hasta Batista se siente incómodo con sus zalamerías. *El sargento* dirá dentro de poco que piensa convocar elecciones —ya lo ha hecho correr por las redacciones—, pero ya verá usted como no se celebran.

Me dijo que siendo joven había estado con los auténticos, pero ni Grau, y mucho menos Prío, le merecían la menor confianza. Me dio una cita para acudir al bayú de doña Marucha, «sigue siendo el mejor de La Habana», me dijo. Le contesté, y era cierto, que me iba para Varadero.

—Pues otra vez será y no deje de tenerme informado de sus andanzas por Nueva York. No pierda el tiempo. A su edad, cada día vale por cien.

Mi familia se instaló en Veracruz. Fue el último verano que pasamos todos juntos y también el último que disfrutamos de aquella casa. Mi padre la vendió a principios de 1955. Mis dos hermanas con sus maridos y sus hijas: Bertita, la hija de Lucía, tenía ya nueve años, y Manolita, a quien llamábamos Lita, la hija de Laura, que cumplía su primer aniversario. Luis y Katy también se instalaron allí. El embarazo de Katy les impidió viajar fuera de Cuba ese verano. El niño, a quien pusieron el nombre de Ramón en recuerdo de nuestro abuelo, nacería en setiembre, poco antes de mi vuelta a Nueva York.

Anita cumplió sus cuarenta años a mediados de julio. Mi madre quiso celebrarlo por todo lo alto pese a las protestas de la interesada, para quien cumplir los cuarenta no era motivo de alegría. Nela parecía ejercer de casamentera e hizo venir de La Habana a dos o tres candidatos a un supuesto matrimonio con Anita. Entre ellos, *un novio* que en el decir de mi madre no sólo estaba perdidamente enamorado, sino que tenía mucha plata. Recuerdo que se llamaba Eduardo y se presentó con un Dodge que para el parqueo necesitaba dos cuadras. El tipo no me agradó y cuando Anita, al día siguiente, requirió entre bromas y veras mi opinión sobre sus posibles partidos le dije que ninguno de ellos me gustaba. «Soy de tu misma opinión», me contestó con una sonrisa cómplice.

Aunque procuraba apartar los pensamientos que tuvieran relación con lo descubierto por mí el año anterior, no podía quitarme de la cabeza que Anita tenía poco más que mi edad cuando se quedó embarazada y al verla ahora allí, en presencia de mi padre, que llegó de Florida para la fiesta y, sobre todo, de mi madre, todos aparentemente felices, mi imaginación no podía por menos que dispararse. ¿Cuál era exactamente el acuerdo que había entre los tres? Parecía claro que Anita no se había quedado soltera por falta de pretendientes. Allí estaban aún, en su cuarenta aniversario, dispuestos a conquistarla y ella participaba del engaño sin ninguna voluntad real de salir de la situación en la que se encontraba. Mi madre, Nela, preparaba el juego de los pretendientes en la seguridad de que seguía siendo eso, un juego que no conduciría a nada serio. Quizá era yo quien la retenía. Pero no, estaba seguro de que era mi padre quien la seguía atando a aquella situación que a todos (¿a todos?) les parecía de lo más normal, incluida mi tía Angelita allí presente y ya preparando su viaje a España para tomar posesión de su nueva casa. Viaje que no había de tener vuelta por voluntad propia.

En ese final de julio de 1953, la conclusión de la guerra de Corea ocupaba buena parte de los comentarios políticos. La amenaza de una tercera guerra mundial se disolvía con la firma del armisticio.

En contra de la opinión generalizada, según la cual en Cuba nadie movía un dedo contra Batista, en la mañana del 26 de julio, las radios dieron noticia de que dos grupos de hombres armados habían atacado el cuartel Moncada en Santiago y otro acuartelamiento en Bayamo. Se habían producido muertes, pero el intento había fracasado. Según las noticias, todo estaba ya en calma. Batista pasaba esos días precisamente en Varadero y corroborando la tranquilidad que la radio y la televisión anunciaban, se hizo presente con su esposa no lejos de nuestra casa, entre los vítores de unas pocas decenas de personas. En los días siguientes, se fueron precisando los datos. El Moncada era la segunda concentración militar de la isla. Albergaba a unos mil soldados. Sobre ese cuartel cayeron en la madrugada del 26 de julio cerca de ciento cincuenta hombres armados, vestidos con uniformes militares. El asalto, por tanto, era una acción de guerra. El momento del ataque al Moncada había sido, sin duda, bien elegido, pues esa noche se celebraba en Santiago la verbena del santo patrón a quien la ciudad debía su nombre. Desde el primer momento se habló de tres oficiales y dieciséis soldados muertos, cifra que se confirmó con el paso de los días. La dictadura atribuyó el ataque a los comunistas, pero nadie medianamente informado creyó en Cuba la patraña. Se trataba tan sólo de un mensaje de Batista dirigido a sus amigos de la Administración yanqui. Enseguida empezó a correr la voz, primero entre la oposición y luego en toda Cuba. Tras el ataque, el ejército había perpetrado una verdadera matanza entre los prisioneros.

Comuniqué con Marcos, que estaba no sólo afectado, también temeroso de que le detuvieran. En efecto, en La Habana cientos de personas habían sido encerradas en el campamento Columbia. Entre ellas, de nuevo, Isidora Morales. Fue Marcos quien primero me habló de Fidel Castro como probable dirigente de la acción. La noticia se confirmó cuando el ejército lo tomó prisionero junto a otros atacantes del Moncada en la montaña conocida como la Gran Piedra, cerca de Santiago.

La semana siguiente, el dos de agosto, *Bohemia* publicó unas fotos donde se veía a varios asaltantes muertos. Era evidente que les habían vestido con uniformes militares después de haber sido ultimados. La masacre era una realidad. La verdad completa se supo más tarde y dejaba al ejército en un pésimo lugar ante la opinión pública. Los asaltantes tan sólo habían tenido tres muertos en el combate. De los ciento sesenta atacantes, entre el Moncada y Bayamo, la mitad fueron capturados en las horas siguientes. De ellos, sesenta y ocho, según unas fuentes y setenta, según otras, fueron asesinados. Torturados, muertos a culatazos o fusilados. Entre los torturados y muertos estaba el segundo de Fidel Castro en el ataque: se llamaba Abel Santamaría. Su hermana Haydée también fue detenida y su novio, Boris Santa Coloma, torturado y asesinado en presencia de ella. Sobrevivieron treinta y dos prisioneros y cuarenta y ocho asaltantes lograron escapar.

El coronel Río Chaviano, gobernador militar de Santiago y cuñado del general Tabernilla, la mano derecha de Batista en el ejército, fue el responsable de la matanza. Este coronel tenía entonces treinta y ocho años. La opinión general, aún entre la gente que tibiamente apoyaba a Batista, se volvió contra él y contra el ejército.

Cuando regresé a La Habana a finales de agosto, Marcos me contó los detalles del ataque que se produjo a las 5.30 de la madrugada, y cómo se había decidido ocupar a la vez los dos edificios públicos cercanos al Moncada: el palacio de Justicia, que tomó Raúl Castro con diez hombres, y el Hospital Civil, que fue asaltado sin dificultades por Abel Santamaría con veintidós combatientes. Entre ellos, su hermana Haydée, Melba Hernández y un médico, el doctor Muñoz.

Según la información de Marcos, llevaban un armamento muy pobre. Unos diez rifles, entre ellos viejos Winchester y una ametralladora. Lo demás eran armas de caza y pistolas. El primer coche llegó a la puerta y quien lo mandaba, de nombre Guitart, en uniforme de sargento, ordenó a la guardia que saliera para «dar paso al general». Los centinelas del puesto de guardia formaron y en el acto les quitaron los Springfield que portaban. Los componentes del primer coche entraron en el cuartel sin mayor oposición. Mientras, en el segundo coche, Fidel Castro tuvo la pésima suerte de toparse con una patrulla exterior compuesta por dos soldados y un sargento armados con ametralladoras. Consiguió reducir a los soldados y hacerse con las armas, pero el sargento dio la alarma. Los asaltantes, que estaban ya en el interior, vieron cortada su retirada y poco después comenzaron las descargas desde el cuartel hacia la calle. La diferencia de fuego era tal que Fidel Castro no tuvo más remedio que ordenar la retirada. La orden llegó a los que habían tomado el palacio de Justicia, pero no a los del Hospital que, en su mayoría, fueron hechos prisioneros y luego asesinados. Lo mismo ocurrió con buena parte de los que consiguieron retirarse y fueron detenidos durante las horas siguientes.

Casi todos los asaltantes, como el propio Fidel Castro, eran gentes del Partido Ortodoxo, aunque realizaron el ataque sin que la dirección del partido supiese nada. Raúl Castro, que también actuaba por su cuenta, era el único que pertenecía a la Juventud Socialista (rama juvenil del Partido Comunista). En Bayamo también fracasó el asalto, al parecer porque los caballos provocaron la alarma antes de tiempo. Allí murieron seis hombres entre asaltantes y soldados.

El ataque se saldó con un fracaso militar, pero en el terreno político no fue así y no sólo porque de allí nacería el Movimiento 26 de Julio, sino también por sus efectos inmediatos. En primer lugar, Fidel Castro y su gente demostraron que se podía preparar un asalto de esa naturaleza sin que la dictadura lo sospechara siquiera. La policía y el Servicio de Información Militar quedaron en ridículo. En segundo lugar, porque los asesinatos que siguieron al ataque descubrieron ante la opinión pública la cara siniestra de una dictadura cuyos métodos no eran diferentes de los utilizados tiempo atrás por Machado.

Fidel Castro fue tachado de aventurero, *putschista*, provocador... Los políticos de la vieja escuela se negaban a tomárselo en serio y los comunistas lo denostaron. «Nosotros condenamos los métodos putschistas, propios de las bandas burguesas, de la acción de Santiago de Cuba y de Bayamo...», esta declaración la publicaron los comunistas cubanos en el *Daily Worker* de Nueva York. Allí la leí a mi vuelta. Les sirvió de poco. En noviembre, Batista declaró ilegal al Partido Comunista y sus periódicos fueron prohibidos. La muerte de Stalin no había de poner fin a la guerra fría. Al contrario, el anti-comunismo de Batista seguía siendo una garantía para nuestros «grandes vecinos».

Curiosidad, simpatía hacia los asaltantes, indignación por los asesinatos que siguieron... el asalto del Moncada me produjo esos y otros sentimientos. Entre quienes acompañaron a Fidel Castro apenas había estudiantes y, excepto el propio Fidel y su hermano, prácticamente ninguno era de la clase social a la que yo pertenecía. Sin embargo, me sentí concernido. No creo equivocarme si digo que muchos jóvenes cubanos albergaron entonces sentimientos parecidos.

A primeros de setiembre, pretendí visitar a Isidora en el campamento Columbia donde estaba detenida. Hice las gestiones del caso sin ningún éxito. Marcos y yo nos presentamos una tarde en su casa, pero su madre nos recibió con frialdad, como si los avatares en los que su hija andaba fueran producto de «las malas compañías» y nosotros sus representantes.

Pocos días antes de partir, llamé por teléfono a *Bohemia* y esta vez quedé con el viejo en el bar del Hotel Inglaterra. Don José se presentó acompañado de una joven de mi edad, mulata, muy hermosa. Al verlos pensé que se trataba de una conquista que el caballero exhibía, pero no. Era su hija y se llamaba Jenny. La muchacha nos acompañó mientras se tomaba un refresco, luego se despidió.

—No sabía que tuviera usted hijos —le dije.

—Sólo Jenny, y no fue una aventura pasajera, pero ya sabe usted que la pasión y el amor tienen la pésima costumbre de acabarse. Los científicos llaman a eso «ley de la entropía».

Hablamos de la situación y se mostró optimista respecto a la movilidad política que el ataque al Moncada podría inducir. Al señalarle el cambio que se había producido en sus opiniones desde el principio del verano, me dijo:

—No, no lo crea, sigo siendo pesimista. Pienso que entraremos en una etapa en que el principio de acción-represión-acción puede llevarnos a un enfrentamiento permanente. Lo mejor para Batista sería irse, pero no lo hará. Todo esto me produce una pereza enorme, pero, ya verá usted, tendremos que tomar partido y eso, cuando es a la fuerza, suele resultar doloroso individual y colectivamente. Esta isla llegó tarde a la independencia y desde entonces la palabra *revolución* ha valido lo mismo para un roto que para un descosido. Cuando una palabra sirve para designarlo todo, queda vacía, como una cáscara hueca. Robespierre pronunció un discurso ante la Convención que todos los revolucionarios se han tomado desde entonces al pie de la letra, con la fe propia del carbonero: «Los crímenes de la tiranía aceleran el progreso de la libertad y los progresos de la libertad multiplican los crímenes de la tiranía... la violencia progresiva construye así, en pocos años, la obra de varios siglos». Tengo para mí que tales argumentos constituyen un espejismo, una falacia, una gran mentira. Pero la tentación de algunos hombres por encontrar un atajo en la Historia es demasiado fuerte. Caeremos en ella, ya lo verá.

En los primeros días de octubre, se anunció el juicio contra los asaltantes del Moncada. Cuando se celebró, el curso había ya comenzado en Nueva York. Fidel Castro fue condenado a quince años de cárcel. Él y sus compañeros con penas menores fueron encerrados en la prisión de la Isla de Pinos.

En marzo de 1954, mi padre viajó con Nela a Nueva York para una revisión médica «de trámite», me dijeron ambos. La internaron para dos días en el Hospital de Mount Sinai y pasó allí tres meses. Un bulto que tenía en un pecho resultó ser un tumor maligno. Le extirparon el seno izquierdo y sufrió durante aquellos tres meses tratamientos diversos de los que resultó malparada. Yo pasaba prácticamente todos los días a visitarla. Más de una vez me quedé a dormir en una cama plegable que las enfermeras traían amablemente a la habitación. Mi padre también procuró estar con más asiduidad en Nueva York durante aquella dolorosa convalecencia. Sin embargo, ella se negó a que Anita o mis hermanas viajaran desde Cuba para acompañarla. Sufría mucho e intentaba disimularlo, pero cuando el dolor se ponía bravo, nos pedía que abandonáramos la habitación. No soportaba que fuéramos testigos del sufrimiento que la enfermedad le producía. Se rebelaba contra él maquillándose diariamente, aun los días en que le resultaba imposible levantarse. Hacía ir al hospital a una peluquera una vez por semana. Procuraba leer y yo mismo me encargaba de suministrarle novelas y revistas. Fue ella quien me recomendó leyera *El manantial*. «Es un libro que te interesará, trata de un arquitecto rebelde, como lo serás tú», me dijo sonriendo. Los domingos solía pasarme la tarde con ella y hasta me acostumbré al ambiente de hospital, al olor indefinido y penetrante que caracteriza a cualquier centro sanitario, a las idas y venidas de médicos y enfermeras siempre dando ánimos, aunque fuera a destiempo. Mi odio a los hospitales viene de entonces. Soporto con dificultad visitarlos. Cuanto más limpios y pretendidamente confortables, más a disgusto me siento en ellos. Nela protestaba por mi compañía de sábados o domingos. «Un chico debe divertirse. Es un crimen que no lo haga. Éste no es sitio para ti en este momento», decía. «Te vas a enmadrar y eso es muy malo.» Entonces, me hablaba de su vida, de su juventud. Cosa que jamás había hecho antes. Incluso de su niñez de huérfana cuidada por una tía. Sus padres habían muerto cuando ella tenía doce años a causa de un accidente callejero. Paseaban una tarde de domingo y se les había venido encima medio edificio en el centro de La Habana, cerca del puerto. Murieron seis personas. Su tía, viuda a su vez, también había muerto antes de mi nacimiento.

—Tu padre era un don Juan, pero nada más conocerlo supe que me casaría con él y no le conquisté como las otras... para que lo sepas... llegué virgen al matrimonio. Supongo que él ha seguido teniendo aventuras. La verdad, nunca me ha importado, porque siempre he sabido que volvería. Es pájaro de un solo nido. Lo otro sólo le sirve para afirmar su virilidad, como si eso valiera para algo...

Me quedé mirándola, sonriendo. Estoy seguro de que adivinó mi pensamiento, pero la tentación fue más fuerte que yo, que mi timidez y lo dije.

—¿Y tía Anita...?

—Anita y yo somos la misma persona. Eso no cuenta. Bueno, sí cuenta... y mucho, pero no como infidelidad.

Era la ocasión de confesarme la verdad acerca de mi nacimiento, pero sentimientos profundos se lo impedían. No quise dar un paso más y desvié lateralmente la conversación.

—Así que tú siempre has sido fiel...

—He sido leal... y también fiel... con un par de excepciones. Una no tuvo la menor trascendencia. La curiosidad me llevó a probar con otro hombre. Fue un desastre —dijo riendo—. Al menos para mí. Estuve allí de espectadora, no de actriz. En la otra ocasión fue distinto y guardo de ello un grato recuerdo. Los matrimonios pasan siempre por momentos bajos. La escasez de palabras de tu padre me llegó a obsesionar un tiempo. Le pedí tomar unas vacaciones y me fui a Veracruz. Allí pasé un mes sola y disponible. Cuando una mujer está disponible los hombres lo intuyen enseguida. No fue una aventura, hubo algo más que pasión... él quería que me quedara, pero la razón se impuso, si yo no hubiera tenido hijos... quizá. No puedo imaginar qué hubiera sido de mí en México. Hace tanto tiempo que sólo es un recuerdo difuminado o una agradable fantasía.

Se me quedó mirando, como si acabara de cometer un desliz y concluyó:

—No sé por qué te cuento todo esto...

En junio, ya había finalizado el curso, Nela, aparentemente curada, viajó con mi padre hacia La Habana. El recuerdo de su delgadez, de su aspecto macilento, aún me entristece. Fui a despedirles al aeropuerto y al recorrer los pocos metros de distancia hasta el avión, ella tenía dificultades para caminar con la ligereza que le era característica. Llevaba echado sobre los hombros un abrigo impropio del tiempo, casi caluroso, que hacía.

El segundo curso fue duro, con dos asignaturas claves: Diseño Arquitectónico y Resistencia de Materiales (entre ambas equivalían a quince puntos frente a los veinte del resto de las materias). Lo saqué adelante con una moderada brillantez. Esa vez fui mejor que Percy en Diseño, aunque en Dibujo él fuera el mejor de toda la clase. Durante esos meses, mi relación con Percy y su familia se hizo más habitual. Las continuas visitas a casa de los Ross adquirieron un carácter cuasi-familiar, que se extendía a los escasos amigos de Percy y a algunas compañeras de su hermana Sara con quienes compartíamos cines, bares y eventualmente algún baile sabatino. Sara había comenzado ese año sus estudios de leyes en nuestra universidad y entre sus amigas nos mezclábamos para entablar algunas relaciones.

Sara era morena, como su madre, pero a diferencia de ésta tenía una cara con rasgos finos. Su aspecto general resultaba agradable, algo menudo. Sus piernas torneadas y sus andares saltarines hacían que su cuerpo tomara un aire grácil y atractivo. Sólo cuando se enfadaba, o algo la preocupaba, su naricilla respingona abría levemente las aletas, como si precisamente allí le encendiera la adrenalina sus particulares alertas.

Los malos augurios de Anna, la madre de Percy, acerca de la posible entente del nuevo presidente, el general Eisenhower, con el senador McCarthy se disiparon cuando en febrero de ese año el Secretario de Defensa prohibió que los oficiales del ejército fueran a declarar ante la famosa comisión del Senado en la cual, por cierto, el entonces vicepresidente Nixon había colaborado tiempo atrás. Visto a distancia, el caso que acabó con el poder de McCarthy resulta hasta gracioso. Un dentista del ejército fue llamado a declarar ante la Comisión y al ser preguntado si era o no comunista, se negó a contestar amparándose en sus derechos constitucionales. Estas negativas, que la Constitución amparaba, habían llevado a la cárcel a buen número de personas acusadas de desacato. Dentro del método inquisitorial seguido por la Comisión, tales comportamientos eran considerados como verdaderas declaraciones de culpabilidad. La comisión llamó entonces al militar responsable del dentista y éste, que era un general, apoyó al odontólogo. McCarthy, fuera de sí, le dijo que era indigno de llevar el uniforme de los EE UU. Tales desmanes, producto de su exceso de celo y también del exceso de alcohol, provocaron la prohibición de declarar por parte del Secretario de Defensa. A partir de ese día, la estrella del senador comenzó a declinar a gran velocidad.

Poco después, el padre de la bomba atómica, el físico Robert Oppenheimer, fue apartado de todos los proyectos de investigación a causa de su frontal oposición a la bomba de hidrógeno. En marzo, los EE UU habían hecho explosionar en las islas Marshall un nuevo ingenio de ese tipo, que causó daños radiactivos a trescientas personas. Se dijo que la explosión había sido de una potencia doble de la prevista. Recuerdo que Percy volvió a provocar una discusión en el aula y esta vez hubo más receptividad hacia sus argumentos entre nuestros compañeros.

A mediados de junio —ya estábamos de vacaciones— un golpe de Estado inspirado por la United Fruit derrocó en Guatemala al presidente Jacobo Arbenz. El ataque provino de Honduras y contó con la anuencia del Departamento de Estado. La reforma agraria, que Arbenz había iniciado, fue abortada inmediatamente. Al presidente, una vez derribado, se le tachó de comunista y todos tan contentos. Los ambientes progresistas latinoamericanos de Nueva York, que yo frecuentaba alguna vez, se llenaron de frustración al conocerse la noticia. También de odio hacia quienes movían los hilos políticos del continente con el mayor desprecio hacia los pueblos y la democracia. Algunas noches de sábado me acercaba al hotel Tafto o al Victoria y otras veces, más espaciadamente, al Ateneo Cubano y al Club Caborrojeño. También a los cafés de Greenwich Village, o a los bares de la calle 55. Me gustaba caminar hasta el Sweet Loaf y Swan. Allí, la fronda de los árboles de Riverside Drive se agita y un murmullo nocturno se mezcla con el de las aguas del Hudson y con los ruidos humanos de Washington Square.

Anna, la madre de Percy, tenía comprometidas unas conferencias en la Costa Oeste al igual que el verano anterior y al término de los exámenes me dijo que me fuera con ella y con Percy a California. Hablé con mi padre. La salud de mi madre me hacía dudar.

—Habla con tu madre y luego decides —me dijo—, pero es una buena ocasión para que veas un poco este país. Los EE UU no se parecen precisamente a Nueva York.

Se lo consulté por teléfono y, naturalmente, me dijo que se encontraba llena de salud y que no lo dudara. «Además, podrás venir a La Habana a mediados de agosto.»

Percy y yo nos adelantamos a su madre en casi dos semanas. Tomamos el tren y preparamos concienzudamente nuestro itinerario. Percy conocía Washington, Boston y Canadá, pero nunca había ido a Chicago. La imaginación, que es compañera del desconocimiento, se nos desató, y los últimos días en Nueva York nos los pasamos preparando el camino, la aventura.

Antes de iniciar un viaje, se me instala una sensación de inseguridad que desaparece en el momento de la partida. Esa inseguridad la intenté compensar en aquel trance a base de dinero. Por primera vez mi padre se sorprendió ante mis demandas.

—Ni que fueras a dar la vuelta al mundo —me dijo.

—Es para cualquier imprevisto —argumenté.

—No sé si lo sabes, pero ya hay teléfonos por todas partes.

No recuerdo la cantidad, pero sé que al salir llevaba muchos más dólares de los que luego pude gastar. Una vez en ruta, ni los hoteles de medio pelo, ni la comida, ni el transporte eran caros. A mi vuelta, devolví religiosamente lo que me había sobrado aunque mi padre hizo un gesto magnánimo invitándome a retener el dinero. Me negué, pensando que para próximas excursiones las cosas quedaban mejor restituyéndolo.

El tren nos llevó a Cleveland, Detroit y Chicago. Percy quería que viéramos en Chicago las dos torres de apartamentos que había levantado Mies Van der Rohe en Lake Shore Drive. También fuimos a visitar el Crown Hall del Instituto de Tecnología y la casa del señor Farnsworth, en Plano. Esta última era muy semejante al pabellón de Alemania que el mismo Mies Van der Rohe había diseñado en 1929 para la exposición de Barcelona. Para Percy todo lo que hacía Mies era genial y no admitía discusión alguna al respecto. La Seagrams consultó con Philip Johnson, entonces director de arquitectura del Museo de Arte Moderno de Nueva York, para construir una torre de prestigio en Park Avenue. Johnson les recomendó que fuera Mies y entrambos diseñaron la *caja de fósforos* cuya construcción comenzó en 1954 y se concluyó cuatro años después. Este tipo de arquitectura siguió desarrollándose y esas cajas de cristal, que hoy caracterizan algunas ciudades, al ser construidas en serie, perdieron la originalidad y el gusto por los detalles que Mies sí tenía.

Percy no se pudo negar a mi demanda de visitar la Robie House que Lloyd Wright había hecho en 1906, allí, en Chicago. Cada vez que Wright leía que Le Corbusier había acabado un edificio decía: «Bueno, ahora que ha terminado una casa escribirá cuatro libros sobre ella». Wright odiaba también a los arquitectos de la Bauhaus, que habían invadido su territorio.

Frank Lloyd Wright había nacido en 1867 y cuando murió en 1959, el mismo año en que se abrió al público en Nueva York el Museo Guggenheim que él construyó, había levantado cuatrocientos ochenta y cuatro edificios. «En su arcaísmo esteticista, es el mejor arquitecto del siglo XIX», decía de él con encono Philip Johson. No creo que Wright tuviera una vida de las llamadas felices, pero poseía una voluntad de hierro y, en contra de la opinión de Percy, sí era un genio.

Los días pasados en el Medio Oeste me dieron, tal y como había previsto mi padre, una idea muy distinta de los EE UU. Calles flanqueadas por tiendas de automóviles usados o nuevos, grandes explanadas con autos alineados bajo guirnaldas de banderitas... La verdad, podías moverte durante horas por una ciudad dentro del auto sin encontrar el centro. En lugares como Cleveland, la ciudad no aparecía por ningún lado. El centro, el *downtown*, sólo era una acumulación de oficinas. Las gentes de clase media vivían en avenidas de chalés de dos plantas todos iguales y todos distintos con su garaje para dos o tres coches. Deduje que allí no se podía vivir sin automóvil.

En Cleveland fuimos invitados por unos parientes de Percy, que poseían una pequeña cadena de hoteles. De todas las ocupaciones que ejercía el padre de familia, la más lucrativa en anécdotas era bombero voluntario, cuerpo al que también pertenecía el hijo mayor. Tras la cena, sacaron sus trajes de bombero y nos hicieron una demostración de la gran utilidad del cuerpo de voluntarios. La conversación saltaba de la benemérita actividad de apagafuegos al caso de un tal Linas, primo a la vez del padre de Percy y de nuestro hospitalario y pesado anfitrión. Linas, al parecer, trabajaba en la Ford de Detroit y sus andanzas sindicales le hacían sospechoso de comunista o poco menos. Percy se pasó buena parte de la velada conteniendo su ira a fin de no entablar una discusión política que hubiera resultado violenta. De vuelta hacia el hotel, Percy me hizo escuchar todos los exabruptos que había acumulado. «Ahora que ya has descargado vamos a tomarnos un whisky», le dije.

En Chicago, aparte de recorrer la ciudad y ver los edificios singulares que Percy llevaba apuntados en su agenda, visitamos los más sórdidos garitos atraídos por el recuerdo cinematográfico de gánsters y policías corruptos. Los jugadores de póker, abundantes y reconcentrados en sus naipes, nos miraban como lo que éramos, unos bichos raros en busca de imposibles aventuras.

La miseria tiene en los EE UU el color rojo desgastado de los edificios de ladrillo o el raído multicolor de los chalés de madera. En las ciudades más industriales abundaban las infraviviendas ocupadas por familias negras de nutrida chiquillería. Los llamados *projects*, casas populares construidas por las municipalidades para sustituir a los *slums*, arrastraban consigo una tristeza y desamparo que denunciaban el malestar de quienes allí vivían. Chicago me impresionó por sus contrastes sociales y esa especie de violencia soterrada que se percibe en la mirada más que en el gesto.

Descubrimos grandes almacenes que vendían los más variados productos defectuosos o usados y encontramos una tienda en la cual sólo se despachaba incienso. Incienso para los diferentes cultos, ritos mágicos, vudú y brujería. La dirigía una gitana quiromántica de aspecto señorial, bajo cuyo vestido largo se adivinaban varias capas de enaguas.

Nos hubiera gustado pasar algún tiempo allí, pero corríamos el riesgo de no acudir a la cita con la madre de Percy y decidimos tomar un avión para San Francisco.

A San Francisco llegamos un par de días antes de que lo hiciera Anna. En el hotel nos estaba reservada una habitación con dos camas a nombre de Ross y allí nos instalamos. Entre los privilegios de la conferenciante estaba el disponer de un automóvil sin conductor. A cambio de realizar las labores propias de un chófer, Percy y yo dispusimos de automóvil durante las dos semanas que permanecimos en California y en él recorrimos los alrededores y pasamos con Anna un fin de semana en Los Ángeles. El clima, la arquitectura, el pálpito vital de California, me parecieron más próximos a Cuba que a Nueva York o al Medio Oeste. San Francisco resultó ser una ciudad acogedora y manejable. Susan, que tenía dieciocho años y era la hija de un profesor amigo de Anna, se ofreció a acompañarnos en nuestras excursiones y a través de ella conocimos a otras muchachas. Una de ellas se llamaba Moll. Los pueblos de la bahía y especialmente Sausalito eran nuestro destino. Por las mañanas acompañábamos a Anna hasta Berkeley y, o bien pateábamos aquel campus o regresábamos a San Francisco donde nos perdíamos entre sus calles, en el barrio chino o en los parques. Recogíamos a Anna y almorzábamos con ella. Luego, a media tarde, íbamos a buscar a nuestras amigas y salíamos de excursión. Algunas noches, las invitábamos a cenar y después solíamos ir a bailar.

Fue en la penumbra de una sala de fiestas donde percibí que Susan podía desear de mí algo más que conversación. Difícilmente hubiera tomado yo iniciativa alguna en ese campo, pero sus mensajes, aunque sutiles, eran lo suficientemente claros como para que mi timidez no impidiera un mayor acercamiento. Me atreví a juntar mi mejilla con la suya y hasta deslizar un beso furtivo sobre su boca. Cuando concluyó la pieza musical, ella no soltó su mano de la mía, sino que la retuvo y en lugar de volver a la mesa, me pidió que saliéramos fuera, al amplio jardín, donde abundaban más los árboles que las luces. Sentados en un banco, nos besamos con una dedicación encomiable. Tan voluntariosa como torpe. Supongo que imitábamos los besos que tantas veces habíamos visto en el cine, pero entonces el cine no mostraba de un beso sino la aparatosidad de la postura. Con los labios juntos, los actores se desvanecían en la pantalla en lo que se denomina un fundido. Mas en la realidad tales trucos no aparecen y, pasados los primeros segundos, es preciso hacer algo más. Así que separé mi cara de la suya y, en la incomodidad del banco que no permite la naturalidad de mirarse de frente, pasé mi mano derecha por encima de su cuello. Con la mano izquierda le acaricié la rodilla y lentamente fui deslizando mis dedos por su muslo hasta que llegado un punto no me atreví a seguir ascendiendo, pese al fuego que se había apoderado de mi cuerpo. Al parecer, mi mente estaba poco dotada para atender a dos paños, el de la conversación y el del arrullo, así que decidí iniciar una charla trivial. Más que nada, por ver si mi ingobernable virilidad, que amenazaba con hacerse notar, se tranquilizaba. Al poco, volvimos dentro, pero a partir de ahí Susan y yo pasamos a comportarnos ante los demás como dos enamorados.

Fue a este propósito cuando por primera vez Percy y yo hablamos explícitamente de sexo.

—¿Qué piensas hacer con Susan? —me preguntó de improviso mientras yo leía un libro y él acababa de apagar la luz de su mesilla.

—¿Qué quieres decir? —interrogué a mi vez.

—Si te la piensas tirar o qué —precisó brutal.

—Bueno, me gusta, pero ese asunto tendrá que decidirlo ella. ¿No crees?

—O sea, que eres virgen —aseguró desde la sombra.

Le expliqué mis experiencias, que parecieron interesarle sobremanera a juzgar por la cantidad de precisiones que me pidió.

—Me da la impresión... hablando de virginidades, que quien no lo ha catado eres tú —comenté algo hiriente, al finalizar mi narración.

—No, te equivocas, pero yo no iría nunca a un burdel. Me produce asco el tener que pagar por ello. Mañana he quedado para ir al cine con Moll, así que puedes llevar a Susan a Sausalito —concluyó generoso.

Moll y Percy fueron al cine y yo tuve el auto y a Susan para mí solo. Después de tomar el té en Sausalito, detuvimos el coche sobre una colina desde la cual se veía en toda su extensión la bahía. Después pasamos a los asientos de atrás. Me confesó que era virgen. No creo que lo expresara como una advertencia, pero resultó disuasorio. Nuestras manos no pararon, pero ni su virginidad, ni, en algún sentido, la mía fueron físicamente eliminadas. En todo caso, nuestros besos acabaron por mejorar en la larga práctica de aquella tarde. Al derramarme sobre su vientre y entre sus dedos, respondió tan tiernamente a mi vergüenza que tuve la seguridad de que aquello no era nuevo para ella.

Entre mis cosas ha sobrevivido una sola fotografía de aquel viaje y en ella estamos Moll y Percy, Susan y yo. Recuerdo la máquina con la que se hizo, una vieja Baby Brownie de Kodak, que Percy acarreó durante el viaje. Se nos ve a los cuatro en lo alto de una colina, en la ciudad de San Francisco, y al fondo está nuestro automóvil aparcado frente a la casa de los padres de Susan. Un chalé de dos plantas, construido en madera, muy en el estilo de la ciudad. Susan lleva un vestido estampado bajo el cual se adivina su hermoso y firme cuerpo. La cara sonriente está enmarcada por el moreno cabello que le cae hasta los hombros. Un rostro luminoso, cuya contemplación junto a nuestras espigadas figuras me produce ahora cierta sensación de vacío. Nunca he vuelto a saber de ella. Se quedó ahí, varada en la fotografía.

Volvimos los tres a Nueva York en avión. Durante el vuelo, el más largo que yo había hecho, aparte de cuatro paradas, tuvimos que soportar una tormenta que movió el DC-4 como si fuera una hoja de papel en el viento. A pesar de habérmelo explicado varias veces, nunca he sabido bien por qué vuelan los aviones. Las caras que nos rodeaban en los minutos que duró aquella turbulencia, incluidas las nuestras, ilustraban cabalmente esas dudas.

A mediados de agosto, viajé con mi padre desde Nueva York a La Habana. No me lo había dicho antes para no preocuparme, pero durante el vuelo me lo adelantó. «Tu madre está mal. Ha recaído y los médicos no son nada optimistas. Le he dicho que volviera a Nueva York para tratarse y se ha negado, no quiere hablar de ello... la verdad, no sé qué hacer», me dijo.

La casa olía a hospital y a tristeza. Laura y Lucía, mis hermanas, estaban allí en casi permanente visita y Anita se había hecho cargo de la intendencia, el trabajo que siempre había correspondido a Nela. Ésta se había levantado para recibirme, aunque no había podido pasar del sillón en la alcoba matrimonial. Era evidente que se había hecho maquillar y arreglar el cabello. Pese a todo, su aspecto me impresionó. Había perdido peso, su cara redonda se había estilizado y su nariz afilada le daba un aspecto de ave enferma. Trataba de parecer alegre y dicharachera, pero, supongo, la procesión iba por dentro. La morfina, que tomaba ya en grandes cantidades, evitaba los dolores agudos, pero la sumía en un indolente letargo.

Pasé muchas horas a su lado. Ella en la cama leyendo o simulándolo, yo en el balcón o en el sillón con un libro. «Háblame», reclamaba de vez en cuando. Siempre me ha costado hablar y ella lo sabía, pero insistía para que le contara trivialidades... lo que fuera, deseaba oírme y yo le relaté pormenores del curso, de los profesores, del viaje a California. Ella callaba y cuando se decidía a intervenir todo eran consejos y previsiones para después, para cuando ella hubiera desaparecido. Tal posibilidad me angustiaba y al oírla hablar de ello con tanta naturalidad como si se tratara de algo que le fuera extraño, inexorable y lejano, se me hacía un nudo en la garganta que se hubiera deshecho en lágrimas caso de intentar romper en ese momento el silencio con mis palabras. Yo callaba y ella se explayaba en proyectos que nosotros, su familia, debiéramos intentar seguir.

—Tu padre no está hecho para vivir solo ni para andar de viudo por ahí. Les he dicho, tanto a él como a Anita, que se casen. Es lo mejor para los dos. Y tú... tú terminarás la carrera y debes trabajar en los EE UU, pero no sólo allí. He leído que en Brasil quieren hacer una gran ciudad en la selva, que será la nueva capital. Es la gran ocasión para un arquitecto. También aquí, en Cuba, habrá trabajo. Se necesitan buenos edificios y no esa basura que está promocionando Batista. Siento no poder ver su caída... pero caerá, es un inculto, un miserable y un ladrón.

A veces, me echaba de su lado. «Estás de vacaciones, no puedes quedarte en casa como una vieja cotilla. Sal. Ve a la playa, ¿dónde están tus amigos... y tus amigas?»

Encontré a Marcos satisfecho de sus resultados académicos. Por primera vez había conseguido recuperar algo del terreno perdido los cursos anteriores. Sin embargo, sus entusiasmos políticos habían decaído. El Partido Ortodoxo, pese a Raúl Chibás, el hermano de Eddy, que era ahora su líder, más que una organización se había convertido en una gavilla de facciones enfrentadas. Marcos me dijo que en la universidad la mayor parte de la gente politizada y opuesta a Batista estaba girando hacia Fidel Castro. No porque contara éste con una organización política que pudiera llamarse tal, sino por simpatía. Un movimiento, a su juicio, imparable, cuyo enganche era ahora la amnistía. Marcos estaba seguro de que tal objetivo se conseguiría y con ello Castro saldría reforzado.

Fue en 1939, sí, recuerdo bien la fecha, encontré una grulla herida al lado del camino por donde paseaba. Tenía un ala rota. La llevé entre mis manos a casa, le hice entablillar el ala y yo mismo le daba de comer en la boca todos los días. Era un placer contemplar su mejoría, la forma alegre como se comportaba. Pero tuve que abandonar mi puesto y la dejé en manos de un cabo que no supo cuidarla. Cuando, pasado un tiempo, volví a ese cuartel y pregunté por el pájaro me contaron que había muerto. La dejaron volar antes de tiempo. Cayó a tierra y no pudo levantarse más.

Poco después de mi regreso a La Habana, vi a Batista contar esta edificante historia por la televisión. Según él, su grulla no era sino una metáfora de Cuba. Batista había convocado elecciones para el noviembre siguiente y en los mítines que dio a lo largo de toda la isla ese verano de 1954, sus partidarios le interrumpían gritando: ¡Viva la grulla! Ramón Grau San Martín había vuelto y, para sorpresa de propios y extraños, se perfilaba como aglutinante de toda la variada, dividida e inconexa oposición al régimen. Los comunistas también apoyaron a Grau. El Gobierno detectó la posibilidad de perder las elecciones y negó a Grau la representación que solicitaba en el control electoral. Ante la segura trampa que se preparaba, Grau retiró su candidatura y Batista, de paso, decretó la proscripción total de los comunistas. Naturalmente, Batista ganó la elección que tuvo lugar el uno de noviembre. Apenas la mitad del electorado acudió a las urnas pese a ser obligatoria la votación.

En los últimos días de agosto, visité a don José Aguadé en su redacción de *Bohemia*. Pareció contento de verme. «No le podré hacer hoy los honores, joven, estamos al cierre y siempre me vienen con prisas. Podemos darnos una cita para mañana. Intento hacer un reportaje sobre la santería y precisamente mañana hay una fiesta.» Me ofrecí a acompañarle. Quedamos citados en el Prado.

Allí acudí con el auto, un Chrysler que mi hermano Luis ya consideraba viejo. Llovía con fuerza al atravesar las torcidas calles de La Habana Vieja, el edificio de la Aduana y el Muelle de Luz. Pasamos delante de la iglesia de Paula. Algo más lejos, el castillo de Atarés se veía gris a través de la lluvia. Salimos a la carretera por el paso superior. Durante el viaje, que no fue largo, el viejo periodista me contó que acababa de leer en los teletipos la noticia del suicidio del presidente brasileño Getulio Vargas. Se había pegado un tiro en su casa después de recibir a un grupo de generales que le conminó a presentar su dimisión. La carta que dejó escrita era patética. Aguadé se sabía el final de memoria: «Os di mi vida, ahora os doy mi muerte. Serenamente doy el primer paso en el camino de la eternidad y salgo de la vida para entrar definitivamente en la Historia». A Vargas le habían acusado de montar un atentado contra un poderoso hombre de prensa llamado Lacerda, pero, según don José, no era esa la causa.

—Estéticamente no estoy muy conforme con el tono retórico de su carta de despedida, pero, no debemos engañarnos, a Getulio Vargas lo han matado las nacionalizaciones que había puesto en marcha. Ya se sabe que esas cosas no gustan, ni en Río ni en Washington.

Al llegar al pueblo preguntamos por el estadio. Seguía lloviendo y los cien metros que separaban el auto del edificio fueron suficientes para que el sombrero y la camisa del periodista se empaparan. Mi carrera tampoco me evitó una buena mojadura. Empezamos a traspirar nada más penetrar en el recinto. No menos de doscientos mulatos rodeaban a un viejo que golpeaba el piso con un bastón de ébano. Llevaba unos espejuelos de cristal oscuro. Todos vestían de blanco. Camisas, pantalones, gorros... toda la indumentaria era inmaculada. El viejo de las gafas oscuras, negro como el betún, gritaba unas palabras con voz ronca y el coro le contestaba.

—¿Qué dicen? —pregunté.

—No crea que yo entiendo el lucumé —me contestó Aguadé—. *Ochosí* quiere decir Dios.

Me fijé y, efectivamente, conseguí distinguir, dentro de aquella rítmica jerga, esa palabra, *Ochosí*.

—Están orando a Obbatalá, la diosa de la pureza. La identifican con la Virgen de la Merced —dijo Aguadé.

De pronto apareció al lado del viejo un joven con los ojos fuera de sus órbitas, los brazos extendidos y los dedos abiertos a punto de descoyuntarse.

—A ése le va a dar el *santo* —me dijo al oído el periodista.

—Y eso, ¿qué es? —pregunté.

—Una especie de éxtasis.

Un grupo se dirigió hacia el joven cuando éste parecía romperse y no sin trabajo se lo llevaron en volandas. Sus ojos continuaban abiertos y su cuerpo, sujeto por cada una de sus extremidades, se comportaba como un resorte metálico. Parecía que sus músculos respondieran a impulsos eléctricos fuera de todo control.

La música y el canto siguieron con un ritmo frenético durante mucho rato. De repente, todo cesó. Cubiertos de sudor, se retiraron en silencio. La gente, que abarrotaba las gradas, se dirigió hacia la calle. Fuera había dejado de llover.

—¿Qué le ha parecido? —me preguntó, mientras nos dirigíamos al auto.

—Me ha impresionado —contesté lacónico.

—Compruebo que usted conoce, o le han hecho conocer sus circunstancias, sólo una parte, y no la más grande, de Cuba.

—Algo sí sabía, pero nunca había visto un ritual tan numeroso —contesté—. De todas formas, ¿cómo es posible que hayan mantenido su religión desde la época de la colonia con los curas y los maestros predicando constantemente lo contrario? —pregunté a mi vez.

—En primer lugar, no hace tanto tiempo que los ancestros de estas gentes fueron cazados en África por los negreros. En segundo lugar, hay mucha mezcla en sus ritos y creencias. La Virgen y Cristo se entrelazan con el recuerdo de sus dioses africanos y, en tercer lugar, no parece que los maestros hayan tenido demasiados tratos con los negros de esta isla. Hay algo más profundo —concluyó pensativo.

Encendí el motor y puse en marcha el auto. Como ocurre en ocasiones tras un silencio, ambos comenzamos a hablar al unísono. Me callé y le cedí la iniciativa.

—Deduzco que tampoco conoce usted a Merceditas Valdés. Pues Merceditas viaja por ahí nada menos que con el maestro Lecuona, está casada con Barreto —dijo riendo—. Barreto es un músico de primera, no se lo pierda. Acompaña a Nat King Cole y a Benny Moré. Esta Merceditas Valdés canta la música afro-cubana como nadie, además es una mujer muy joven. El maestro Fernando Ortiz le puso el nombre de *Pequeña Aché*. *Aché* significa *suerte* o algo parecido. Ella dice que es hija de Ochún, la diosa de la gracia, del erotismo femenino. La santería identifica a Ochún con la Virgen de la Caridad del Cobre. Todas las divinidades que trajeron los negros de África se disfrazaron con los ropajes de los santos y las vírgenes del catolicismo. Yamayá es la Virgen de Regla, Changó es Santa Bárbara... A lo que iba, la música afro-cubana tiene un origen religioso. Es un robo o quizá un don de los dioses.

—Le agradezco la ilustración —le dije en broma sin mirarle—, será porque mi familia paterna es *gallega*... además mi madre ni siquiera es católica a pesar de ser ésta la única religión verdadera. Así que nunca me han interesado por la cosa *yoruba* —concluí con sorna.

—Verá —continuó Aguadé—, el reportaje lo ilustraré con fotos del archivo, hoy me ha sido imposible traerme a un fotógrafo. Al parecer, esto de las vacaciones se está imponiendo. Pero quiero centrarme en algo que va más allá de este folclore. No se puede vivir sin tener conciencia de uno mismo. Eso parece evidente. Tengo para mí que tampoco se puede vivir sin tener conciencia colectiva, de pertenencia a un grupo o, al menos, la mayor parte de la gente no puede vivir sin esas referencias. La más potente es posiblemente la lengua o quizá lo es más la religión. Las naciones no tienen bases más sólidas de sustentación que estas simplezas, entre las que hay que incluir la raza, la historia común y sobre todo un buen enemigo. Un enemigo real o imaginario une mucho. ¿No cree usted?

No sabía a dónde quería llegar con sus reflexiones y así se lo dije. Aguadé continuó:

—Tampoco yo sé muy bien a dónde va mi discurso, pero si usted quiere algo concreto, se lo diré: parece evidente que una buena parte de los negros y mulatos de Cuba se identifica con esta extraña religión que es la santería. Quien cuenta con la voluntad o el favor de los líderes, de los santeros, obtiene en Cuba un apoyo popular nada despreciable y hoy quien tiene ese apoyo es Batista que, además, entre tanto blanco, es el único mulato.

Visité a Julio en la casa de sus padres. Julio era ya un hombre. Nada en su forma de comportarse recordaba los ademanes del niño que había sido. Debía levantar admiración entre las mujeres. Tenía una novia con quien pensaba casarse el próximo invierno. Al principio no entendí por qué había aceptado quedarse allí, en el falansterio, en una vivienda de dos habitaciones que iba a quedar libre. Comprendí que la cercanía de su madre, sobre cuyas actitudes y comportamientos hacía permanentes chirigotas en su presencia, le era imprescindible. La chica, que se convirtió en su esposa pocos meses después, era una mulata clara y hermosísima para quien las opiniones de Julio eran poco menos que sagradas. Para Julio el ser comunista era también una forma de seguridad. Una seguridad semejante en el orden político a la seguridad vital que buscaba en su madre. Él sostenía la opinión «del partido» sin demasiada convicción, pero no le gustaba que esa opinión fuera discutida.

Les invité a cenar en un restaurante del centro. Invitación que hice extensiva a sus padres, pero sólo acudió a la cita su madre. Al padre de Julio, que también era comunista, no le gustaba salir de casa en compañía de la familia y mucho menos hacerse invitar por un extraño de una clase a la que él no pertenecía. Siempre había tenido problemas con el alcohol, aunque, quizá por ser hombre de pocas palabras, yo nunca percibí en él los comportamientos ruidosos e insoportables que caracterizan a los bebedores.

La madre de Julio se presentó aquella noche con el cabello color paja. De un amarillo chillón que atrajo todas las miradas cuando entramos en el restaurante. No han quedado en mi memoria restos de la conversación ni siquiera el temario que la madre de Julio tuvo a bien imponernos, pero sí recuerdo que, cualesquiera que fueran los asuntos que abordara, y prácticamente nadie más que ella hablaba en su presencia, la cena alivió las angustias que en mí provocaba la enfermedad de Nela. Cuando me preguntó por mi familia le informé de la situación en que se encontraba mi madre. Se deshizo en una catarata de sinceras condolencias para acabar con una retahíla de brujos y curanderos a los que habría de acudir sin falta. Le advertí que no creía que mi madre se dejara conducir por ese camino. A lo que contestó: «Pues hará muy mal. En todo caso, ningún daño le iba a producir un poco de fe».

A principios de setiembre, Nela empeoró. Se alimentaba en cantidades ridículas y apenas podía salir de la cama. Sólo lo hacía en compañía de Anita. Aquel destrozo me descomponía y lo mismo le ocurría al resto de la familia. Fueron días de angustia. Una angustia que no nos atrevíamos a compartir y de la cual no deseábamos hablar. La presencia continua de mi padre no aliviaba la incomunicación, sino que la agravaba. Las comidas en común, la nueva y forzada convivencia, paradójicamente, nos aislaba a unos de otros. Mientras mis hermanas lloriqueaban, las niñas, lógicamente ajenas a la situación, rompían aquel silencio funeral con sus gritos y peleas. Obligadas absurdamente a estar en la casa más horas de las convenientes para su desbordada vitalidad, acababan por enzarzarse en riñas semejantes a las que suelen producirse entre los seres de cualquier especie cuando se ven constreñidos en un espacio vital insuficiente.

Puesta en la tesitura del mayor de los desvalimientos, Nela recurría casi en exclusiva a su amiga, a Anita. Ni su marido ni sus hijos le resultábamos útiles en su difícil supervivencia. Supongo que ella se consideraba una molestia para todos nosotros. Para todos, menos para Anita a la cual recurría con su disminuida voz a cualquier hora del día o de la noche. La morfina, que la propia Anita le suministraba en cantidades crecientes, ya no bastaba para aliviar unos dolores que la taladraban.

La noche del 10 al 11 de setiembre, mis hermanas, sus maridos y los críos se fueron a sus casas después de la cena. También mi padre se retiró a la antigua habitación de Luis. Las criadas pidieron permiso para acostarse y se fueron a su cuarto en la planta baja, al lado de la cocina. Anita y yo nos quedamos un rato leyendo en la biblioteca sin apenas hablarnos. A las doce y sin que Nela hubiera reclamado su presencia, Anita se levantó diciéndome: «Voy a ponerle la inyección y a acostarme. No tardes mucho en irte a la cama». Era más de la una cuando subí a mi cuarto, pero antes de encerrarme en él me acerqué al de Anita y estaba vacío. Supuse que seguía con Nela y así era. Me tumbé vestido encima de la cama y continué leyendo. Recuerdo bien el libro. Era la novela que Hemingway había publicado un par de años atrás, *El viejo y el mar,* que tiene como protagonista a un pescador cubano. «Era un viejo que pescaba solo en un bote en el Gulf Stream y hacía ochenta y cuatro días que no cogía un pez...» Dejé la puerta abierta con la idea de detectar la salida de Anita de la habitación de la enferma. Eran cerca de las tres cuando, pretendiendo no hacer ruido, oí sus amortiguados pasos por el pasillo. Me levanté y fui a su encuentro, me reclamó entonces silencio llevándose su dedo índice a los labios y suavemente me empujó de vuelta hacia mi cuarto. Sus ojos enramados evidenciaban el llanto reciente. «Anda, desnúdate y métete en la cama. No pases a verla, ahora descansa.» Me dio un beso que acabó en un abrazo silencioso y largo. Se fue y cerró mi puerta. Al poco me quedé dormido. Un sueño inquieto, salpicado de pesadillas, me acompañó hasta el amanecer. La luz del alba entraba por el ventanal, cuando Anita vino para despertarme. Me acariciaba la cabeza y su sonrisa tenía un halo triste cuando me dijo: «Se acabó. Ha muerto».

El día resultó ajetreado. Primero, el médico que certificó su muerte, y más tarde, la funeraria que se encargó de organizarlo todo. En la biblioteca quedó instalada la capilla ardiente. Sobre unos caballetes colocaron el féretro cerrado. Durante toda la tarde y buena parte de la noche estuvimos recibiendo a los amigos y conocidos. El doctor Grau fue recibido amable y fríamente por mi padre. Ya de noche, llegó de Miami mi hermano Luis. Al encontrarse frente al ataúd no pudo aguantar sus emociones y lloró con un desconsuelo que se me contagió. Discretamente nos retiramos los dos hacia la cocina y allí, en un lugar donde pocas veces él y yo habíamos estado juntos, pasamos unos largos minutos sin saber qué decirnos.

En el cementerio de Colón enterramos el cuerpo de nuestra madre dentro del panteón donde ya descansaban el abuelo y la abuela. Bajo las letras capitales, donde se leía «Familia Cagigas», estaban tallados los nombres de los abuelos y pronto estaría el de Manuela Ruente. Era la primera vez que yo visitaba el cementerio, dentro del cual Ramón

Cagigas había hecho levantar un mausoleo de toque clásico en cuyo frontis destacaba una cruz sin adornos. Me pregunté qué opinaría mi madre, tan poco proclive a la religión, sobre aquel enterramiento que la colocaba bajo una cruz y un nombre que le eran ajenos. Fue allí, tras los pésames y la despedida de quienes nos acompañaron, cuando tuve plena conciencia de la muerte de Nela, de mi madre.

A Nela la mató el cáncer, pero siempre he creído que la decisión final, la elección del momento para cortar definitivamente con su deterioro, con el dolor y con la angustia, fue suya. Ni he querido, ni quiero saber la verdad de lo que ocurrió durante aquellas últimas horas pasadas en compañía de su amiga, de su única y verdadera confidente, mas tengo para mí que lo que Nela solicitó de Anita fue la ayuda química que le permitiera pasar rápidamente aquel último trance.

VI.

Desde 1940, Leopold Arnaud, decano y gran maestro de la Arquitectura en la Columbia, había reducido a cuatro los cursos necesarios para alcanzar el título. En realidad eran cuatro cursos y uno o dos de especialización. Desde la llegada de Gropius a Harvard durante la guerra, Arnaud —que había sido nuestro profesor de Diseño durante el segundo curso— quiso competir con las enseñanzas bostonianas del así llamado *príncipe de plata* de la Bauhaus. Para ello contó siempre con un plantel de buenos e imaginativos profesores entre los cuales destacaba por su actividad Percival Goodman. De la mano de Goodman vino a Columbia Mario Salvadori, cuyas clases resultaban bastante polémicas. «Antes de diseñar un edificio habremos de preguntarnos para qué lo construimos, no *cómo* lo construimos, el *cómo* es secundario, al menos en el tiempo. Primero es preciso saber *para qué* y, si ese *para qué* no concuerda con nuestras ideas, renunciemos a él». Así solía hablar Salvadori. En ese curso de 1954-55, se incorporó a Columbia James Marston Fitch para enseñar Historia de la Arquitectura. La arquitectura de cada época no era para él sino la expresión de su tiempo y para entenderla había de saberse la sociología y la economía contemporáneas de los edificios. Tenía una concepción anti-elitista del quehacer arquitectónico. Percy (a quien su nombre y condición semítica, le ligaban, bien a su pesar, a Goodman en las comidillas estudiantiles) era gran partidario de Fitch, con quien solía mantener largos debates en mi callada presencia. He de confesar, en perjuicio de mi amigo, que Percy, en éste y en otros terrenos, tenía tendencia a colocarse por encima de sus posibilidades, lo cual, frecuente y paradójicamente, era apreciado y no despreciado por unos profesores que en su mayoría nos trataban con gran benevolencia.

Diseño Arquitectónico era en tercero la asignatura más importante. Arnaud, Miller y Rohdenburg fueron nuestros profesores. Análisis de Estructuras nos la enseñaba un iraní, Mohamed Ali Abidi, egresado de la Columbia con quien Percy no parecía llevarse muy bien. Siempre sospeché que el asunto religioso o racial estaban detrás, aunque nunca me atreví a decírselo a mi amigo. El tercer curso era clave. Se sabía que una vez superado, el título estaba prácticamente seguro. Trabajé, pero no en solitario, pues buena parte de la tarea la realizábamos en grupo y en un ambiente de colaboración y camaradería. No se trataba allí de destacar, sino de aprender.

Percy, como ya dije, me sacaba de paseo para ver edificios y más de una vez fuimos a visitar la sede de las Naciones Unidas. Percy creía que, como arquitectura y decoración, la ONU era el gran monumento de nuestro siglo. Los ambientes agradables de las distintas salas, exceptuando la del Consejo de Seguridad, que me parece horrible, se deben a Le Corbusier, que para Percy era un auténtico genio. Yo sigo teniendo mis dudas sobre *Corbu*. Su universo geométrico, su adoración por el hormigón armado y su, en mi opinión, pedantería disfrazada de discurso teórico nos enzarzaban a Percy y a mí en frecuentes discusiones. Con todo, el edificio de la ONU me gustaba entonces y me sigue gustando ahora. En el momento de su realización, el complejo tuvo muchas críticas. También abundaron las alabanzas. Lewis Mumford dijo que el conjunto traicionaba la idea generosa que estaba en el origen de la institución. El rascacielos de la Secretaría General aplastaba, según él, el hall de la Asamblea, encarnando el triunfo de la burocracia sobre la ideología.

En los años cincuenta, un paseo por Nueva York permitía contemplar la mejor muestra de arquitectura moderna que uno podía visitar en tan corto espacio. Empezando por la zona financiera de Wall Street, pasando por el Rockefeller Center, para acabar en la recién inaugurada sede de las Naciones Unidas. Aún estaba en pie la Torre Singer, construida por Ernest Flagg en 1908. También el gigante First National City Trust que, cuando fue inaugurado, era el edificio más alto de la ciudad. Primero, el rascacielos Chrysler y luego el Empire State le habían de dejar chiquito. Cuando en julio de 1945 un B-25 chocó contra el piso 76 del Empire State, los comentarios de la prensa se centraron más en torno a la firmeza que había demostrado el edificio que en los trece muertos que había producido la catástrofe. Inmediatamente después, las líneas se iban a afinar y la decoración, ya bajo la influencia europea, iba a ganar en sobriedad. El edificio de la New York Telephone Company es un excelente ejemplo de esa transición que entonces comenzaba.

Cuando yo llegué a la Columbia, los comentarios en la Escuela de Arquitectura giraban aún en torno al Rockefeller Center. Un complejo de siete rascacielos en el barrio de Midtown levantados sobre un terreno que, curiosamente, había pertenecido a la Columbia. La RCA, la NBC y la RKO habían colaborado en su construcción en unos momentos económicamente poco propicios, pues la operación urbanística comenzó a finales de los años veinte, en plena depresión. Particularmente, y en esto Percy tampoco estaba de acuerdo conmigo, me parece una solución urbana correcta. Por primera vez, los rascacielos no se concibieron como la encarnación solitaria y de prestigio de una firma, sino como un conjunto articulado. De hecho, los arquitectos dotaron a la ciudad de la plaza pública que necesitaba. Raymond Hood y sus colaboradores supieron combinar un plan coherente con concepciones clásicas junto a una arquitectura audaz que se adelantó a su tiempo.

Durante ese curso, mi padre estuvo ausente de Nueva York la mayor parte del tiempo. Atlanta, donde su empresa construía un complejo comercial y hotelero sobre cuyos planos tuve ocasión de opinar, ocupó una buena parte de su tiempo. Allí se trasladó también Luis desde Miami y allí tuvo su segundo hijo. Una niña a quien pusieron de nombre Isabela. Visité Atlanta con ocasión del bautizo y la ciudad me pareció desabrida. Mi padre vivía allí en un apartamento vecino del que Luis ocupaba con Katy y los críos.

Durante ese invierno, lo supe más tarde, mi padre pidió a Anita en matrimonio, pero ella se negó. Con toda seguridad, la relación amorosa con mi padre dejó de tener sentido para ella una vez desaparecida Nela. Por entonces, Anita quiso dejar la casa e irse a un apartamento en La Habana Vieja, pero mi padre puso el grito en el cielo y no lo consintió. Cuando yo volví a La Habana por Navidad, Anita había reiniciado una vida social muy intensa. «Me agobia la casa vacía», me dijo, y aunque la servidumbre se había reducido a una sola criada y al jardinero, ella se había impuesto un abigarrado régimen de visitas entre las que se incluían mis hermanas y sus familias con una asiduidad mucho mayor de la que había existido en vida de Nela. Laura se volvió a quedar embarazada y Anita cuidó de la niña durante meses y lo mismo ocurría con Bertita, la hija de Lucía. Cuando Ovidio, el marido de Lucía, viajaba a La Florida para atender en la parte que le correspondía los negocios de mi padre, Anita animaba, o imponía, la compañía de mi hermana en esos viajes. Quizá lo hacía por el bien del matrimonio o, lo que es más probable, por quedarse con la niña, que acababa de cumplir los diez años. A sus cuarenta y uno, Anita se matriculó secretamente en la Facultad de Letras. Sólo tuve noticia de ello cuando, muy contenta, me enseñó las calificaciones que le acreditaban como una notable estudiante.

La situación económica de Cuba, al socaire de la expansión mundial, mejoró notablemente y hasta el negocio de mi padre, que se había convertido de hecho en una empresa mayoritariamente yanqui, tuvo algún trabajo en el nuevo Vedado que el régimen promovía. Se derribaron muchas viejas mansiones y comenzó la construcción de hoteles y otros edificios singulares. El Hilton y la torre Focsa son de esa época. En 1955 se presentaron las maquetas de dos nuevos hoteles que luego llevarían los nombres de Capri y Riviera. Los dólares del juego y de la mafia alimentaban el negocio inmobiliario.

La presión de la calle y el crecimiento económico aconsejaron a Batista que abriera la mano y decretó la amnistía. El 15 de mayo de 1955 Fidel y Raúl Castro, junto al resto de prisioneros del Moncada, fueron puestos en libertad. De México volvieron en agosto Carlos Prío y sus partidarios. Antes, en julio, Fidel Castro había hecho el viaje inverso, saliendo de Cuba hacia México. Su hermano Raúl le había precedido en unos pocos días. Fue allí donde se fundó el Movimiento 26 de Julio, ya claramente diferenciado de la Ortodoxia, aunque sus manifiestos fueron dirigidos a los militantes del Partido Ortodoxo: «No constituimos una tendencia dentro del partido, somos el dispositivo revolucionario de los seguidores de Chibás».

A mediados de abril, y no sin problemas, José Antonio Echeverría fue reelegido presidente de la FEU. En Santiago, Frank Pais, de la Escuela Normal, era ya el más destacado líder del movimiento universitario oriental. A finales de 1955, Echeverría y sus amigos crearían una nueva organización política: el Directorio Revolucionario. Controlaban los principales cargos de la FEU y desde allí pensaban que se podía dirigir la lucha para derrocar a Batista. La experiencia revolucionaria contra Machado estaba presente en sus intenciones e ideas. Me tocó seguir muy de cerca todos estos preparativos desde la atalaya neoyorquina por las razones que explicaré.

El curso 1954-55 no sólo fue decisivo en lo que se refiere a mis estudios, lo fue también para mi vida. Como ya dije, pasé unas cortas vacaciones de Navidad en La Habana con Anita, mis hermanas y sus críos. A pesar de estar preparando los exámenes del primer cuatrimestre, que se realizaron en enero, frecuenté a don José Aguadé, quien me hizo conocer la noche habanera. Por supuesto, en un par de ocasiones, fuimos al bayú de doña Marucha, donde Ruth seguía ejerciendo la maestría de su oficio. Pausada y lentamente aprendí, creo, los tiempos y los ritmos de una actividad que, tras pasar por aquellas sabias manos, resultó ser todo menos apresurada y biológica para convertirse, tal como don José me había anunciado, en un arte. El arte de la lentitud, del alargamiento del placer a base de unas técnicas amorosas que Ruth dominaba con sabiduría. Aquella mujer, muy al contrario de lo que es común en las de su oficio, nunca tenía prisa. También me enseñó y aprendí que en el sexo el placer de uno es, no sólo también sino sobre todo, el placer del otro. Ella disfrutaba enseñando y acompañándome. Poseía el secreto de la combinación entre la sensualidad y el sexo.

La mayor parte del tiempo me lo pasé estudiando o charlando con Anita, que se había propuesto llenar aquella casa que en verdad, tras la muerte de Nela, nunca estuvo sola. Ese temor a la casa vacía, que yo había sentido al desaparecer Nela, lo debió prever Anita y ocupó las horas y el espacio con su presencia y la de sus amigos. Ella, ya lo dije, se había matriculado en la Facultad de Letras y, aunque me lo ocultó hasta el verano siguiente, ya la había sorprendido esas Navidades inclinada sobre libros de texto.

Una tarde fuimos juntos a ver *La rosa blanca,* una película sobre la vida de José Martí, realizada para conmemorar el centenario de su nacimiento. La había dirigido el mexicano Emilio Fernández y la fotografía, muy hermosa, era de otro mexicano, Gabriel Figueroa, pero carecía de garra y de síntesis. Pasaban en la película demasiadas cosas sin que se acabara de comprender el sentido de la historia. A la salida del cine, mientras ella tomaba el consabido daiquiri en el bar del Hotel Inglaterra y comentábamos la película, de repente y sin mirarme dijo:

—Tengo un amante —y se quedó callada unos momentos para decir a continuación—: Creí que debías saberlo.

—¿Y quién es?, si se puede conocer su nombre.

—Sí, tú lo puedes saber, pero no se lo digas a nadie.

—¿Y a quién se lo iba a decir?

—Estaba pensando en tu padre. No debes contárselo, no creo que lo comprendiera. Le sentaría mal. Mi amigo es profesor de la universidad.

Me dio su nombre, pero no supe identificarlo. Ella continuó.

—Tu padre me propuso el pasado otoño que nos casáramos. No creo que esa fuera una buena idea. Sé que a Nela le hubiera gustado, pero yo no puedo o no quiero. Sería como una traición.

—¿Una traición? ¿Por qué? —pregunté.

—No lo sé, yo lo siento así y son mis sentimientos los que cuentan. No creas que me ha sido fácil negarme. Tu padre me pidió que lo siguiera pensando, pero lo tuve claro desde el momento en que Nela murió.

—¿Te piensas casar con ese profesor? —pregunté deseando que la respuesta fuera negativa.

—No, no me pienso casar con nadie —me miró y se rió intempestivamente—, con nadie, ni siquiera contigo.

Reí a mi vez.

—Ni siquiera conmigo ¿eh? —repetí pensativo y exploté—. Difícilmente te podrías casar conmigo. Tú sabes que hay impedimentos morales para que eso pudiera ocurrir.

Su cara cambió la risa por el espanto. Se quedó mirándome como si le hubiera confesado un asesinato.

—¿Qué quieres decir? —preguntó finalmente.

—Que lo sé todo... bueno casi todo. Hace mucho tiempo —dije exagerando— descubrí un manojo de cartas. Unas escritas en papel azul con la letra de Nela y algún añadido tuyo, otras en papel blanco firmadas por mi padre. Las vuestras venían de España, las de él salían de Cuba. Eran de 1933 y 1934.

Su vista se perdió hacia los ventanales que dan a los soportales iluminados por donde transitaba mucha gente. Tardó en hablar.

—¿Y qué has pensado todo este tiempo? —dijo al fin sin mirarme.

—Nada malo. Desde que lo supe no os quise menos —mentí—, os quise más.

Se volvió y su sonrisa me hizo feliz. Esa felicidad egoísta que se siente cuando hemos creído obrar bien y se nos agradece.

—Algún día me explicarás los entresijos de esa historia, pero ahora dejémoslo así —continué.

—Si ese día llega, no sé si sabré contarte algo que ni yo misma entiendo del todo —concluyó.

El día de Reyes invité a cenar a Julio, a su madre y a su novia. La madre, que lucía en aquella ocasión pelo negro, color ala de cuervo, nos pidió que la llevásemos a Tropicana. La orquesta de Rodrigo Neyra, conocido como *Rodney*, atacaba un mambo mientras tomábamos asiento en el jardín. Las mulatas se deslizaban por las pasarelas entre la falsa neblina y el verdadero humo. A poco de sentarnos y con las bebidas recién servidas salió al escenario Nat King Cole.

Después de escuchar al *jazzman* cantar varios boleros, la madre de Julio nos señaló una mesa cercana. Pude distinguir allí, acompañado de dos rubias teñidas, al actor Georges Raft como recién salido de la pantalla, con su smoking y probablemente sus botines.

—Es Meyer Lansky —aseguró la madre de Julio.

—Yo creo que se confunde usted. Es el actor Georges Raft —corregí.

—También —contestó—, pero el tipo pequeño que les acompaña es Lansky.

—¿Y quién es ese? —preguntó Julio.

—Uno de los dueños de Cuba. Un gánster judío que lo controla todo, amigo de Batista y ex socio de Lucky Luciano. Al negocio que tiene montado lo llaman *Dólar redondo*. Controlan los billetes de avión, los taxis y autos de alquiler, los hoteles, los casinos, los espectáculos, las drogas que se meten los turistas y, naturalmente, las putas caras, como esas dos que les acompañan. Un turista toma el avión en Florida o en Nueva York para venir acá y cada centavo que gasta va a parar, de una u otra forma, al bolsillo de ese tipo. Luego él reparte las ganancias con don Fulgencio. Cuba es una finca particular de estos miserables.

Me pareció entonces que la mujer exageraba, pero poco después, mi hermano Luis me confirmó todo aquello y aún más. Abrir negocios en Cuba exigía, según mi hermano, que antes se tuvieran buenos contactos con Batista o con la mafia en EE UU.

En los primeros días de 1955, Marcos me relató el estado de la situación política y entre otras noticias me dijo que Isidora había sido puesta en libertad coincidiendo con la Navidad. Según Marcos pudo saber, la familia Morales había prometido a la policía que Isidora saldría hacia los EE UU, apartándose de la universidad de La Habana y de la política. «Ya te contaré, si me entero, por dónde para», me dijo al despedirnos.

En febrero, ya en los EE UU, recibí una carta de Marcos en la que me decía que Isidora Morales estaba en

Nueva York, pero no me daba su dirección, pues no había podido obtenerla. La familia ocultaba el paradero de su hija. Quince días después, me informaba en otra carta acerca de la posibilidad de que Isidora se encontrase en el Greenwich Village. Al parecer, se había matriculado en la universidad de Nueva York, en la calle 9.

El Village era entonces un barrio de alquileres asequibles con fama de bohemio. Así lo había sido desde el siglo anterior y allí habían vivido y vivían muchos escritores y artistas. Percy y yo solíamos visitarlo. Según Percy, que no conocía Francia, aquello era un trozo de París dentro de Manhattan y no se cansaba de elogiar el aire parisino del Village. «Baudelaire antaño o Sartre y Simone de Beauvoir ahora, de vivir en Nueva York estarían instalados en el Village», sostenía con su seguridad inapelable.

Al fin, confesé a Percy lo que buscaba y éste, como en él resultaba habitual, dispuso un operativo para localizar a Isidora y lo consiguió con facilidad. Sin decirme nada, dedicó un par de mañanas a visitar la universidad de Nueva York. Se hizo el simpático con la jefe de la secretaría y averiguó el curso en el cual estaba matriculada. Una tarde esperamos a la salida de las clases. Y apareció ella. De lejos, se la señalé a Percy. Éste la siguió hasta su domicilio. Isidora vivía en la calle 10 Oeste a un paso de Village Square. Allí estuvimos haciendo guardia el sábado siguiente, discretamente sentados dentro del auto que Percy había pedido prestado a su padre. Aguantamos casi tres horas. Pasado el mediodía, salió Isidora acompañada de otra joven y tres muchachos. Los seguimos discretamente hasta el restaurante barato en donde se metieron, cerca de Washington Square. Quise volverme atrás acuciado por mi timidez, pero Percy se me echó encima. «Hemos perdido toda la mañana y ahora te arrugas... ni hablar. O entramos juntos o entro yo solo y te denuncio», dijo.

Naturalmente entramos. Busqué una mesa apartada donde podíamos ver sin ser vistos. No creo que la alimentación me ocupara mucho tiempo, atento como estaba a lo que ocurría en la otra mesa. Llegados al final de la comida, el implacable Percy me presionó una vez más. «Ahora o nunca», dijo. Me levanté para ir al baño. Fui al baño, que poca falta me hacía y a la vuelta me quedé plantado tras la mesa ocupada por los cinco que charlaban animadamente en español. La compañera de Isidora, al ver a un desconocido allí de pie, me dirigió una mirada interrogativa. Entonces, no tuve más remedio que alargar mi mano derecha y tocar en el hombro a Isidora que, de espaldas, no podía verme. Por un instante pensé que me había equivocado y que aquella mujer al volverse no tendría la cara de Isidora, quedando yo en ridículo. Pero no. Se volvió y, en efecto, era ella.

—Hola —le dije algo cortado.

Tardó un momento, más que en reconocerme, en ubicarme allí.

—¡Cagigas! ¿Qué haces tú aquí? —fueron sus palabras, y me llenaron de incomodidad.

—Estoy con un amigo —contesté mirando hacia el rincón desde el cual Percy nos observaba— y te he visto. No estaba muy seguro de que fueras realmente tú. Perdonad si os he interrumpido.

—Por favor, es una alegría —dijo amable, al fin.

Luego vinieron las presentaciones. Percy se acercó y pedimos café. Los cuatro, tanto los tres chicos como Eva, que así se llamaba, eran argentinos. Sin apercibirnos, pasamos al español dejando ineducadamente a Percy fuera de juego. De vez en cuando, nos disculpábamos y volvíamos al inglés, pero sin demasiada continuidad. Les acompañamos de vuelta hasta su casa. Tenían alquilado un apartamento bastante amplio y compartían los servicios comunes. Eva y uno de los argentinos, de nombre Daniel, vivían en pareja, otra habitación amplia la ocupaban los otros dos chicos, e Isidora dormía en un cuarto pequeño, pero con vista a la calle. Algo noté entre uno de los muchachos, llamado Omar, e Isidora. No supe qué, pero la situación me puso en guardia. Dejé mi dirección y teléfono y tomé el de ella. Nos despedimos y quedamos en vernos.

La atracción que por ella sentía se acrecentó con aquel nada casual encuentro. Debatiéndome entre la timidez y la necesidad, esperé algunos días y viendo que no llamaba, me decidí a hacerlo yo. Quedamos para ir al cine. Ella se presentó acompañada por Eva, Daniel y el inevitable Omar. Era, al parecer, mi destino: no verme a solas con Isidora. Lo recuerdo bien. Se trataba de *La ventana indiscreta,* de Alfred Hitchcock, que se desarrolla precisamente en el Village.

A la salida, les invité a cenar, lo que fue muy festejado por la *troupe* argentina. Esto me permitió comprobar, una vez más, el liderazgo que Isidora ejercía sobre todos ellos. Hablamos de Cuba, en realidad ella habló sobre Cuba y yo me limité a matizar o asentir. Eva y su novio no parecían muy interesados por la política, Omar, quizá convenientemente catequizado por Isidora, sí daba muestras de un interés algo obsecuente. Pensé que debía quedar claro cuál había de ser la situación en la próxima cita. Pasados unos días, la llamé para salir y le pedí que nos viéramos a solas. Fue un sábado y comimos juntos.

A mi demanda, me fue contando sus andanzas de los últimos tiempos entre la prisión y el activismo político. Sus padres, quizá asustados, quizá hartos, le habían ordenado venir a Nueva York y ella estaba dispuesta a no perder el tiempo, a estudiar, pero también se proponía ser de utilidad a quienes en Cuba luchaban contra Batista. Su adscripción al movimiento estudiantil que dirigía José Antonio Echeverría, era firme y decidida. No deseaba mezclarse con tertulias cubanas, plagadas de espías de Batista, dijo, pero mantenía contactos con sus correligionarios tanto en La Habana como en Nueva York. «Todo va a cambiar y no voy a ser mera espectadora de ese cambio. Hemos de acabar con Batista y para ello no se puede estar con los brazos cruzados», cuando lo dijo me miró buscando mi asentimiento. Las humillaciones recibidas en la cárcel le habían dejado un poso de profunda amargura que sus palabras destilaban en las pocas ocasiones en que hablaba de ello.

Paseamos por la punta de Manhattan y acabamos recalando en el barrio chino. Allí cenamos y, rodeados de asiáticos, me atreví a preguntar cuál era su relación con Omar.

—Es un amigo —dijo con parquedad.

—Eso ya me lo imagino, pero ¿hay algo más?

—¿Qué tratas de saber? ¿Si me acuesto con él? Pues sí, pero no lo hago en calidad de novia ni nada parecido. Acostarme con un hombre no es cosa que me ate.

—¿Y a él? —me atreví a insistir.

—Él puede pensar lo que quiera, pero yo no le he dado pie para ello. Al contrario, se lo dejé claro desde el primer momento. De mi libertad dispongo sólo yo.

Quedé celoso, pero con esperanzas. La acompañé a su casa y allí estaba esperándola el argentino. Tomé un taxi y volví hacia la mía. Aquella noche sentí de nuevo la soledad del apartamento, incluso la ausencia de mi padre que llevaba más de dos meses fuera.

Tardé en volver a llamar y cuando lo hice fue para invitarla a casa de los Ross «para que conozcas gente de aquí», le dije. Era domingo. Isidora hablaba un inglés correcto, mas cuando encontraba alguna dificultad echaba mano sin recato del castellano que yo había de traducir pacientemente. Aún así, con más frecuencia de la deseada, se permitía el lujo de corregirme la traducción que hacía de sus palabras, dejándome ante los interlocutores, cualesquiera que fueran, en situación algo desairada.

La señora Aron, atenta a la política e informada por su hijo de las desventuras carcelarias de Isidora, le dio ocasión de explayarse acerca de la situación en Cuba. Isidora demostró tenerse bien aprendido el discurso.

—Vivimos bajo una auténtica tiranía que no sólo oprime nuestras libertades con el apoyo de la democracia de acá. Sostiene, también, un sistema económico hipercapitalista y atrasado basado en el monocultivo agrícola. Por cierto, casi la mitad de la producción azucarera es yanqui y del capitalismo urbano cerca del ochenta por ciento está ligado al dictador, en buena parte a través de las mafias norteamericanas afincadas desde tiempo atrás en nuestra isla y que controlan prácticamente todo el turismo. La situación es aparentemente estable, pero no cuenta con un factor que la hará saltar por los aires: el pueblo de Cuba.

Anna Aron contestaba con aire comprensivo:

—Eres tan sincera como optimista. Te deseo, te deseamos, lo mejor, pero recuerda que una revolución no se mide por dónde empieza, sino por dónde acaba. Frecuentemente la bondad de un gobierno, radica en el *cómo*. En *cómo* se accede a él. Tal cual lo describes, esa tiranía sólo es derrocable por la fuerza y cuando la fuerza, la violencia, es el *cómo*, es preciso tener sumo cuidado del sistema político que se implanta después.

—Nosotros sólo queremos libertad y limpieza. Queremos que vuelva la Constitución de 1940 —insistió Isidora.

—Una noble aspiración sin duda, pero es difícil que, una vez destruida, la Constitución vuelva a la vida tal como era. En todo caso, te deseo suerte y a ti también —concluyó dirigiéndose a mí.

Charlie Parker, el saxo compañero de Dizzie Gillespie, a quien llamaban *Pájaro,* murió en Nueva York el 12 de marzo de 1955. Lo recuerdo bien porque al día siguiente, estando en mi casa por la tarde y mientras Percy me comentaba la impresión que le había producido la noticia, sonó el teléfono y era Isidora. Tenía la voz alterada y quería verme. Pensaba preparar algo de cena e invitar a Percy, le dije a Isidora que se viniera. Debía estar cerca, pues a los pocos minutos llamaba a la puerta. Percy pretextó una urgencia familiar y se marchó.

—Perdona esta llamada intempestiva, pero estoy asustada —dijo al entrar—. Hoy al volver a casa lo hemos encontrado todo revuelto. Han hecho un registro completo. Han mirado hasta dentro de los colchones. La casa era un espanto. Es la policía de Batista. Estoy segura.

—Lo puedes denunciar —le dije.

—No. Ya sabes que a los extranjeros se nos prohíbe mantener actividades políticas. Si todo se enreda y me expulsan, no quiero ni pensar en mis padres. No sé qué hacer.

—De momento cenar, luego ya veremos —le dije para tranquilizarla.

Me acompañó a la cocina y allí se fue calmando. Luego cenamos y más tarde escuchamos música, para terminar poniendo la televisión.

—Mañana iré con Percy a buscar tus cosas. Ya encontraremos una solución. Así que ahora te acuestas, descansas y... mañana será otro día.

La habitación de mi padre estaba preparada y le ofrecí, casi ordené, que se fuera a dormir allí. El papel de protector me hacía sentir bien.

Por la mañana fui a despertarla antes de salir hacia la universidad. Le entregué las llaves. Parecía tranquila y hasta contenta. Su cuerpo estaba cubierto por la sábana y cuando se incorporó en la cama, sus manos mantuvieron el embozo a la altura de su cuello mientras me hablaba. Me acerqué y le di un beso que fue contestado amable y cariñosamente con otro acompañado por su mano derecha acariciando mi mejilla. El corto movimiento de su brazo, al desprender la ropa que retenía su mano, dejó al descubierto su seno desnudo que, apenas entrevisto un instante, me produjo un sofoco que ella, estoy seguro, percibió.

Percy se prestó a realizar el transporte y allí fuimos los tres a recoger las pertenencias de Isidora de entre el revoltijo en que se había convertido aquel apartamento. Ella se dejó conducir sin plantear problema alguno. Percy se despidió esa noche deseándome suerte al oído. «Hasta el lunes y buenos sueños», nos dijo en voz muy alta ya desde la puerta. Era viernes y al día siguiente decidí no asistir a las clases. Nos fuimos a cenar fuera y luego al Hotel Plaza a tomar una copa. De repente, nos habíamos hecho cómplices. Cuando regresamos, ya tarde, su cara expresaba una animación nueva, quizá producto del alcohol, al cual, según me dijo, no estaba acostumbrada. Puse música con el volumen bajo y sentado a su lado me atreví a acariciarle el largo cabello. Entonces se volvió y me besó. No sé cuánto duró aquel beso, pero recuerdo que mis dientes chocaron con su poderosa dentadura. En aquella incómoda postura lateral, con la torpeza acrecentada por los nervios, quise desnudarla. Se separó de mí, se puso en pie y cuando ya estaba predispuesto a recibir alguna regañina a causa de mi atrevimiento dijo, o quizá preguntó: «¿Vamos a la cama?». Atolondrado, sólo se me ocurrió contestar con otra pregunta: «¿A cuál de ellas?». Se rió y me fulminó desde la puerta diciendo: «A la que sea más ancha».

Aquel cuerpo, que tanto había imaginado, aquella sonrisa tan querida y buscada, estaban allí dispuestos sobre el lecho, requiriéndome. El amor, la pasión y la entrega vencieron pronto a la torpeza, y ocurrió todo y de todo. Una y otra vez, con los ojos, con las manos, con la boca... con el sexo, que se resistía al descanso, convencido de que en aquella hora estaban todas las horas y en aquel día todos los días. La noche tan larga no parecía tener fin. La belleza radiante de su cara y sus gritos mezclados con los míos agarrándose con feliz desesperación a la vida. Nos entregamos en la vigilia y en el sueño hasta convertirnos materialmente en un extraño ser de dos cabezas que deseaba fundirse mediante aquel fuego perfumado y húmedo. Ni un solo centímetro cuadrado de su hermoso cuerpo dejó de ser objeto de mi atención. Un cuerpo que respondía a cada intento como si hubiera estado esperando ese momento desde toda la eternidad. La luz de la madrugada nos encontró sin resuello. Dormimos abrazados y al mediodía, de nuevo, con aire más glorioso, repicaron todas las campanas del alma. Luego, comimos para volver inmediatamente a la cama deshecha. Ya con la atardecida, salimos a la calle para refugiarnos en un cine. Recuerdo la película. *Ha nacido una estrella,* con una versátil Judy Garland y un alcohólico James Mason. Compramos comida y fruta y volvimos a encerrarnos en la casa. Las cuarenta y ocho horas de aquel fin de semana fueron ocupadas también en mutuas confesiones generales y en recíprocas declaraciones de amor. Reiteradas y hasta untuosas en mi caso. Una especie de bálsamo pegajoso se había apoderado de mi alma. Ello me convertía en una persona habladora. Aquel enamoramiento me inundaba, convirtiéndome en un disparatado personaje incapaz de pensar en otra cosa que no fuera en ella.

En el cielo ya crepuscular de aquel domingo se desató una furiosa tormenta. No repentina sino progresiva, cada vez más intensa. Comenzó con sonidos sordos, casi melódicos, que en la distancia el aire multiplicaba poblándose de ecos. Como si las ráfagas del viento tañeran cuerdas de guitarra o violín, que vibraban sólo un momento para extinguirse cargadas de amenazas. Más tarde, cesó el viento y, a la vez, del cielo se desplomaban poderosas cataratas de agua que, más que golpear, inundaban los cristales. Al tiempo, rayos color alabastro poblaron el paisaje. Todo sucumbía ante la furia caótica de los elementos cuya rebelión no parecía tener fin. Con la luz apagada y en silencio, abrazados contra los cristales, compartimos la larga tormenta hasta que se perdió por el este, lejos del río.

Cuando el lunes hube de salir de la cama y bajar a la tierra deseé que el mundo hubiera desaparecido. Se nos había hecho tarde y Emma estaba ya canturreando por la casa. Una amplia sonrisa de comprensión o de complicidad se instaló en su negra cara cuando se tropezó con Isidora en la cocina. Yo le di las explicaciones que el caso requería. «Es una amiga y vivirá aquí algún tiempo», le dije. «Ya, ya entiendo. Por mí no se preocupe», contestó.

Esa tarde, mientras esperaba a Isidora, decidí llamar a mi padre a fin de saber si pensaba volver pronto a Nueva York. No estaba ya en Atlanta, pero Luis me dio el teléfono del hotel de Miami en donde se encontraba. Se extrañó de mi llamada, pues no solía requerirle por teléfono, y menos sin aparente motivo. Supe que viajaría a Cuba y quizá a finales de mayo vendría a Nueva York. «Ya te avisaré», me dijo. Teníamos mes y medio para nosotros solos. Por si acaso, en los días que siguieron compré una cama de gran tamaño y regalé a Emma la que hasta entonces había sido mía.

El amor me volvió trabajador y casero. La esperaba en casa con ansiedad. Cuando ella llegaba antes, al abrir yo la puerta y detectar la luz eléctrica en algún rincón de la casa silbaba y ella contestaba desde donde estuviera con un «sí» que me tranquilizaba. Todo aquel amor desbordado me hacía tocar, como se dice, el cielo con las manos. Me poseía la permanente sensación de quien ha recibido un inesperado y a la vez ansiado regalo. Un halago universal, sin ningún merecimiento. Una meta imposible de alcanzar, sólo lograda en la ingravidez de la imaginación.

Y ahora, mientras escribo, mi memoria extrae una imagen en movimiento que se repitió aquellos meses. Al levantarse de la cama desnuda, se ponía mis zapatos y con un andar torpe y deslizante salía de la habitación dejándome la vista de su espalda y la hermosura de sus nalgas perfectas cuyo recuerdo me emociona.

Una noche, que hube de salir a comprar algo, vi frente al portal una figura bajo la luz de la farola que me pareció Omar, el compañero de Isidora. Allí parado, mirando hacia arriba, tenía todo el aspecto de un perro abandonado. A mi vuelta, seguía allí. Le miré y me miró, pero no se movió del sitio en el que estaba como voluntario centinela. Se lo comuniqué a Isidora y juntos, con la luz apagada, miramos desde el sexto piso hacia la calle. «Sí, es él», me dijo. Se cambió de vestido y se puso una gabardina. «Voy a hablarle. No puede quedarse ahí.» Salió y esta vez fui yo quien desde la ventana la vi dirigirse al vigía y llevárselo tomado del brazo. Pensé que volvería de inmediato, pero me equivoqué. Más tarde, sonó el teléfono y, sin apenas dejarme hablar, la voz de Isidora me dijo: «Omar no se encuentra bien, me quedaré con él», y ante las tímidas protestas que logré articular me espetó: «Por favor, nada de celos. Duérmete y mañana hablaremos». Aquella noche y la siguiente, pues no volvió hasta pasados dos días, conocí lo que eran los celos. Una sensación que sólo había probado en el pasado como aperitivo. La inseguridad se me instaló, como implacable angustia, en la boca del estómago y no me abandonó hasta su vuelta y, aún después, seguí con aquella sensación que sólo su presencia atenuaba. Le confesé que me había hecho daño.

—Lo imagino, pero él lo estaba pasando aún peor. En este caso, de poco han valido las advertencias previas. Hubiera hecho una barbaridad.

—¿Y ahora?

—No volverá a ocurrir, te lo aseguro.

—Pero ¿te has acostado con él? —conseguí preguntar.

—Sí. Para él era cuestión de vida o muerte y creo que lo decía de verdad. Así que lo hice, aunque él bien sabía que era compasión lo que me llevaba a consentir.

La respuesta me tranquilizó. La certeza resultó ser más piadosa que la duda.

—Si alguna vez me voy de tu lado y no estoy pensando en hacerlo —dijo al fin sonriendo—, no me sigas. Júrame que no me seguirás.

—No me dejes nunca —fue mi respuesta.

Aquella noche volvimos al principio y la pasión pareció borrar el incidente, mas dentro de mí quedó la inseguridad de que el amor en su afán totalizador nunca logra dominar. Por muy unidos que parezcan dos seres, disponen de cabezas distintas difícilmente reductibles a una sola voluntad.

Las relaciones que Isidora mantenía con sus padres, y en general con su familia, eran contradictorias y desgarradoras. No me refiero a las relaciones formales entre una hija, la mayor, ligeramente descarriada y unos padres que deseaban para ella la normalidad de los de su clase, sino a los sentimientos que su situación familiar provocaban en ella. Por un lado, el cariño filial que difícilmente podía ocultar y, por otro, su permanente y hasta obsesivo afán de independencia, de autoafirmación, de identidad única y separada. Todo ello se mezclaba con una actitud radical hacia la política que se expresaba con frecuencia en palabras cargadas de pasión. Odiaba a Batista y todo lo que él representaba con buenas razones, muchas de ellas tan vívidas como la prisión que había sufrido. Aquel percance, del cual —ya lo dije— le costaba hablar, cuyo recuerdo degradante residía en lo más profundo de su ser, aquel acontecimiento humillante que le había granjeado la incomprensión familiar, le hizo trasladar su desprecio hacia los comportamientos de su familia donde se incluía su hermana Juana, que entonces acababa de entrar en la universidad. Todo su cariño familiar se había trasladado hacia Ignacio, el hermano pequeño, el único con el que mantenía correspondencia. Ignacio tenía entonces dieciséis años e Isidora depositaba en él sus mejores esperanzas.

A mediados de mayo y ante la proximidad de su llegada, envié a mi padre una larga y meditada carta. No me fue fácil. Era la primera vez que me comunicaba con él a propósito de algo tan personal. El mismo día, escribí a Anita contándole lo mismo de forma bien distinta. Con ella me explayaba acerca de las maravillas que estaban sucediendo en mi vida. «Sé que eres impulsivo y no te culpo, pero intenta refrenar tu corazón o acabarás en tierra. No quisiera que eso te ocurriera nunca», me contestó a vuelta de correo.

A los pocos días, mi padre me llamó muy temprano para decirme que había recibido la carta y que hablaríamos cuando viniera a Nueva York. Isidora, aunque lo intentaba, no conseguía refrenar algunos nervios ante el próximo encuentro. Cuando, al fin, mi padre llegó y cenamos los tres juntos, nos comportamos como si estuviéramos de visita, tan educadamente que era imposible no percibir la tensión que la situación provocaba por distintos motivos en cada uno de nosotros.

Isidora se retiró después de la cena dejándonos a solas en el salón. Ninguno de los dos parecía saber cómo iniciar aquella ineludible charla.

—Es muy linda —comenzó— y parece inteligente. Conozco a su familia. Pero ahí radica el problema. Uno de los problemas, porque hay varios. Veamos. En primer lugar, me parece que vais muy deprisa. ¿No crees? Lo normal es hacerse novio algún tiempo y luego casarse o vivir juntos que viene a ser lo mismo. Una cosa es un flechazo y otra muy distinta ponerse a convivir, como si el tiempo se os acabara mañana. Me imagino que los padres de ella no saben nada y pretenderéis que yo no me dé por enterado. ¿Es así?

—Lo que quiero saber es si podemos seguir aquí o prefieres que nos marchemos —le contesté con impertinencia involuntaria.

—Pensaba que querías saber mi parecer sobre el fondo del asunto.

—Por supuesto —contesté.

—Pues bien, me parece un error. Un error que pagarás porque el amor así, apasionado, repentino, suele zozobrar. Es un fuego rabioso, pero mal encendido, con mucha llama, pero sin fundamento. Yesca que se abrasa..., ¿y luego?

—Yo no lo veo así. No puedo prescindir de ella —la última frase salió de mí con gran esfuerzo, pero la pronuncié.

—Está bien... Sólo puedo darte un consejo. Intenta ir más despacio y mantener el rumbo, pero si crees que esto que haces es lo que te conviene, no seré yo quien se convierta en un padre jupiterino. Si la aventura sale mal, no será por mi culpa ni a mi costa. Tú decides y tú pagas. Cosa que, de verdad, no te deseo. Te pido, sin embargo, una promesa formal y firme: no abandones los estudios.

—Por supuesto que no —le dije radiante—. Este curso lo llevo aún mejor que los dos anteriores.

—Los tres anteriores, que el primero en La Habana también fue bien —dijo condescendiente—. En cuanto a la casa, no es necesario que os cambiéis. Ya veo que os habéis instalado a vuestro gusto. Si alguien me pregunta en Cuba por la muchacha, yo, de momento, no la conozco ¿está bien así? Y ahora vete a la cama.

Agarró un libro y se puso a leer. Isidora me estaba esperando. «Todo bien», le dije y nos juntamos el uno al otro sin hacer el menor ruido. Era la primera vez que compartíamos la casa, de noche, con un huésped.

Preparé los exámenes con un afán y constancia casi agotadores. Le pedí a Percy que viniera con frecuencia a casa para trabajar juntos. Isidora, por su parte, estudiaba con menos entusiasmo. «Perderé medio curso», decía. Para justificarse a continuación: «Me incorporé en el segundo cuatrimestre. De Derecho Positivo yanqui no tenía ni idea. Tampoco está tan mal». Aunque tuve en el primer cuatrimestre algunos problemas con el Dibujo, el curso completo lo saqué en mayo con esfuerzo, pero sin mayores dificultades. Percy, por su parte, también obtuvo buenos resultados. Isadora, como era su propósito, dejó para setiembre tres asignaturas.

Llegaron las vacaciones y tuvimos que tomar alguna decisión. No quería separarme de ella, pero también me apetecía pasar en Cuba algún tiempo. Tras muchas discusiones inútiles y cariñosas decidimos dividir nuestro verano en tres tramos. Hasta finales de junio estaríamos en Nueva York o visitando los alrededores y en julio iríamos a México. Mi padre no me negaría ese regalo después de los resultados académicos. Luego, yo viajaría a Cuba y ella volvería a Nueva York para preparar sus exámenes. En setiembre regresaría para acompañarla. Hablé con mi padre y no hubo problemas. Me indicó, incluso, que invitara a algún amigo para que viniera conmigo a La Habana. Hablé con Percy, que tenía otros planes, pero me busqué el apoyo de la señora Aron para que le convenciera. Estábamos comiendo en casa de los Ross y los padres le animaban a aceptar la invitación. Intervino entonces su hermana Sara para decir: «Yo en tu lugar no lo dudaría».

—Te lo voy a poner más fácil —dije insistente—, que se venga Sara con nosotros. Mi padre me ha dicho que invite a varios amigos. Así no te sentirás tan solo y podrás hablar en inglés todo el tiempo. Isidora y yo saldremos el dos de julio. Vosotros, voláis, por ejemplo, el 15 hacia México y desde allí nos vamos todos a Veracruz. Luego en barco nos trasladamos a La Habana ¿Qué os parece? —Sara daba saltos de alegría—. Por supuesto los gastos de viaje y la estancia los paga mi padre. Ése es el trato.

—De acuerdo en todo, menos en la última parte —dijo el señor Ross.

—Mi padre se sentiría muy mal si no aceptan esas condiciones. Es un favor que le pido, señor Ross —concluí y sellamos el acuerdo.

Al día siguiente fui a una agencia y saqué dos billetes de avión para México DF a nombre de Sara y de Percy para el 16 de julio y tres de La Habana a Nueva York para el 2 de setiembre. Para evitar más discusiones, se los entregué a Anna Aron dándole las gracias por prestarme a sus hijos.

—Cuando alguien, como es tu caso ahora, se siente tan feliz y generoso, consigue trasladar esa hermosa sensación a los demás, los vuelve mejores —dijo sonriendo—. Ojalá te dure mucho, mucho tiempo, esa vitalidad que ahora sale de ti como si no te cupiera dentro del cuerpo. Lo pasaréis muy bien, ya lo verás— y por primera vez me dio un beso.

Durante aquel mes de julio de 1955, no exagero al escribirlo, hice el mejor viaje de mi vida. Como ya dije, en ese mismo mes de julio Fidel Castro salía de Cuba también hacia México y una casualidad, que narraré más tarde, hizo que tuviéramos un punto de tangencia con la historia que comenzaba precisamente en México y que terminaría el primer día del año 1959 en La Habana.

En la capital mexicana, Isidora y yo hicimos una intensa vida turística. Nos levantábamos temprano para recorrer la ciudad, los museos, los mercadillos... nos trasladamos a las pirámides, visitamos todas las ruinas aztecas o toltecas. Guadalupe, las zonas residenciales y las miserables. Volvíamos al hotel hambrientos. Comíamos, descansábamos, hacíamos el amor durante horas y aún nos daba tiempo para escuchar las mejores voces en los cabarets. La casa de Trotsky en Coyoacán, los murales de Ribera. «La vida del turista es muy dura», le decía yo y ella asentía entre risas. «Sí, muy dura, sobre todo para los pies.» Los metía en agua fría y luego yo dedicaba un buen rato a darle masajes. Con frecuencia, mis manos tenían tendencia a subir desde los pies por sus pantorrillas, hacia sus muslos... «Por ahí ya no siento cansancio alguno», decía, consintiendo de buen grado. Al recordarlo ahora, me asaltan a un tiempo sensaciones y emociones tan vivas como entonces.

Percy y Sara llegaron puntualmente y pasamos juntos una semana más en la capital y alrededores. Vuelta a los museos, aztecas, toltecas... Percy quedó encantado. «Comprobarás que las invasiones siempre han venido del Norte y siempre los invasores han sido menos cultos que los invadidos», decía con humor. Isidora no perdía la ocasión de contestar: «Esperemos que en este siglo la tendencia se quiebre y sea a partir del Sur desde donde se invada el Norte... pacíficamente, claro está». Percy replicaba sonriendo: «Pero México y Cuba también son el Norte». «Son el Sur del Norte», precisaba Isidora sonriendo y dejando su guinda en el pastel.

Percy apenas conocía la nueva arquitectura mexicana que había irrumpido con fuerza durante los años treinta. Luis Barragán, Enrique del Moral, Legarreta o Juan O'Gorman habían introducido en México las ideas del racionalismo europeo. Mi conocimiento de ellos se limitaba a un par de artículos, pero supe llegar hasta la Ciudad Universitara donde O'Gorman había construido la Biblioteca Nacional. El mosaico que la recubre también es obra de este arquitecto. A Percy le gustaron sobre todo algunas construcciones de Barragán muy influido por su amado Mies Van der Rohe. También podía rastrearse en la obra de Barragán a Le Corbusier. De él recuerdo que vimos los Jardines del Pedregal. Barragán iba a construir poco después de nuestro viaje las Torres de Ciudad Satélite. Yo las he visitado más de una vez cuando he vuelto a la capital mexicana.

Fuimos hacia Veracruz en autobús. Soportamos el intenso calor y las frecuentes paradas con deportividad y humor. Al llegar, le conté a Isidora los dos secretos mejor guardados de Nela, mi origen y su amor en Veracruz. «Te envidio, es una historia hermosa y me gusta... una pena que ya no pueda conocer a tu madre, aunque creo que la vi de lejos aquel día de tu carrera. ¿Te acuerdas? ¿Eran cuatrocientos metros?» «Me acuerdo muy bien. Espero que conozcas a Anita. Creo que te gustará», concluí.

Veracruz era una ciudad marítima llena de colores. De mi viaje infantil apenas recordaba el puerto. Abundaban el añil, el fucsia y el amarillo canario. Las casas marineras encaladas escondían la probable pobreza económica entre aquella alegría cromática. Sólo en el centro colonial aparecían los tonos grises de la piedra con la que se habían construido los más robustos edificios barrocos. Al atardecer o a media mañana nos sentábamos un buen rato en el Café de la Parroquia a ver pasar la gente. «De todos los espectáculos que pueden verse en una ciudad, el paisaje humano, tan cambiante, es uno de los más elocuentes y entretenidos», aseguraba Percy. Isidora consideraba que tales palabras mostraban el espíritu contemplativo de Percy. Ella prefería moverse, «mejor ser vista que mirar», decía.

Paseamos por la ciudad con vocación de exhaustividad. Mariachis en Plaza Garibaldi y boleros nocturnos. Excursiones madrugadoras. Conversaciones triviales, las más, trascendentes, otras... hasta el agotamiento.

> *Humo en los ojos*
> *cuando te fuiste,*
> *cuando dijiste,*
> *llena de angustia,*
> *¡ya volveré!*
>
> *Humo en los ojos,*
> *niebla de ausencia,*
> *que con la magia*

de tu presencia
se disipó.

La mujer cantaba con una voz profunda. En una pista semivacía, Isidora bailó conmigo en un abrazo... y a mí se me quedó grabado para siempre aquel bolero, como si aquella música sentimental fuera la mejor música y en aquella letra estuviera el más hermoso poema.

Llegó el momento de la partida. Por la mañana, Isidora tomó un pequeño avión para la capital de México y, por la tarde, nosotros el barco que nos había de llevar a La Habana. Cuando nos despedimos de ella y vimos despegar aquel artilugio de tembloroso vuelo pensé que podían ocurrir tantas cosas en ese escaso mes de separación. Podía caerse aquel avión y hasta hundirse nuestro barco. Preferí lo segundo y me apiadé de Percy y de Sara. Ésta, como si hubiera adivinado mi pensamiento, dijo: «No te pongas triste... dentro de nada volverás a estar con ella». Probablemente el enamoramiento nos vuelve a la infancia y como niños debemos ser tratados en tales trances.

Con un exagerado afán de ahorro, Percy, que se había encargado de los billetes, nos metió a los tres en el mismo camarote: una litera grande y otra, la de arriba, pequeña. Sara ocupó la litera superior, Percy y yo compartimos la grande. No me dejó pegar ojo en toda la noche. «Me es imposible dormir acompañado», rezongó durante el desayuno. La cosa quedó así, pero al llegar la noche se empeñó en ocupar la litera pequeña. Me preocupó el desaire que ello significaba para Sara, pero ella, desenvuelta, terció en favor de su hermano. «Dormiré contigo, si no te importa», me dijo. Percy le tomó la palabra y se metió en la cama para, esta vez, quedarse inmediatamente dormido. Sara, con un pijama largo impropio de aquel clima, se acurrucó en el fondo y me invitó a compartir el lecho. Pasamos mucho rato conversando de lo divino y de lo humano. Me habló de Isidora con un cariño que yo no había sospechado. Nunca había tenido ocasión de charlar a solas con ella y aquella noche nos desquitamos. Desde ese viaje, dejé de ser para ella el amigo de Percy para convertirme también en su amigo. Procuré dormir sin tocarla, pero fue inútil, porque ella se me echó encima, me tocó la cara y el cuerpo, entrelazó sus piernas con las mías, como si el sueño la desinhibiera. Comprobé que el roce físico con una mujer, fuera amoroso o no, voluntario o involuntario, me producía una agradable sensación erótica. Estando ella vuelta hacia la pared y yo pegado a su espalda, en duermevela, el roce con sus nalgas me produjo una inocultable erección. De pronto, un bandazo del barco pareció despertarla y cambió de postura, se giró hacia mí y, resuelta, asió mi sexo. Comenzó a acariciarlo. Sin decir palabra acercó allí su boca y al poco estallé como un cohete sin que ella abandonara la presa hasta el final. De haber hablado, me hubiera muerto de vergüenza, pero no lo hizo, sino que volvió a su postura inicial en silencio. Cuando despertamos, sólo hubo entre ambos una sonrisa cariñosa y cómplice. Ni un solo comentario.

Percy trabó amistad en el barco con una hermosa cubana llamada Ondina. Compartimos mesa con ella en un par de ocasiones. Resultó ser hermana de una cantante bastante conocida, Orquídea Pino. Ondina Pino nos contó que su hermana se había casado con un ingeniero mexicano y ahora vivía en México DF. Poco antes de desembarcar, Ondina pidió a Percy que se hiciera cargo de un libro que llevaba en la mano. Era un grueso tomo del Inca Garcilaso titulado *Historia de los incas*. Percy debía meter el libro dentro de su maleta y devolvérselo una vez que hubiera pasado la Aduana. Percy dio su acuerdo inmediatamente. «Pero ¿qué hay dentro de ese libro?», le pregunté. Podrían ser drogas o quizá algo peor, pensé. Percy sostenía ya en sus manos el libro. Se lo arrebaté con una brusquedad que sorprendió a mi amigo y lo abrí. Alguien había cortado las páginas para hacer un hueco en donde se habían colocado unos folios doblados. Los saqué y vi que estaban dactilografiados y numerados. En el primer folio se leía con mayúsculas el título que decía: *Manifiesto nº 1*. Era del Movimiento 26 de Julio e iba dirigido a los militantes del Partido Ortodoxo. Mientras hojeaba aquellos folios, en el rostro de Ondina se habían instalado la inquietud y el miedo.

—Creí que erais de confianza. Sólo es un manifiesto político. Me lo ha dado mi hermana, que es amiga de Fidel Castro.

—No hay problema —contesté rápido y su cara cambió de expresión— nosotros lo pasaremos. Lo haremos con mucho gusto. No te preocupes.

—Gracias. Me habías asustado. Por un momento, llegué a pensar que ibas a delatarme.

La Habana estaba hermosa desde el mar y al entrar en la bocana de la bahía sentí una especial emoción. Pasamos nuestras cosas por la Aduana sin ningún problema y le devolvimos a Ondina el libro. Volvió a mostrarse muy reconocida y para subrayarlo nos besuqueó a los tres con mucho mimo. En el puerto estaban Anita y mis dos hermanas con su prole. Nos abrazamos como si yo fuera Marco Polo recién llegado de la China. Tras las presentaciones, nos fuimos hacia casa donde ya estaba todo preparado. Anita me condujo hasta su cuarto y me enseñó, orgullosa, las calificaciones que había obtenido. «Tenemos muchas cosas que contarnos», me dijo. Y nos las contamos. Las mías exhaustivamente, con menos detalles las suyas. Sus amores profesorales se habían hecho algo rutinarios. «Aunque te extrañe, eso tiene sus ventajas, ¿sabes?», e hizo un elogio del aburrimiento, siempre que se estuviera en buena compañía.

Anita y yo acompañábamos frecuentemente a Percy y a Sara. Recorrimos juntos buena parte de la isla. Varadero, los Cayos. Pasamos cuatro días en Santiago. Playas y museos. Desde Santiago fuimos hasta Guantánamo para oír a Beny Moré, *El Bárbaro del Ritmo,* un buen espectáculo y una magnífica orquesta. Beny, que se llamaba realmente Bartolo, era capaz de cantar todos los ritmos y todos bien. Tenía una voz privilegiada, ligera y a la vez tormentosa como el viento. Había empezado a cantar con Miguel Matamoros y luego estuvo con Pérez Prado. Mis amigos quedaron encantados al oírlo y yo con ellos.

    San Francisco de Paula es una aldea próxima a La Habana situada en un terreno quebrado en la falda de una loma llamada del Bacalao, cerca del nacimiento del río Luyanó. Allí compró Ernest Hemingway en 1941 una finca de cuatro hectáreas y media con una quinta. El lugar se llamaba y se llama Finca Vigía. En la compra de esa finca se gastó Hemingway una parte de lo que había cobrado por los derechos cinematográficos de su novela española *Por quién doblan las campanas.* A Hemingway le dieron el Premio Nobel en 1954, por lo cual iba a recibir en Cuba, a donde había regresado de un largo safari africano poco antes de aquel verano, múltiples agasajos a los que él, al parecer, se resistía. Percy se empeñó en que fuéramos hasta la casa del escritor con la intención de saludarle. «Yo te llevo en el auto, pero no voy a hacer de introductor de embajadores», le dije. Fuimos hasta San Francisco de Paula por la carretera central. Cuando llegamos a la finca, el jardinero nos informó de que el viejo estaba en su barco, el *Pilar.* Si queríamos verlo mejor íbamos a Cojímar, a donde al atardecer solía regresar del mar. Volvimos a La Habana para el almuerzo y por la tarde salimos hacia Cojímar. Sara nos acompañaba. Allí nos indicaron el lugar donde solía amarrar el barco y esperamos por los alrededores. Al fin, llegó con la gente de su equipo. Cuando bajaron la pesca del día y vimos desembarcar a don Ernesto, como allí le llamaban sus amigos, recordé una frase de su libro cubano, el último que había publicado antes de que le dieran el Premio Nobel:

Entonces empezó a sentir lástima por el gran pez que había enganchado...

Percy se dirigió a él y entabló una conversación que Sara y yo, tímidamente, observamos desde la distancia. Percy nos contó luego que había estado amable, aunque lo había encontrado muy cansado y viejo. Vi por última vez a Hemingway el verano siguiente en Floridita, no lejos del Hotel de Ambos Mundos donde él había vivido antes de la Guerra Mundial. Cuando, después de la revolución, en el verano de 1961, se suicidó, la noticia me produjo dolor. Nunca había hablado con él. Cuando pude hacerlo, me venció, como tantas veces, la timidez. Al recordarlo ahora me viene a la memoria su descripción del amanecer en La Habana de *Tener y no tener*. Aunque las imágenes que se me agolpan correspondan a la película, bien distinta, que dirigió Howard Hawks y en la cual Cuba había desaparecido.

A don José Aguadé lo encontré en la redacción de *Bohemia* tan dispuesto a la charla como siempre. Le propuse presentarle a mis amigos yanquis y aceptó encantado. Aguadé coincidía en sus apreciaciones con los revolucionarios. Poco podía esperarse de Batista.

—Este mulato es un tipo retorcido y está jugando con fuego —dijo—. Si no convoca elecciones limpias rápidamente, y no creo que las vaya a convocar, la situación puede írsele de las manos. Hay una sentencia de Churchill que parece apropiada: «Se puede engañar a algunos todo el tiempo y a todos algún tiempo, pero no se puede engañar a todos todo el tiempo». Y el sargentito éste, estoy seguro, es eso lo que intenta. Da una versión distinta de sus intenciones según quien le escucha. Al final, se pondrá a todos en su contra. Sabe que unas elecciones limpias no las gana, así que no jugará a ese paño. El espantajo del peligro comunista no se lo cree nadie en esta isla. Es una mercancía de exportación que aquí no le compran ni sus más próximos. No sé lo que tiene el poder que vuelve insaciables a los hombres. Batista y sus amigos están más que forrados, me consta, y, sin embargo, no se hartan. Si los partidos tradicionales, el viejo Cosme de la Torriente y la oposición moderada quedan en evidencia, sólo será viable la salida insurreccional. Debajo de esta apariencia de normalidad y hasta de lujo hay un volcán y nadie quiere verlo.

Don José nos llevó esa noche a un viejo cabaret. Percy y su hermana estaban encantados. Escuchamos al trío Matamoros. Quedamos convencidos de que, en efecto, los cantantes eran de la loma (el público les hizo repetir la canción *¿De dónde son los cantantes?* hasta cuatro veces). Al final de la noche, una hermosa voz, de cuya propietaria no recuerdo el nombre, entonó:

Veracruz, rinconcito donde hacen su nido
las olas del mar
Veracruz, pedacito de patria que sabe
sufrir y cantar
Veracruz, son tus noches de lluvia de estrellas,
palmera y mujer
Veracruz, vibra en mi ser.
Algún día a tus playas lejanas
habré de volver.

Veracruz, repetía Percy con su acento yanqui. Durante los días siguientes pasamos algún tiempo ensayándola hasta que aprendió la música y la letra, que yo le había escrito en versión bilingüe.

Visité a mis amigos de La Habana y les informé de mi relación con Isidora, pero les oculté que vivíamos juntos, no fuera a correr la noticia y llegara a sus padres. Tal como habíamos acordado, ella llamó un par de veces desde Nueva York, para informarme de su situación, de sus estudios y de poco más. Aunque me encontraba feliz en La Habana, deseaba volver a verla con una intensidad que me atacaba especialmente cuando de noche leía en la cama esperando el sueño.

Mi hermano Luis y su mujer, que no podían moverse de Atlanta a causa de la niña recién nacida, pidieron a Lucía y a Ovidio que fueran a pasar unos días con ellos para poder disfrutar de unas pequeñas vacaciones. Mi hermana y su marido salieron para los EE UU a mediados de agosto y dejaron con nosotros a Bertita. La niña tenía ya once años y «su tía Anita» la adoraba.

—Ya ves —me dijo Anita con mirada cómplice una tarde mientras se preparaba para llevar a la niña de paseo—, a quien Dios no le da hijos, el diablo le da sobrinos.

Se acercó y me besó, como si yo también fuera aún un niño.

Los Ross y yo tomamos el avión en Rancho Boyeros el 2 de setiembre y llegamos a Nueva York en las primeras horas de la tarde. Los rascacielos, aflorando grises por entre las nubes, daban la impresión de ser las enormes ruinas de una abandonada ciudad futurista. Luego, ya en tierra, nos reencontramos con los colores de la ciudad, tan distintos de los que acabábamos de dejar atrás en La Habana. Isidora estaba esperándonos en el aeropuerto. Dejamos a los Ross en su casa y fuimos a la nuestra donde oficiamos la ceremonia del reencuentro con una apasionada dedicación que dejó paso a una ternura que había de durar siempre. Así lo sentí y así pensaba entonces.

El amor no sólo vuelve imprescindible al otro, sino que con su vocación de eternidad pretende transportarnos a un mundo donde el tiempo no existe o se detiene. Los acontecimientos, que poco después habían de arrastrarnos hacia la tormenta, habrían resultado incomprensibles si alguien nos los hubiera narrado por anticipado, como en una tragedia griega. En aquel setiembre neoyorquino, todas las posibilidades de dicha nos resultaban probables e imposible que se pudiera cortar la maroma que nos unía a la felicidad del mundo. El sexo era alimento y energía, y aquella pasión omnipresente se diluía en meandros como un gran río, llenándonos las más recónditas raicillas del alma.

Por intuición yo huía de las conversaciones políticas que inevitablemente surgían al preguntarme ella sobre mi reciente estancia en Cuba. Ya lo dije, Isidora se desasosegaba al recordar sus dos detenciones. Le aterrorizaba la posibilidad de una tercera. «Prefiero la muerte», decía. Nunca me dio detalles, sólo repetía la frase «muy mal», si yo le preguntaba acerca de aquella experiencia. Mas aquel rechazo y el terror que tales recuerdos le provocaban, no la detenían en su voluntad de actuar, cómo y dónde fuera, hasta derribar a Batista, aun a costa de la dicha y de la vida propias. Me sentía concernido y no sólo por solidaridad y aprecio hacia ella, también porque pensaba en cubano y no soportaba la idea de que estuviéramos condenados a soportar una dictadura sin mostrar activamente nuestro rechazo. Sin embargo, la política, o con más precisión, la actividad política de Isidora me alejaba de ella. No porque estuviera en desacuerdo con sus intenciones, aunque sobre sus ideas tenía yo opiniones, creo, algo más matizadas, sino porque intuía que la política ocupaba una parte de su corazón que yo quería inconscientemente entero para mí. Más allá de esto, porque intuía que su actividad política acabaría por impedir cualquier proyecto de vida en común. Todo ello se convertía en una sensación de provisionalidad que entonces no sabía manejar.

Durante el año 1956, la situación se pudrió en Cuba definitivamente. Fundado ya en México el Movimiento 26 de Julio (M-26) y, a finales del año 1955, el Directorio Revolucionario, la oposición a Batista no tuvo otra opción que radicalizarse y nosotros, aunque lejos, también. Mis convicciones políticas, lo acabo de escribir, no eran tan drásticas como las que mantenía Isidora, pero, arrastrado por ella, mis simpatías se fueron decantando durante aquellos meses hacia las únicas posiciones que resultaban claras y activas.

Isidora recuperó en setiembre parte de las asignaturas que se le habían quedado atrás y nos dispusimos a iniciar un nuevo curso en Nueva York. Para terminar el Bachelor of Architecture, es decir para obtener el título de arquitecto, tenía que superar en los dos cuatrimestres o sesiones tan sólo cinco asignaturas convencionales, más otras electivas que sumaran cinco puntos en el primer cuatrimestre y tres puntos en el segundo. Lo más importante era la tesis, que operaba como una asignatura más con un valor de cinco puntos y que era preciso aprobar al final de la segunda sesión, es decir, en mayo.

En octubre de 1955, al comenzar el curso, mi padre pasó una temporada en Nueva York a fin de resolver algunos problemas financieros derivados de la ampliación de capital que estaba realizando en la empresa constructora que operaba en Atlanta y Florida. Me propuso que fuera preparando, con las ayudas que creyera convenientes, un proyecto para construir dos torres de apartamentos, bien en La Habana, bien en Miami. A partir de ese momento me pondría un sueldo. Si tenía que recabar la colaboración de otros técnicos, la empresa los pagaría aparte. Cuando le propuse a Percy que colaborásemos en ello, estalló de alegría. Aquel proyecto de construcción nos sirvió para entrar en contacto, a través de la universidad, con verdaderos profesionales. Percy se hizo cargo de una torre y yo de la otra. La de él, inspirada en sus maestros de la Bauhaus. Yo busqué por otros caminos en torno a lo que entonces me parecía —y me sigue pareciendo— la mejor arquitectura americana. Por supuesto, Frank Lloyd Wright y sus proyectos *usonianos* me rondaban permanentemente en la cabeza. El proyecto de las torres fue un auténtico regalo que nos sirvió no sólo para la tesis, también en otras muchas asignaturas.

En octubre, Prío dio un mitin en la Gran Plaza frente a los muelles de La Habana al que asistieron, según se dijo, cincuenta mil personas. Cosme de la Torriente, un viejo superviviente de todos los avatares isleños, que entonces tenía más de ochenta años, tomó la bandera de la reconciliación y celebró en noviembre otro mitin. La multitud ocupaba el espacio que va desde la Casa de Aduanas hasta la Alameda de Paula. Allí estaban representados todos los grupos opuestos a Batista, excepto los comunistas. Fue un hito y también un espejismo. La solicitud de elecciones para 1956 fue desoída por Batista. Poco antes de las vacaciones navideñas, a finales del cincuenta y cinco, el presidente de la juventud ortodoxa, Raúl Cervantes, fue tiroteado y muerto por la policía en Ciego de Ávila. En esos días estalló una huelga entre los obreros del azúcar, engañados por las promesas salariales de la patronal. Medio millón de obreros fueron a la huelga y, al menos, un líder sindical fue muerto a culatazos por el ejército. Al final, Batista intervino dándoles, en parte, la razón a los trabajadores y comprometiéndose a entablar el *Diálogo cívico* con el viejo Cosme de la Torriente. Fue un engaño que duró tres meses. En el aniversario de la asonada militar, que le había llevado al poder cuatro años antes, Fulgencio Batista habló por radio y televisión para decir que de lo dicho nada. Ridiculizó a los viejos políticos, calificó de absurdas sus peticiones y remitió las elecciones a 1958. El SIM y la policía siguieron cometiendo atrocidades. Por ejemplo, torturaron a la secretaria de Conte Agüero, Evélida González, del Partido Ortodoxo y a varios miembros del priísmo. Durante el mes de febrero de 1956, las persecuciones contra el Directorio y el M-26 enajenaron el crédito que Batista y el *Diálogo cívico* podían haber tenido entre las personas moderadas. En marzo, fueron detenidos Echeverría y Menelao Mora, ex diputado del Partido Auténtico. En abril, la dictadura arrestó a un grupo de oficiales acusándoles de preparar un golpe contra Batista. Se dijo que operaban por cuenta de Trujillo, el dictador dominicano, con quien Batista mantenía por entonces una pugna, en verdad, poco comprensible. Algo después, Carlos Prío fue enviado de nuevo al exilio.

Durante su estancia en Nueva York, mi padre paró poco en casa. Había alquilado una suite en el Plaza, según él, porque allí eran más fáciles los contactos que había de mantener con los banqueros. Es posible que ésta fuera una de las razones, la otra era molestarnos lo menos posible. Pero el más contundente motivo por el que se había instalado en el hotel del Central Park lo constituían sus relaciones con Lisa Parker-Shaw. Un día nos invitó a cenar al Plaza y allí fuimos Isidora y yo con nuestros mejores atavíos. Llamé desde el *lobby* a la habitación de mi padre para avisarle. Al poco salieron del ascensor mi padre y la señora Parker-Shaw con aspecto de haber estado momentos antes en la ducha. Aquella cena daba carta de naturaleza al «noviazgo» de mi padre con Lisa, a quien, sin divorciarse de su marido, no le importaba exhibirse con el señor Cagigas en el hotel más concurrido de Nueva York. Lisa, la verdad, poseía una buena planta y, aunque no cumpliría ya los cuarenta, se mantenía en forma. Alta, rubia, con los ojos verdes, largas piernas, trasero poderoso y en su sitio. Sostenía una conversación al estilo de la cocina francesa internacional, apropiada a cualquier estación y territorio. A Isidora, ni que decirlo cabe, no le gustaba aquella señora. A mí, por el contrario, me hacía gracia que mi padre encontrara consuelo y compañía en aquella mujer que se esforzaba, como una cortesana, en resultar agradable todo el tiempo. A juzgar por los pendientes, el collar y el abrigo que Lisa llevaba, sus amores le debían costar a mi progenitor algunos dólares, pero tales dispendios no me parecían fuera de lugar. Me imaginé a Anita sonriendo condescendiente ante la situación.

Comentando la cena con Isidora, mientras nos desnudábamos para meternos en la cama, le dije.

—¿Te imaginas a Lisa y a mi padre haciendo el amor?

—¿Cómo se te ocurre pensar en eso? —contestó—. Es una imagen que me resulta repulsiva. Lo más antierótico que podría imaginar. No sé cómo la aguanta.

Las Navidades de 1955 las pasamos en Nueva York y aprovechamos para visitar durante tres días Washington. «El centro del imperio», decía Isidora. A la vuelta, recibimos un telegrama de Ovidio, el marido de mi hermana Lucía, anunciándome el nacimiento del niño que esperaban. Le habían puesto de nombre Ángel, en honor a mi padre. Cuando hablé con Lucía me dijo que Bertita era quien más contenta estaba con el mejor muñeco que los Reyes Magos le podían haber regalado.

En plenos exámenes de enero, recibimos una llamada de un tal Orlando. Venía de Cuba y le había dado nuestras señas Marcos Montes de Oca. Le invitamos a cenar en casa. Traía una propuesta del Directorio Revolucionario. Necesitaban una representación permanente en Nueva York y habían pensado en Isidora. Ella se prestó gustosa a realizar la labor militante que se le solicitaba. Orlando hablaba con gran seguridad:

—Todo está cambiando en Cuba. Los partidos tradicionales han sido burlados por Batista, están divididos y son más inútiles que nunca. Hasta Prío está ayudando a Fidel Castro. Nosotros, el Directorio, preparamos un acuerdo con el M-26 y estamos dispuestos para la acción. Los auténticos y ortodoxos más sanos y luchadores están colaborando ya con nosotros o con el M-26. Sólo los comunistas, como siempre, esperan mejores tiempos. Hemos de movernos para impedir que el proceso se estanque. Necesitamos ojos y oídos en Nueva York, no sólo para enterarnos de lo que se maquina en los ambientes cubanos de acá, también convendría buscar alguna forma de obtener dólares. Necesitamos armas y mantener apartamentos y casas francas desde donde poder ver sin ser vistos. Muchos hemos pasado a la clandestinidad. Sólo la revolución puede salvar a Cuba de la indignidad de la dictadura —concluyó.

Los ojos de Isidora delataban su ánimo agitado ante la posibilidad de la acción. Orlando permaneció en nuestra casa cuatro días, luego viajó a Florida y, según expresó, pasaría por México antes de regresar a La Habana.

—Tienes que escoger un nombre de guerra que nos sirva de contacto —le dijo a Isidora.

—Bien —contesté yo—, se llamará Manuela.

Isidora se me quedó mirando extrañada, pero aceptó el bautizo sin más comentarios.

—No serás la única que trabaje aquí. Dentro de un tiempo recibirás por correo los contactos. De momento, escribiremos a esta casa, pero conviene que abráis un apartado en correos. Es más seguro.

A partir de entonces Isidora retomó con la mayor dedicación sus contactos latinos y yo la acompañé más de una vez al Village para visitar a intelectuales norteamericanos que podían ayudar. Los ambientes cubanos eran peligrosos, dada la muy probable existencia de agentes de Batista moviéndose en ellos. A pesar de todo, Isidora los frecuentaba, organizando charlas y reuniones políticas. Tenía una voluntad férrea y su dedicación era casi obsesiva. Me encontraba casi fuera de juego y la exclusividad que el amor siempre reclama se resentía. La revolución se había convertido en un rival peligroso, que yo intentaba ahuyentar mediante mecanismos laterales tales como salidas a cines y teatros o excursiones los fines de semana. Isidora lo aceptaba de buen grado, aunque más de una vez sus ocupaciones políticas le hicieron renunciar. Siempre volvía a la conspiración provista de unos bríos inagotables. Respecto a la recaudación de dólares, sus éxitos, como suele ser común en esos casos, fueron más bien magros, pero sus buenas artes conseguían juntar, unos meses con otros, unos mil dólares, aparte de mi aportación que ella nunca me solicitó, pero que yo daba por bien empleada sólo con ver su expresión al recibirla.

Percy llevaba en aquella época una intensa vida amorosa, pero no se olvidaba de invitarnos algún sábado a almorzar en su casa. La señora Aron nos solicitaba información sobre la situación cubana. Isidora se la suministraba de buen grado. A primeros de marzo, Anna Aron nos ilustró durante la sobremesa acerca del famoso informe que Kruschev acababa de exponer ante el XX Congreso del Partido Comunista de la URSS. Fue mucho más allá de lo publicado en el *Times*. Los crímenes de Stalin fueron oficialmente admitidos y condenados. De los 139 miembros que componían el Comité Central en 1935, 98 habían sido ejecutados por Stalin en los años inmediatamente posteriores. De los casi dos mil delegados asistentes al XVII Congreso del PCUS, tan sólo 856 habían sobrevivido. Antes de la guerra, a raíz del proceso contra el mariscal Tujachevski, fueron ejecutados más de cinco mil oficiales del ejército. Kruschev, que fue coronel durante la batalla de Stalingrado en el invierno de 1942, derribó el mito de Stalin como artífice de la resistencia contra los nazis. «Con una ingenuidad criminal», según Kruschev, Stalin había creído firmemente que Hitler cumpliría los compromisos pactados y no atacaría a la Unión Soviética. «Aunque el Ejército Rojo salió finalmente triunfante, ello no se debió precisamente a Stalin, que era incapaz de leer correctamente un mapa», había dicho Kruschev. La señora Aron nos contaba todo aquello como si nosotros, los más jóvenes, lo hubiéramos vivido. Escuchábamos sus palabras apasionadas con atención, pero sin comprender la importancia que pudieran tener aquellos lejanos acontecimientos en nuestras vidas.

Mientras Anna lo vivía como una confirmación a sus críticas hacia la sociedad soviética, para nosotros todo aquello era Historia. Lo mismo que si nos hubiera hablado de Pericles o de Julio César.

—Esta llamada a la coexistencia pacífica —dijo— abre una nueva posibilidad para la democracia al acabar, esperémoslo, con la guerra fría. La esperanza será mayor en Occidente que en los países de la órbita soviética. Rusia ha tenido siempre vocación de imperio y no dejará que las conquistas de guerra se le vayan de las manos.

En la lucha contra Batista, que durante 1956 tomó, como ya dije, el camino de la radicalización, las dimensiones y el sentido de la revolución nunca quedaron claros. Recuerdo a este propósito una larga conversación a principios de mayo en la cual Isidora y yo tuvimos ocasión de escuchar una teoría de Anna Aron cuyos argumentos nos resultaron entonces poco comprensibles.

—La revolución no puede intentar objetivos universales —dijo entonces Anna—; cuando la revolución quiere alcanzar, a la vez, la democracia política y acabar con la explotación de unos hombres por otros, corre hacia el fracaso en ambos frentes. Los dirigentes de la revolución Francesa, y fue Robespierre quien lo expuso con toda nitidez, pretendían implantar la democracia y a la vez liberar de la pobreza a las clases menesterosas. Fracasaron porque son dos objetivos nobles, pero inalcanzables al mismo tiempo. Un objetivo ha de seguir al otro. No pueden conseguirse ambos de un solo tajo. Cuando eso se produce, o las masas acaban con la democracia o la reacción acaba con todo. Vosotros, y especialmente tú —dijo dirigiéndose a Isidora—, que tanto esperáis de la revolución, debierais tenerlo muy en cuenta, aunque entiendo que nadie escarmienta en cabeza ajena. Ojalá que acertéis, os lo digo de todo corazón.

Isidora, que, como yo, no entendía por qué había de producirse un determinismo tal, argumentaba así:

—Nosotros queremos echar al tirano que usurpa el Gobierno de Cuba. Volver a implantar la Constitución de 1940. Naturalmente queremos más cosas... que desaparezca el gansterismo, realizar una reforma agraria que dé la tierra a quien la trabaja y la necesita, nacionalizar algunas empresas, especialmente las que, como están en manos extranjeras olvidan que por encima de sus intereses están los de Cuba... y no mucho más. Eso queremos de la revolución.

—No es poco y todo es elogiable —contestó la señora Aron en tono amable, casi maternal —pero habréis de tener en cuenta al menos dos cosas. En primer lugar que los medios para obtener esos fines determinarán cuál ha de ser el final del proceso. Si vosotros, o quienes sean, lográis derribar por las armas, mediante una insurrección triunfante, al dictador, aquéllos que conquisten el poder, es decir los detentadores de la fuerza física, tendrán la tentación de no cederlo antes de alcanzar todos los objetivos y no pondrán el Gobierno al albur de unas elecciones. La segunda cuestión, y no de menor importancia, afecta a los intereses que han de herir —tú misma los has señalado—. Quienes ahora los poseen tenderán a defenderlos. Si tal cosa ocurre y, no hay duda, eso sucederá, entonces, la tentación de someter a esa gente por la fuerza será muy grande. La fuerza, la violencia, es incompatible con la democracia, con la política tal como yo la entiendo. La revolución corre así el riesgo de convertirse en otra dictadura y esa dictadura querrá hacer olvidar el objetivo de la democracia en beneficio de la liberación de los pobres, de los obreros, o de la nación. Esta actitud que describo no es nueva, ya la defendía Robespierre.

Aquellos argumentos, que la madre de Percy desgranaba con suaves maneras, nos parecieron entonces puramente teóricos. «Lo importante es derribar a Batista. Luego ya veremos. Necesitamos acción, no teorías que nos llenen de dudas», me dijo Isidora cuando regresábamos a nuestra casa.

A finales de mayo, superados nuestros exámenes sin especiales contratiempos, Percy y yo nos convertimos en arquitectos. Lo celebramos repetidamente. Solos y en familia. Mientras hacíamos planes para el futuro, retomamos nuestras «torres» y, recomendados por nuestros profesores, visitamos con asiduidad un prestigioso estudio de arquitectura muy ligado a la Columbia.

Isidora, que había dejado colgadas algunas asignaturas, seguía con su activismo. El número de exiliados cubanos en Nueva York había aumentado durante todo el curso y el trabajo político de Isidora no había hecho sino crecer a lo largo de los últimos meses. Al comienzo del verano se encontraba inquieta, se diría que huidiza. Lo atribuí entonces a mi especial sensibilidad hacia todo lo que ella hacía. Pero, al fin, se sinceró conmigo.

Una noche le propuse que discutiéramos algunos planes para las vacaciones. Había imaginado muchas posibilidades y viajes para compartir con ella. En otras ocasiones había intentado hablar de nuestros comunes proyectos y siempre me había dado largas. Esta vez fue tajante.

—Me vuelvo a Cuba —dijo—. No quiero estar lejos mientras mis compañeros se están jugando la vida. Me prometí a mí misma hace mucho tiempo que cuando llegara la ocasión regresaría y la ocasión es ésta. Me voy.

Si me hubiera dado con un mazo en el cráneo no hubiera quedado tan desconcertado. Miré sus ojos y vi en ellos la voluntad de la decisión tomada. Quise convencerla para que se volviera atrás y quizá elegí el peor de los caminos.

—¿Y yo? ¿Qué soy para ti? ¿No te importo lo más mínimo?

—No es eso —contestó—, claro que me importas y mucho, pero el cariño que siento por ti no puede convertirse en justificación para no cumplir con lo que considero mi deber.

—Está bien —dije tras un largo silencio—, me iré contigo.

—No, tú te quedas aquí y por muchas razones. No toleraré que me sigas sólo porque estés enamorado de mí. No sientes la necesidad de ir como la siento yo, tú aún no eres un revolucionario. Puedes ayudar, como hasta ahora lo has hecho, pero debes quedarte. Siento tener que recordarte tu promesa. Si un día me voy no me seguirás y ese día ha llegado.

Estábamos cenando y me encontraba sentado frente a ella. Quise levantarme para que no percibiera mi malestar, pero las piernas me temblaban como si toda la tristeza del mundo hubiera caído sobre mí.

Isidora ya había sacado su billete de avión, utilizando un nombre falso. Aquella noche no pude dormir y cuando, ya de madrugada, hicimos el amor, dentro de mí la pasión se había tornado en desesperación. Cuando llegó el día de la partida, no quiso que la acompañara al aeropuerto. Nos besamos al despedirnos.

—Si todo sale bien, como tú y yo esperamos, pronto nos volveremos a ver en La Habana. Prometo no olvidarte y, aunque no tengas por algún tiempo noticias mías, debes saber que estaré pensando en ti.

Se fue y me sentí tan solo como si el universo se hubiera vaciado. Una soledad sin consuelo. La angustia de su ausencia se instaló en mí como una enfermedad que tuviera la intención de quedarse para siempre. Buscaba distraerme, mas con cualquier motivo aquel vacío retornaba a mi mente y a mi estómago con la tenacidad de un mordisco.

VII.

Madrugada del domingo 28 de octubre de 1956. El coronel Blanco Rico, jefe del SIM, a quien acompañaban otros dos oficiales, todos de paisano, entre ellos el también coronel Marcelo Tabernilla, hijo del jefe del Estado Mayor, y sus mujeres vestidas de punta en blanco se disponían a tomar el ascensor del cabaret Montmartre en El Vedado. Eran las cuatro de la madrugada y el espectáculo había concluido pocos minutos antes. Por el pasillo que conducía al elevador se acercaron dos hombres de aspecto juvenil y aire despreocupado. De repente, uno de ellos se llevó su mano a la cintura, que cubría con una amplia chaqueta blanca, extrajo una pistola y abrió fuego contra el grupo. El coronel Blanco murió en el acto, los demás cayeron heridos. En la confusión, los dos jóvenes consiguieron huir por una salida que daba a la sala de juegos. En la calle les esperaba un auto y dentro de él se perdieron en la ciudad desierta. El comando que realizó el atentado estaba compuesto por tres hombres y una mujer: Juan Pedro Carbó, Rolando Cubela y José Machado eran sus nombres; ella se llamaba Isidora Morales.

A Rafael Salas Cañizares, el gordo jefe de la policía, le llegó un soplo: el comando se había asilado en la Embajada de Haití, donde ya estaba refugiado otro grupo desde tiempo atrás. Rafael Salas, que no pensaba asistir al entierro de Blanco Rico, se presentó en el sepelio para informar a Batista. Desde allí, acompañado por el coronel Orlando Piedra y un grupo de policías, se dirigió a Miramar, a la Embajada de Haití. El embajador estaba almorzando. Los policías llamaron a la puerta y sin previo aviso entraron disparando, saltándose todas las normas del derecho internacional. Inesperadamente, uno de los refugiados, llamado Secundino Martínez, que estaba armado, disparó contra Salas hiriéndole de muerte. Ninguno de los asilados quedó vivo. Algunos murieron durante el tiroteo, los demás fueron masacrados dentro de la Embajada.

Tuxpan. México. Noche del 24 al 25 de noviembre de 1956. El viento del Norte no hace aconsejable la navegación. Un yate con el nombre de *Granma* está presto para hacerse a la mar. A bordo, ochenta y dos hombres, de los cuales, setenta y ocho son cubanos. Un argentino, encargado de la sanidad, Ernesto Guevara, un italiano, Gino Doné, un mexicano, de apellido Guillén, y el piloto, un dominicano llamado Ramón Mejías, completan la dotación a las órdenes de Fidel Castro Ruz a quien se le ha atribuido el grado de comandante. Al mando de cada una de las tres secciones de veintidós hombres van los capitanes Raúl Castro, Juan Almeida y José Smith. Vigilados y perseguidos por la policía mexicana, los hombres del *Granma* apenas han tenido tiempo para dotarse de intendencia. A bordo viajan dos cañones anti-tanque, noventa rifles, treinta y cinco de ellos con mira telescópica, tres ametralladoras ligeras Thompson y cuarenta pistolas. El viaje hasta las costas cubanas durará siete largos días. El 30 de noviembre, los hombres que se apiñan a bordo escuchan por la radio el alzamiento de sus compañeros del M-26 en Santiago.

Frank País, Haydée Santamaría y Léster Rodríguez habían preparado cuidadosamente esa acción. Tres días antes, recibieron desde México un telegrama que decía: «Libro solicitado agotado. Editorial Divulgación». Era la señal. El alzamiento había de comenzar setenta y dos horas después de recibir el cable. En la madrugada del treinta de noviembre, trescientos jóvenes con uniforme color verde aceituna y brazaletes roji-negros del M-26, atacaron el edificio de Aduanas, la jefatura de policía y las oficinas del puerto.

El edificio de Aduanas quedó ardiendo y los otros dos cayeron en manos de los insurrectos. Al tiempo, se asaltó la cárcel de Boniato y fueron liberados los presos políticos. Al día siguiente, hubo una nueva carga sobre los edificios del puerto que fueron incendiados, tomaron diversos edificios públicos e incluso se atacó el cuartel Moncada.

El 2 de diciembre, con dos días de retraso, llegó el *Granma* a la costa oriental de Cuba, pero en lugar de varar en Niquero, tal como estaba previsto, lo hizo en la Playa de las Coloradas, cerca de Belic, embarrancando en un lugar inhóspito lleno de algas. Tras perderse y volverse a reagrupar, el diminuto ejército siguió avanzando. El día 5 de diciembre por la mañana, el guía improvisado que llevaban les abandonó denunciándoles a la Guardia Rural. Decidieron no avanzar más y esconderse en un cañaveral, en un lugar conocido como Alegría del Pío. A las cuatro de la tarde de aquel día oyeron disparos. No vieron llegar a los soldados, pero una unidad del ejército estaba ya a menos de cien metros, entre las cañas. El tiroteo se hizo general, mientras varios aviones les sobrevolaban. A las seis, y entre la confusión, se produjo la retirada. El ejército prendió fuego al cañaveral. Varios hombres se rindieron y fueron fusilados allí mismo, sobre el terreno.

Sin alimentos, perseguidos y perdidos, los supervivientes consiguieron reagruparse pasados quince días. No llegaban a ser una veintena cuando se internaron en la sierra Maestra. La revolución se había puesto en marcha.

* * *

La Habana, 10 de enero de 1957

Querido Jesús:
Han pasado tantas cosas desde nuestra despedida en Nueva York que no sé muy bien por dónde empezar.

Entenderás que no te envíe detalles sobre mi actividad o mi existencia durante estos largos meses. No quiero preocuparte, además no debes hacerlo, porque estoy bien. Si me vieras no me reconocerías fácilmente. He cambiado de peinado y de forma en el vestir... he olvidado cómo se usan las pinturas de labios y de uñas. Vivir en la clandestinidad no es tan difícil... todo consiste en acostumbrarse. De mi vida anterior sólo te echo de menos a ti, a tu amor y a tus caricias, pero todo pasará pronto y volveremos a estar juntos y ya sin esta pesadilla que se acaba. Te lo repito: ni te preocupes ni le digas a nadie donde estoy... ya sabes, me fui a México y perdiste mi pista.

Estoy segura de que Batista no durará mucho y nosotros cumpliremos con nuestra parte en la revolución. Las noticias que tenemos de Oriente son alentadoras y, aunque no me creo todos los rumores favorables que circulan, es un hecho que la dictadura se resiente y vacila. Ladran, luego cabalgamos. Si vienes a Cuba no se te ocurra buscarme ni hablar con nadie de mí y no sólo por mi seguridad, también por la tuya. Mi familia nada sabe. El sobre cerrado que te adjunto va dirigido a ellos. Lo echas al correo. Quiero tranquilizarlos. Me preocupa mi madre. En la carta les digo que iniciaré desde ahí, desde Nueva York, un viaje por los EE UU y que tardaré varios meses en volver a escribirles.

Te supongo ocupado en tu trabajo y espero que el curso de especialización que pensabas hacer te vaya muy bien.

Este año de 1957, que ahora se inicia, será, ya lo verás, el año de la liberación. Volveremos a besarnos. Lo deseo... pase lo que pase nadie nos podrá quitar el recuerdo de los días felices que hemos vivido juntos.

Un abrazo.

Isidora

* * *

La carta me alegró —¿cómo no había de hacerlo?—, pero reavivó el poso de nostalgia y desamparo nunca aplacado desde su partida. Pese a que mi padre —con quien me sinceré, sin detalles, acerca de Isidora— me reclamaba en Atlanta o Florida, decidí continuar en la Columbia cursando la especialización. Había posibilidades diversas. *Masters* de dos cursos y de uno. Elegí la especialización de un solo curso, dividido como siempre en dos cuatrimestres o sesiones. Cuando llegó la carta de Isidora acababa de realizar los exámenes de la sesión de invierno. Por primera vez, Percy y yo habíamos tomado caminos distintos, pues él había decidido especializarse durante dos cursos completos. Mis visitas a casa de los Ross y nuestras salidas juntos fueron frecuentes en aquellos meses, durante los cuales finalizamos nuestros respectivos proyectos de las torres. La empresa de mi padre nos pagó puntualmente a la entrega de los documentos, que viajaron a Miami para esperar allí su construcción. Tiempo después, tras los inevitables cambios realizados por los arquitectos de la empresa, se edificó la torre de Percy, precisamente en Miami. La mía, que había de levantarse en Cuba, quedó para mejores tiempos y ésos nunca llegaron.

Percy se compró un automóvil de la General Motors y en él viajamos durante aquel invierno a Washington y a Boston en la agradable compañía que Percy se procuraba. Naturalmente le había comunicado la decisión tomada por Isidora, que él no entendió nunca. Me insinuaba permanentemente la conveniencia de «sacar el clavo mediante otro».

Percy debió comentar a su familia el origen de mi soledad y todos ellos se mostraban más amables aún de lo que ya eran normalmente, como si yo hubiera sufrido alguna desgracia irreparable. Esta actitud familiar me producía sentimientos contradictorios. Por un lado, me agradaba aquel trato, por otro, me hacía sentir disminuido, casi inválido o enfermo. En efecto, la pena que la soledad me procuraba resultaba a los ojos de los Ross una enfermedad del alma que había de desaparecer con una buena terapia y todos ellos parecían estar dispuestos a proporcionármela.

Una tarde de diciembre, el frío anunciador de una nevada nos había hecho tomar refugio en un cine y fui yo quien insistió en que fuera *Veracruz* la película elegida. La historia transcurría en la época del emperador Maximiliano, y Veracruz en poco se parecía a la que nosotros habíamos disfrutado en el verano que por allí estuvimos. Percy, su acompañante de esos días, cuyo nombre no recuerdo, Sara y yo vimos la película sin que, a decir verdad, la historia me produjera especiales sentimientos y mucho menos nostalgia. A la salida les solicité me dejaran en casa y hacia allí nos fuimos. Me estaba despidiendo, cuando Percy, muy sonriente, se dirigió a mí.

—Si quieres, subimos contigo y nos invitas a unos tragos —dijo.

—Bueno... pero no podré atenderos, pues tengo un trabajo que quiero terminar antes de meterme en la cama —contesté algo extrañado.

Mientras yo hablaba, percibí un intercambio de miradas entre Percy y su hermana que no dejó de sorprenderme. Aquella muda comunicación, intuí, tenía algo que ver con mi persona. Percy detuvo el auto y yo bajé sin apercibirme de que Sara, que iba sentada a mi lado en la parte trasera, hacía lo propio y ya fuera del auto me dijo:

—En todo caso, yo te acompaño, así, mientras trabajas, te hago la cena.

Negarme a decisión tan firme y amable hubiera sido una falta de tacto en la cual no estaba dispuesto a caer. «Está bien», le dije y subimos.

Se instaló en la cocina, dispuesta a demostrar sus más que dudosas habilidades. En una hora terminé mi trabajo y me reuní con ella. Tal como sospechaba, a Sara no le había llamado el destino por el camino del arte culinario. Había destrozado algunos alimentos, pero al final acertamos a prepararnos un par de filetes. El aspecto voluntarioso que tenía, cubierta por el delantal, y su evidente falta de entrenamiento acrecentaron la ternura que siempre me producía su presencia. Durante la cena y luego en el salón hablamos de lo que a ella le interesaba, de Isidora. No tardé demasiado en vencer mi reserva a impulso de sus preguntas que cada vez exigían más precisiones. Se mostró comprensiva, amable, maternal y cómplice. Como siempre me ocurre en tales casos, nada más dejar abierto el cauce de mis sentimientos ante alguien, tuve la sensación de ridículo y me arrepentí de tales confesiones. Mas Sara estaba dispuesta a llevar adelante su voluntad de buena samaritana. Me tenía aprecio, me quería, de eso no cabía duda, pero cuando acercó su cuerpo a mí y comenzó a besarme la cara y acariciarme, un cúmulo de sensaciones encontradas entraban y salían a gran velocidad de mi cabeza. «Esta noche dormiremos juntos, ¿de acuerdo?», dijo, intentando dejar las cosas claras ante mi aparente pasividad. Al parecer, no quería ejercer los trámites de la conquista, sino quedarse en su papel de terapeuta.

—Mira —le dije—, Isidora marchó, pero no porque quisiera abandonarme. Sigo tan enamorado de ella como el primer día en que nos encontramos solos, precisamente aquí. Ella también siente lo mismo que yo, aunque esté ahora peleando en otro sitio. No creo que deba traicionarla... ni siquiera contigo.

—Una traición... todo lo contrario. Estoy segura de que si ella tuviera ocasión de opinar, me daría la razón. Creo que en este aspecto la conozco mejor que tú. Los días que pasamos todos juntos en México... hablé con ella, no de esto, pero sí de vosotros. ¿Te acuerdas en el barco? Quise compartirte, aunque fuera un momento. No por competir con ella, sino por solidaridad...

—La verdad, no te entiendo muy bien —logré articular.

—El amor, creo yo —continuó—, es algo que supera a quienes lo sienten, se desborda y a mí no me importa, al contrario, me agrada percibirlo y recibirlo, aunque sepa, como ahora, que no soy el objeto, sino tan sólo una sustitución. Quiero que lo hagamos como lo hacías con ella, que pienses en ella e imagines su cuerpo. Eso es lo que quiero. Lo deseo y te hará bien, ya lo verás.

En aquella fantasía aseguraba la complicidad de Isidora y, cómo no, me excitaba, pero llegado el momento en que Sara había ganado mi débil voluntad de resistencia, apareció otro obstáculo, su hermano.

—No me gustaría que Percy pensara que soy débil y aprovechado —dije.

—Deja a Percy en paz —contestó rápida—, pase lo que pase entre nosotros esta noche, él se habrá hecho su composición de lugar y ni el diablo podría cambiársela. Vete a la cama, desnúdate y espérame... con la luz apagada.

Eso hice y cuando llegó, ella también desnuda, me dijo:

—Yo no diré palabra y tú háblame en español. Ahora y toda la noche seré ella.

Sara se equivocaba. Un cuerpo no se sustituye por otro. No hay dos formas iguales de hacer el amor. Pero entré en el juego y le dije las mayores obscenidades en aquel idioma que ella ignoraba.

Cuando, de mañana, abrí los ojos me encontré con su cara sonriente que me miraba.

—¿Estás bien? —preguntó con alegre coquetería.

—Muy bien —le contesté y bajo la sábana alargué el brazo para posar mi mano sobre su sexo mullido.

—Iré a hacerte el desayuno —dijo.

—Ni hablar, seré yo quien vaya... si es que queremos desayunar.

Me levanté y preparé el desayuno. Luego ella se marchó. Con la cara lavada y el pelo recogido por una goma que encontró entre mis lapiceros.

Lo ocurrido aquella noche me hizo presentir que Isidora bien podía encontrar algún camarada con quien establecer encuentros apresurados entre la amenaza del peligro que, sin duda, ocupaba sus días y sus noches. La idea estaba lejos de tranquilizarme, pero, al fin, pensaba, lo importante no está en la relación física, sino en el cariño que me seguía teniendo. Mas el egoísmo, que acompaña inexorablemente al amor, encontraba natural y tranquilizador lo que yo hacía con Sara, pero me desasosegaba si era «el otro» quien acudía a mi mente, el desconocido con quien en mi imaginación Isidora me sustituía en algún perdido apartamento de La Habana Vieja.

Había decidido no ir a Cuba en las Navidades, pero hablé por teléfono varias veces con Anita esos días. El teléfono no era, ni es, instrumento del que me pueda servir para una conversación en toda regla. Siempre lo he utilizado para enviar mensajes, cuanto más escuetos, mejor. Le conté, eso sí, mi situación respecto a Isidora y ella se apenó. Quizá en exceso, pues por obvias razones no le comuniqué la verdadera causa de su marcha. A primeros de enero, recién entrado el año 1957, recibí una carta de Anita que aún conservo.

* * *

La Habana, 27 de diciembre de 1956

Querido Jesús:
Tus llamadas me han dejado un regusto amargo pues no creo que sea imaginación mía la tristeza que tu

voz transparentaba. El amor es posiblemente la única muestra que a los humanos se nos ha dado acerca de la felicidad, pero es, también, el mayor riesgo de desgracia. La causa más cierta de nuestras desventuras. Y lo es por su grandeza y su mentira. La mentira de una ilusión que sólo se realiza en contados momentos. Neruda, el poeta chileno, de quien alguna vez te he leído versos, se quejaba así en uno de sus poemas primeros: *Es tan corto el amor y es tan largo el olvido*. No era muy preciso, pues lo que de verdad duele no es el olvido, sino el recuerdo. Daña lo que permanece, no lo que ha desaparecido.

Eres joven y otros amores sustituirán al que ahora te maltrata. Pero no te quiero engañar, este amor que, conociéndote, percibí como firme y verdadero, estará siempre contigo, aunque con el tiempo dejará de tener las aristas hirientes de hoy para quedar ahí, como el poso del licor en la barrica, que según dicen es capaz de transformar cualquier alcohol en bebida de buena calidad. Es lo que intento hacer yo misma en esta hora ya madura en la que vivo. Se quiere, sí, pero sin tanto apresuramiento, con un *tempo* menos atropellado. Lo malo de mis consejos radica en su imposible utilidad. Ya lo sé. Nadie escarmienta en cabeza distinta de la propia. Deseo que, al menos, mis palabras te sirvan de consuelo.

La familia se encuentra toda muy bien y Bertita cada vez más hermosa y dulce... hecha ya una mujercita. Con ella me muevo arriba y abajo por esta ciudad hoy violenta y desabrida, aunque la censura no permita verlo, sino de vez en cuando, en los diarios. La situación me recuerda demasiado a la época en que yo era joven, mataron a mi padre y tú estabas por venir. Lo viejo se resiste a morir, lo nuevo es aún un deseo y no sé, la verdad, si las bombas y los tiros son el mejor camino para encontrar una convivencia normal y en paz. Éste es un país caliente y violento, donde las palabras son dulces y los hechos amargos. Pero no debieras pensar eso. Cuando se tienen veintidós años, uno no tiene derecho a ser pesimista.

Hoy luce un día lleno de sol y el cielo se abre sobre La Habana como si esto fuera el paraíso. Mira a las nubes, que seguramente encapotan Nueva York en el momento que lees esto, y piensa en mí y en el sol que aquí brilla.

Hijo, te quiero con toda mi alma... y este amor no lo perderás nunca, aunque ya no podamos compartirlo con la persona más capaz de tenernos a ti y a mí, a los dos, dentro de su corazón. A veces, te lo confieso, hablo con ella y en esa conversación sin respuesta encuentro consuelo y alegría.

Un beso fuerte.

Ana

* * *

Era la primera vez que se atrevía a llamarme hijo. Su carta me hizo bien y me emocionó.

A finales de enero, con una capa de nieve de varios centímetros sobre el Central Park, fui, como tantas veces, a casa de los Ross para el almuerzo. Al abrirme la puerta, Sara me indicó que estaban acompañados. Se trataba de Lillian Hellman, de quien habíamos visto alguna obra de teatro. *The Autumn Garden*, la recuerdo bien, e incluso una comedia musical, *Candide,* con música de Leonard Bernstein en la que ella había colaborado. A Lillian la acompañaba un tipo altísimo y desgarbado, el pelo completamente blanco y de pocas palabras, a quien la Hellmann llamaba Dash. Lillian, que estaba lejos de ser hermosa, tenía un atractivo especial. No sabría decir si provenía de sus ojos o de sus palabras, pero quien más me impresionó fue él. Hablaron durante bastante tiempo de Humphrey Bogart que había muerto recientemente. El hombre añadió anécdotas y comentarios picantes, que tenían como protagonista al fallecido. Lillian era amiga del señor Ross desde mucho tiempo atrás y había acudido no sólo de visita sino en busca de su asesoramiento jurídico. El acompañante de Lillian tenía un serio problema con el Fisco al que debía más de cien mil dólares atrasados de la declaración de impuestos que, al parecer, no había hecho desde 1950.

—¿Y cómo se te ha ocurrido no hacer la declaración de impuestos? ¿No sabes que las editoriales pasan al Fisco sus pagos? —preguntó el padre de Percy.

—La verdad, no he tenido tiempo para perderlo en esas minucias —contestó el hombre.

—Pues te van a freír a fuego lento. Te pueden embargar hasta los calzoncillos —dijo el señor Ross.

—No tengo ya carne donde puedan morder. No hay nada en este mundo que pueda decir que es mío. Al final, dos metros cuadrados de tierra removida bastará para que me dejen en paz.

El hombre me pareció gravemente enfermo. Su respiración era silbante y trabajosa, lo que no le impedía tener permanentemente en los labios un cigarrillo encendido.

A través de la conversación, que Lillian sostenía con contundencia, pude saber que ambos habían tenido problemas con McCarthy y que él había estado por esa causa en la cárcel. Lillian se quejaba amargamente de los males que todo aquello les había producido. «Y ahora este desagradable asunto fiscal», concluyó con un deje de conmiseración mirando a Dash.

—Si te quitaras la corona de espinas, quizá lo llevaras mejor, Lilly —contestó el hombre.

Al despedirse, Lillian le pidió al señor Ross un último consejo.

—Quizá sea mejor declararse insolvente en el juicio y ver qué pasa. Si quieres —dijo mirando a Dash—, te puedo acompañar al tribunal. Dime la fecha.

—Es el 28 de febrero, pero no pienso ir. Olvídalo y gracias.

Lillian puso una cara como quien piensa «este hombre no tiene arreglo» y salieron.

En efecto, Dashiell Hammet no acudió al juicio y el Tribunal estableció que debía 104.795 dólares al Fisco. Dinero que naturalmente nunca pagó. Yo no había leído a Hammet, aunque sí había visto, entre otras películas basadas en sus libros, *El halcón maltés*. Esa tarde me llevé a casa todas las novelas que el padre de Ross, admirador suyo, tenía en las estanterías del largo pasillo. Más que leerlas, las devoré.

En esos días, apareció en *The New York Times* un reportaje de Herbert L. Matthews con gran despliegue de fotografías en las cuales aparecían Fidel Castro y sus guerrilleros en la Sierra Maestra. La noticia fue muy comentada en Nueva York, pero en Cuba, según supe después, cayó como una auténtica bomba.

«El general Batista no tiene razón para confiar en que aplastará la rebelión de Castro», había escrito el viejo y prestigioso periodista. Al dictador se le abría una vía de agua en donde menos lo esperaba, del lado norteamericano que él creía controlar a su satisfacción. El toque romántico del reportaje, la habilidad y el encanto de los que hacía gala Fidel Castro produjeron una natural y franca simpatía hacia su causa entre la mayor parte de los lectores del más prestigioso periódico de América.

La inquietud acerca de la suerte que estaría corriendo Isidora, que permanentemente me acompañaba, se agudizó con la lectura de las palabras de Matthews y los subsiguientes comentarios que suscitaron entre todos cuantos en mi entorno conocían mi nacionalidad. Tal desasosiego se vio atemperado al recibir en los primeros días de marzo una carta de Isidora.

* * *

La Habana, 1 de marzo de 1957

Querido Jesús:

Por aquí seguimos trabajando y aunque no tengas noticias mías, como sería tu deseo y el mío, ten en cuenta que la ausencia de noticias es la mejor noticia. Saltando de un lugar a otro, preparándonos para algo grande que, si todo sale como pensamos, puede ser el final de esta pesadilla. Supongo que habrás leído la información del *New York Times*. Para la dictadura ha sido un golpe y ahora, por lo que sabemos, se apresta al ataque contra la sierra, pero si hay suerte se va a encontrar la sorpresa de una respuesta en otro sitio.

No pasa día sin que piense en ti y en tantas cosas que hemos hecho juntos, pero lo mejor será encontrarnos pronto aquí, en Cuba, con la libertad recuperada. No te preocupes por mí, los compañeros ayudan mucho y me siento protegida y segura. No les será fácil deshacerse de nosotros. La moral es alta y la proximidad de la lucha nos mantiene a todos firmes y unidos. Si todo sale bien, yo misma te llamaré por teléfono, aunque en ello tenga que gastar algo de la plata que tanto escasea. Será una alegría tan grande que el dinero poco importará.

Cuídate y acelera tus estudios para que en mayo consigas terminarlos y dedicarte a construir las casas que por aquí tanto se necesitan. Esta carta, por seguridad, te llegará desde Florida, espero que en muy pocos días.

Si muero, otras personas vendrán que te harán olvidarme. Así debe ser si ello ocurre.

Te quiero. Un beso.

Isidora

* * *

La carta, en efecto, se había remitido desde Miami y me llegó el 7 de marzo. No es que fuera ni muy personal ni muy explícita, pero pensé que en ella se anunciaba una acción inmediata y así fue.

El jueves 14 de marzo de 1957 muy temprano, recibí una llamada de Anita. Me contó que durante la tarde del día anterior, miércoles, un grupo armado del Directorio Revolucionario había asaltado el palacio presidencial. Simultáneamente, otro grupo, dirigido por José Antonio Echeverría, había tomado la emisora de Radio-Reloj. El propio Echeverría había hablado por la radio anunciando la muerte de Batista. Anita se expresaba con nerviosismo y, acaso temiendo ser escuchada por la policía, se despidió con prisas dejándome con la angustia de quien espera lo peor. En efecto, la consigna de «golpear arriba» que venía repitiendo el Directorio desde su fundación se había hecho realidad.

Julio García, del Directorio Revolucionario, salió de su casa el miércoles 13 de marzo de 1957 a las 14.45 horas y entró en un edificio de la calle 6 para salir de allí inmediatamente acompañado de nueve personas. Divididos en dos grupos de cinco, se subieron en dos automóviles para ir hacia la calle 19 donde recogieron otro automóvil. En él subieron otras cinco personas, entre ellos José Antonio Echeverría y una mujer. Eran las 15.10 horas. Los tres autos fueron en caravana hasta la calle B, doblaron hasta la 17 y por esta calle, recto, hasta la calle M. Allí volvieron a doblar a la derecha hacia la sede de la CMQ, desde donde emitía Radio-Reloj. Dos de los tres coches sirvieron para taponar las bocacalles de acceso a la emisora en M con 23 y en M con 21. A la CMQ sólo accedieron cinco asaltantes. Dentro les esperaba una célula del Directorio que funcionaba allí desde tiempo atrás.

A las 15.14 horas entró en la CMQ José Antonio Echeverría. Unos minutos antes otros dos militantes habían subido a la emisora. Ni los que subieron primero ni Echeverría y sus acompañantes tuvieron el menor percance. A las 15.21 horas, tras encañonar a los locutores, les entregaron los partes que éstos leyeron sin rechistar.

«¡Radio-Reloj reportando! Atacado el palacio presidencial. Hace breves momentos un nutrido grupo de civiles no identificados abrió fuego contra el palacio presidencial utilizando fusiles y armas automáticas. Los atacantes, aprovechando la sorpresa, lograron irrumpir en el interior del palacio donde el presidente de la República, Fulgencio Batista, se encontraba despachando. Nuevos contingentes de civiles han arribado al lugar y se encuentran disparando sobre palacio apostados en sus alrededores... ¡Radio-Reloj reportando!»

Un minuto después se leía un falso parte oficial del Estado Mayor del ejército.

«Nuestro repórter en Ciudad Militar Luis Felipe Brión comunica que, hace breves momentos, clases y oficiales del ejército, marina y policía reunidos en el cuartel Cabo Parrado del campamento Columbia han tomado los mandos de las Fuerzas Armadas y han emitido el siguiente parte oficial: Ante la grave crisis por que atraviesa la Nación, las clases y oficiales que integran los institutos armados, velando por el cumplimiento de su más sagrado deber que es la salvaguarda de la paz pública e interpretando el sentir mayoritario de sus miembros, han relevado de sus mandos al general Tabernilla y a los demás altos jefes fieles al dictador Batista.»

El supuesto parte oficial fue leído a las 15.22 horas minutos y se repitió un minuto más tarde.

Poco después, los locutores volvían sobre los «hechos» para decir:

«Radio-Reloj informando. En atención a los trascendentales acontecimientos que se están desarrollando, se leerá a continuación una alocución al pueblo de Cuba por el presidente de la Federación Estudiantil Universitaria y líder del Directorio Estudiantil José Antonio Echeverría.»

Echeverría comenzó a hablar.

«¡Pueblo de Cuba! En estos momentos acaba de ser ajusticiado revolucionariamente el dictador Fulgencio Batista. En su propia madriguera del palacio presidencial el pueblo de Cuba ha ido a ajustarle cuentas. Y somos nosotros, el Directorio Revolucionario, quienes en nombre de la Revolución Cubana hemos dado el tiro de gracia a este régimen de oprobio. Acaba de ser eliminado...»

En ese momento saltó un relé y la transmisión se cortó.

Cada uno de los asaltantes debía tomar el auto en que había llegado para dirigirse a la universidad a fin de hacerse fuertes allí. Al subir por la calle M, entre la 23 y la 25 —se estaba construyendo el Hotel Habana Hilton y los camiones obstruían el paso—, los tres autos tuvieron que dividirse. Yendo por la calle M hacia Jovellar, el vehículo de Echeverría se encontró de frente con la policía. Los asaltantes pararon el auto en medio de la calle y chocaron con el vehículo policial. Echeverría se bajó del coche que estaba siendo ametrallado y comenzó a disparar, primero de pie y luego de rodillas. Allí le alcanzó la ráfaga que acabó con su vida.

A las 15 horas, los hombres que el Directorio tenía acuartelados en la calle 21 subieron a sus vehículos. En vanguardia un Buick azul al mando de Carlos Gutiérrez Menoyo, detrás un camión rojo cerrado con un letrero de la Fast Delivery S.A. donde se apretaban cuarenta hombres al mando de Menelao Mora. Como sardinas en lata iban allí Juan Pedro Carbó, José Machado, Tony Castell... y Evelio Prieto, el único que se negó a quitarse el saco y quedarse en camisa, como uniforme decidido a última hora. Detrás rodaba otro automóvil al mando de Faure Chomón. Llevaban 25 fusiles Thompson M-2 y M-3 y el resto carabinas R-1, además de pistolas y granadas. A las 15.17 horas, los tres vehículos llegaron a la calle Colón frente al palacio. Apenas frenó el Buick azul, los cuatro hombres salieron y empezaron a disparar, dejando fuera de combate a los soldados de la guardia. Del camión bajó el grueso de la fuerza y en pocos minutos franquearon la entrada y alcanzaron el segundo piso del palacio, llegando al despacho de Batista... pero estaba vacío. Dentro, los refugiados en el tercer piso y, fuera, desde la Avenida de las Misiones, los soldados y la policía de Batista arrojaban una lluvia de balas sobre los asaltantes. El grupo, que había de sostener el asalto desde el exterior, nunca llegó, dejando a los asaltantes aislados y en manos de sus propias fuerzas. En la retirada fueron masacrados sin contemplaciones.

Menelao Mora, malherido, murió en un banco del jardín cercano, donde fue depositado por sus compañeros. Carlos Gutiérrez Menoyo fue abatido cuando intentaba subir al tercer piso. Faure Chomón, herido, pudo escapar, lo mismo que Carbó. La mayor parte de los supervivientes del asalto se refugiaron durante unas horas en la universidad, para dispersarse después por La Habana en una huida sin fin. En ambas operaciones, el asalto al palacio y la toma de Radio-Reloj, murieron treinta y cinco revolucionarios.

La represión que siguió al asalto fue brutal e indiscriminada. El cadáver de Pelayo Cuervo, presidente entonces del Partido Ortodoxo, fue encontrado al día siguiente a la orilla de un lago en el Club de Campo. Con toda seguridad, asesinado por la policía.

Una cosa me quedó clara: en efecto, ésta era la acción que me había anunciado Isidora y ella estaba allí y había salido con vida, pues en la lista de bajas que solicité con ansiedad tanto a Anita como a Marcos Montes de Oca, su nombre no aparecía.

«Por favor, no llames y menos para hablar de estas cosas», me dijo Marcos. Fueron días de angustia e incertidumbre que compartí con Percy y Sara sin saber qué opción tomar. Apenas quedaban dos meses para acabar el curso, pero no podía permanecer en Nueva York estudiando como si nada ocurriera.

El 1 de abril hablé con Percy y le encargué que se ocupara de mis asuntos académicos, disculpando mi ausencia ante los distintos profesores. Saqué un pasaje y el día 3 volé hasta La Habana sin previo aviso. Anita me recibió sorprendida, pero se alegró de verme. Hablé con Marcos y otros compañeros de confianza encuadrados en el M-26. Trabajé para ellos en labores de apoyo, mientras seguía en mi idea de encontrar alguna pista de Isidora, pero no obtuve resultados. Si algo sabían, nada me dijeron. El ambiente en La Habana era de una aparente normalidad que ocultaba una realidad más profunda donde se habían instalado el miedo y la desconfianza.

Don José Aguadé me recibió en *Bohemia* y fuimos a comer a Floridita. «Me invitará usted, pues ando mal de fondos», me dijo. Le conté mis angustias. «No me dé nombres», dijo, mientras le demandaba alguna información que él pudiera tener.

—Lo que más me sorprendió del asalto al palacio, fue la participación de Menelao Mora —dijo—. Tenía mi edad y era hombre de acción, pero con una sólida formación. Mientras fue maestro, cursó la carrera de Leyes y se hizo un buen abogado. Se dice que fue él quien consiguió las armas. Ya ve, un veterano entre jóvenes revolucionarios. También se asegura que Prío les había suministrado unos planos detallados del palacio. De ser así, los asaltantes debían saber que al tercer piso sólo se accede en ascensor y por lo tanto si el elevador se paraliza no hay forma de llegar hasta allí. Se metieron en una ratonera y les fallaron los refuerzos que tenían preparados en la calle. Al parecer, unos republicanos españoles se encargaron de dirigir esos refuerzos... y no hicieron nada. Me temo —concluyó— que el fracaso sólo beneficiará a Batista.

El viejo periodista pensaba, como tantos, que Fidel Castro era la opción más sólida para derrocar a Batista.

También visité a Julio, quien, desde su atalaya comunista, lo veía todo como un gran disparate. «Las aventuras insurreccionales lo único que consiguen es reforzar a la dictadura», vino a concluir. Creía en la lucha sindical y partidaria como única forma de desgastar al dictador. No sabía, ni quería saber nada, del Directorio. «Palabrería y locura», apostrofó.

Pensé, sólo un momento, que Isidora, acosada, pudiera haber recurrido a su propia familia. Se lo dije a Anita pidiéndole que a través de amigos comunes indagara cerca de los Morales por si estaban tranquilos. Lo hizo y la conclusión que obtuvo fue deprimente. Alguien del CMQ había reconocido a Isidora como la única mujer acompañante de Echeverría el día de la toma de Radio-Reloj. Enterados, los padres habían hecho saber su repudio hacia tales actos. Estuve pensando en ponerme en contacto con su hermano, Ignacio, pero lo deseché por arriesgado.

Desgraciadamente, las noticias no tardaron en llegar. Fue al final de la Semana Santa. El sábado 20 de abril de 1957, Sábado Santo, a las seis de la tarde. El capitán Esteban Ventura, vestido con un terno blanco de algodón, llamó a la puerta de un apartamento en la calle Humboldt nº. 7. Previamente había hecho rodear el edificio. La llamada pronto se transformó en culatazos y gritos, los cuatro ocupantes del piso intentaron saltar por las ventanas. Uno de ellos, Joe Westbrook, consiguió llegar al bajo y entrar en una casa cuya dueña lo acogió. De allí fue sacado y asesinado en el pasillo. Otro, Juan Pedro Carbó, se acercó al ascensor. Sin poder tomarlo, fue ametrallado y muerto. José Machado y Fructuoso Rodríguez saltaron por una ventana a la planta baja. Cayeron en un estrecho pasadizo a cuya salida daba la agencia Santé Motors. La salida estaba cortada por una verja con un candado. Nunca pudieron llegar hasta ella pues, inconsciente por la caída uno de ellos, y con los tobillos rotos el otro, fueron baleados y muertos, allí, en el suelo.

A la misma hora, en un apartamento situado en Obrapía cerca del cruce con Aguilar, en La Habana Vieja, una joven vestida con unos pantalones anchos de color negro y una blusa blanca, escuchaba la radio. Llamaron con estruendo, pero ella no abrió. No esperaba a nadie hasta las diez de la noche. La policía derribó la débil puerta en el primer intento. Les vio llegar puesta en pie frente a ellos con las manos ocultas en la espalda. Su mano derecha apareció empuñando un revólver del 38 que no llegó a usar. Las armas de guerra de los agentes dispararon antes. Su cuerpo roto y ensangrentado por los impactos fue lanzado contra la pared. Era Isidora Morales.

La radio comenzó a dar la noticia inmediatamente y antes del anochecer, la policía suministró los nombres de los muertos. La incredulidad, primero, la desolación, después. La desesperación, me invadió y, aún hoy, al recordarlo, vuelve sobre sus pasos como un carcelero seguro de su presa. Me ocupó el alma la más cerrada de las impotencias. El dolor, casi físico, de aquellas balas aún me taladra tantos años después. La tristeza cayó sobre mí como una lava viscosa y fría.

El entierro se convirtió en una manifestación multitudinaria. Allí estuve. Los hermanos de Isidora (no sus padres) junto a las otras familias acompañaban en primera fila los féretros. Al final me acerqué a saludarles, como uno más, sin que Juana ni Ignacio llegaran a saber lo que Isidora había representado para mí. Desde entonces no he dejado de imaginar o preguntarme qué hubiera sido de nosotros si la muerte no hubiera llamado aquella tarde al insignificante apartamento de la calle Obrapía. Una placa de bronce, en la que están esculpidas las cabezas y los nombres de las víctimas, recuerda hoy lo ocurrido en la calle Humboldt en aquella lejana primavera del 57. No hubo placa para la asesinada en el apartamento de La Habana Vieja.

A partir de ese día decidí no esperar a que el destino tomara más decisiones por mí. Hablé largamente con Anita y le comuniqué mi firme propósito de unirme a los guerrilleros en la Sierra Maestra. Lloró, pero no intentó disuadirme. «Prueba primero. Supongo que tienes contactos para ir. Si una vez allí te ves bien y a gusto, te quedas», me dijo comprensiva.

Volví al cementerio para dejar un puñado de flores en la tumba de Isidora y otro en la de Nela. Me sorprendió ver en el panteón de nuestra familia una placa de mármol con el nombre de mi madre junto con unos versos que, escogidos sin duda por Anita, escondían alguna clave personal que nunca he pretendido desvelar.

Si la firme primavera
que aún asoma a tu mirada
y la música callada
que fluye siempre de ti
pudieran quedarse en mí
como nieve serenada.

VIII.

Me encontré en Floridita con Marcos Montes de Oca. Esta vez no se trataba de trabajos más o menos oscuros. Me dijo que necesitaban un intérprete de inglés. Para ello tenía que trasladarme a Oriente.
—¿Por cuántos días? —le pregunté.
—Iremos a Santiago y esperaremos. No creo que dure mucho... a lo sumo una semana. Tendremos que estar allí dentro de tres días.
Fuimos hacia Oriente en el Chrysler de mi familia. Nos instalamos en Manzanillo en casa de una mujer que era enlace de la guerrilla con el llano y amiga de Frank Pais. Desde allí, Marcos me acompañó a Santiago a fin de comprar impedimenta para el camino: «Tendremos que andar por el monte», me dijo. Me equipé bien: botas, mochila, pantalones de dril y sombrero de tela, una camisa de leñador y un tres cuartos, pues «arriba enfría por las noches». Ese mismo día se presentó en la casa de Manzanillo un periodista americano llamado Bob Taber. Venía acompañado por un fotógrafo, un cámara y dos cubanas. Llegaron cargados de material. A una de las mujeres la había visto en las fotografías publicadas después del asalto al Moncada, era Haydée Santamaría, la hermana de Abel, asesinado por el ejército tras el enfrentamiento del 26 de julio. A la otra no la conocía entonces, era Celia Sánchez. Ambas usaban nombres de guerra. Después llegó un ingeniero, Marcelo Fernández, también en calidad de intérprete. Dejamos los coches en el centro de Santiago y comenzamos a andar. Más adelante, nos proporcionaron tres caballos. Éramos un equi-

po de cine que rodaba un documental de promoción turística para una empresa de Nueva York. Taber llevaba toda clase de papeles que lo probaban. Empezamos a subir con buen ánimo, como si fuéramos de excursión al campo. Las botas me hicieron llagas en los pies. No fui el único. Haydée y Marcelo, poco acostumbrados a aquellos riscos, también tenían los pies maltrechos. A base de esparadrapo y mercurocromo aguantamos los tres días que duró el viaje. Tuvimos bastante suerte con los guardias rurales, sólo el segundo día nos paró una patrulla, pero nuestro aspecto y, sobre todo, la presencia de los yanquis, debieron disipar cualquier sospecha. Agotados, dimos con la avanzada de la guerrilla en la zona de Santo Domingo.

    Tres hombres vestidos con algo que se parecía a un uniforme verde nos recibieron como si nos conocieran de toda la vida. Esperaban al periodista yanqui. Uno de ellos iba descalzo, no levantaba por encima del metro cincuenta y cinco. El sombrero guajiro con el que se cubría, le daba aspecto de seta. A todos hacía gracia. Le llamaban *Vaquerito.* Celia, al ver sus pies descalzos y tan chiquitos, le ofreció un par de zapatos que le encajaron perfectamente. Después que se los puso comenzó a contarnos historias increíbles. El *Vaquerito* era un gran fabulador. Una noche, tras la sesión de Bob Taber con Fidel Castro, se me ocurrió preguntarle por su vida. Empezó a contarla y fui tomando notas mentales. Cuando acabó, después de un sinfín de anécdotas, le pregunté cuántos años tenía. Veintidós años, dijo, pero del cálculo de todas sus hazañas y trabajos se deducía que había comenzado a vivir quince años antes de haber nacido.

    Marcos, a quien todos allí llamaban *el Canario,* era quien pastoreaba mi timidez en los primeros días. Le seguía por todos lados, excepto cuando me dedicaba a traducir las largas respuestas con las cuales Fidel pretendía, no sólo contestar a Bob Taber, también convencerle de lo imparable de la victoria sobre Batista. Cuando Castro iniciaba una contestación, daba la sensación de que Taber y todos nosotros desaparecíamos y allí quedaba él solo frente al mundo. «En nuestro paraíso del Caribe, nueve de cada diez hogares rurales (aunque los norteamericanos difícilmente podían llamar a nuestros bohíos hogares) sólo tienen alumbrado de petróleo. Menos del tres por ciento tienen agua corriente. Más de la mitad no posee siquiera (quizá le resulte difícil entender esto) un excusado fuera de la casa, tan sólo un dos por ciento tiene servicio en el interior de la vivienda.» Fijé en él la mirada. Era la primera vez que le veía de cerca y había algo en su expresión que resultaba hipnotizador. Se había callado y me miraba expectante. Alargó su mano y me dio con ella suavemente en la cabeza. «Traduce, carajo», dijo sonriéndome. Castro, que hablaba inglés con un fortísimo acento cubano, no necesitaba traductor, pero le era útil hacerlo así para pensarse mejor las respuestas.

Algún tiempo después, cuando ya la guerra había terminado, tuvimos ocasión de ver el documental que Taber había hecho en la sierra y que se había proyectado con cierto éxito en los EE UU. Fue en verdad un buen instrumento de propaganda y Taber se portó bastante mejor de lo que esperábamos mientras estuvo rodando. Castro eludía, a mi juicio con bastante descaro, las preguntas que consideraba comprometidas, tales como: «¿Cuántos batallones tiene la guerrilla?», y otras parecidas. Oyéndole se diría que contaba con un ejército de muchos miles de hombres. En realidad, como pude comprobar poco después, apenas año y medio antes de derrotar al ejército de Batista, en Sierra Maestra estaban ochenta personas y no todas armadas. Las últimas tomas de Taber están realizadas en el pico Turquino. Allí subimos y no sin esfuerzo, hasta los 1.850 metros de altitud. Eso señalaba un altímetro que manejaba, creo recordar, Camilo Cienfuegos. La selva es allí especialmente densa, los helechos arborescentes rodean las palmeras y los árboles. Un intrincado lazo vegetal lo cubre todo. La naturaleza se desata, explota en toda la Sierra Maestra, pero en el Turquino, precisamente por ser la cumbre más alta de Cuba, asombra su fecundidad densa y húmeda.

Una de las primeras noches, mientras cenábamos alguna lata, un barbudo enjuto saludó a Marcos. Todo el mundo parecía interesado en mostrarle alguna matadura, toses, picaduras, llagas... Algo en su mirada se movía entre la ironía, o quizá el cinismo. En todo caso, una mirada voluntariosa.

—¿Vos también sos gringo? —me preguntó con su acento porteño.

—No, soy cubano —le contesté casi molesto para decirle algo a continuación que, me dio la impresión, no le agradó en exceso—. ¿Tú eres argentino o eres uruguayo?

—Argentino, pero lo estoy dejando... ya sabes, igual que se deja el tabaco.

Fumaba en ese momento un cigarro grande y lanzaba por su nariz y por la boca un humo blanquísimo. Como viera que respiraba con alguna dificultad, le indiqué que quizá no le fuera bien el tabaco para el catarro.

—No es un catarro, es algo más jodido: asma, y el cigarro me sienta muy bien, casi tan bien como el humo de la pólvora —le sonreí incrédulo y se creyó en la obligación de ratificarse—. Es verdad, nunca me da un ataque de asma si estoy fumando o disparando. Claro que si me quedo sin la medicina —me mostró un frasco— acabo pasándolo mal. Es una enfermedad, una alergia... y no tiene arreglo.

—Pensé que eras enfermero —le dije.

—Algo parecido —contestó y se levantó.

Ésa fue la primera vez que hablé con el Che.

Durante el viaje de vuelta, comenté con Marcos mi intención de abandonar La Habana y volver a la Sierra Maestra. «La capital se ha vuelto especialmente inhóspita para mí tras el asesinato de Isidora y de sus compañeros», le dije. Le expresé mis dudas acerca de la vida militar. «Prueba. Si no te va, siempre te puedes volver», me contestó. No era el esfuerzo físico lo que me hacía dudar, sino la disciplina. Me cuesta entrar en una nueva situación y el obedecer órdenes me parecía entonces, y sigo opinando igual, necesario en un ejército, pero difícilmente soportable para mí. Siempre he tenido la sensación de que el sistema militar o la estricta disciplina me vuelve a la infancia, al colegio. Me humilla. Aunque sea una disciplina tan necesaria y libremente aceptada como resultaba ser aquélla. Seguí rumiando mi decisión, pero cuando subimos en el coche con los periodistas para dirigirnos hacia La Habana le dije de sopetón a Marcos.

—Quiero volver, ¿hasta cuándo me puedes esperar?
—Yo estaré aquí una semana. Si el 7 de mayo has vuelto a Manzanillo, en la casa que conoces, te recogeré. Si no, tampoco pasa nada.

Estaba decidido. Volvimos a La Habana sin contratiempos y despedí a Taber y sus acompañantes en el aeropuerto.

Durante los días que estuve en la sierra, la represión había seguido en La Habana. La gente del Directorio, dispersa por la ciudad tras el asalto al palacio, seguía siendo cazada como si fueran conejos.

En La Habana, con la decisión tomada, conversé con Anita. No sabía cómo reaccionaría mi padre ante la situación, por ello le pedí que fuera ella la encargada de decírselo discreta y razonadamente.

—Es algo que no podrá entender. No te engañes, pero estoy segura de que el disgusto no le hará olvidar que eres su hijo. Sólo se lo contaré a él, para los demás estarás en España. Por favor, cuídate. Si te pasa algo no sé si podré soportarlo.

Volvió a llorar y sus lágrimas me hicieron dudar, mas en mi atormentada mente la decisión de irme era la única correcta. Tras la muerte de Isidora, se habían trasladado a mí aquellos sentimientos que la hicieron a ella volver a Cuba desde Nueva York siguiendo un impulso moral que ahora sentía yo con idéntica urgencia.

Me equipé como si fuera a explorar el Amazonas: botas de media caña, saco de dormir, hamaca ligera... y un rifle Remington que conseguí a buen precio con abundante parque. «Ya veo que se va de caza a los USA», me dijo el armero al despedirse.

El 7 de mayo estaba en Manzanillo. «Sabía que vendrías», me dijo Marcos a guisa de saludo. La subida a la sierra resultó esta vez más complicada. Tuvimos que cargar con las armas que se habían recogido, unas en Santiago y otras en La Habana, las que quedaron del asalto al palacio, aquellas que no llegó a usar la unidad que desde el exterior había de cubrir a los asaltantes y les había dejado solos. La procedencia de las armas me entristeció y a la vez le dio un nuevo sentido a mi presencia allí. Tardamos en llegar una larga y durísima semana. Caminamos cargados como acémilas. Pensaba que estaba en buena forma física, pero los campesinos entecos que nos acompañaban eran mucho más duros que yo. No podía entender cómo aquellos renegridos y flacos guajiros dejaban permanentemente en ridículo mis músculos de atleta. «Siempre serás un señorito demasiado bien alimentado», me lamenté. «Estos niños son muy flojos», solía decir mi abuelo con aire despectivo. ¿Qué diría el viejo reaccionario si me pudiera ver en estos trajines? —pensé.

La primera noche, requisamos dos caballos en una hacienda. No sé cómo se las arregló el guajiro para sacarlos de la empalizada sin que se oyera un solo relincho. Aquellas dos bestias no eran lo que se dice unos pura sangre. Tampoco pretendíamos que corrieran el Gran Nacional, nos bastaba con que cargaran las piezas más pesadas: las tres ametralladoras de trípode, el parque y la impedimenta más abultada. Nos aligeraron de la carga, pero no por eso avanzamos más rápido. El camino era tan intrincado que frecuentemente hubimos de abrirnos paso con los machetes.

Llegamos de noche y nos recibieron como si acabaran de llegar los Reyes Magos. Hombres hechos y derechos acariciaban entre risas las armas. Las más apetecidas parecían ser las carabinas M-1. Vi a Ramiro Valdés ensayando con una de ellas como un niño con zapatos nuevos. Alguno de los barbudos se fijó en mi rifle y tuve que dejar bien claro que el arma y su dueño iban juntas y que si tanto la deseaba, con mucho gusto lo haría constar en mi testamento.

A la mañana siguiente, bordeando Pino del Agua, alcanzamos el nacimiento del río Peladero. Subiendo por el río, nos topamos con un arroyo llamado del Indio y allí permanecimos un par de días. Parecía que la guerrilla consistía en moverse a salto de mata y comer poco. El Che lo solía repetir con gracia, pero muy en serio: «Movilidad constante, vigilancia constante, desconfianza constante. Movilidad, es decir, no estar mucho tiempo en el mismo lugar, no dejar de caminar. Desconfianza, no confiar ni en la propia sombra, ni en los campesinos amigos, ni en los informadores, ni en los guías, ni en los contactos, desconfiar de todo. Vigilancia, postas y exploraciones constantes, campamentos en lugar seguro. Nunca dormir bajo techo».

Allí se palpaba la camaradería, pero las diferencias sociales y culturales no podían desaparecer de la noche a la mañana. Quienes veníamos de la ciudad: egresados de la universidad, estudiantes, oficinistas u obreros, estábamos allí por un impulso más moral que político. Los guajiros, cuyas convicciones eran generalmente primarias, estaban en la sierra buscando la supervivencia, porque creían que poco tenían que perder. Se les había ofrecido la liberación. A la hora de la verdad, eran los más firmes y duros en la lucha, pero también entre ellos se producían más casos de deserciones y hasta de traiciones.

Sánchez Mosquera, que pasó en pocos meses de teniente a coronel en el ejército de Batista, o Casillas, también sabían usar las debilidades campesinas y más de una vez las utilizaron contra la guerrilla. A este respecto recuerdo un caso tragicómico. Uno de los muchachos, llamado Acuña, había desaparecido. Tras cuatro o cinco días nos llegó la noticia de su muerte. En efecto, se encontraba en la casa de un simpatizante y suministrador de la guerrilla y el ejército había pasado a cuchillo a todos los que allí estaban. Luego quemaron la vivienda con los cadáveres dentro. La noticia nos llegó porque un enlace pasó por allí y vio los destrozados cuerpos. Dos días antes, un tal Eutimio había contado un sueño. Según él, soñó que Acuña era apuñalado por el sargento Roselló —un sanguinario bien conocido en la zona—. Cuando se comprobó que la muerte había ocurrido tal y como Eutimio lo había soñado, se estableció una discusión a la que asistí perplejo. Convencer a algunos de que aquello, todo lo más, podría ser una casualidad, le llevó al Che más de dos horas. Entretanto, Ciro Frías, que era menos teórico, se dedicó a indagar y descubrió que Eutimio era un «paquetero». Frías siguió investigando hasta encontrar entre la ropa de Eutimio un salvoconducto a su favor firmado por el mismísimo Casillas. A Eutimio, según confesó, le habían ofrecido dinero por matar a Fidel Castro. No se había atrevido a tanto. Descubierto, sólo pidió que lo mataran y que se ocuparan de sus hijos. Recuerdo que descargó una tormenta y uno de los truenos coincidió con el disparo que acabó con su vida.

Al principio, creí que nosotros éramos una parte pequeña de la guerrilla. Enseguida comprobé que no. Allí fijos, no éramos en total mucho más de un centenar. Como recién llegado, no me atrevía a preguntar en qué consistían nuestros objetivos. Pasábamos el día de un lado a otro, vigilantes, pero militarmente inactivos. La desconfianza de la que hablaba el Che debía de incluirme, pues aunque llegué bien avalado, supongo que los veteranos esperaban verme metido en harina para decidir sobre cómo tratarme. De hecho, durante el tiempo que estuve en la sierra, el trasiego de los que venían del llano para luego marcharse fue intenso.

Hasta finales de mayo, no entramos en combate. Fue el mismo Fidel Castro quien nos lo anunció sin más precisiones. Al saberlo, nos invadió un nerviosismo a flor de piel. Yo me sentía como en vísperas de una competición. A ratos pensaba que podía morir al día siguiente, pero, al menos conscientemente, no era esa ansiedad la que me ocupaba, sino que aparecía reflejada en preocupaciones nimias. Me pasé mucho tiempo comprobando el funcionamiento del rifle. No tenía pistola y di mucha lata hasta conseguir una. Me costó encontrar una cartuchera para poder llevar al cinto aquel arma. Me dieron la pistola con su cartuchera, pero no entraba en mi ancho cinturón. Camilo Cienfuegos estaba sentado contra un árbol leyendo un libro cuando me fijé en que su cinturón podía encajar en mi cartuchera. Le propuse que intercambiáramos los cintos. Me miró con sorprendida curiosidad y sin decir palabra, se quitó el cinturón y me lo dio. El mío era nuevo y el suyo, de cuero recio, se veía muy usado. «Salgo ganando con el cambio», me dijo. Se puso mi cinto y volvió a su lectura. Al día siguiente, preparamos la impedimenta y comenzamos a caminar siguiendo a un guía que se llamaba Cardero, aunque todo el mundo, confundiendo su nombre, le llamaba *Cordero*. Ese mal pronunciado apellido no era el mejor para conducirnos a un lugar en donde nos podían matar. Tras una caminata de casi veinte kilómetros llegamos hasta el mar.

El cuartel, llamado del Uvero, que defendía el ingenio maderero de los Babun, estaba edificado precisamente en la orilla del agua, de suerte que sólo teníamos que rodearlo por tres lados. Era de noche cuando llegamos. Atacaríamos antes del alba. Yo iba en el grupo que dirigía Efigenio Amejeiras. Intentamos colocarnos en una loma que dominaba el cuartel. Subimos hasta allí y comprobamos que no resultaba sitio adecuado, pues desde aquel alto no se veía el objetivo. Nos habíamos equivocado de lugar. Efigenio me envió a decírselo a Fidel. Desandando lo ya andado, vi salir el sol y en ese momento sonó un disparo que era la señal de ataque. Un fuerte tiroteo contestó desde el cuartel y también desde las postas que lo rodeaban. Comencé a correr y me di de bruces con la gente del Che. En efecto, tanto el grupo de Camilo Cienfuegos como nosotros, los de Amejeiras, habíamos entrado por la izquierda del Che, cuando deberíamos haberlo hecho por su derecha. Me quedé allí. No era cuestión de andar de un lado a otro en medio del campo. Empezamos a correr, desplegados, hacia la costa. Una posta atrincherada detrás de una protección de troncos nos batía sin piedad. Menos mal que una ametralladora nuestra, situada detrás, empezó a tirar sobre ellos y, desde el suelo, vi cómo de ella salían cuatro soldados hacia el batey que estaba próximo, apunté, pero no creo que alcanzara a ninguno. Me puse en pie y corrí hasta los troncos ya desalojados. Desde allí pude manejar con más precisión el Remington. Uno de los nuestros pasó a mi lado corriendo y le seguí, le alcancé, le sobrepasé y entré en el edificio. Al momento, tres compañeros más se colaron tras de mí. Allí dentro estaba el médico militar, algunos soldados y gente civil, la mayoría mujeres. Se rindieron. Dejamos una guardia y continuamos hacia el cuartel.

Ni la gente de Juan Almeida ni la de Raúl Castro, que venían a nuestra derecha y se habían encargado de abrirse paso, conseguían avanzar por esa zona central. El pelotón de Jorge Sotús, que se había apostado cerca del mar, al este del cuartel, fue desalojado y los que no murieron o fueron heridos hubieron de echarse literalmente al agua para no ser ametrallados. En un momento dado, vi a Juan Almeida tirarse con su gente hacia adelante e inmediatamente estalló una granizada de disparos desde una posta que dio con Almeida en el suelo, imaginé que muerto. Luego resultó que sólo estaba herido. Le había salvado una cuchara metálica que llevaba en el bolsillo de la camisa. Al final, tanto el pelotón de Almeida como el de Guillermo García, consiguieron vencer la resistencia de las postas que tenían asignadas y eso permitió avanzar al centro de nuestro ataque y finalmente tomar el cuartel. Enseguida vimos a un soldado con un trapo blanco atado al fusil. Detrás de nosotros, alguien que no se había apercibido disparó una ráfaga de ametralladora que fue respondida desde una ventana. A mi lado cayó un muchacho con un balazo en la cabeza. Cuando me agaché para ver qué le había pasado ya estaba muerto. Se llamaba Nano Díaz.

Tras la rendición, entramos en el cuartel del Uvero. La confusión era grande allí dentro. Entre el humo de la pólvora pude distinguir una jaula colgada en una pared. Dentro había dos pájaros. Estaban muertos. Es una imagen que se me ha quedado grabada y aún me pregunto de qué habían muerto... Es difícil imaginar que los disparos hubieran alcanzado a seres tan diminutos.

En el ataque habíamos participado 80 guerrilleros. Habían muerto seis compañeros. Nueve habían sido heridos. Ellos, que eran 53, habían tenido 14 muertos y 19 heridos. En total habíamos combatido 133 hombres y más de la cuarta parte habían quedado fuera de combate en las dos horas que duró el asalto.

Mi experiencia, que era tan exigua como la de casi todos los que allí peleábamos, me hizo correr a destiempo y exponerme más de lo necesario. Una vez comenzado el tiroteo, no tengo conciencia de haber sentido miedo, quizá porque uno pierde la sensación del tiempo y casi del espacio, concentrándose su pensamiento únicamente en avanzar, en atacar.

Los heridos cuya gravedad lo permitía fueron subidos a un camión, donde también se apilaron las armas, enseres y medicinas que conseguimos en el asalto y quedaron al cuidado del Che. En el batey dejamos a dos de los nuestros en estado muy grave, uno se llamaba Cilleros, el otro Leal. El médico del cuartel nos prometió que les trataría como a los heridos del ejército. A Cilleros una bala le había partido el brazo y después de atravesarle el pulmón derecho había ido a alojarse en la columna, paralizándole las dos piernas. Respiraba con dificultad y pedía que le lleváramos con nosotros. Según supimos después, murió en el traslado antes de llegar a Santiago. Por una vez, la promesa del médico fue respetada por el mando batistiano. Leal fue curado y encerrado como prisionero en Isla de Pinos. Creo que aún vive. A los dos días dejamos libres a los prisioneros que habíamos capturado.

Caminamos todo el día y cuando llegó la noche la emoción nos impedía dormir. De madrugada, aún continuaban las tertulias. Cada uno contaba sus hazañas. El Che estaba allí, en medio de diez o doce hombres. Cuando me acerqué, pude observar que el argentino escuchaba en silencio y, de vez en cuando, apuntaba algo en un pequeño cuaderno que siempre le acompañaba. «Y vos, ¿a cuántos alcanzaste con tus disparos?», me preguntó. «No lo sé», contesté. Señalando con el dedo su cuaderno dijo: «Pues sin contar los que hayas derribado vos, los que estamos aquí hemos puesto fuera de combate a 108 batistianos. Dado que sólo había 53, me temo que a los 33 que realmente han muerto los hemos matado varias veces». Hubo una mirada de desilusión y se disolvió la reunión. Ya de mañana, nos despedimos del Che y de los heridos. Tardaríamos casi un mes en volver a verlos.

El ataque al Uvero fue un golpe para la dictadura. Además, en el llano proseguían las acciones. Ese mismo día, una bomba había dejado sin electricidad un barrio entero de La Habana. A pesar del estado de sitio, las noticias se filtraban. Las había buenas: el juicio, que tenía lugar en Santiago contra unos cien compañeros, algunos de ellos supervivientes del *Granma,* terminó con una sentencia que nos sorprendió. El presidente del Tribunal, el juez Manuel Urrutia, los declaró inocentes apoyado por el fiscal, que no había pedido ninguna pena. Otras noticias eran malas: seguían las detenciones y las torturas. Entre los detenidos se encontraban Armando Hart, que tras la revolución sería ministro de Cultura, y Carlos, que luego dirigiría Radio Rebelde. Manuel Ray y mi amigo Marcos se habían convertido en los dos dirigentes más activos del 26 de Julio en La Habana. Manuel Ray era un ingeniero que había proyectado y dirigido el túnel entre el Vedado y Miramar. Yo le había conocido de oídas a través de mi hermano Luis.

A finales de mayo, fueron fusilados en Mayaví, donde habían desembarcado provenientes de Miami, dieciséis auténticos a quienes Prío había enviado para entrar en contacto con Fidel. Muchos católicos y parte de la jerarquía eclesiástica se estaban no sólo distanciando sino tomando posiciones claras contra la dictadura. Paradójicamente, nosotros, aislados en la sierra, parecíamos tener cada vez más apoyos, mientras que Batista se iba quedando solo. Todo el mundo le exigía una pronta renuncia.

A primeros de julio, aparecieron en la sierra Raúl Chibás, el hermano de Eddy, y Felipe Pazos. Eran el dirigente oficial de los ortodoxos y el economista más conocido de Cuba. De las reuniones con Fidel salió un manifiesto, *El Manifiesto de la Sierra,* llamando a todos los cubanos a formar un frente único-revolucionario. *El Manifiesto* hacía una llamada a los EE UU para que no intervinieran en la lucha interna y prometía elecciones libres según la Constitución de 1940 y el Código Electoral de 1943. *El Manifiesto* se firmó, se envió a La Habana y salió publicado en *Bohemia*.

El 7 de julio detuvieron en Guantánamo a una niña que no había cumplido los diez años, acusada de haber colocado un explosivo. La vieja violencia de los matones que tanto me había llamado la atención de niño en las páginas de *Bohemia* se había transformado y ahora los escolares estaban en ella, pero su contenido nada tenía que ver con los viejos ajustes de cuentas. Era idealista y revolucionario.

De Santiago llegaban continuas noticias de la actividad de los nuestros. Banderas del M-26 en los edificios, bombas y manifestaciones se sucedían cada día. En el aniversario del ataque al Moncada fueron detenidas doscientas personas.

El día 30 de julio, el coronel Salas y su ayudante, llamado Mano Negra, asesinaron a tiros en Santiago, en el Callejón del Muro, a Frank Pais. Tenía 25 años. Había estado escondido en casa del ferretero Raúl Pujol de quien dependía buena parte de nuestra intendencia en la sierra. A Pujol también lo mataron. Al día siguiente llegaba a Santiago Earl Smith, el embajador recién nombrado por Eisenhower. Le recibió una impresionante manifestación de mujeres enlutadas gritando «¡Libertad!». El embajador dio una rueda de prensa en la que le oímos decir por la radio: «La desmedida actuación de la policía me resulta aborrecible...». El asesinato de Frank Pais, cuyo hermano Josué había muerto durante una manifestación un mes antes, cayó entre nosotros como una maldición. Nada más enterarnos, el Che, a quien se había nombrado comandante lo mismo que a Raúl Castro, montó una columna para atacar el puesto militar de Bueycito. Fui cooptado para la operación. Guevara me dijo al oído: «Arquitecto, si esto nos sale bien, agarraremos a Casillas. Nuestros informantes nos dicen que está en la casa de una amiguita que tiene allí cerca».

Llegamos hasta allí en tres camiones y, ya de noche, atacamos. El asalto duró pocos minutos, pero Casillas no estaba donde se esperaba. Tuvimos un muerto y tres heridos. Hicimos varios prisioneros y requisamos una ametralladora con su parque y otras armas. Me impresionó el apoyo que recibimos en el pueblo.

En los primeros días de agosto se desató la huelga general que esperábamos desde hacía tiempo. Tuvo más éxito en Santiago que en La Habana. Faltó coordinación. La huelga concluyó el 6 de agosto. La dictadura, como respuesta, volvió a suspender las garantías. Ello afectaba especialmente a la censura de prensa. Se recrudeció la represión.

Durante esos meses de primavera y verano del 57 nos habíamos asentado en la sierra y adquirimos una sensación de seguridad. Fueron muchos días durante los cuales los principales enemigos eran los insectos. Nuestra imaginación no cesaba de idear las más absurdas defensas contra ellos, desde el barro y la grasa maloliente hasta las tupidas telas que nos ahogaban en la humedad del sueño. Abandonamos la trashumancia e ingresamos en la agricultura. Empecé a adquirir cierta fama de organizador-constructor.

A finales del verano, nuestros improvisados campamentos empezaron a ser algo más decentes con evacuatorios. Incluso construimos alguna elemental forja que poco a poco se convirtió en variopinta fábrica de armas primitivas y de repuestos. Me entretenía en organizar y dirigir estos ingenios y, además, la gente lo agradecía. Gané con ello su confianza en unas dotes para resolver cualquier problema técnico que estaba muy lejos de poseer. Un día de agosto, mientras preparaba una especie de prototipo mecánico para subir el agua a un aljibe recién construido, pasó por allí Fidel y me espetó: «Arquitecto, te hemos nombrado teniente». «No tengo aspiraciones militares», le dije sonriendo. Se fue saludándome con la mano y cuando ya casi le perdía de vista se volvió y me gritó: «Yo tampoco tengo aspiraciones militares... y ya me ves». Recordarlo ahora no deja de tener una amarga ironía. Probablemente allí, entre los mosquitos, en el calor de aquel agosto, a Castro no se le hubiera ocurrido pensar que pasaría a la historia como el cubano que más tiempo iba a llevar puesto un uniforme.

A primeros de agosto y dentro de un grupo de jóvenes que venía de Santiago, llegó Marina.

Una noche antes de subirme a mi hamaca, que resistió estupendamente hasta el final, me encontraba leyendo *Las afinidades electivas* de Goethe, a la luz de una lámpara de carburo. El libro me lo había prestado el Che. Alguien se sentó a mi lado, creí que era un muchacho, pero enseguida me interrumpió una dulce voz femenina. Bajo la luz brillante del carburo, su cara mulata tenía un tinte macilento con unos ojos tan grandes, abiertos y vivos que era imposible no reparar en ellos. Iba de uniforme y calzaba botas (botitas) militares. Tenía un aspecto frágil y, de pronto, sacó un enorme puro que encendió con oficio, como esas actrices que disfrazadas de hombres ponen con el toque andrógino una gota más de sensualidad. Mostró curiosidad por el libro y por su autor, de quien nunca había oído hablar. Era de Santiago y allí había trabajado en un colmado ayudando a despachar. Militante del M-26, las últimas redadas le habían aconsejado a ella y a varios compañeros, unirse a la guerrilla. Tenía entonces diecinueve años. Mientras yo le explicaba quien era Goethe, sin previo aviso, dejó el cigarro en el suelo me rodeó con sus dos brazos la cintura y apoyó su cabeza en mi pecho. Extrañado, corté mi charla, pero ella mirándome con sus grandes ojos dijo: «Sigue, no te pares, me gusta estar así... no te molesta ¿verdad?». Tuve que negar y seguí con mi perorata.

—Lee... léeme, me encanta que me lean.

—¿No sabes leer?

—Sí —dijo ofendida—, pero me gusta oír cómo me cuentan una historia, no importa cuál.

Nunca me ha gustado leer en voz alta, sólo lo había hecho para Nela en el hospital, pero intenté pronunciar lo mejor que supe. Después de leer un par de páginas me detuve y ella me volvió a mirar sonriente. «¿Tienes sueño?», preguntó.

Su cara me atraía como una luz en la oscuridad y con cierto reparo me atreví a besarla suavemente en la mejilla. Se dejó hacer ronroneando como un gato. Después se levantó para ir a buscar su hamaca, que colocó cerca de la mía. Apagada la luz, el sueño solía acudir en muy pocos minutos, pero aquella noche me invadió la inquietud. El sexo había desaparecido de mí en aquellos meses como la tierra abandona al navegante y la presencia de Marina lo había despertado de repente. En la oscuridad, tomé una decisión que a la luz del sol mi timidez me hubiera censurado. Me levanté y me arrodillé a su lado. Estaba despierta y extendió su mano para acariciarme la cabeza, fue la señal que desató el volcán que estaba agazapado. Me convertí de pronto en el niño impulsivo que busca su capricho a quien nada ni nadie puede detener y ella fue largo rato la conductora que me retenía para incitarme a reincidir. La hamaca se hizo enseguida insuficiente y rodamos por el suelo entre la ropa que nos íbamos arrancando, o más verazmente, que yo iba arrancando de mí y de ella. Al amanecer, como si se tratara de un desacuerdo con el cielo, cayó una tormenta que nos dejó calados y exhaustos. Según ella me dijo, se había fijado en mí el primer día de su llegada, pero lo había meditado mucho antes de acercárseme. Aún entonces no las tuvo todas consigo, pues pensaba que yo era distante y frío. «Me equivoqué», confesó sonriente.

Sentí hacia ella una fuerte atracción física y despertó en mí al Pigmalión que nunca pensé tener dentro. Intentaba explicarle todo lo que sabía, y aun lo que no. Procurábamos vernos con cualquier ocasión o pretexto y, como suele ser usual, huíamos del grupo para estar solos el mayor tiempo posible. No me preguntaba yo entonces qué tenía en común con aquella muchacha de grandes ojos y labios carnosos con cuya aparición mi vida ascética y militar había cambiado para convertirse en una acampada de verano llena de descubrimientos limitados a aquel pequeño cuerpo, a aquellos 50 kilos que yo levantaba del suelo sin esfuerzo.

Isidora seguía apareciendo en mis sueños, también en la vigilia, mas en mi imaginación la veía complaciente con aquel redescubierto erotismo mío. «Otras vendrán que te harán olvidarme.» Aquellas palabras de falso consuelo, que se me habían clavado como puñal en el pecho durante aquella amarga despedida epistolar, volvían a mí, ahora con sabor agridulce.

—Si queremos hacer una sociedad más justa, no bastará con repartir la tierra, socializar la producción y publicar leyes que impongan la solidaridad, será preciso crear un hombre nuevo —solía decir el Che—. Sin ese hombre nuevo, la revolución será flor de un día. Bastará con que desaparezcamos para que todo haya sido inútil.

No creía yo, y sigo sin creerlo, que cambiadas las relaciones de producción, eliminado el incentivo material, «los hombres dejarían de ser lobos para los hombres». Yo admiraba a Guevara y a la vez le temía. Quien así quería crear el «hombre nuevo», llevaba en lo más recóndito de su pensamiento y de su acción el latido de una religión sin Dios. Recordando las palabras de Anna Aron, eso era lo que me asustaba. Representaba la obligación ante uno mismo de tirar su propio ser por la ventana, arrojar de sí lo que había sido: sus vicios burgueses o su alienación campesina, daba igual, para pasar a ser miembro de la élite revolucionaria. Hoy, tantos años después, estoy convencido de que tal intento no conduce a nada bueno, sé que uno no puede, ni debe, dejar de ser uno mismo. Y eso era lo que me daba entonces un miedo inconsciente. Eso y el rechazo que desde siempre he tenido hacia la manipulación religiosa de cualquier signo y hacia las élites de cualquier catadura. Cambiar la condición humana ha sido el gran mito de las religiones, pero lo que en clave moral y religiosa puede resultar aceptable, pues se limita a señalar la «debilidad de la carne» ante el código moral, se convierte en un riesgo totalitario, unificador y mentiroso cuando se quieren imponer los «buenos comportamientos» desde la política. Una gran mentira, individual y colectivamente. Sobre todo, colectivamente, pues el gran error consiste, al menos eso pienso, en creer que la raíz de la condición humana, allí donde residen los sentimientos y pulsiones más profundos y oscuros del hombre, puede cambiarse a voluntad. Las leyes, aún las revolucionarias, no hacen mejores a los hombres, pero pueden volver algo más justas a las sociedades. Pretender construir al «hombre nuevo» por decreto sólo conduce a la tiranía. Pero de eso nos dimos cuenta mucho más tarde. Sin embargo, influenciable como soy, quería, voluntariosamente, asegurar ante mí mismo que yo sí podría conseguir ser un «hombre nuevo», que aquella lucha significaba para mí un aprendizaje.

El médico que vino a sustituir al Che, Sergio del Valle, había llegado a la sierra provisto, al parecer, de un cargamento de profilácticos que iba repartiéndonos. No había sido yo consciente de los riesgos de embarazo que habíamos estado corriendo. Lo hablé con Marina, que se limitó a decir: «Lo haremos como tú quieras, amor». En efecto, éramos dos inconscientes y, aunque algunas veces usamos los desapacibles preservativos de fabricación americana, las más nos fiábamos de las fechas. Método que tanto ha hecho en pro de la natalidad, pero que, milagrosamente, resultó eficaz en nuestro caso.

La columna que dirigía el Che tenía ya un mes de vida. A finales de agosto estábamos en el valle de El Hombrito. Vistas desde el llano, dos grandes lajas, superpuestas en la cima, semejan la figura de un hombrecito, de ahí que el valle inmediatamente inferior lleve ese nombre. El 29 de agosto se recibió la información: una gran tropa de la dictadura estaba en la finca de Julio Zapatero, a dos kilómetros de la Maestra, preparada para subir a la sierra. Nuestros informes aseguraban que la tropa atravesaría precisamente por el valle de El Hombrito. El Che preparó la emboscada.

De noche, escogido el lugar, nos trasladamos a él divididos en tres pelotones. Uno de ellos, mandado por Lalo Sardiñas, se colocó al este del lugar por donde había de pasar la tropa de Batista, que mandaba el comandante Merob Sosa. Al oeste de ese punto, y con un barranco de por medio, se colocó el pelotón que mandaba Ramiro Valdés y que estaba mal armado. Un grupo pequeño, pero con buenas armas y a las órdenes del Che, se colocó frente al objetivo. En ese grupo estaba yo.

El plan era muy sencillo. Al llegar a una curva donde el camino hacía ángulo recto, nosotros dejaríamos pasar a diez o doce soldados y comenzaríamos a disparar, poniendo fuera de combate al mayor número posible de ellos. La desbandada subsiguiente haría el resto.

En la madrugada, desde el cafetal en el cual estábamos, veíamos la casa de Julio Zapatero, situada en la ladera del monte. Al despuntar el sol, comenzó el trajín de la tropa que se disponía a partir. Todos ocupamos nuestros puestos y desde allí vimos ascender trabajosamente la columna. La espera se nos hizo eterna. Al cabo, se oyeron voces despreocupadas. Desde la curva y frente a mí vi aparecer al primero de los soldados, luego al segundo... iban muy separados y lentos. Cuando acababa de pasar el sexto, alguno de los nuestros, nervioso por la espera, dio un grito y comenzó a disparar. Uno de los soldados cayó herido y los otros cinco saltaron del camino entre las peñas. Inmediatamente, empezaron los bazucas a tirar contra nosotros. Nuestra posición perdió la ventaja inicial, así que Guevara dio la orden de retroceder. La verdad, dimos más muestras de arrojo que de eficacia. Perdimos a un compañero, cuyo cadáver fue quemado ante nuestros ojos en la altiplanicie donde inicialmente estábamos. A pesar de todo, la acción resultó un éxito relativo, pues Merob Sosa, sorprendido por el ataque, decidió retirarse al llano. A partir de ese momento, las tropas batistianas dejaron la sierra hasta el año siguiente y sólo penetraron en ella, alguna vez, los soldados de Sánchez Mosquera, el más bravo, el más asesino y uno de los más ladrones de todos los militares con que contaba Batista.

  El *Manifiesto de la Sierra* había condenado la idea de que un sector del ejército pudiera derrocar a Batista, tal y como lo había intentado el coronel Barquín en 1956. Sin embargo, en setiembre, un sector de la Marina apoyado por el M-26 y los auténticos se levantó en Cienfuegos contra la dictadura. El levantamiento, como luego supimos, iba a producirse también en La Habana donde el crucero *Cuba*, allí atracado, apuntaría sus cañones contra el campamento Columbia. La víspera del ataque, el 5 de setiembre, los oficiales comprometidos en La Habana decidieron que no estaban las cosas maduras. Pese a ello, en Cienfuegos siguieron adelante y por la noche tomaron la base naval y repartieron armas entre los nuestros y algunos auténticos que se habían sumado. La rebelión pasó a la ciudad y un teniente se apoderó de la jefatura de policía marítima. La policía civil fue rodeada y cañoneada. Se rindió, pero la libertad de Cienfuegos sólo duró esa mañana. Por la tarde, llegaron fuerzas de Santa Clara y los aviones B-26 con base en La Habana comenzaron a sobrevolar la ciudad. El uso de tanques y bombarderos norteamericanos suponía la ruptura del acuerdo entre Cuba y los EE UU, que prohibía el uso de esas armas internamente sin acuerdo previo y éste no se había producido. Unos ochenta rebeldes se rindieron al coronel Comesañas y fueron fusilados en su mayoría. El servicio de inteligencia naval registró casa por casa y todo aquél que tenía señales de haber participado (posesión de armas, heridas, sangre en la ropa, incluso por el hecho de ser joven y estar fichado) fue sacado a la calle y asesinado. Más tarde, un médico, Luis Baner, escribió que habían sido enterrado vivos más de doscientos hombres.

En esos días, Fidel dirigió el ataque a Palma Mocha en la zona de Cuevas, en el que yo no intervine. Allí murieron cuatro de los nuestros y casi sesenta batistianos. La dictadura había retirado al coronel Barrera y había colocado al mando de sus tropas a Río Chaviano, el represor del Moncada, una auténtica bestia. Por suerte, bastante incompetente.

Coordinar desde la Sierra Maestra al creciente M-26 resultaba complicado y, sin duda, Fidel Castro dedicó muchas horas a enviar «papelitos» al llano. También se desesperaba con algunas acciones e iniciativas con las que no estaba de acuerdo, pero el miedo mayor de nuestros jefes, y también sus más permanentes preocupaciones en el terreno político, radicaba en el control que había de ejercerse sobre el proceso de destrucción hacia el que, a nuestro juicio, iba imparablemente la dictadura. El riesgo de que, tras tantos sacrificios, las cosas, al final, volvieran a ser lo mismo que con los Grau, los Prío, los Varona... nos sacaba de quicio a quienes peleábamos en la Sierra. Este sentimiento, lógico y humano, que en la sierra todos compartíamos, dejaba una sombra de amplia ambigüedad que nunca quiso despejarse: ¿qué pasaría si tras derrocar a Batista, convocadas las correspondientes elecciones, el M-26 y las demás fuerzas revolucionarias no las ganaban? Consciente o inconscientemente la palabra «pueblo» iba sustituyendo en los discursos al término «elecciones». «El pueblo decidirá...», pero por entonces no se nos planteaba el *cómo* había de decidir ese tan nombrado pueblo. Nosotros, de momento, éramos su conciencia. Su corazón y su cabeza. También sus brazos. Sus brazos armados.

El ataque al ejército en Veguitas tenía la finalidad de mostrar a los políticos tradicionales quién representaba al futuro. Los batistianos tuvieron allí 170 bajas, aunque nosotros apenas éramos 200 combatientes.

Al final de 1957, estábamos no más de trescientos rebeldes en la Sierra Maestra, pero al sur y al oeste de la carretera central, en unos tres mil kilómetros, no se movía una hoja sin que nosotros lo supiéramos. En el último trimestre se había construido una «fábrica» de zapatos, una carnicería, varios hospitales de sangre y una factoría de cigarros. Lo único que seguía escaseando eran las armas. En los días finales de 1957, empezamos a construir en El Hombrito una pequeña central eléctrica, aprovechando las aguas del río. Mi arquitectura industrial se iba extendiendo.

Pino del Agua era un batey instalado en la cima de la Maestra, al lado del pico La Bayamesa. Estaba defendido por una compañía bien atrincherada, era el punto más avanzado del ejército de Batista en la sierra. El 16 de febrero de 1958, a las cinco de la mañana, la columna que mandaba Camilo Cienfuegos atacó las postas y las tomó casi por sorpresa. Nuestro Estado Mayor pretendía asediar el batey durante el suficiente tiempo como para que llegaran los refuerzos que con toda seguridad pedirían los asediados. A unos doce kilómetros, en San Pablo de Yao, estaba la compañía de Sánchez Mosquera y a seis kilómetros, en el Oro, otra compañía que fue la que se acercó y fue diezmada. Los batistianos tuvieron 25 muertos. Se consiguieron cinco ametralladoras con abundante parque y treinta y tres fusiles. Este combate marcó el final de nuestra consolidación en la Sierra Maestra. A partir de esa fecha, empezamos a actuar casi como un auténtico gobierno en la zona, y nuestros hospitales, para cuyo servicio el número de médicos subidos del llano era ya notable, eran utilizados por toda la población que allí vivía.

También en febrero del 58 habían desembarcado en la playa Santa Rita, al norte de la isla, la gente del Directorio y a su frente Faure Chomón y Eloy Gutiérrez Menoyo, hermano de Carlos. En pocos días estaban ya peleando en el Escambray. El 23 de febrero, la víspera del Gran Premio de Cuba, fue secuestrado en un hotel de La Habana el piloto argentino, campeón del mundo, Juan Manuel Fangio. El escándalo fue mayúsculo. Ésta fue la primera noticia que el 24 de febrero dio Radio Rebelde transmitiendo desde la Sierra Maestra, «territorio libre de Cuba». Fue en la radio donde conocí a Carlos, que la dirigía.

El secuestro de Fangio lo planeó Óscar Lucero y fue realizado por nueve personas, incluida Blanquita, la esposa de Lucero, que estaba embarazada de seis meses. En el *lobby* del hotel Lincoln, a plena luz. Manuel Uziel sacó su pistola y encañonó al piloto. La gente allí arremolinada creyó que era una broma. Al principio, Fangio se quedó inmóvil, pero luego empezó a caminar hacia la puerta del brazo de Uziel. Bajaron por Virtudes hasta San Nicolás, donde estaban los automóviles. Uno de los tres autos, a causa de los nervios, chocó con otro y de resultas acabaron todos en la estación de policía. Por suerte, iban desarmados y el incidente no tuvo consecuencias mayores. Fangio llegó sin más contratiempos al 1060 de la calle 22, en El Vedado. Los revolucionarios, que desde el primer momento le aseguraron que nada le ocurriría, quedaron muy sorprendidos de la tranquilidad con la que se comportaba el piloto. Desde allí le llevaron a una casa particular, en Norte n° 40, en el Nuevo Vedado.

El M-26 dio la noticia, antes incluso de que Batista se enterara. La carrera se celebró sin Fangio y hubo un gravísimo accidente con seis muertos y treinta heridos. Fue lo único que inquietó los nervios, al parecer muy bien templados, del campeón argentino. Al día siguiente, fue devuelto. Todos los periódicos del mundo dieron la noticia.

A primeros de marzo, Raúl Castro y Juan Almeida, al mando de la columna n° 6, abrieron el segundo frente oriental que llevó el nombre de Frank Pais. A la vez, Camilo Cienfuegos se adentró por las llanuras orientales. De Costa Rica trajo Hubert Matos un avión lleno de armas, que aterrizó en la sierra. Se respiraba un clima de victoria. Tras meses de férrea censura de prensa, Batista, presionado por los americanos, la suprimió. Los canales de televisión, 70 radios y 25 periódicos multiplicaron por mil los acontecimientos. Se creó así la sensación generalizada de una inminente caída de la dictadura.

El 7 de marzo se reunió en Sierra Maestra la Dirección Nacional del M-26. El manifiesto que allí se redactó llamaba a la huelga general revolucionaria a partir del primer día de abril. No se pagarían los impuestos y quienes no renunciaran a sus puestos ejecutivos dependientes del Gobierno antes del 5 de abril, serían considerados culpables de traición. Los oficiales y soldados que continuaran en servicio tras esa fecha serían licenciados. Todo el que ingresara en el ejército a partir de abril sería considerado un criminal. Los jueces habían de dimitir. El conjunto del país debía considerarse en estado de guerra. Inmediatamente Batista volvió a ordenar la censura de prensa, creando así la falsa sensación de que no pasaba nada. La huelga general tuvo lugar el día 9 de abril. Aquel día se luchó y murió en todo el país, pero el paro estuvo lejos de ser total. Los sabotajes y asaltos a emisoras y al cuartel de Boniato en Santiago no fueron seguidos por los trabajadores ni los comerciantes. Para nosotros, los que estábamos en la sierra, el fracaso fue un mazazo, pues habíamos llegado a pensar que aquella huelga representaría el fin de Batista. No fue así.

Entretanto, y dentro de la nueva estrategia del PSP, algunos comunistas llegaron a la sierra. Pensaban que el M-26 debía pactar con los partidos tradicionales recomponiendo una especie de frente anti-Batista. Tales propuestas no hacían muy feliz a Fidel.

Yo estaba entonces adscrito a la columna-4, mandada por el Che, que tenía su asentamiento en una zona cercana a San Pablo de Yao, al este de donde acampaba la columna-1, que dirigía Fidel, entre La Plata, Niquero y Pilón. Mis actividades de intendencia y mis colaboraciones con Radio Rebelde me daban una movilidad envidiable. Carlos era quien la dirigía y en el primer momento sentí hacia él una curiosidad que acabó trocándose en firme amistad. Carlos tenía entonces treinta y seis años, pero oyéndole hablar parecía haber vivido un siglo. Lo había pasado muy mal. Nunca había tenido un peso. En su mirada brillaba un rayo de inocencia al que unía una gran sensibilidad intelectual y artística. A quienes le rodeábamos nos gustaba escuchar sus historias.

—Nací en Clavellinas, una zona cañera entre Cifuentes y Sagua la Grande, a fines de 1921. Mi padre era un obrero cortador de caña. Seis meses ganaba cuarenta centavos diarios, la otra mitad del año —el tiempo muerto— él, como medio millón de trabajadores azucareros, quedaba sin trabajo. Mi padre, mi madre y yo, vivíamos en un bohío de guano junto al camino real, y por allí pasaban, jalongos al hombro, las familias desalojadas de sus tierras. En la escuela pública de La Duda encontré una maestra excepcional: Melania Cobos, ella me explicó la historia de Cuba. Terminé la escuela pública y ayudado por Melania, me dispuse a pasar a la segunda enseñanza. Para comprar el libro de ingreso tuve que sembrar un campo de cebollas y vender muchos serones por los caseríos y pueblecitos. Leía todo lo que me caía en mano. Poesía, novela, economía, historia. Un ensayo del cubano, socialista y yerno de Marx, Pablo Lafargue y, sobre todo, *El ABC del comunismo,* de Bujarin. La naturaleza era mi mundo. Los árboles, mis amigos. Había ganado una beca en Santa Clara y comenzaba una nueva etapa de mi vida. De los tres años de estudio pasé más tiempo fuera que dentro, ocupado en luchas estudiantiles, sindicales, campesinas y populares. Había terminado mis estudios en la segunda enseñanza y debía pasar a la universidad. Partí para La Habana en un camión de carga, con una maleta vieja y cinco pesos en el bolsillo. La Habana era la meca. Mi cama era un banco largo y estrecho que me impedía virarme a la derecha o a la izquierda sin caer. Vivía con varios compañeros. Teníamos un saco para cuatro y varias camisas rotas. Comíamos cuando, donde y como se podía. Pegando la gorra o dando un sablazo a los compañeros cigarreros. Éramos el terror de las fondas de chinos del barrio. Allí Blas Roca, Ordoqui y Grovart me dijeron: «Un militante como tú debe dedicar su vida al partido. No hay cosa más bella que cambiar la humanidad». No lo dudé un momento. Decidí por mi cuenta en 1945 ir a trabajar a una fábrica de Luyanó, pero tuve un accidente y perdí el trabajo. Ingresé en el periódico *Hoy*, dirigido por Aníbal Escalante y allí descubrí un laboratorio represivo-burocrático de comunismo tipo soviético cuyos gérmenes me congelaron la sangre. El 7 de noviembre de 1946 dejé el periódico y el partido. Terminé enrolándome en una expedición contra Trujillo. Luchar también es eso a veces, estar solos. La expedición empezó y terminó mal. Otra vez tiempos difíciles que se hicieron más llevaderos gracias a la generosidad de una familia revolucionaria oriental —los Cabrera Infante— que vivían entonces en un cuarto de un solar habanero donde siempre cabía uno más. Zoila, la madre, con su espíritu lo animaba todo. En aquel cuarto nacieron muchos sueños...

Carlos era un revolucionario anticomunista y libertario que nunca tuvo empacho en expresarse con total claridad. Era uno de sus atractivos, pero más de una vez se metió en problemas a causa de sus palabras. Creía a pies juntillas que «la verdad es siempre revolucionaria» y Radio Rebelde procuraba dar las noticias contrastadas sin ocultar los reveses, si los había, pero manteniendo el tono de agitación militante que él consideraba imprescindible. Para mí resultaba agradable ayudar en la redacción y leer algunos partes en inglés con la intención de que llegaran nuestras noticias a los EE UU quizá a través de nuestros «vecinos» de la base de Guantánamo.

Por entonces menudeaban las visitas a nuestro campamento. Llegaban estudiantes, campesinos, sindicalistas...

intelectuales. A estos últimos, curiosos o simpatizantes, los pastoreaba Carlos con intenciones de propaganda. A pesar de las medidas de seguridad, nuestros jefes desconfiaban de estas visitas por miedo a que algún informador de Batista se colara entre aquella gente. Después del triunfo se comprobó que tales temores no habían sido infundados.

    Una tarde, al entrar en las precarias instalaciones de Radio Rebelde, me encontré con una auténtica fiesta. Personas de la universidad y del periodismo escuchaban, compartiendo el ron repartido generosamente, las explicaciones de Carlos y de otros compañeros. Muchos de los visitantes eran mujeres, todas me parecieron lindas. A la caída de la tarde, el alcohol llamó a la música y comenzaron a sonar algunas canciones. Marina, que se había unido al festejo, estaba sentada a mi lado cuando una de las chicas sin previo aviso tiró de mi mano y me sacó a bailar. Opuse una débil resistencia y miré a Marina que casi con el gesto me dijo: «Ve, ve, ve a bailar con ella». Sonaba un bolero y mi pareja sin ningún prólogo se ciñó a mí como una lapa. Yo miraba de reojo hacia Marina que me sonreía cómplice. Terminada la pieza hice ademán de sentarme, pero la mujer no me lo permitió. Sin separarse un centímetro de mí, susurró:

    —No he andado tantos kilómetros para que ahora me abandones.

    Después de cuatro o cinco canciones, todas melódicas y escogidas para la ocasión, Marina me tocó en el hombro y al volverme hacia ella, me dijo entre risas pegando su boca a mi oído.

    —No te arrugues, compórtate como un hombre y que se vaya para el llano con el *bollo* dolorido. Luego me cuentas.

    Después de tal obscenidad, me dio un beso en la oreja y se marchó.

    —¿Quién es ésa? —preguntó la mujer.

    —Mi ayudante —contesté y seguí bailando.

Pasamos a los besos y al poco fue ella quien tomándome de la mano me arrastró fuera y dijo que buscáramos un lugar tranquilo.

—El Hotel Nacional —bromeé.

—No tan lejos —contestó.

Busqué una manta y allí cerca encontramos acomodo.

Ella era periodista —me comunicó— y simpatizaba con nosotros. Nada le dije de mí, pese a que entre sesión y sesión no hacía sino preguntarme. Algo cansado, y consciente de ser una pieza más en una colección, quise embromarla.

—Nada te diré sobre cuestiones militares, tampoco quién soy en realidad, pero he de informarte de una orden que me han dado a través de mi ayudante.

—¿Y cuál es esa orden? —inquirió.

—Que has de bajar al llano con el *bollo* dolorido —concluí.

Me miró sorprendida y un segundo después se echó a reír.

—Para cumplir la orden te faltan un par de asaltos. Y dile a tu ayudante que no sea celosa.

Volvió al ataque y no me arrugué. Más tarde, dolorida o no, fue ella quien se quedó dormida. La cubrí con otra manta y puse una almohada bajo su cabeza. Luego busqué a Marina que no estaba lejos en su hamaca. Dormía y no la desperté. Puse mi hamaca a su lado y me acosté.

Ya de madrugada percibí entre sueños la mano de Marina que me acariciaba, como solía, la cabeza. Con los ojos semiabiertos le dije «Hola».

—¿Qué tal fue todo? —preguntó sonriente.

—Cumplí tus órdenes —contesté.

La noche siguiente tuvimos una larga conversación. Marina no consideraba que mi rijoso comportamiento tuviera nada que ver con ella ni con el amor que me tenía. «Me hubiera importado si esa mujer se fuera a quedar por aquí, pero que cuente en La Habana que se ha acostado con un guerrillero, me importa poco. ¿A ti te ha gustado? Pues eso está bien y no hay nada más que explicar. ¿No te parece?»

—Yo te quiero mucho, es verdad —continuó—, pero también sé que de no ser por la revolución nunca te hubiera conocido y de haberte conocido, nunca te hubieras fijado en mí. El que ahora estemos juntos es para mí una bendición de Dios, un regalo y no quiero desperdiciarlo. Lo que venga después, cuando esto acabe, no me preocupa ahora, ni me hago falsas ilusiones. Volverás con tu gente, me imagino y si alguna vez te acuerdas de mí o, si por casualidad, nos vemos, sólo quiero que tengas en tu memoria lo bien que ahora mismo estamos. Aunque mañana nos puedan pegar un tiro.

Se levantó y fue hacia donde estaba la mochila-almacén en el que yo amontonaba mis cosas. Hurgando, extrajo un libro de César Vallejo que yo le leía por entonces. Me lo alcanzó y sin decir palabra volvió a su improvisado asiento.

Busqué hasta dar con uno que le agradaba especialmente.

> *Me moriré en París con aguacero,*
> *un día del que tengo ya el recuerdo.*

Cuando hube terminado la lectura de aquel soneto, se quedó callada unos momentos para preguntarme, de improviso:

—¿En París llueve mucho?

—Sí —contesté—, y también nieva.

—¿Cómo es la nieve en París? —insistió.

—No lo sé, nunca he estado allí, pero supongo que la nieve habrá de ser igual en todos lados. Blanca y fría.

—Y aquí ¿por qué no nieva?

—Estamos casi en el trópico y en esas zonas de la Tierra no nieva. Para que nieve, la temperatura allá arriba, en las nubes, tiene que estar por debajo de cero grados.

—Pues dicen que si subes hacia allá la temperatura es cada vez más baja.

—Sí —corté—, pero las nubes están a pocos metros de la Tierra, si subieras, por ejemplo, a diez mil metros, entonces sí te congelarías, pero a esa altura ya no hay nubes.

Incrédula, miró hacia el cielo y dijo:

—Me gustaría conocer París.

—Pues cuando esto acabe iremos a París —le prometí—. El autor de este libro, César Vallejo, murió en París, como él había imaginado.

—Cuando vayamos a París... iremos a ver su tumba y pondremos unas flores sobre ella ¿verdad?

—Claro —le dije—, así lo haremos.

Me abrazó y la abracé. Cuando ahora recuerdo aquellos días, y lo que más tarde pasó entre nosotros, una cierta angustia se me revuelve en la cabeza y en el estómago. Me duele que ella fuera tan conformista, que en el fondo hubiera asumido una posición subordinada cuyo origen estaba en nuestras diferencias de clase. Me arrepiento de no haber roto en mil pedazos aquellas diferencias, de no haber sabido pasar de la protección al enamoramiento. Ella, en verdad, se lo merecía y no supe estar a su altura. Por eso me duele su recuerdo, instalado en aquellos días de lucha y de ilusión.

El 24 de mayo de 1958, Batista lanzó contra nosotros una gran operación militar que él pretendía fuera definitiva. Concentró en ella diecisiete batallones, cada uno con su compañía de tanques. Fidel Castro dio la orden de repliegue. Almeida, que estaba cerca de Santiago, y Camilo Cienfuegos, que se encontraba en Holguín, volvieron a la sierra. Nosotros estábamos reducidos a un espacio no mayor de seis kilómetros. Pero teníamos la moral íntegra y los treinta combates que sostuvimos no hicieron sino reforzarla.

El sábado 28 de junio, el batallón 22 del ejército batistiano, formado por tres compañías, salió de sus cuarteles en Santo Domingo hacia el río Yara, donde ya estaba acampado otro batallón al mando de Sánchez Mosquera. Mosquera les ordenó seguir hacia la sierra. Una mina de treinta kilos de TNT, que habíamos colocado, hizo explosión a su paso e inmediatamente comenzamos a disparar hasta diezmarlos. El comandante Villavicencio, que mandaba aquel batallón, dio la orden de retirada, momento que aprovechamos para caer sobre ellos y provocar la desbandada. Sánchez Mosquera intentó taponar el agujero enviando otra nueva compañía sobre la que caímos en emboscada, dejándola reducida a la nada. El número de rendiciones y de abandonos se multiplicó entre las tropas de la dictadura. Durante todo el domingo 29 estuvimos luchando de un lado para otro. Sin tiempo para recuperarnos físicamente, seguimos atacando durante los días que siguieron hasta quedar extenuados. Y fue entonces cuando ganamos la guerra. La gran ofensiva se les vino al suelo. Con sólo 27 bajas, hicimos casi 500 prisioneros, que en su mayor parte fueron devueltos a través de la Cruz Roja. Nos apoderamos de un tanque de 14 toneladas, 12 morteros, varios bazucas, doce ametralladoras con trípode, más de 200 fusiles ametralladores y 150 rifles.

En el Jigüe, sitiamos a un batallón que mandaba el comandante Quevedo, a quien Fidel Castro conocía de la universidad, pues Quevedo, siendo ya militar, había estudiado leyes. El asedio duró más de una semana. Los aviones nos ametrallaron a conciencia, pero conseguimos cortar todas las operaciones de ayuda y suministro. Al final, no tuvieron opción y se rindieron.

Una bomba de napalm arrojada desde un B-26 me quemó la camisa y el pelo. Asustado, salté y al descubrirme me dieron un tiro en el pecho. Sentí un ahogo y creí morir allí mismo. El médico, ya curtido en este tipo de heridas, me tranquilizó taponándome el boquete, que no sangraba mucho. Al caer la noche, me evacuaron para operarme sobre una mesa en un improvisado hospital de sangre, dentro de una casa campesina. Cuando desperté de la anestesia, tenía el pecho rodeado de vendas. «Nada grave. Ya te cosí y el pulmón quedará bien. Además, ahí no duele. Tómate una de estas pastillas cada cuatro horas.» Las sulfamidas me estropearon el estómago durante una semana, pero sólo me quedó una costilla hundida, una leve quemadura en la sien derecha y el miserable proyectil de plomo que el médico me sacó y que yo guardé durante algún tiempo.

Las horas que pasé desde el momento de la herida hasta verme sobre la mesa para la operación no me sentí tan mal como para imaginar que no saldría de aquel trance, pero sí pensé en la muerte. Al fin, era algo que podía ocurrir en cualquier momento, un hecho que, por añadidura, sucedía a nuestro alrededor todos los días y a todas horas. Mas la muerte es algo que ocurre a los *demás*, pues es bien cierto que de la propia tan sólo puede saberse en forma de presentimiento, en la angustia de su proximidad.

Durante la convalecencia, Marina se convirtió en mi muleta, tan cariñosa y solícita. Su leve esqueleto me servía materialmente de apoyo y volví a leer para ella algunos pasajes de algún libro de los que por allí circulaban en una biblioteca común y ambulante. Le gustaba *El Quijote,* que nunca había leído, y le hacía reír, tanto por las disparatadas aventuras del viejo caballero, como por el vetusto y hermoso lenguaje castellano, cuyas palabras le encantaban y repetía en voz alta.

Para Marina el sexo era la consecuencia del cariño y éste surgía de ella como una necesidad o una recompensa de no se sabe qué méritos que yo tenía a sus ojos y lo ejercía con pasión y sobre todo con ternura. El hecho de estar allí, en la sierra y en el centro de una revolución, al menos aparentemente, le resultaba tan normal como la vida vulgar que no hacía tanto tiempo llevaba en Santiago. Su trato, generalmente silencioso, tenía la virtud de provocar en mí ternura y compasión. En realidad era persona bien dotada para valerse por sí misma, bastante más que el chico algo mimado que yo había sido a su edad y aún después.

—Me dijeron que te habían dado, pero ya veo que estás bien y en buena compañía —me dijo el Che al entrar en la instalación de Radio Rebelde.

—Fue por mi culpa. Saqué la cabeza a destiempo.

—Todo va bien, les estamos partiendo la espina dorsal. La guerra terminará pronto. Ya estoy deseando verte construir algún edificio en La Habana —se acercó a palparme la herida y continuó—: Espero que estés completamente bien para primeros de agosto. Saldremos para Occidente y quiero que vengas con nosotros.

Marina, que estaba allí escuchando en silencio, en cuanto Guevara salió, se apresuró a decirme:

—Quiero ir contigo. No me lo puedes negar.

—No es razonable —contesté lacónico.

—¿Por qué? Yo he venido aquí a pelear y quiero estar contigo.

—No quiero que te maten.

—Yo tampoco quiero que me maten, ni que te maten a ti, pero aquí también puedo morir. ¿Por qué no quieres que vaya contigo?

—Créeme, no es bueno..., no sabría qué hacer contigo al lado.

—¿Te molesto?

—No, no me molestas. Todo lo contrario, pero debes quedarte aquí, en la sierra. Tendremos que andar, y mucho, por lugares que no controlamos.

Se echó a llorar y me contagió su tristeza, pero sus lágrimas no me hicieron cambiar de opinión. He pensado desde entonces muchas veces en aquella escena y creo que sobre mí influyó decisivamente ese complejo de superioridad machista que con frecuencia se disfraza de protección hacia la mujer.

Ya en los primeros días de agosto, se sabía que dos columnas saldrían para el llano, una hacia Pinar del Río, la otra hacia Las Villas. Los preparativos fueron más largos de lo esperado, pero, al fin, el 21 de agosto, Fidel Castro firmó la orden de partida, tanto para la columna a la cual se puso el nombre de Antonio Maceo, como para la que se bautizó Ciro Redondo. La primera la mandaba Camilo Cienfuegos, la otra, el Che. Las Villas dista de la Sierra Maestra quinientos kilómetros. El terreno por el que debíamos desplazarnos no era bueno: llano y descampado. Vulnerables al armamento y a la aviación de un ejército que controlaba aquel territorio, pensábamos llegar a El Escambray en una semana. Tardamos cuarenta y seis días a través de los llanos inundados del Oriente y de Camagüey. Tuve ocasión de arrepentirme de la hora en que me presté voluntario.

Hubo problemas para hacernos con munición que al fin llegó a Cayo Espino el 29 de agosto en un avión desde Miami. Cuando se estaba descargando el material, aunque ya era de noche, se presentaron los aviones de Batista. Los impactos agujerearon el depósito de nuestro avión y hubo que prenderle fuego para que no cayera en manos de la dictadura. La verdad, los días que pasamos aguardando la salida los B-26 no nos dejaron tranquilos. A las ocho de la noche del 30 de agosto, bajo una lluvia incómoda y pegajosa, salimos de El Jíbaro. Marina había acudido allí para despedirme. Nos besamos y por primera vez observé en su cálido rostro un rictus amargo, que su sonrisa apenas podía disimular. El desengaño parecía haberse instalado en su alma.

Partimos ciento cuarenta y ocho hombres. Aunque ya la herida era un recuerdo, los compañeros me dejaron un caballo de los cuatro que teníamos. Salimos sin un solo camión por falta de gasolina. Sólo en pasar el río Canto, que venía crecido, tardamos ocho horas. Anduvimos una infinidad de kilómetros entre el fango y el agua desbordada de los ríos. Los mosquitos se convirtieron en una plaga insoportable que nos impedía cualquier descanso. La comida, más que escasear, se fue convirtiendo en un milagro. Muchos de los nuestros caminaban descalzos por los fangales. Nunca hubiéramos llegado a El Escambray a no ser por la ayuda de un desorganizado pero activo M-26, que contaba con gente dispersa por doquier. Caballerías y camiones, generalmente viejos y en mal uso, nos fueron suministrados aquí y allá. Llegamos a estar obsesionados por la intendencia. La falta de suministros regulares y de armas nos impidieron ampliar la columna, pues voluntarios al paso hubo y muchos, pero el Che, con buen criterio, los despachaba con amables palabras. Tuvimos varios encuentros con la Guardia Rural y la aviación no dejó de visitarnos durante la larga caminata, retrasando nuestra marcha, aunque tuvimos pocas bajas.

De aquellos afanosos días recuerdo bien el 29 de setiembre de 1958 cuando entramos en la central Baraquá y descubrimos que el ejército nos había cortado el paso. Como solía hacer, el Che ordenó retroceder hasta aguardar la noche. Hubo que recular a brújula con riesgo de perdernos. Permanecimos metidos en la ciénaga. Mientras, los aviones bombardeaban un monte cercano, donde equivocadamente nos habían ubicado.

Los exploradores que llevábamos resultaron ser buenos y descubrieron un paso por una laguna que el ejército había descuidado, pensando quizá que por tan incómodo lugar nadie se atrevería a entrar. Yo iba en retaguardia y a caballo. De repente, el animal perdió pie y me arrastró en su caída. Quedé trabado en su cuerpo y bajo el agua. Durante unos interminables segundos creí que allí terminaba el camino para mí. El agua cenagosa se me metió por la garganta e inundó los pulmones. Cuando, al fin, pude sacar la cabeza descubrí con angustia que el aire se negaba a entrar. Mis bronquios enervados y contraídos se lo impedían. Tosí con fuerza y, al final, lentamente, el oxígeno fue penetrando con desesperante dificultad. El caballo, asustado por la caída, había salido corriendo. Milagrosamente, ni el chapoteo del animal, ni mis toses, levantaron sospechas en la guardia del ejército, que no debía distar más de doscientos metros.

El 7 de octubre, tomamos contacto con nuestros guías en El Escambray. El día 10 cruzamos el río Tatibonico, siempre perseguidos por la aviación. Fue como pasar de las tinieblas a la luz. A lo lejos azuleaban las sierras. Nunca en mi vida he sentido con tal fuerza las ansias de llegar a un sitio. Todos nos debimos sentir como Moisés ante la tierra prometida. Animosos, cruzamos el río Zaza y, por fin, la carretera entre Trinidad y Sancti Spiritus. Fue allí donde burlamos al último cordón de guardias. Era el 15 de octubre de 1958. Habíamos recorrido casi el mismo camino que en 1896 habían cubierto Maceo y Máximo Gómez.

Nuestra «invasión» de Las Villas no tenía sólo un objetivo estrictamente militar, también había otro más político. En la sierra de El Escambray operaban —ya lo dije— varios grupos, especialmente el Directorio con Faure Chomón, Cubela y Eloy, el hermano de Carlos Gutiérrez Menoyo. Nuestros jefes consideraron de vital importancia que la dirección en la lucha quedara en manos del M-26. Por eso Fidel puso al frente de las columnas a dos de sus comandantes: Cienfuegos y Guevara, aun a riesgo de verlos destruidos en su larga marcha.

Nada más llegar a El Escambray comenzaron las diferencias entre el Directorio y nosotros. Para ellos éramos unos recién llegados. La pelea tomó un sesgo político acerca del papel que habían de jugar en todo ello los comunistas.

—Esta gente ha estado siempre en contra de nuestra lucha, siempre dispuestos al pacto y al pasteleo con Batista, con Grau, con quien sea. Todo, menos plantar cara a la dictadura con las armas en la mano. ¿Sabéis lo que me llamaban en la universidad? Gánster... y ahora ¿vamos a confiar en ellos? Os equivocáis. Con ésos no se puede ir ni a misa.

Así hablaba Faure Chomón y frente a él, escuchándole y tragando veneno, estaba Armando Acosta que llevaba en la mochila el carnet del PSP.

—La política —contestaba el Che— es muchas cosas, pero sobre todo es el arte de sumar. No veo por qué hemos de negar el pan y la sal a quienes vienen a nosotros y tienen una indudable implantación entre los trabajadores.

Habíamos montado el cuartel general en el pico Caballete de Casa y aunque las discusiones con nuestros socios eran agrias, no por eso estábamos quietos.

—¿Sabés una cosa, arquitecto? —me dijo el Che—, las discusiones dividen y la acción une. Voy a intentar que hagamos algo juntos y los recelos tenderán a desaparecer.

Era, sin duda, lo más adecuado. Mi posición personal resultaba paradójica. Estaba allí impulsado, sobre todo, por un hecho relacionado con la actividad armada del Directorio y naturalmente no podía sentir sino la mayor simpatía hacia ellos y, sin embargo, me encontraba del lado del Che y me parecía inteligente y justo lo que proponía. Por mi parte, hacía todo lo posible porque las diferencias no derivasen en ruptura. A tal fin, tuve varias conversaciones con la gente del Directorio, cuyas reticencias entendía bien. Hablé con Chomón y le conté mis relaciones con Isidora.

—Sí, claro que la conocí. Era una mujer luchadora y... hermosa. ¿Sabes? —me dijo—, en la matanza de la calle Humboldt hubo una traición. De eso estamos seguros.

Cuando esto termine tendremos ocasión de conocer toda la verdad sobre esa matanza. Hasta que eso ocurra, olvídate de lo que acabo de decirte.

Aquella acusación me abrió la herida y las palabras de Chomón me rondaron por la cabeza con frecuencia, aunque la acción permanente, en la que nos sumimos a partir de nuestro asentamiento, no dejaba demasiado espacio para tan amargos pensamientos. Seguí trabajando, ideando fórmulas para cortar las carreteras y otras comunicaciones. Se trataba de dividir en dos la isla y así ayudar a la caída de Batista que todos presumíamos próxima.

En noviembre, la dictadura celebró las elecciones que había prometido al embajador yanqui. Con una participación ridícula (menos del 30%) y un fraude electoral cantado, las «ganó» el candidato de Batista, Rivero Agüero, que habría de jurar el cargo en febrero de 1959.

En Cuba nadie pensó que Rivero fuera a tomar nunca posesión, pero «la elección» tuvo la virtualidad de dejar a Batista completamente fuera de juego, provocando la desmoralización entre sus huestes. A partir de ese momento, el gobierno norteamericano comenzó un pasteleo sin fin, que tenía como objetivo una transición no traumática hacia la democracia que a la vez cortara el paso a los revolucionarios. Fueron momentos delicados en los que había que jugar fuerte. Mientras se hacían patentes los cabildeos políticos, la gente normal se nos estaba pasando en masa. De La Habana llegó hasta nosotros un compañero que aseguró haber oído decir a Julio Lobo, uno de los mayores empresarios de Cuba, lo siguiente: «No importa quién derroque a Batista con tal de que lo haga».

El 1 de diciembre, el Che firmó con Cubela un acuerdo que unía al Directorio con el M-26. Al poco de la firma, volamos el puente sobre el río Tuinicú, cortando la carretera central. También inutilizamos el ferrocarril en dos puntos distintos.

Pocos días después, la provincia de Oriente estaba prácticamente liberada. En el centro, donde nosotros operábamos, Camilo Cienfuegos recibió la orden de no avanzar hasta Pinar del Río y quedarse en el norte de Las Villas. A partir del día 16 de diciembre, quedaron cortadas sistemáticamente todas las vías de comunicación. Los puestos avanzados de la dictadura quedaron en situación más que comprometida. Tomamos el poblado de Fomento y el día 21 atacamos simultáneamente Cabaiguán y Guayos sobre la carretera central. En Cabaiguán se nos rindieron noventa soldados. Las condiciones para la rendición eran sencillas: ellos entregaban las armas y nosotros les dejábamos salir de nuestro territorio. Camilo Cienfuegos puso cerco a Yaguajay, que aún resistió once días. Junto con el Directorio atacamos Placetas, que se rindió en una sola jornada. Inmediatamente, liberamos Remedios y el puerto de Caibarión en la costa norte. El ejército se retiró de Camajuaní y quedamos frente a la capital de la provincia de Las Villas: Santa Clara.

Las tropas del Directorio pusieron sitio al cuartel de la Guardia Rural y nosotros a la mayor parte de los puestos fuertes de Santa Clara y a un tren blindado. El 29 de diciembre, se inició la lucha tomando como base de operaciones la universidad. El ejército contaba con blindados. En las Lomas del Cápiro las tropas de la dictadura se mantuvieron firmes un tiempo, pero al verse rodeadas trataron de salir por ferrocarril, en el tren blindado. Habíamos dinamitado la vía y el tren descarriló. Nuestros cócteles molotov hicieron allí un buen destrozo. En un par de horas se rindió la dotación completa del tren: veintidós vagones, cañones antiaéreos, ametralladoras... y mucha munición. Un verdadero festín para nuestras disminuidas reservas. Tomamos la central eléctrica y la parte noroeste de la ciudad. Los del Directorio rindieron la estación de la Guardia Rural y nosotros la cárcel, la Audiencia, el Gobierno provincial y el Gran

Hotel, desde cuyas azoteas nos disparaban francotiradores. Sólo quedaba por rendirse el cuartel Leoncio Vidal, la mayor fortaleza del centro de la isla. El Che envió emisarios para tratar de la rendición y, a la vuelta, éstos nos comunicaron que Batista había huido de Cuba. Tras una serie de tiras y aflojas la guarnición acabó por rendirse. Allí recibimos la orden de marchar sin demora hacia La Habana.

En la toma de Santa Clara murió un guerrillero que apenas levantaba metro y medio del suelo, pero que se había ganado el respeto de cuantos combatimos en la sierra, el *Vaquerito*. Se llamaba Roberto Rodríguez. Aún le recuerdo probándose los diminutos zapatos que Celia Sánchez le entregó la primera vez que lo vi.

En la noche del 1 al 2 de enero de 1959, a las cuatro de la mañana, entramos en el cuartel La Cabaña. El coronel Varela entregó allí el mando al Che. Cubela y Faure Chomón ocuparon durante esa noche el palacio presidencial y Camilo Cienfuegos el campamento Columbia. Unas horas antes, Fidel Castro había entrado en Santiago y, tras aceptar la rendición de las tropas, pronunció su primer discurso ante la multitud. El juez Urrutia fue nombrado presidente provisional de la República.

El día 2 de enero, al mediodía, sobre un viejo jeep, me presenté en la puerta de nuestra casa. Allí, en El Vedado, reinaba la tranquilidad. Llamé a la puerta y a la criada que abrió, una mulata entrada en carnes que yo no conocía, se le pusieron los ojos como platos, parecía haber quedado sin habla. «Yo vivo aquí», le dije. Y entré. Por la escalera que da al *hall* bajaba Anita vestida de domingo. Al verme la barba y el uniforme color aceituna, sucio y descolorido, se detuvo un momento para quedarse allí, quieta en medio de la escalera, firme y sin dirigirme la palabra. De pronto, su barbilla comenzó a temblar y se le saltaron las lágrimas. Tampoco yo pude decir nada. Subí los tramos que me separaban de ella, la abracé, levanté su cuerpo sin aparente esfuerzo y, así, la conduje escaleras arriba hasta la habitación grande donde la dejé sobre la cama. Pasado un rato, recostados, comenzamos a hablarnos, los dos a la vez, atropelladamente.

El día 1 de enero, Fidel Castro salió de Santiago, el 4 todavía estaba en Camagüey. La gente lo aclamó en su largo camino. El día 8 llegó a La Habana y fue la apoteosis. Pasó por el palacio presidencial y luego fue al campamento Columbia. Fidel había prometido convertir en escuela aquel siniestro cuartel, desde donde tantas veces se había hurtado la voluntad popular. Y así se hizo.

Comenzó su discurso con Camilo Cienfuegos a su izquierda. En un momento dado, volviéndose hacia él dijo, y se oyó a través de los micrófonos: «¿Voy bien, Camilo?». Cienfuegos contestó: «Vas bien, Fidel». De entre la multitud salieron volando unas palomas, que alguien había llevado hasta allí en una gran jaula. Una de ellas se posó en el hombro de quien hablaba y fue como si Dios indicara con su dedo: he aquí el hombre. Había llegado la paz.

IX.

Ganamos la guerra, liberamos a Cuba de una dictadura podrida y sangrienta. Napoleón lo había dicho: «Con las bayonetas puede hacerse todo, menos sentarse encima de ellas». En efecto, ahora se trataba de caminar, de construir, y a ese respecto cada uno de los cubanos, de los millones de cubanos que nos saludaban con sincera alegría al paso de nuestras barbas, tenía su particular opinión. Más aún, a quienes en la sierra o en el llano habíamos peleado en primera fila nos bastaba una sola palabra: Revolución, y una sola persona: Fidel Castro.

Nuestro jefe guerrillero se había transmutado de insurrecto armado en esperanza. El nuevo Cristo, que no sólo traía la buena nueva, sino también la solución a los problemas cotidianos que asolaban la isla. Fidel y la revolución lo arreglarían y en paz. Porque la paz era también una necesidad tan urgente como el comer en un país donde la violencia se había instalado desde la Independencia. Violencia revolucionaria y violencia sin adjetivos. Violencia callejera, cotidiana. Violencia cancerosa, omnipresente y absurda. Si un grupo de hombres decididos había acabado con un ejército, ¿cómo no iban a resolver los problemas sociales disponiendo de toda la legitimidad, de todo el poder?

Explicar los errores que cada uno de nosotros pudo cometer durante aquel viaje de la revolución y explicarlos en función de lo que ocurrió después es una trampa en la que no voy caer. Equivaldría a colocarme por encima del bien y del mal, como puede ser obligado en un historiador, pero que resulta inadmisible, por falso, en alguien que pretende con sinceridad contar su propia historia, su parte de la historia.

¿Qué pensaba yo entonces? Había aprendido que Cuba, los cubanos, no eran como yo les conocí en La Habana durante mi niñez y primera juventud. Vivían peor de lo que yo había imaginado. Guajiros sin tierra, de lenguaje y comportamientos elementales, que merecían un mejor destino... y la revolución se lo iba a proporcionar. Trabajadores de los ingenios azucareros, acostumbrados a ver enriquecerse a sus patronos sin que ni a ellos, ni a sus hijos, se les permitiera acceder a una vida decente, a la escuela, al instituto o a la universidad. Deambulantes por las ciudades al albur de una venta improbable o un recado, siempre en el borde de la delincuencia y la desesperación. Toda una nueva sociedad por construir. Más justa y más feliz. Empero, no era yo tan ingenuo como para pensar que la tarea habría de ser fácil. Pero no acometerla hubiera sido un crimen. Por entonces, nadie, casi nadie, ni por supuesto yo, pensábamos que la sociedad a imitar fuera la soviética. Para mí, como para tantos, el comunismo se reducía a Aníbal Escalante y a sus seguidores del PSP sobre quienes Carlos me había instruido con suficiente convicción como para no esperar nada bueno.

Eso pensaba, aunque mi viejo amigo Julio fuera comunista. La madre de Julio, él mismo y toda su familia me recibieron con alegría la tarde en que de improviso me presenté en su casa. Allí cenamos, festejando la victoria y el reencuentro. Hube de contar, día por día, la aventura de la sierra interrumpido por la madre, teñida de rubio platino esta vez, que se limitó, en contra de su inveterada costumbre, a preguntar los detalles más sorprendentes. Ese día quería saber y no enseñar. Se sentía feliz. En ello comulgaba con toda la familia y con la inmensa mayoría de los cubanos, para quienes se abría un horizonte hasta entonces oculto tras una opaca e inmensa valla que, de pronto, desaparecía.

Una de las primeras cosas que hice, animado, eso sí, por Anita, fue escribir a mi padre. Tengo la carta ante mí y lleva fecha del 2 de enero de 1959.

* * *

Querido padre:

En estos momentos de alegría, mis primeras palabras han de ser para pedirte perdón, no por la decisión que, va para dos años, tomé sin avisarte, sino por el silencio en el que me he mantenido todo este tiempo. Aunque las razones de ese silencio y lejanía te serán fáciles de imaginar, soy consciente de que ello no ha aliviado las angustias que en un padre habrá provocado una tan larga ausencia, acrecentada por los peligros que sin duda he corrido. De todo lo hecho, es la única cuestión que verdaderamente me ha desasosegado: la preocupación que con toda seguridad os he provocado. A ti, también a mis hermanos y a Anita. Espero tu comprensión. Y sé, si me permites decírtelo, que no me van a faltar.

Se abre para mí, y para todos, una nueva vida que deseo afrontar desde mi condición profesional (iré a retirar mi título de arquitecto a Nueva York en cuanto pueda) y también como uno más de los que han hecho posible los cambios que en Cuba han ocurrido.

Por aquí todo es alegría. La revolución es por ahora una fiesta. Cuando la celebración cese, la revolución habrá de ser trabajo. Mucho trabajo para llevar a Cuba hacia donde se merece.

Recibe un abrazo con el que quiero expresarte mi cariño y mi respeto.

Jesús

* * *

Mi padre debió recibir esta carta enviada por vía urgente a Miami el día 4, pues fechado el 5 llegó a nuestra casa el siguiente telegrama:

***

Poco perdón y mucha alegría. Es lo que hay. Abrazos. Ángel Cagigas.

***

Me tranquilizó. La llegada del telegrama coincidió con una fiesta que Anita había improvisado en nuestra casa a la que acudieron muchos amigos y a la que también asistieron Lucía y Laura, sus maridos, los niños y algunos compañeros de la sierra, Carlos y su mujer. Combatí la timidez con buenos tragos y cuando, ya de madrugada, me metí en la cama, era feliz. Satisfecho incluso de encontrarme enredado entre las sábanas con una mujer a mi lado. Una mujer que había acudido a la fiesta no sé por qué razones o lazos. Al mediodía, cuando bajamos juntos a almorzar y hube de presentársela a Anita, no pude pronunciar su nombre, pues lo ignoraba.

Al día siguiente fui a *Bohemia*. Pensaba darle una alegría al viejo Aguadé. Dentro del auto iba yo saboreando el reencuentro y la charla. Entré en la sala donde redactores y reporteros andaban en tertulia o golpeando las teclas de sus máquinas, produciendo entre todos ese ruido característico de las redacciones. Ruido que ensordece a cualquiera, menos a quienes lo producen, capaces de aislarse a solas con sus palabras entre la algarabía. Me dirigí al primer redactor que se me cruzó en el camino y le pregunté por el viejo caballero. Me miró con ojos huidizos y en lugar de contestarme, me dijo: «Mejor que hable usted con el jefe. Yo le acompaño», y así lo hizo, llevándome a un despacho en cuya puerta de cristal esmerilado se leía «Jefe de Redacción». Pasé dentro.

—No quiero entretenerle, sólo he venido para saludar a don José Aguadé —le dije al hombre que me saludaba.

Otra vez la misma mirada indecisa.

—Supongo que es amigo suyo —me dijo e hizo una pausa que se hizo eterna—. Aguadé fue detenido por la policía en octubre pasado y desde entonces no hemos sabido nada de él. Se nos informó de que fue sacado del lugar en donde lo tenían encerrado. No quiero darle falsas esperanzas. Hay una cosa cierta: está muerto, pero no sabemos ni cómo lo mataron, ni dónde lo enterraron.

No contesté, ni solicité más precisiones. No era capaz de hablar. Quedé mirando la pared. Arriba y detrás de la cabeza del jefe de Redacción había un retrato de Martí. Debí quedarme mirando la cara del héroe tanto tiempo que, al cabo, mi interlocutor hubo de decirme.

—¿Se encuentra bien? ¿Necesita algo?

Volví en mí para contestar:

—No, muchas gracias.

Me levanté y salí.

Recuerdo aquellos días como un amasijo lleno de confusión. La alegría, la fiesta permanente, las pésimas noticias como la muerte de Aguadé, los proyectos y el atropellado trabajo se mezclaban entre sí metidos en un solo haz. Los ritmos trastocados de una vida cotidiana, donde dejaron de existir diferencias entre el trabajo y el descanso, la vigilia y el sueño.

En aquella confusión iba muchas mañanas al Ministerio de Obras Públicas, donde era ministro Manuel Ray a quien —ya lo dije— estaba muy ligado Marcos Montes de Oca. Pretendía yo montar un proyecto para el cual había escrito un informe al que Fidel había dado el visto bueno sin apenas mirarlo. Los funcionarios veían en mí al verdadero poder y, como era entonces moneda común, mi presencia rompía la escala jerárquica. Entre ellos había algunos arquitectos con muy buena preparación que oían mis palabras como si por mi boca hablase toda la sabiduría. Tal actitud me azaraba. Así que les dejé el informe —se trataba de la construcción de varios bloques de casas baratas al estilo de la Viena roja de los años veinte— y les pedí que lo desarrollaran. Pero, sobre todo, trabajé en lo que luego había de llamarse Unidad Vecinal La Habana del Este que, a partir de que se abriera el túnel bajo la bocana de la bahía, contaba con proyectos de asentamiento en forma de viviendas aisladas de cierto nivel. Estos proyectos fueron cambiados en la línea de las unidades vecinales de Percy en los EE UU o los *New Towns* ingleses. Alternancia entre edificios altos y bajos, cinturones verdes y buenos niveles de servicios.

Pasaba más tiempo en la redacción de *Revolución* que en cualquier otro sitio. Carlos dirigía aquel periódico con brío y con las ideas muy claras.

—No me mueve el odio al enemigo ni las torturas sufridas. Tengo ganas de hacer cosas. Quizá ganas de demostrarme a mí mismo que valgo para hacerlas —decía.

Carlos —como ya conté— había sido comunista de joven. Les había conocido a fondo y rechazaba sus métodos. Durante la dictadura y antes de subir a la Maestra, Carlos era oficialmente un periodista del Canal 2 de TV, pero realmente organizó una buena parte de la oposición. Por ello sufrió cárcel y tortura. Era un libertario. Un revolucionario que se reclamaba de los colores rojo y negro de la bandera del M-26. Carlos era el *pepito grillo* de la revolución. Algo que en su fuero interno, aunque ni a él mismo se lo confesara, deseaba ser. En torno a *Revolución*, que era el periódico oficial del M-26, había de todo. Los intelectuales de *Lunes de Revolución* —una revista cultural que cada lunes se repartía con el diario— y también gente que pronto mostró aficiones policíacas. Para Carlos revolución y poesía eran términos afines.

En aquellos primeros días de 1959, la venta de cuchillas para afeitar debió de disminuir notablemente en Cuba y no pocas barbas crecieron en rostros de hombres que sólo conocían la Sierra Maestra a través de los viejos mapas escolares. El hecho de llevar la barba crecida y vestirse con el raído uniforme color aceituna, te hacía sentir ante los demás mortales como un héroe o un salvador. Una situación que, si a algunos agradaba, me producía cierta incomodidad. Carlos fue el primero en quitarse las barbas y recibió una regañina, nada menos que de Fidel. Por mi parte, me limité a cambiar el uniforme por un atuendo ligero y normal.

Una mañana como tantas estaba con Carlos en su siempre revuelto despacho de *Revolución*, cuando se presentó a verlo un chino llamado Joaquín. Era bodeguero en Cifuentes y, según Carlos me dijo luego, fiaba a su familia, lo que había sucedido a menudo. Por años, el chinito Joaquín venía intentando traer desde Cantón a su esposa. A las dificultades normales se unía el hecho diplomático de que Cuba no tenía relaciones con China. Echando mano de la audacia, Carlos redactó allí mismo un largo telegrama dirigido a Mao-Tse-Tung —¡nada menos!— solicitándole, como director de *Revolución*, el visado para la señora de Joaquín. No mucho después, llegaba a La Habana la compañera del bodeguero. Joaquín no salía de su asombro y, al ver que Carlos vivía con su mujer en un apartamento que carecía de todo, una tarde se presentó allí con su esposa y un refrigerador.

—Esto no es como antes —le dijo Carlos—, llévate el refrigerador si no quieres que lo tire a la calle.

El chino se moría de vergüenza y por no desairarlo más de lo que estaba, Carlos le dio una salida amable.

—Si quieres, puedes regalarme uno de los conciertos de Brandemburgo de Juan Sebastián Bach.

Joaquín, un hombre, como tantos de su raza, de edad indefinida y maneras cautelosas, tomó nota en una libreta y acabó regalándole todos los discos de Bach que encontró por La Habana.

Una tarde, quizá en los primeros días de febrero, Marina apareció por *Revolución*. Había llegado de Santiago buscándome y no le fue difícil localizarme allí. Me sorprendió verla y también me alegró. Nos fuimos a cenar juntos a Floridita. Estaba algo cortada. Su flamante uniforme verde aceituna, que le venía algo grande, le daba un aire frágil en extremo. Una fragilidad que no disminuía el poco peso que había tomado desde la despedida en el agosto último. Era la primera vez que visitaba La Habana y allí, en el restaurante Floridita, lleno a rebosar de turismo revolucionario, se sentía, o así me pareció, no sólo curiosa, sino extraña. Yo manejaba entonces un Packar nuevo, que mi padre había hecho traer de los EE UU unos meses atrás. Dimos Marina y yo un largo paseo en el auto: el campamento Columbia, Miramar y, hacia el oeste, llegamos hasta Cojímar. Allí, al pie del fuerte, la tranquila marea hacía intuir todo el Caribe, encalmado en aquella costa. Le hablé de Hemingway y, como siempre, sus ojos atentos se bebían mis palabras. Ya tarde, recalamos en un cabaret de El Vedado. Al poco, salió al estrado Benny Moré, *El Bárbaro,* que tanto nos había gustado a los Ross y a mí años atrás. De pronto, un tumulto interrumpió su actuación. Era Fidel Castro que pasaba por la calle. Benny gritó desde el escenario: «Ahí va el Caballo». La gente comenzó a decir ¡Caballo! ¡Caballo! ¡Caballo! A partir de entonces, a Fidel se le dejó de llamar Comandante para llamarle *Caballo*. Nunca pareció agradarle, pero en su corazón, me consta, sí le gustaba. El Caballo es el mágico número uno de la charada chino-cubana. El número uno en todo. Moré se puso a cantar *Amor perdido:*

> *Todo fue un juego no más,*
> *en la apuesta yo puse y perdí.*

Marina había dejado su equipaje en una fonda cercana a la estación. Hacia allí fuimos y a punto de llegar rompió el silencio para decirme tímidamente: «Me agradaría dormir contigo».

—Está bien —contesté—, recogeremos tus cosas e iremos a mi casa.

Se levantó del asiento para darme un tímido beso y, luego, se colgó de mi cuello. Postura que volvió a recuperar una vez que hubimos recogido su impedimenta. Una pequeña y pobre maleta.

Llegamos a la puerta de casa. Cuando atravesábamos el jardín hacia el garaje, se quedó mirándome fijamente y dijo: «¿Tú vives aquí?». Al parecer, no podía creer que alguien a quien ella conociera pudiera habitar una tal mansión. Aquella ingenua pregunta, que no contesté pues no creo que demandara una respuesta, revolvió mi conciencia como un reproche o una penitencia.

Entramos en silencio, pues Anita y la criada debían dormir hacía ya horas. Subimos a la primera planta y me comporté como el Príncipe ante Cenicienta. Tomé a Marina de la mano y la introduje en la habitación grande. Allí, en la enorme cama matrimonial donde habían tenido lugar los encuentros de mi padre con mis dos «madres», nos acostamos Marina y yo, por primera vez sobre una cama. Un lecho de dimensiones desconocidas para ella y no se recató en comentarlo. Riendo a carcajadas como no había hecho nunca en mi presencia, dijo: «¿Esta cama es para dormir o para jugar al béisbol?».

Desnudos y destapados nos sorprendió por la mañana Anita al abrir la puerta y asomar su cabeza, que Marina no vio y yo sí. Miré el reloj. El mediodía había pasado hacía dos horas. Almorzamos los tres y en su presencia le conté a Anita quién era Marina. Anita, siempre consentidora conmigo, la trató con el cariño que ella sabe entregar. Más allá de la amabilidad o de la simple educación. Luego, en un aparte, me dijo sin reproche: «Veo que la revolución te lleva a romper los pocos tabúes que aún tenías», en clara referencia al abuso de confianza cometido por mí al invadir la habitación paterna. «Tendremos que comprar una cama más grande para mi habitación», contesté sonriendo.

Hice de cicerone para Marina durante toda la mañana y por la tarde nos acercamos hasta Varadero. Veracruz estaba cerrada, pero le indiqué desde fuera cada detalle de la casa. Luego me atreví a manejar el barco, que se hallaba en perfectas condiciones, bien conservado por los guardadores, quienes ya debían saber de mi paso por la sierra a juzgar por la complacencia con que me llamaban «compañero». Volvimos a La Habana, cenamos en el centro y fuimos a bailar, pero esta vez, agotados, nos retiramos más temprano que la noche anterior. La superficie de aquel lecho permitía una libertad de movimientos que para nosotros hubiéramos querido en la Maestra y, en verdad, que lo aprovechamos. Ya tarde, y con el sueño cayéndome sobre los ojos como plomo, Marina, bien despierta, me dijo:

—Quiero contarte algo.

—¿Es tan urgente como para no poder esperar a mañana? Me estoy muriendo de sueño —argumenté.

—Mejor ahora que mañana. Mañana me vuelvo a Santiago —contestó y sin más trámites continuó hablando—. Tengo el billete de vuelta en la maleta y he de regresar porque el domingo próximo me caso.

El sueño se me esfumó y de un salto me incorporé mirándola a los ojos.

—¿Cómo es eso...? ¿Con quién te casas? —logré articular.

—Cuando te marchaste para Las Villas, a los pocos días, llegó un grupo de gente de Santiago y, entre ellos, un muchacho que yo conocía. Estuve con él algunas veces y cuando triunfó la revolución y bajamos con Fidel a Santiago me propuso en matrimonio. Lo pensé mucho, pero al fin le dije que sí, que me casaría con él. Es un buen hombre, un buen revolucionario y me quiere.

—Y tú... ¿le quieres? —le dije, cortante.

—Por favor... no te enfades. Sí, yo también le quiero. Si no fuera así, no me casaría con él.

—Entonces... ¿por qué has venido?

—Quería verte. Aunque fuera la última vez, quería estar contigo...

—O sea que —volví a cortarla— te casas el domingo y te vienes hasta La Habana para encontrarme... y contármelo.

—No es eso. A ti te quiero de otra forma, estoy enamorada de ti. Sé que siempre estaré enamorada de ti y quería llevarme un último recuerdo. Un recuerdo hermoso... y ya lo he conseguido. Estoy contenta... por favor, no te enfades.

—Pero... si como dices, estás enamorada de mí, ¿por qué nunca me has pedido que hiciéramos algo juntos, algún proyecto? ¿Por qué nunca me has pedido que me casara contigo?

—Porque tú no puedes. Lo harías, quizá, para quedar bien conmigo, pero en el fondo de tu corazón no quieres casarte... Bueno no me ves como tu mujer. No digo que no me tengas cariño, me tienes cariño, como se quiere a un amigo o... a una hija..., pero no me ves como tu mujer. Ya no iremos juntos a París.

Me estaba haciendo daño y, a la vez, en mi fuero interno me liberaba de una responsabilidad. Sus palabras representaban un gran reproche, pero ella las pronunciaba sin ningún rencor. Que yo no quisiera hacerla mi esposa constituía para ella un hecho natural. Me quedé callado un buen rato y tiré por la calle de enmedio.

—Quiero que te quedes —dije sin mirarla—, que te quedes en esta casa, en mi casa, que nos casemos... y que vayamos a París.

Me miró y de sus grandes ojos cayeron dos lagrimones. De repente, se me echó al cuello y me besó..., me besó los párpados, las mejillas, los labios... Luego dijo:

—Te quiero con toda mi alma... pero me marcho mañana. He sido muy feliz estos dos días.

Salí de la habitación y al poco regresé con el libro de Vallejo en las manos. Desnudo sobre el lecho leí en voz alta, con ella pegada al costado, su rostro sobre mi pecho:

> *Comprendiendo sin esfuerzo*
> *que el hombre se queda, a veces, pensando,*
> *como queriendo llorar...*

Al terminar, cerré el libro tan gastado por el uso y lo deposité sobre la mesilla. Insistí, pero ella no quiso que siguiéramos hablando.

Al despertar, ya tarde, reinició las maniobras del amor y consiguió que yo la siguiera.

Luego, me pidió que la acompañara a la estación. Al marcharse me dejó la amargura en el alma. Una amargura merecida, pues, en el fondo y aún sabiendo lo difícil que resulta juzgar nuestros propios actos pasados o presentes, no creo que yo expresara mi profundo sentir al proponerle, en el último minuto, nada menos que el matrimonio. Deseaba que se quedara por egoísmo o por mala conciencia, quizá por el cariño o por los celos. Quería tenerla, pero a fuer de sincero, aunque lo sea *a posteriori,* no sé qué hubiera pasado de haber aceptado ella mi propuesta. ¿Hubiera mantenido mi promesa? Probablemente sí, pero ¿qué hubiera sido de aquel matrimonio? La posesión, que tan frecuentemente se confunde dentro de nosotros con el amor, suele mostrarse con ambición universal. Se quiere todo, pero *todo* no se puede tener.

El primer problema que se le planteó a la revolución fue el de la represión o la justicia que había de hacerse con los batistianos convictos de asesinatos y otras tropelías. Hablando con muchos compañeros del M-26, que habían luchado en el llano, en las ciudades y especialmente en La

Habana, pude enterarme de la magnitud y, sobre todo, de los métodos sanguinarios con los que los esbirros de la dictadura habían tratado a sus prisioneros. Me fueron descritas las más horribles torturas y estoy seguro de que aquellas informaciones eran verídicas. Carlos, que como ya dije había estado preso, lo corroboraba. Los familiares y amigos de los asesinados, los supervivientes de las torturas, exigían justicia y creo que, a pesar de los defectos y errores que se cometieron, las críticas que entonces se vertieron en la prensa norteamericana, incluida la prensa liberal, no fueron justas. Los tribunales populares contaban con un fiscal y un defensor y los acusados no siempre fueron condenados. Los juicios sumarísimos sólo duraron diez días. A partir de la primera quincena de enero, se formaron tribunales normales. Los aproximadamente doscientos fusilados durante los primeros veinte días de enero lo fueron por asesinatos y torturas. Ello evitó, además, que se produjeran actos individuales de venganza y, lo que hubiera sido más grave, que, tal como ocurriera tras la caída de Machado, se formaran grupos armados difíciles de controlar después. Con todo, los juicios no fueron equitativos porque los más sanguinarios y los responsables políticos de la dictadura habían huido o estaban asilados en embajadas. Masferrer llegó a Florida con diecisiete millones de dólares que ingresó, según se supo, tranquilamente en un banco. Ventura, el asesino de Isidora, huyó también a los EE UU mientras su secretario particular estaba en la cárcel.

En respuesta a las críticas de la prensa yanqui, se cometieron, sin embargo, dos graves errores. El primero en un mitin, el segundo, en un juicio.

El 22 de enero de 1959 se convocó, frente al palacio presidencial, una concentración a la que acudió aún más gente de la que había ido a la de «la paloma» en el campamento Columbia. Yo estaba entre la multitud junto a dos compañeros, cuando Fidel Castro pidió que todos los que estuvieran de acuerdo con la justicia revolucionaria levantaran la mano. Yo, que sí estaba de acuerdo, no la levanté ni aplaudí y quedé en evidencia. «Caballeros del cuerpo diplomático —dijo entonces Fidel—, caballeros de la prensa de todo el continente, el jurado de un millón de cubanos de todas las ideologías y de todas las clases sociales ha hablado.»

Los aplausos fueron atronadores y los ojos que traslucían el ánimo exaltado de algunos vecinos se volvieron hacia mí en un reproche mudo, que pronto tomó la palabra para recriminar mi actitud. Los dos compañeros que me acompañaban vestidos con el uniforme verde oliva hubieron de avalarme y aquella exaltación justiciera se deshizo en excusas. Por decirlo en los términos y tal como entonces lo pensaba, el método utilizado por Fidel fue tan espectacular como mentiroso. Ingenuamente yo creía a pies juntillas en la buena fe del pueblo, pero sentía un profundo disgusto ante este tipo de caricaturas «democráticas», que me parecían un abuso.

También como respuesta a las críticas de la prensa extranjera, el Gobierno decidió celebrar el más importante consejo de guerra en público, en un estadio. Los acusados eran tres militares de la dictadura: los coroneles Grau y Morejón y el comandante Sosa Blanco. El consejo que había de juzgarles lo componían: Humberto Sorí, ministro de Agricultura, un abogado católico que había estado en la Maestra, Raúl Chibás y Universo Sánchez. Este último, uno de los pocos supervivientes del *Granma*. El estadio se llenó con una muchedumbre vociferante que continuamente interrumpía con sus gritos los parlamentos de los abogados. El primero en ser juzgado fue el comandante Sosa. Se le acusaba de haber quemado doscientas casas en Levisa, algunas, con personas dentro. También se le imputaba el asesinato de nueve miembros de una familia en Oro de Guisa. Un campesino declaró que Sosa había matado ante sus ojos a diecinueve obreros en Minas de Ocujal. Tengo buenas razones para estar seguro de su culpabilidad, pero Sosa, que era un asesino, no era imbécil y en su defensa tomó la línea de la dignidad. Calificó el juicio de «circo romano» y dio en la diana. Aquel espectáculo se volvió en contra de la «justicia revolucionaria», que recibió un duro golpe. De los tres miembros de aquel tribunal, Sorí fue fusilado por «traidor» dos años después y Raúl Chibás acabó por tomar el camino del exilio. Universo, supongo, sigue en Cuba ocupando algún puesto irrelevante.

A partir de ese momento, *Revolución*, el periódico de Carlos, pidió con insistencia el final de los juicios sumarísimos. El sistema de doble poder (Fidel Castro estaba fuera del Gobierno) no podía continuar. Miró Cardona insistió en dimitir y recomendó que Fidel fuera nombrado primer ministro. Los liberales del Gobierno comenzaban a tirar la toalla, pero todo el mundo entendió que aquello era razonable y Fidel Castro fue nombrado primer ministro. Antes de aceptar el nombramiento, Fidel exigió más poderes y que Urrutia dejara de presidir los consejos de ministros. Urrutia aceptó todo lo que el Comandante le propuso.

En febrero, Fidel insistió en que habría elecciones, aunque mientras tanto, la Constitución del 40 era cambiada por decreto en algunos puntos. «No sería correcto organizar unas elecciones ahora. Obtendríamos una mayoría aplastante. Hay que dar tiempo a que los partidos se organicen y definan sus programas», dijo.

Mis trabajos en el Ministerio me ocupaban mucho tiempo. Mi proyecto de viviendas se inscribía en otro verdaderamente ambicioso de construir —ya lo dije— en el este de La Habana. A Manuel Ray, el ministro, no le gustaba porque, según decía, era una inversión demasiado costosa. Ray apostaba por acabar antes los proyectos que había puesto en marcha Batista y reforzar la red de carreteras secundarias. Insistí y se resistió. Al fin, Ray obtuvo el apoyo de Fidel, que me despachó como en él solía ser habitual: «Arquitecto —me dijo—, haremos esas casas, pero más adelante». Me debió ver contrariado pues a los dos días me llamó para proponerme la dirección del Instituto de Ahorro Nacional y de la Vivienda (INAV). Era una oferta tentadora, pero no acepté por algunas razones mezcladas. Me sabía inexperto en cuestiones financieras. Yo sólo era arquitecto y las estrategias financieras son determinantes en la construcción de viviendas. En el fondo, no quería fijar tan pronto mi vida, ni me apetecía pelear por el presupuesto con Ray o con el equipo económico (Fresquet, Pazos y Boti) que tenía no sólo influencia, sino también unos profundos saberes económicos. Sin embargo, intervine y mucho en la política que el Gobierno puso en marcha durante el mes de marzo. Los alquileres de quienes pagaban menos de cien dólares mensuales fueron reducidos por decreto a la mitad. Aquéllos que pagaban más los vieron reducidos en progresión decreciente hasta en un 40%. Los propietarios de solares vacíos habrían de vender al INAV o a particulares, cuando el comprador se comprometía a edificar en ellos.

Yo estaba muy contento con estos decretos que «revolucionaban» el urbanismo y la construcción de viviendas en Cuba. Era una operación de redistribución de gran trascendencia pues, según nuestros cálculos, la capacidad de compra de los inquilinos aumentaría en un 30%. E inquilinos eran la mayor parte de los cubanos pertenecientes a las capas populares.

A finales de marzo, llegó mi padre a Rancho Boyeros. Toda la familia acudió al aeropuerto. Antes de abrazarme y como todo saludo dijo: «Te ha crecido la barba». Traía regalos para todos, incluido el pequeño de Lucía que llevaba su nombre. Un perfume para Anita y una camisa para mí. Nos reunimos a almorzar en nuestra casa donde acudía diariamente nuestro antiguo cocinero. Mi padre nos dio una explicación completa de cómo iban los negocios familiares y evitó hablar de la situación política. Apenas permaneció una semana en Cuba, pero antes de partir quiso tener una charla conmigo. «Quédate si quieres», le dijo a Anita, pero ella, sonriendo, nos dejó solos en la biblioteca diciendo: «Mejor habláis de hombre a hombre».

—Y tú ¿qué haces? —me soltó, yendo al grano.

—Aquí y allá. Trabajo en el Ministerio de Obras Públicas.

—¿Qué sueldo tienes? —volvió a preguntar.

—Quinientos pesos. Teniendo en cuenta que los ministros ganan setecientos cincuenta, no está mal.

—Con ese sueldo no ahorrarás mucho.

—No, pero no es lo que más me preocupa.

—Lo imagino —dijo amable—, sin embargo, a mí sí me preocupa tu futuro. También el futuro de Cuba. En los EE UU mucha gente piensa que Castro es comunista y que pronto caerá en manos de los rusos, ¿tú qué opinas?

—Él dice que no es comunista —contesté—. La verdad, nunca lo ha sido. Dentro de quince días le acompañaré a Nueva York. Supongo que con ese viaje pretende deshacer esos rumores. No quiere depender de los yanquis y creo que tiene toda la razón.

—Bien —dijo pensativo—. Todo eso se irá viendo. Lo que quiero saber es si entra en tus planes volver a la vida civil o si piensas seguir en el Gobierno, con o sin cargo oficial.

—No creo que deba dejar ahora mi trabajo. Nadie lo entendería y, además, pienso que puedo ser útil haciendo lo que ahora hago.

—Te fuiste a la guerra sin avisar y la has ganado. No digo que no tuvieras razones para hacerlo. Tampoco te voy a reprochar que ahora quieras continuar, pero debo dejarte algunas cosas claras. Como sabrás, el Gobierno acaba de sacar unas leyes sobre alquileres y solares. Creo que son excesivamente radicales.

—Antes de que sigas —le corté— conviene que sepas que he participado muy activamente en la redacción de esas leyes.

—Me lo imaginaba —dijo— y de eso quiero hablarte. Las leyes han reducido drásticamente los alquileres. Eso va a producir algunos efectos inmediatos. Más dinero líquido en manos de los cubanos, lo que no dejará de provocar inflación, pues no creo que la producción de bienes de consumo vaya a crecer a ese ritmo. En segundo lugar, producirá una disminución de los precios de las viviendas ya construidas y por construir y, en general, de los edificios. Supongo que eso os lo enseñarían en la Columbia —asentí, y él continuó—, pero lo más importante para nuestro negocio radica en que para construir ahora en Cuba, independientemente de la dudosa rentabilidad, será preciso pasar a través del INAV —no le dije que me habían ofrecido dirigir el instituto— ya sea para construir directamente para el Estado, o bien para comprar los solares vacíos. Entenderás que si tú sigues trabajando en el Gobierno, no podremos hacer negocios de construcción en Cuba.

—¿Por qué? —pregunté.

—Parece, hijo, que la vida militar te ha vuelto un poco lerdo. Por una razón bien sencilla. Todo el mundo pensará, y no les faltarán razones para ello, que si hacemos negocios de construcción aquí es gracias a tu influencia. Ni conviene a los negocios, que en mi criterio, como bien sabes, deben ser limpios y además parecerlo, ni te conviene a ti. Ni conviene al Gobierno. Las propiedades que tenemos aquí: esta casa, la casa de tu abuelo y un edificio en alquiler, no son propiedad del negocio, son mías. Me será fácil deshacer la pequeña infraestructura de oficinas que mantenemos en La Habana. Se lo pienso regalar todo a los trabajadores que se ocupan de ello y que hagan lo que quieran. No voy a reprocharte nada, pero las cosas están así. He hablado con Ovidio y tu hermana Lucía está de acuerdo en trasladarse a vivir a Atlanta. Voy a centralizar allí el negocio. Luis no da ya abasto. La verdad es —dijo sonriendo— que nos vendrías muy bien. La torre de tu amigo Percy está ya en pie. Si te vinieras podrías proyectar las casas que te gustaran.

Me estaba tentando, pero él y yo sabíamos que no iba a aceptar.

Mi padre volvió a los EE UU y Anita se puso triste ante la próxima marcha de Lucía y su marido, lo que para ella significaba perder a Bertita, que era ya una linda mujercita de quince años. Fui a hablar con mi hermana, que se dejó fácilmente convencer para que Bertita se quedara en Cuba ese curso mientras ellos se instalaban en Atlanta con el pequeño, que acababa de cumplir cuatro años. Anita me agradeció las gestiones y la muchacha pasó a ocupar el antiguo cuarto de Luis. Laura se quedó de nuevo embarazada y en los meses previos al parto y después, Lita, que tenía ya siete años, vino a vivir con nosotros. Laura tuvo en octubre un bebé del que fui padrino y a quien con gran contento por mi parte pusieron de nombre Jesús. Anita ejercía sus labores de tutora doble con una gran dedicación, simultaneándolas con sus estudios de Letras que en cuanto se abrió la universidad siguieron viento en popa. Los amores de Anita habían decaído hasta llegar a la ruptura. Una ruptura triste, por consunción, según me dijo. Pero no quiso darme más detalles. A sus cuarenta y seis años, yo la encontraba más linda que nunca.

El 15 de abril volví a ponerme el uniforme verde. Lo estrené para salir de La Habana hacia los EE UU. Unas setenta personas, distribuidas en dos aviones, acompañamos a Fidel Castro. La invitación no era oficial, pues Fidel no lo había querido, aunque se lo ofrecieron, sino de los editores de varios periódicos. En el aeropuerto de Washington había un gran gentío esperando. El subsecretario Rubottom representaba al Gobierno del general Eisenhower. Allá donde íbamos éramos recibidos con amabilidad multitudinaria. «No venimos a pedir nada», dijo Fidel en la primera conferencia de prensa, y así se mantuvo durante todo el viaje, si bien todos pensábamos que Pazos (presidente del Banco de Cuba) o Fresquet (ministro de Hacienda) volverían en breve para concretar los acuerdos económicos. Fidel pronunció largos discursos en Harvard y Princeton, también en Nueva York. El vicepresidente Nixon lo recibió en su despacho y a solas estuvieron durante bastante tiempo. El Gobierno norteamericano estaba aún más obsesionado con los comunistas cubanos que mi amigo Carlos. Era la cuestión que, con tenacidad rayana en la pesadez, se nos planteaba allá donde fuéramos. Fidel estaba molesto. Creo que sinceramente molesto. En la sede de la embajada cubana, estando yo delante, le oí decir dirigiéndose a Fresquet: «Mira, Rufo, estoy dejando que todos los comunistas asomen la oreja, para saber quiénes son. Cuando los conozca me los quitaré de encima». Un tal Droller, alto cargo de la CIA, especialista en comunismo latinoamericano, se entrevistó con Fidel Castro durante más de tres horas. Fresquet nos comentó lo que Droller le había comunicado acerca de esa conversación. «Castro no sólo no es comunista —le había dicho— sino que es un duro anticomunista.»

Todo el mundo sabe hoy que Fidel Castro es el líder, entre otras cosas, del Partido Comunista de Cuba, pero estoy seguro de que entonces no mentía. Castro ha sido, es y será castrista. Los viejos y verdaderos comunistas del PSP que han conseguido sobrevivir políticamente en Cuba son castristas. Me explicaré.

Castro es un político de instintos, no de ideologías. Es un líder cuyo único alimento es su propio liderazgo. El instinto y la improvisación, junto a una ambición sin límites respecto a su papel en la «liberación» de América Latina, le han llevado allí. Su genética es de caudillo con una capacidad de supervivencia por encima de lo imaginable. Si quería ser un «libertador» no podía hacer concesiones al «opresor». Eso lo colocaba frente a los EE UU. Castro quería ser Bolívar. Independientemente de la estulticia ciega con la que las distintas administraciones norteamericanas han tratado hasta hoy al régimen cubano, Castro se colocó frente al «gigante» porque él se considera David y a los cubanos, la piedra para cargar la honda. Naturalmente los soviéticos no iban a ser tan necios como para desaprovechar tan buena ocasión. Para ser David, no sólo se necesita puntería, conviene tener las espaldas cubiertas por si Goliat se pone pesado. Lo dicho en nada exonera, ni alivia, la mentecatez y el sectarismo de los que han hecho gala, y sin excepción, los sucesivos gobiernos norteamericanos desde el 1 de enero de 1959. Las posiciones templadas y liberales de personas como el primer embajador, Bonsal, enviado desde Washington tras la revolución, fueron torpedeadas con insistencia. Cogidas entre dos fuegos, esas posiciones fracasaron. De aquella primera entrevista con Castro, Nixon ha escrito después lo siguiente: «Yo estaba convencido de que Castro, o era increíblemente ingenuo respecto al comunismo, o estaba bajo la disciplina comunista y habría de tratársele en consecuencia». ¡Qué barbaridad! Un dislate, no sólo por injusto; sobre todo, por idiota. Estas palabras de Nixon no son una recomposición *a posteriori* de la charla con Castro con el fin de darse aires de profeta. No, está demostrado que en aquellos días, en caliente, el entonces Vicepresidente de los EE UU recomendó a sus colegas del Gobierno armar una fuerza expedicionaria con los batistianos exiliados e invadir Cuba. Así, como suena.

Durante nuestra estancia en Nueva York, Carlos se pasó el tiempo intentando convencer a Fidel para que visitara el Museo de Arte Contemporáneo. El director de *Revolución,* que manejaba al grupo de periodistas encargados de las crónicas, pretendía la foto de Fidel delante del *Guernica*. «Significa la entrada en Europa, se obtendrían muchos apoyos. Culturalmente es importante, políticamente también.» Fue inútil. Asistí a uno de esos intentos y quedé sorprendido.

—Puede ser una visita corta —dijo Carlos—. Vas allá, te fotografías con el *Guernica* y frente a la *Jungla* de Lam, que es un pintor cubano. El cuadro de Lam está colgado al lado de *Les demoiselles d'Avignon* de Picasso. No te cuesta nada y será un éxito.

—Tú y tu pintura. Queriéndome alfabetizar. No voy y no voy —contestó Fidel y luego riéndose: —Me voy al zoológico. Me meto, si es necesario, en la jaula de los leones.

Carlos, dando el caso por perdido, concluyó, también riendo:

—Fidel... los Picasso no muerden.

Y Fidel se fue al zoológico. Ni Carlos ni yo le acompañamos. Las fieras no nos interesaban.

Nada más llegar a Nueva York llamé a los Ross. En cuanto dispuse de tiempo, me acerqué a visitarlos. Bajo un inconsciente e infantil deseo de impresionar —eso lo pienso ahora, no entonces— me presenté en su casa de uniforme. Hacía exactamente dos años que no los veía y el recibimiento fue entrañable. Me abrazaron uno por uno y cuando le tocó el turno a Sara, aprovechó la ocasión para decirme repetidamente al oído: «¡Qué lindo! ¡Qué lindo estás! ¡Te comería con uniforme y todo!». Ni César, ni Alejandro, debieron sentirse la mitad de halagados al regreso de sus campañas de lo que yo me sentí entre los Ross. Percy trabajaba en el estudio de arquitectura que tanto nos había ayudado en nuestros proyectos de las torres. Sara estaba a punto de concluir su licenciatura en Leyes y a sus padres les iba muy bien en sus respectivas profesiones. Durante el almuerzo y tras el postre estuve horas hablando sin parar, respondiendo a un larguísimo interrogatorio. Me costó revivir ante ellos la muerte de Isidora. En ese momento de la narración, Sara comenzó a llorar con un desconsuelo que se me contagió impidiéndome seguir con el relato. Durante unos interminables segundos a todos nos ató la garganta ese nudo que sólo una decidida voluntad consigue deshacer. Rompí la tensión con una broma, que todos acompañaron con sus sonrisas tristes, y continué.

Llegó la hora de partir, pues era día de trabajo y, cuando ya nos despedíamos, Anna, la madre de los Ross, me pidió que me quedara, pues quería tratar conmigo algunos extremos que le interesaban. Fuimos a su despacho, lleno de libros. Libros en las librerías que cubrían enteramente las paredes, libros sobre la mesa y las sillas, libros vivos, frecuentemente consultados. Nos hicimos sitio y me indicó dónde debía sentarme. Mientras, ella fue a preparar una enorme jarra de café que trajo con su servicio de tazas dejándolo todo sobre su mesa de trabajo.

Nada más comenzar a hablar, me di cuenta de que Anna había seguido los avatares de la revolución cubana con detalle. Durante la conversación maldijo no manejar con soltura el español, pero comprobé que lo leía, con esfuerzo, pero lo leía. Una vez más quedé perplejo ante su fuerza de voluntad. Aquella vocación política, ya lo dije, no era una vocación para hacer o dedicarse a la política como acción, sino a la política como objeto de reflexión intelectual.

—Creo —comenzó— que estáis ante el momento de la verdad. Habéis ganado una guerra difícil y te aseguro que me alegro de todo corazón. Por ti, claro, pero sobre todo porque habéis derrocado una dictadura. Ahora se trata de construir un nuevo Estado y cuando se tienen no sólo las armas, sino toda la legitimidad, se corre el riesgo de caer en un nuevo autoritarismo. Creo que ya hemos hablado de esos riesgos antes de que te fueras. Este riesgo está ahora a la orden del día. No debéis engañaros, o se dispone pronto de una Constitución democrática que cree las nuevas instituciones y asegure su supervivencia, o ese riesgo acabará por orientar la vida política hacia la autocracia. Te aseguro que me cae bien Fidel Castro. Entre tanto político sin imaginación, resulta ser una bocanada de aire fresco, pero él es el primer problema. Le he visto dirigirse a «las masas», fundirse con las multitudes, y eso es muy peligroso. Lenin, Stalin, Mussolini y Hitler lo hacían. Yo lo he visto. Eso crea tal fuerza que nadie es capaz de pararla y el líder acaba por transformarse en un dios inaccesible, inatacable —miré sorprendido sus ojos vivarachos—. Quizá pienses —continuó— que pongo la venda antes de la herida y es posible que tengas razón, pero es ahora cuando se puede evitar el daño, no poniendo la venda, sino deteniendo la mano antes de que golpee.

—Bien —interrumpí—, en primer lugar, Fidel Castro ha prometido elecciones, en segundo, si hoy es primer ministro, no es por su voluntad. Él no quiso entrar ni entró en el primer Gobierno. Además, tenemos una Constitución en vigor, la de 1940, que Batista había abolido.

—No, no critico que Castro sea primer ministro, pero tengo mis reservas acerca de la Constitución y de las elecciones. Esa Constitución, según he leído, ha sido ya cambiada *por decreto*. Puede ser necesario, pero una Constitución que se cambia por decreto es ya una Constitución muerta. Hay que sustituirla cuanto antes y eso sólo puede hacerse convocando elecciones para que el nuevo Parlamento sea «constituyente». También podría otorgarse una nueva Constitución desde la legitimidad de las armas que han liberado a Cuba de la dictadura, pero no es recomendable en absoluto. Desde una óptica democrática, la celebración de un solo referéndum sin elecciones previas para aprobar o rechazar, con un *sí* o un *no*, una Constitución, que siempre es una norma compleja, resulta muy discutible y pudiera representar un intento de legitimar lo ilegítimo. El voto es imprescindible en una democracia, pero hay derechos que el voto, por muy abrumador que éste sea, no puede negar, sin negar la propia democracia. La democracia es un sistema civilizado, un avance en la vida de los hombres, precisamente porque limita el poder. El mayor disparate que puede cometerse en la acción consiste en conducirla, como si se tuviera la omnipotencia en la mano y la eternidad por delante. Por el contrario, todo es limitado, temporal, a la medida del hombre, y nada debe serlo tanto como el poder.

—Te insisto, Anna, Fidel Castro ha prometido elecciones. No debes dejarte llevar por interpretaciones, a mi juicio torcidas, sobre los procesos seguidos contra algunos criminales. Te aseguro que se lo tenían bien merecido. No he querido amargaros la comida con relatos acerca de torturas y asesinatos, pero fueron muchos y muy terribles.

—No, no estoy influida por esa propaganda. Tampoco estoy espantada por esos juicios. El espectáculo no me gusta, pero lo comprendo. Si de justicia se habla, te diré que me resulta mucho más preocupante un parlamento de Fidel Castro acerca de la justicia revolucionaria —se levantó y buscó entre sus papeles—. Aquí está, lee. «La justicia revolucionaria se basa en convicciones morales, no en pruebas» —había dicho Fidel Castro y Anna lo tenía subrayado—. Eso puede ser un desliz —continuó—, pero Castro es abogado y debiera saber que la justicia se basa en pruebas y obtenidas legalmente. El justiciable tiene siempre el derecho a la presunción de inocencia. Esto no es una cuestión formal. Es lo que diferencia la barbarie del antiguo régimen de la civilización revolucionaria... de la revolución liberal, claro está. En cuanto a las elecciones, sé que Fidel Castro las ha prometido... para dentro de dos años. Es mucho tiempo, en dos años pueden pasar demasiadas cosas y demasiadas cosas decisivas.

—Antes de dos años —argumenté siguiendo lo que Fidel había dicho— es muy difícil, por no decir imposible, que se organicen los partidos. Si se celebran elecciones ahora, los viejos partidos, que nos llevaron a la ruina, serían los únicos organizados. Aparte del M-26, que ganaría las elecciones por abrumadora mayoría.

—No quisiera aparecer ante ti como una empecinada profesora que todo lo sabe desde su cátedra. Sería pretencioso que yo, que no conozco Cuba, quisiera darte lecciones sobre la realidad cubana, pero se me ocurre pensar en lo insólito del caso. Se trata de alguien que no quiere convocar elecciones por temor a ganarlas. Te hablo desde la edad y la experiencia. Me resulta difícil creer tal cosa. Pudiera ser otro el miedo. Voy a pensar bien. Quizá el temor radique en que el M-26 se divida. Eso sería más creíble, incluso más probable. Él querrá, y está y estáis en vuestro derecho, convertir el M-26 en un verdadero partido político. En tal caso, tendrá que perfilar su ideología y su programa. Eso sí lleva tiempo. El peligro radica entonces en la pretensión de que ese nuevo partido lo intente abarcar *todo*. El Partido de la Revolución, o el PCUS de Stalin. Una caricatura de democracia y probablemente la tiranía. Perdóname —concluyó—, anuncio males, pero no los deseo.

Se había hecho muy tarde y volví al hotel donde nos alojábamos, al lado de Harlem. Allí estaba Carlos ordenando noticias en el doble sentido, poniéndolas en orden y dando órdenes. Le invité a cenar y recalamos en Broadway. A Carlos le agradaban los ambientes teatrales. Anduvimos sorprendiendo a todo aquel mundillo con nuestros uniformes. Uniforme militar que Carlos, a regañadientes, había consentido en volver a vestir. Le conté con la mayor veracidad de la que fui capaz mi conversación con la señora Aron.

—Esos riesgos existen —concluyó Carlos—, pero esa señora más parece una liberal que otra cosa.

—No creas —contesté—, tengo la impresión de que es más radical que todo eso. Ocurre que su radicalidad es democrática. Sería bueno que la conocieras.

El viaje de Fidel continuó por los EE UU y por Canadá, pero yo me quedé en Nueva York. Abandoné el hotel y volví, no sin aprensión, al apartamento de mi padre. Todo allí estaba igual que dos años atrás. Ocupé una mañana en arreglar mis papeles académicos de la Columbia. Percy me ayudó, preparando por anticipado las entrevistas con la administración y el decanato. Me aconsejó que no me desprendiera del uniforme. «Eso les impresionará», dijo. Todos fueron amables y el decano en persona se ocupó de que el *master* me fuera otorgado. Aunque el curso del 57 lo dejé sin concluir, apenas me faltaban dos meses lectivos. «Creo que usted tuvo poderosas razones para irse —me dijo el decano— y no habrá problemas para concederle esa titulación. La merece.»

Volví a recuperar a los Ross en varios paseos con películas y cenas en el Village. Percy parecía dispuesto a sentar su cabeza con una joven alta que a primera vista no parecía excesivamente agraciada. Sin embargo, la tarde que salimos los tres juntos, su conversación estaba tan llena de inteligencia y de humor que toda ella resultaba atractiva. Ejercía una sutil superioridad sobre Percy y él, consciente, se dejaba llevar. Judith, judía y licenciada en Matemáticas, era una conversadora consumada.

Hablaba con una extraordinaria economía de palabras, sin recurrir a los lugares comunes que la conversación coloquial introduce. Conseguía transformar cualquier discurso aparentemente trivial en un arte preciso, literariamente bello. Escucharla era un gusto y su sola compañía elevaba la calidad de la conversación. Lo pasamos muy bien aquella tarde y quedamos citados para la siguiente. Al bajarme del auto, frente al edificio en el que estaba mi apartamento, Percy me dijo que al día siguiente nos acompañaría Sara.

—Tiene un enamorado y dice que se va a casar con él. Yo no lo creeré hasta que se celebre la boda, pero, en todo caso, mañana le dará descanso. Eso me ha dicho. Pero, sobre todo, ha insistido en que te pongas el uniforme. Debe tener alguna querencia militar... ya sabes cómo es de original.

Al día siguiente fue muy agradable pasear en compañía de los Ross por Manhattan, luego fuimos a Brooklyn y acabamos recalando en el Village. Una larga tarde turística. Tan sólo dos años después, Nueva York se me aparecía como una ciudad lejana, una ciudad vista por mí «desde fuera». Cenamos en un restaurante acogedor, y luego Sara se empeñó en llevarnos a bailar. Demostró conocer bien los lugares más recónditos del Village. No nos condujo a una sala de fiestas, sino una especie de cueva parisina, eso dijo. Resultó ser un lugar grato, aunque algo oscuro, donde primero escuchamos a un saxo en una corta sesión de *jazz*. Luego *rock* y más tarde *melody*. Sara consiguió enseñarme los pasos del *rock-and-roll* que ella dominaba. A pesar de la penumbra, allí también, mis barbas y uniforme atraían la curiosidad de la concurrencia. Antes, más de una y de dos personas, generalmente mujeres, nos habían parado en plena calle para indagar si, en verdad, yo era uno de «esos revolucionarios cubanos que habían venido con Fidel Castro». Renegué ante Sara, pero ella insistía en lo bien que me sentaba aquel atuendo. «Conseguir llamar la atención en esta abigarrada ciudad no es fácil. Para muchos es el objeto de sus vidas. No tienes por qué lamentarte», terció Judith para martirizarme con su ironía.

De retirada, ya bien entrada la noche, Sara, que viajaba conmigo en los asientos traseros del automóvil, aprovechando que Judith y su hermano mantenían una conversación particular, me espetó:

—Me iré a dormir contigo. Y no se admiten discusiones.

—Veamos, Sara —contesté, pretendiendo aclarar—, hay dos inconvenientes. Primero, mañana tengo una entrevista con tu madre y si hoy no vas a dormir a tu casa, no será difícil imaginar dónde has pasado la noche y no soportaría una mirada de reproche. Segundo, según me ha informado Percy, tienes un novio con el cual, además, te piensas casar y lo que me propones no habla muy bien de tu fidelidad hacia quien va a ser tu marido.

—Veamos, querido —replicó con desvergüenza—, si me desprecias, dormiré en casa de Judith y mi madre imaginará lo que quiera, porque no pienso darle explicaciones.

—Eso es un vil chantaje —corté entre bromas y veras.

—Sea —continuó—. En lo tocante a mi prometido, este Percy —bajó la voz— es un bocazas y un impertinente. Pero has de saber que mi vida y mis cariños no se incluyen en ese trato. Tampoco mi libertad.

Sabía por experiencia que resistirme a los deseos de Sara era tarea inútil. Por otro lado, toda la noche había sentido ese cosquilleo en el estómago, preludio o manifestación primaria del deseo. Llegamos, y ella se bajó del automóvil con la naturalidad y el desparpajo de los que solía hacer gala en sus decisiones. «Os puedo traer el desayuno, no vivo lejos de aquí», nos dijo Judith como despedida.

Subimos, puse música, bailamos y cuanto más apremiantes eran mis deseos, más jugaba yo a disimularlos. «Hoy serás tú quien realice todo el trabajo», le dije al oído. «¿Como yo quiera?», preguntó. «A tu gusto y afición», contesté y me callé, dejándola con su monólogo de manos y de boca. El juego fue largo. A ratos apasionado. En ocasiones moroso y siempre cariñoso y divertido. Tal como habíamos acordado, Sara nunca dejó de llevar la iniciativa. Antes del sueño, quise retomar la conversación que habíamos iniciado en el automóvil. Sus amores y aquella decisión de un pronto matrimonio me intrigaban. Su enamorado resultó ser un joven actor de teatro, venido de Boston y también judío. Al describirme sus señas personales, Sara subrayó esa condición racial. Le pregunté si esa característica encerraba para ella alguna especial naturaleza.

—Nunca me casaría con alguien que no fuera judío.

—¿Por qué? —pregunté intrigado ante una condición que, evidentemente, me excluía.

—Un gentil, un no judío, en algún momento de la vida, aunque fuera durante un enfado pasajero de los que necesariamente se producen en cualquier convivencia, me podría llamar *perra judía*.

—¿Bromeas? —le dije, interrumpiéndola—. Eso es una estupidez.

—Lo digo muy en serio —replicó—; aunque no lo entiendas, no podría soportarlo.

—¡Judía! ¡Asesina de Jesucristo! —le solté, mientras me volvía sobre ella besándola.

—No te rías —dijo, mientras respondía amable a mis caricias—. Para mí ese asunto es muy grave. Ya sé que no todos los judíos piensan así, pero en mi caso, debe ser algo genético.

—¿Tu madre también piensa lo mismo?

—No creo, ella tiene otra concepción de las cosas. Se preocupa por Israel, trabajó duro en Europa en favor del sionismo, pero ya no comulga con esas ideas.

—¿Y tú? —seguí preguntando.

—Yo sí. No es una cuestión política, aunque tenga derivaciones que sí son políticas. Tiene que ver con mi propia identidad. Tú eres cubano ¿no? Pues yo soy judía.

—Judía y americana...

—Judía que vive en América y quiere a este país, pero judía.

Me dejó sorprendido. Yo había hablado con Percy de las más variadas cuestiones, también de las personales, y nunca había detectado en él una actitud semejante a la de Sara.

—¿Percy piensa lo mismo que tú? —seguí preguntando.

—No, Percy *no siente* lo mismo que yo, el hecho de que Judith sea también judía es un mero accidente..., él se considera cosmopolita. En realidad, mi hermano piensa sobre todas las cosas como piensa mi madre. Siempre ha sido así, el niño mimado de la señora Aron, su portavoz y seguidor principal.

—Por lo tanto, ¿nunca te podrías casar conmigo?... ¿Aunque me ponga el uniforme? —le dije, sacando la conversación del ámbito familiar.

Me miró irónica, con sus brillantes ojos oscuros.

—Pues no, aunque me gustas mucho...

Y recomenzó aplicándose sobre mi exhausto sexo con una dedicación a la vez profesional y apasionada.

—Pido una tregua —le dije.

—Te rindes ¿eh?, cobarde —y se detuvo.

—Pues yo, en contra de tu pensamiento, soy partidario del mestizaje. El mestizaje es el inexorable futuro de la Humanidad —dije sonriendo.

—Habría que verlo. Prueba aquí en Harlem...

—No tengo inconveniente *a priori* —le dije.

Le narré mis amores con Marina, que ella siguió con gran atención, solicitando precisiones y detalles sin cuento. Al terminar, me dijo:

—El color de la piel de esa mujer, aunque tú te niegues a aceptarlo, tiene que ver con esa separación, más que cualquier otra circunstancia. Incluyendo a Isidora y su horrible destino.

Quiso que habláramos de Isidora. «Te hará bien hablar de ello», me dijo. Al final nos dormimos, abrazados y en paz.

El timbre de la puerta sonaba con insistencia. Alargué la mano hacia la mesilla y miré el reloj. Eran las once de la mañana. Sara rebullía a mi lado, y sin abrir los ojos me dijo con voz lejana: «Abre, debe ser Judith». Era Judith. «Lo prometido es deuda», dijo por todo saludo. Venía con dos paquetes y, desde luego, bien compuesta y despierta. La acompañé hasta la cocina. Ella sacó un termo de café, otro de zumo de naranja, una botella de leche y un buen surtido de pastas. Me limité a poner sobre la mesa la vajilla requerida y los cubiertos. Cuando todo estuvo dispuesto, apareció Sara tapada tan sólo con mi camisa de campaña. Desayunamos con buen apetito.

Cuando Carlos volvió a Nueva York, fuimos juntos a casa de los Ross. Durante la comida, Carlos se mostró divertido contestando a las más variadas preguntas acerca del pasado y del presente. Cuando los demás se fueron, Anna nos condujo a su despacho.

A instancias de Anna, Carlos expuso lo que para él había de ser la revolución. Conseguir la libertad plena, desarrollar las potencialidades culturales y económicas del pueblo, que el capitalismo siempre oprime. El Gobierno no es quien dirige, sino que es el dirigido y debe limitarse a ordenar las prioridades e impedir que las fuerzas así desatadas se interfieran o se frenen entre sí. No hay liderazgos, el líder es tan sólo la expresión física y palpable de lo que se mueve y empuja, es decir, del pueblo.

—*Tierra y Libertad* —dijo la señora Aron, casi en un susurro.

—Y más tractores y más tecnología y acabar con el monocultivo del azúcar que mata de diabetes a Cuba desde que existe como país independiente. No crea que soy un poeta, dirijo un periódico que tiene influencia...

—Sus nobles pensamientos y su acción, conozco su periódico —dijo Anna—, sólo merecen elogio y no quisiera resultar una aguafiestas, pero la civilización no consiste en fabricar tractores sino en cultivar los sentimientos y domesticar los impulsos feroces. Sin embargo, los grandes sistemas que se han disputado y disputan la educación moral del mundo, no han podido variar nuestra condición y usted cree que esta revolución lo va a conseguir. No le diré que no lo deba intentar, pero convendría que tuvieran en cuenta experiencias pasadas. Si ustedes dejan, de verdad, las cosas al albur de los impulsos populares, se encontrarán muy pronto, como se dice en Europa, redescubriendo el Mediterráneo. Reinventando el capitalismo que, con razón, tanto detestan; y si, queriendo domeñar la Historia, niegan la propiedad privada de los medios de producción, tal como Marx se cansó de predicar, acabarán preguntándose al igual que Lenin: «¿Libertad, para qué?». Tengo para mí que las revoluciones con éxito son aquellas que se ponen a sí mismas metas alcanzables y dejan abiertas las posibilidades para poder alcanzar otros objetivos al impulso de generaciones futuras. Intentar acabar de un solo tajo con las injusticias de la Tierra, pretender conseguir de inmediato la igualdad y la libertad por decreto puede ser el más corto camino entre una tiranía y otra. Y ¡por Dios! que no se lo deseo. Aseguren la libertad mediante una Constitución. Pongan en ella las limitaciones al derecho de propiedad, pero no lo supriman. Hagan, y enhorabuena, la reforma agraria que han prometido, pero no conviertan a Cuba en una gran finca propiedad del Estado. Lo que se declara como propiedad de todos, de la Nación, acaba en manos de la burocracia. Mírense en el espejo de la URSS y no para imitarlo.

—Yo creo en el proletariado organizado en sindicatos democráticos: urnas y votos —dijo Carlos—. Y también creo que el imperialismo todo lo emponzoña y lo pudre. Hay que radicalizar la revolución aunque sólo sea por evitar que el imperialismo se la coma. Es difícil que usted pueda entender esto viviendo en el centro del imperio, pero si viviera en Guatemala, en Venezuela, o en Cuba pensaría lo mismo que yo. Una revolución humanista, profunda, autóctona... (no me gustan nada los soviéticos), democrática y con libertades. Nada de nacionalizaciones burocráticas, socialización. La propiedad ha de ir a los trabajadores.

—Ni el Gobierno norteamericano ni los grandes *trusts* son de mi agrado. Ni lo que son, ni lo que hacen. Se lo aseguro —contestó Anna—, pero no se inventen ustedes un enemigo omnipresente para explicar todos sus males.

La discusión duró un buen rato más, pero la lógica de Anna hacía incómodas las argumentaciones de Carlos, quien en su fuero interno, e igual me ocurría a mí, recibía aquellos impactos dialécticos que le llenaban de dudas.

Al despedirnos, Anna sacó de un cajón unos cientos de cuartillas escritas a máquina y nos dijo:

—No quisiera parecer una maestra de escuela, pero me tomo la libertad de entregarles este trabajo. Se titula *Acerca de la Revolución* y a él he dedicado muchas horas. No trata de *su* revolución, sino de dos viejas revoluciones, la americana y la francesa.

Guardé los folios que ahora, mientras escribo, tengo sobre mi mesa con las notas que en los meses siguientes fui colocando en los amplios márgenes.

Las palabras de Anna, la convicción con que expresaba sus ideas, la contundencia de sus argumentos quedaron instaladas en mi cerebro horadando las convicciones y, sobre todo, sembrando dudas. La experiencia de Anna, su poderosa capacidad de reflexión siempre me habían infundido respeto intelectual, más ahora, cuando los hechos e intenciones que ella analizaba me tocaban tan de cerca. Su atinado discurso no podía sino hacerme, primero, dudar y, luego, deslizarme en una lenta deriva hacia sus mismas posiciones.

Cuando uno contempla, tan de cerca, la acción del poder, sus reflejos y actitudes, lo quiera o no, empieza a ver el revés de la trama con el que todo poder tiende a cubrirse. A poco que se mantenga despierto el espíritu crítico, la creciente exaltación del líder, la apelación continua a la «revolución», como palabra mágica para explicarlo todo, hasta lo inexplicable, se convierten en un gusano que va arando la conciencia hasta hacer difícil el silencio consigo mismo. Era mi conciencia quien, tocada por la duda, iba influyendo pasito a pasito sobre mis pensamientos y mis acciones. La ilusión iba marchitándose en mí con el acelerado paso de los días. Sólo la expresión del contento por la parte más desprotegida del pueblo, me hacía pensar que, pese a todo, el envite seguía mereciendo la pena. Años de incuria podían corregirse y dotar, por fin, de una vida digna a quienes nunca la habían alcanzado.

Al poco de regresar a Cuba, Fidel Castro presentó al Gobierno el proyecto de Ley de Reforma Agraria. Nadie en aquel Gobierno, ni el ministro de Agricultura, había participado en su redacción, ni siquiera lo habían leído. La Ley se había redactado en los aledaños del Che con la participación de Oscar Pino Santos, responsable económico del periódico que dirigía Carlos, *Revolución*. El 17 de mayo de 1959 se promulgó la Ley en una ceremonia celebrada en la Sierra Maestra. Se limitaba el máximo de superficie en una sola mano a mil acres (402,6 hectáreas). Para las plantaciones de azúcar o arroz el máximo podía llegar a 3.333 acres. La cifra periódica pura no es mágica: 3.333 acres equivale a 100 caballerías. Una medida tradicional de superficie (una caballería es igual a 13,42 hectáreas). Las propiedades que rebasaran esos límites serían expropiadas y pagadas con bonos a los que se asignaba un interés anual del 4,5%. El valor de lo expropiado se tasaría en función de la evaluación que el terreno tuviera a efectos fiscales. Las tierras expropiadas irían a manos de cooperativas a través del recién creado Instituto Nacional de la Reforma Agraria (INRA) o se distribuirían en parcelas individuales de 67 acres considerada como la superficie de «mínimo vital» para una familia de cinco miembros. La Ley también separaba la propiedad de la tierra de la propiedad de los molinos de azúcar en manos de extranjeros. En el futuro, sólo los cubanos podrían comprar tierras. La Ley no difería mucho de las reformas agrarias democráticas iniciadas en la Europa de los años veinte. Por ejemplo, el tipo de interés de los bonos era más alto que el que había implantado el general McArthur en la reforma agraria japonesa después de la II Guerra Mundial.

Naturalmente hubo críticas internas, especialmente entre los ganaderos, quienes aseguraban que las 100 caballerías no daban para una explotación rentable. El 11 de junio, el Gobierno Eisenhower envió una nota oficial que, siendo moderada en la forma y reconociendo una obviedad: el derecho de Cuba a publicar la Ley e incluso que ésta era un paso hacia el progreso social, contenía una carga de profundidad inaceptable al reclamar un rápido pago de las indemnizaciones. Las grandes propiedades de la *United Fruit,* el *Pingree Ranch*, el *King Ranch of Texas*, o la *Manatí Sugar Co.*, que se habían expropiado, estaban detrás de la nota diplomática. Una torpeza más del Gobierno yanqui que en teoría estaba obligado a mirar algo más lejos de las narices de esos intereses económicos.

Al día siguiente de esta nota, Fidel Castro, como era habitual, llegó tarde al Consejo de Ministros para, al final de la reunión, proponer la destitución de cinco ministros: Elena Mederos, Luis Orlando Rodríguez, Ángel Fernández, Sorí y Agramonte. Al parecer, cada uno de ellos se había opuesto en algún punto a la Reforma Agraria. Tengo para mí que más de un ministro entre los sustituidos había mostrado sobradamente su ineficacia. Algunos fueron reemplazados por sus segundos en el Ministerio. Sin embargo, al menos dos cambios tenían otro calado. Pedro Miret, superviviente del Moncada, entró en Agricultura y Raúl Roa fue nombrado ministro de Exteriores.

El 13 de junio, mientras Fidel Castro pronunciaba un discurso, estallaron en La Habana tres bombas. Parecía que el viejo ciclo de violencia podía reiniciarse. La Constitución de 1940 volvió a enmendarse por decreto a fin de permitir la aplicación de la pena de muerte a los «contrarrevolucionarios». Al tiempo, un conocido abogado conservador, Enrique Llaca, fue raptado en su casa por agentes del ejército rebelde. Cuando la Audiencia de La Habana decretó su puesta en libertad, Fidel Castro ordenó al Ministerio de Justicia que procediera contra los jueces de la Audiencia. Intervino el Tribunal Supremo y el juez Alaban, que en 1958 había procedido contra Ventura por los asesinatos de la calle Humboldt y el de Isidora, aseguró que los jueces no se habían excedido, añadiendo que «ni la revolución, ni el gobierno revolucionario pueden olvidar el *habeas corpus*, que ha sido el estandarte de la revolución. Sólo los tiranos y los déspotas desechan el *habeas corpus*».

Los acontecimientos sucedían a tal velocidad que nos era difícil discutir, aún entre los más cercanos, las consecuencias de lo que estaba ocurriendo. Metidos de hoz y coz en la batalla, nos limitábamos las más de las veces a correr detrás de los acontecimientos. Abundaban las reuniones, pero no así las discusiones. Hablar con Carlos más de cuatro palabras seguidas se me hacía, más que difícil, imposible. Primero, le mandé un artículo sobre la Reforma Agraria. No lo publicó aduciendo prisas. Cuando, pasados unos días, le reclamé la publicación me dijo por teléfono: «Ahora no es conveniente. Ya hablaremos tú y yo más adelante». Le envié otro sobre la vigencia de la Constitución, que siguió idéntico camino hacia la papelera. Ocupaban sus preocupaciones una invasión de la República Dominicana, repetición de otra en la que Carlos y Fidel Castro habían participado. Quizá él aún no era consciente de que ahora *estábamos* en el Gobierno.

Una mañana que estaba despachando con el ministro Manuel Ray, a propósito de la política de vivienda y mis proyectos, llamó Marcos Montes de Oca y Ray se puso al teléfono. Ray, que había sido profesor de la Escuela de Arquitectura y había tenido de alumno a Marcos, también había sido su jefe en la clandestinidad cuando peleaban juntos en La Habana contra la dictadura. Por todo ello, tenía una gran ascendencia sobre Marcos. «Está conmigo Cagigas, te lo paso», le oí decir al ministro. Hacía tiempo que no veía a Marcos. Hablé con él y quedamos citados para almorzar. Ray se sumó y juntos salimos del Ministerio en su automóvil hacia el restaurante. Durante la comida, discutimos sobre la situación y, más elocuente que de costumbre, les expuse mis dudas acerca de la Reforma Agraria. También algunas convicciones.

—Lo verdaderamente preocupante —les dije— no es el reparto de la tierra, sino precisamente lo contrario: el no reparto. Independientemente de los problemas técnicos que pueden afectar a la viabilidad económica, está, creo, una cuestión de *poder*. Dicho en otras palabras, ¿quién va a mandar en la agricultura cubana a partir de ahora? Me temo que el INRA, y no para ordenar y planificar la política agraria, sino para poseer la tierra y nombrar los gestores a todos los niveles. No se reparte el poder que la tierra da, sino que se concentra. Quien tenga en sus manos el INRA, tendrá en sus manos Cuba.

—La alternativa del reparto, sea en cooperativas, sea individualmente —me contestó Marcos—, no haría sino reproducir en pocos años el desastre que ahora termina.

—No veo por qué —le contesté.

—Entre otras cosas —replicó— porque cada uno, sea una cooperativa o sea un propietario, trabajará para sí sin tener en cuenta las necesidades del conjunto. Reinventaríamos el latifundio.

—Manteniendo los límites máximos de superficie en una sola propiedad, teniendo además en cuenta que a partir de esta Ley sólo los cubanos pueden comprar tierra, no le veo los inconvenientes por ningún lado —concluí.

—Pues los tiene, aunque tú no los veas —contestó medio bravo.

Ray, que había estado callado, intervino entonces.

—Me temo —comenzó— que Cagigas tiene razón. Me sorprende que viniendo de la sierra piense así.

Le miré extrañado.

—Sí —reafirmó—, la gente de la sierra más que radical, parece sectaria. Hasta tal punto que me resulta cada vez más difícil discutir con ellos. Por eso lo decía, pero me alegro de que alguien piense por su cuenta.

Roto el hielo de las suspicacias, que siempre había percibido tras sus palabras amables y distantes para conmigo, Ray se explayó acerca de las dificultades por las que atravesaba un Gobierno donde los acuerdos, según él, eran poco menos que imposibles. Ray que, aparte de haber sido dirigente principal del M-26, era ministro, apenas había hablado un par de veces con Fidel. En su opinión, sólo su hermano Raúl y el Che tenían influencia sobre el primer ministro.

—López Fresquet le presentó el otro día un proyecto de Reforma Tributaria. Se la firmó en el acto y mientras firmaba, ¿sabes lo que dijo riéndose?: «Cuando llegue el momento de aplicar la ley, a lo mejor, ya no queda ningún contribuyente». Ya veremos lo que tarda en echar a Urrutia, y eso que Urrutia más parece un presidente de opereta que otra cosa.

Marcos pensaba, al igual que Carlos, que el peligro estaba en la influencia de los comunistas. Ray no estaba de acuerdo.

—Mira Marquitos, eso es un cuento chino —dijo Ray—. Tú y yo sabemos que los bolcheviques cubanos no tienen media bofetada, ni física ni ideológica. Son unos burócratas bastante inútiles, pero bailan al son que les toca Fidel, aunque tienen terror a la radicalización. Además, me consta que los rusos no hacen sino mandar recados recomendando moderación, pero es inútil. «La política está en el primer plano.» «La política ante todo», eso se dice, cuando lo que realmente se quiere decir es otra cosa más sencilla y brutal: «Vamos a ver quién manda aquí». Estamos asistiendo a una batalla por el poder total, por el mando absoluto y es uno, uno sólo, quien tiene todos los ases y los reyes de esa baraja. Tu amigo Carlos —dijo dirigiéndose a mí— se ha buscado un falso enemigo en los comunistas. En las elecciones sindicales, Carlos y el M-26 les van a dar una corrida en pelo. Los comunistas van a tener en la CTC menos influencia de la que han tenido nunca. Lo comprobaremos pronto, pero da lo mismo. Ése no es el problema. Los comunistas le sirven a Fidel en dos campos. En primer lugar, como amenaza y espantajo contra los yanquis y, en segundo, como carne de cañón disciplinada y fiel frente a las veleidades democráticas que van surgiendo dentro del M-26. Fidel juega en los dos paños, diciendo a cada uno por separado lo que cada uno quiere oír.

El día 16 de julio ¡por fin! estaba con Carlos en su despacho de *Revolución*. Sonó el teléfono. Alguien hablaba sin dejar hueco al otro lado de la línea. Carlos contestaba con monosílabos. Colgó, se levantó y me dijo: «Me voy a Cojímar, me llama Fidel. Dice que hay algo importante que hemos de publicar mañana».

Esperé su vuelta. Cuando Carlos regresó, estaba demudado. Unos cuantos entramos con él en su despacho.

—Dentro de unos minutos —dijo por todo saludo— vendrá el ejército y rodeará el edificio. Los teléfonos están ya cortados. Nadie saldrá de aquí hasta mañana.

Todos pensamos que iban a cerrar el periódico. Carlos siguió hablando, como si lo hiciera para la historia.

—Encontré a Fidel caminando por las calles de Cojímar —dijo Carlos—. Pidió permiso y entró en una casa y allí se puso a escribir. Me dio este papel —Carlos nos lo mostró— Fidel ha renunciado como primer ministro. Le pregunté las causas y me contestó que tiene problemas con el presidente. «No voy a darle un cuartelazo. Me dirijo al pueblo. El pueblo sabrá qué hacer.» Me ha ordenado que tire un millón de ejemplares.

Allí, incomunicados, pasamos la noche. Me acordé de lo que había dicho Ray a propósito de Urrutia. Salió el periódico y se armó el tumulto. Urrutia se despertó con la noticia de la dimisión. Cuando bajó las escaleras del Palacio Nacional, se encontró con el Gobierno esperándole. Intentó comunicar con Fidel Castro. Tarea inútil. La multitud se fue congregando alrededor del palacio. El pueblo estaba hablando. Ya de noche, Fidel Castro apareció en la televisión. Más que un discurso fue una ejecución. Acusó a Urrutia de estar «al borde de la traición». Un juicio de intenciones. Un sapo que tragamos todos por el bien de la revolución. Urrutia llamó a la CMQ y dimitió. Se fue a casa de un amigo, permaneció un tiempo en arresto domiciliario y acabó asilándose en la embajada de Venezuela. En un primer momento, Fidel tuvo intención de proponer a Miró Cardona como presidente, pero su hermano y el Che le aconsejaron que no lo hiciera y le recomendaron a Osvaldo Dorticós. Pocas horas después, Dorticós juraba el cargo.

Dorticós era un prestigioso abogado de Cienfuegos, donde había colaborado con el M-26 durante la dictadura. En tiempos había sido comunista y ahora trabajaba como asesor jurídico en la Reforma Agraria. A Miró Cardona le ofrecieron la embajada en Washington, pero él solicitó la de Madrid. Allí lo enviaron. Carlos, que no simpatizaba con Miró Cardona, no desaprovechó la ocasión para publicar en *Revolución* una fotografía suya junto a Franco en el acto de entrega de las cartas credenciales. Al fondo, aparecían, creo recordar, algunos miembros de la famosa «guardia mora» con la que el Caudillo se adornaba en recuerdo de los buenos y viejos tiempos de la guerra en África contra los independentistas marroquíes, durante la cual había ascendido a general a una edad muy temprana.

La redacción de *Lunes*, que estaba siempre abierta, era un gran salón detrás del cuarto en el que se encontraban los teletipos. Desde su pequeño escritorio, Guillermo, siempre de saco y corbata, dirigía el semanario.

Yo conocía a Guillermo Cabrera Infante de referencias y de haber leído en tiempos sus críticas de cine en *Carteles*, donde firmaba como G. Cain. Carlos, como ya dije, era amigo suyo y de toda la familia Cabrera. Le habían ayudado en momentos difíciles. Guillermo era, es y será hasta que se muera un extraordinario escritor. Dirigió *Lunes de Revolución* desde la fundación hasta su cierre y lo dirigió con espíritu libre, rompedor y alegre. La revista se repartía los lunes junto al periódico, lo cual le aseguraba un elevadísimo número de lectores. *Lunes*, mientras existió, fue una buena revista cultural. Naturalmente, heterodoxa. ¿De qué otra forma puede hacerse una revista cultural? Acabó chocando ¡y de qué forma! con los guardianes de las ortodoxias.

Me había encontrado con él en algunas ocasiones, de paso, escondido detrás de sus espejuelos de miope, saludaba e iba a lo suyo. Nunca participé yo en las tertulias de *Lunes*, pero una tarde entró a comentar algún asunto al despachito de Carlos y allí estaba yo.

—Me han dicho que estudiaste en la universidad Columbia —comenzó—, has de saber que tienes un antecesor. Un cubano notable que también estuvo allí.

—¿Quién? —pregunté.

—José Raúl Capablanca y Graupera.

—Supongo que no fue en la Columbia donde aprendió a jugar al ajedrez —le dije.

—Claro que no, Capablanca ya sabía jugar al ajedrez cuando nació. A los once años le ganó una partida al campeón de Cuba, Juan Corzo. Pero fue en el Club de Ajedrez de Manhattan donde se hizo profesional. Fue el mejor en todos los sentidos, pero más que el ajedrez le gustaban las mujeres. Ya se sabe, la dama es la pieza más peligrosa del juego. Cuando en 1927 perdió el campeonato contra Alekhine en Buenos Aires, la noche anterior a la partida decisiva se la pasó bailando tango tras tango con una belleza local. Hoy se asegura que su mente estaba dotada para ver el armazón exacto de la pura lógica. Su juego tenía la monotonía de la perfección. Claro que con las mujeres todo eso vale poco.

Cabrera se levantó con la intención de marcharse, pero Carlos y yo, al unísono, le exigimos: «¡Sigue, sigue!», y continuó hablando del maestro Capablanca de forma tan precisa que nos tuvo embebidos y embobados durante una hora.

Durante aquel verano, la vida en nuestra casa se volvió familiar. Llegó Luis a fin de liquidar la empresa, tal como había anunciado nuestro padre. Tuve con él una conversación poco agradable. «A partir de ahora seremos turistas en Cuba. Se nos acabó el trabajo», me dijo.

—Al paso que va, esto acabará como en Rusia y allí no se puede vivir —concluyó.

Razoné con él acerca de las dificultades con las que se enfrentaba la revolución, pero resultó inútil.

—Mira —me dijo—, no vamos a distanciarnos a causa del dinero. Eso ni ha ocurrido, ni ocurrirá en nuestra familia, pero tampoco nos pondremos de acuerdo sobre cuestiones ideológicas que no compartimos. Es verdad que nadie escarmienta en cabeza ajena. Tú mismo te irás dando cuenta. Porque, vamos a ver, un país necesita dirigentes sociales y económicos capaces de crear riqueza, ¿de dónde los va a sacar la revolución? Cada día, médicos, ingenieros, abogados... salen de aquí hacia los EE UU, Venezuela... Es la diáspora. Está bien que se les dé tierra a los guajiros, pero ¿por qué expulsar a las empresas, sean yanquis o no? ¿Acaso se pretende que los obreros sustituyan a los empresarios? Así no llegaréis muy lejos.

Al recordarlo, aún me molesta el tono de superioridad y el clasismo de sus argumentos. Los expresaba con desprecio, aunque sin odio. Al fin, ni su trabajo ni su patrimonio estaban en juego, pero comprendí que aquéllos cuyos bienes y despachos permanecían en Cuba estaban acumulando el odio que mi hermano no tenía. Los periódicos conservadores, como el *Diario de la Marina*, sí que lo dejaban claro en representación de una clase amenazada por la destrucción.

Empujado por el frenesí de aquellos días, me dejé arrastrar a una vida amorosa algo más que agitada. Parecía que la revolución hubiera desatado las cuerdas del recato sexual y pasé a ser un coleccionista no siempre voluntario. La casa del abuelo en La Habana Vieja se convirtió por un tiempo en lugar de relajo. Mi promiscuidad fue descubierta por Anita que, amablemente, tal era su estilo, me reconvino.

—No conviene abusar —me dijo—. Una cosa es el galanteo y otra muy distinta la adicción. El sexo en cantidades masivas es como el alcohol, embota los sentidos y hace perder el gusto. Intenta moderarte.

Negué la evidencia y continué enzarzado en aventuras galantes, más ocasionales que otra cosa. Aunque alguna de aquellas eventuales compañeras de cama, persiguiendo fines más estables, terminó por hacerme una escena en lugares inapropiados, procurándome así entre mis compañeros una fama donjuanesca que me desagradaba.

Fue Marcos quien primero me avisó del asunto. Gente del Directorio había hecho correr la voz. Los cuatro asesinados en la calle Humboldt e Isidora habían sido traicionados. La policía de Batista había descubierto sus escondites a través de una delación. Ya en El Escambray, Faure Chomón me lo había anunciado, pero ahora había un nombre y una afiliación. Según mi amigo, el individuo también se llamaba Marcos. Marcos Rodríguez, y era militante del PSP. Según esta versión, un comunista había traicionado a los dirigentes del Directorio. Lo comenté con Carlos. Hasta él había llegado el rumor.

—No quise decírtelo por no reabrirte la herida con algo que hasta ahora es tan sólo clamor de mentidero. Pero si quieres mi opinión, te la daré. Yo sí me lo creo y, además, sé que ese maricón es uno de los protegidos de la «pareja».

La «pareja», en el decir de Carlos, eran Joaquín Ordoqui y su compañera, Edith García Buchaca. Connotados miembros y dirigentes del PSP. Ordoqui era comunista desde 1927 y la García Buchaca, que había estado casada con Carlos Rafael Rodríguez, dictaba entonces la política cultural de los comunistas. Esto último la hacía especialmente odiosa a los ojos de Carlos. Los colaboradores de *Lunes* la consideraban una estalinista, tan ignorante como indecente. «Es la quintaesencia de la torpeza. Intelectualmente rebuzna», oí decir de ella.

—Cuando la «pareja» se exilió en México, en las postrimerías de la dictadura, sé que tuvieron allí bajo su amparo al tal Marquitos —continuó Carlos—. La viuda de Fructuoso Rodríguez, uno de los asesinados en la calle Humboldt, ha venido por aquí a intentar remover el asunto. Nosotros no podemos publicar nada sin tener pruebas. Habla con ella.

Fui a visitar a la viuda de Fructuoso Rodríguez. Cuando le dije quién era yo y el motivo de mi visita, vi en sus ojos el brillo de la voluntad y la determinación. «No pienso dejar correr el tiempo. He de llegar hasta el final», dijo. Me informó de que Marquitos —así le llamaban— estaba ahora trabajando como instructor en La Cabaña. Por lo tanto, dependía del Che.

—Ese hijo de puta es un maricón que andaba tras los pasos de uno de los muchachos. Ellos eran *hombres* —subrayó— y no iban a consentir semejantes propuestas. Por eso los vendió. Ha de acabar ante el paredón. No pararé hasta verlo muerto.

La venganza se había instalado en su corazón y daba por hecho que la traición había existido y que Marquitos era el delator.

—No lo dudes. Cómo, si no, iba a saber Ventura con tanta precisión dónde estaban ocultos. Habían cambiado varias veces de sitio. Marquitos y sus amigos eran quienes conocían los lugares. El escondite de Isidora Morales también. Entraron a la misma hora en Humboldt y en Obrapía, iban seguros y a matarlos. Sabían perfectamente todo, quiénes eran y dónde estaban. No se pararon a pedirles la identificación. Iban a matarles y los mataron.

Fui a ver al Che. Me recibió sonriente dentro del uniforme que, como siempre, le venía amplio.

—Cuánto tiempo sin verte, arquitecto, ¿en qué te ocupas?

—En trabajar —le contesté lacónico.

Le conté lo que sabía acerca de los asesinatos.

—Nunca me habías hablado de esa chica. De verdad, lo siento —dijo mirándome a los ojos—. Conozco esos rumores, pero nadie trae pruebas o indicios suficientes. No niego que hubiera una traición. Es más, estoy seguro de que la hubo, pero de ahí a poner nombres y apellidos hay un enorme trecho. Además, da la casualidad de que tanto el denunciado como sus amigos eran y son comunistas y quienes les acusan son miembros del Directorio. Sabes muy bien cuál es mi pensamiento, ¿te acuerdas en El Escambray? La unidad es buena para la revolución, la división es mala y esta denuncia, que no pasa de ser un rumor, reabre las viejas heridas entre la gente del Directorio y los comunistas. Si hay pruebas, yo seré el primero en pedir que se haga justicia. Mientras tanto, trataré de impedir que las cosas se enconen.

—Los únicos que conocen la realidad de lo ocurrido son: por un lado, el interesado y sus amigos, si es que no lo hizo solo, y Ventura con sus esbirros, por el otro. Los primeros nada dirán, pues les va la vida en ello y si Ventura hablara desde Miami, donde disfruta de los dólares que aquí robó, todo el mundo creería que es una patraña para dividirnos. Como ves —concluí—, no será fácil saber la verdad.

—Es cierto, pero en la historia hay pocos crímenes que queden impunes —contestó optimista.

Hice ademán de marchar. «No quiero entretenerte más», le dije, pero él insistió en que me quedara y charláramos un rato. Quería que comentáramos la situación.

—¿Cómo lo ves? —preguntó.

Le expuse mis dudas acerca del «proceso», le hablé del modelo soviético, que no me gustaba, de la forma en que se había marchado Urrutia. «¿Acaso hemos olvidado la valentía civil que Urrutia había mostrado contra Batista, aún con riesgo para su vida?», le dije. Le insistí en la cantidad de oportunistas que florecían por doquier. En fin, concluí con una pregunta: «¿Por qué no se convocan elecciones y dejamos que las urnas vayan aclarando la situación?».

—Habrá elecciones —contestó, pero más adelante. Debo aclararte —dijo— que a mí el sistema soviético no me gusta, pero volver a la situación anterior a la dictadura de Batista, me gusta menos. Las elecciones deberán realizarse cuando hayamos producido los cambios que hagan irreversible el proceso revolucionario. Para que, de verdad, un voto valga igual que otro, todos han de ser iguales, aproximadamente iguales, en cuestiones tan básicas como la renta, la educación o la cultura. Sin igualdad, la oportunidad de votar no deja de ser una ficción, un engaño. Si queremos elecciones auténticamente libres démonos prisa en socializar la riqueza. Que cada uno tenga la misma posibilidad que otro para llegar a la universidad o para leer a Cervantes, a Shakespeare o a Goethe. Hemos comenzado por la Reforma Agraria, pero es insuficiente. Mira a tu alrededor y comprobarás que, en cuanto a igualdad, ni siquiera todos los cubanos pueden comer lo mismo. No te asustes —continuó—, no quiero una dieta uniforme y cuartelera. Cada cubano que coma lo que le apetezca, pero no puede ser que unos siempre se alimenten con langosta, mientras otros, siempre los mismos, tengan que conformarse con arroz. Alguien ha escrito que el hombre es lo que come. No seré yo quien defienda un materialismo tan vulgar, pero algo de verdad hay de ello. No sólo por la nutrición en sí, sino por lo que eso significa en cualquier sociedad subdesarrollada. También en los EE UU, con una renta media muy alta, hay millones de personas que no prueban otra cosa que arroz. ¿Cuántos negros estudiaron con vos en la Columbia? No nos debemos engañar, tampoco es preciso saberse de memoria *El Capital* para entender que las desigualdades tienen su causa en la propiedad de los medios de producción. Unos pocos poseen esos medios y una mayoría no. Ésa es la raíz de todas las desigualdades. Roto ese nudo, la igualdad acaba por imponerse. No soy tan estúpido como para pensar que ese cambio producirá inmediatamente hombres mejores, pero en un par de generaciones, aunque nosotros ya no estemos aquí para verlo, los incentivos materiales para producir darán paso a los incentivos morales. Nadie querrá volver al capitalismo, y la democracia formal, sólo aparente y mentirosa, inventada por la burguesía, se transformará en una democracia real, donde la frase «un hombre, un voto» sea, por fin, verdad.

—Las dudas que tengo —le dije— no son sobre los fines, que comparto, sino sobre los medios. No sobre el *qué*, sino sobre el *cómo*. Hay en tu exposición demasiadas hipótesis optimistas. Optimistas, sobre todo, respecto a los hombres y mujeres que han de dirigir ese proceso. Tienes una fe excesiva en todos nosotros. Yo, por el contrario, tengo miedo, un razonable temor a que la revolución esté empezando a devorar, como Saturno, a sus propias criaturas.

—No es eso —me cortó con decisión—, no es eso. Algunos se quedarán por el camino, pero serán ellos quienes abandonen, nadie los echará. Podrán, eso sí, cometerse injusticias individuales, pero no colectivas. La revolución precisa sacrificios, pero no serán gratuitos, porque detrás y a causa de ellos se alumbrará una sociedad más habitable. ¿Sabes lo que dijo Nelson en Trafalgar antes de iniciar la batalla? —yo lo ignoraba, él continuó—, una frase muy simple: «Inglaterra sólo espera de ustedes que cada uno cumpla con su deber». Eso dijo. Murió poco después, alcanzado por un proyectil español o francés, pero Inglaterra ganó aquella batalla y se hizo la dueña del mar durante siglo y medio. Por cierto, ¿sabías que Nelson se mareaba hasta ponerse verde cada vez que se subía a un barco?

Luego hablamos de arquitectura, de «las casas que tenés que hacer, ¿no es cierto?», me dijo con su acento inconfundible.

Las dudas acerca del asesinato de Isidora reavivaron dentro de mí la vieja angustia del recuerdo de su partida y su destino. Una angustia que con el paso del tiempo había logrado, si no eliminar, al menos, contener o controlar. Un control que resultó ser más aparente que real. Inconscientemente debía creer entonces que saber la verdad u obtener la venganza me servirían de algo. Una quimera que perseguí durante meses. Cuando, mucho después, los acontecimientos se precipitaron, dejaron en mi ánimo una frialdad de hielo.

Busqué a Faure Chomón y se explayó conmigo.

—No es un rumor, es la verdad. Los traicionaron, los entregaron al verdugo por razones políticas. La prueba de ello es que Marquitos sigue siendo su protegido. Le acogieron en México, le enviaron con una beca a Praga y ahora le están buscando otra vez un puesto allí. Todo ello es fruto de la cobardía y el sectarismo de los comunistas. Lo que no saben ni Ordoqui ni la García Buchaca es que tengo información certera y cercana. He estado siempre al tanto de los pasos de Marquitos.

—Pero ¿tienes pruebas? —le corté.

—Tengo la seguridad de que fue ese maricón quien les entregó y lo acabaré demostrando. No tengas la menor duda de que lo haré. Te dejaré las cosas claras: fue a través de Marquitos como consiguieron esos apartamentos, el de Humboldt y el otro en Obrapía. Después del asalto al palacio, Isidora y los otros compañeros estuvieron moviéndose por La Habana, cambiando cada día de refugio. Todos andábamos perdidos y expuestos a ser asesinados. Nuestras casas de seguridad se quemaban continuamente, así que recurrieron al PSP. A este Marquitos lo conocían de la universidad y fue él quien les proporcionó los apartamentos con la intención de denunciarlos y eso no lo hizo sin consultar. Lo sé y lo probaré.

Los datos, los indicios, la seguridad de Chomón, consiguieron convencerme. Mas, qué podía hacer yo. Chomón me dijo que me tendría informado, que no me preocupara de mover pieza alguna. Se mostró muy seguro de tener en sus manos los hilos de la trama.

Cuando en 1962 las cosas cambiaron y Marcos Rodríguez fue detenido por motivos políticos ajenos a los asesinatos del 57, volvió a pedir apoyo a sus viejos camaradas Ordoqui y García Buchaca. Faure Chomón consiguió hacerse con las cartas. Marquitos acabó por confesar su crimen y, por fin, se le juzgó. Lo había hecho para «liberar al Directorio de elementos anticomunistas y facilitar así la unidad de acción».¡Qué sarcasmo! Para intentar justificarse, aseguró que Isidora y sus amigos se burlaban de él continuamente. Tampoco pensaba que los fueran a asesinar. Faure Chomón llevó el peso de la acusación no sólo contra Marquitos, también contra el PSP y muy especialmente contra «la pareja». Ante una situación que se estaba complicando políticamente, Fidel Castro acabó por intervenir en el juicio con un largo discurso para asegurar que el reo había actuado solo. Ningún partido debía de ser reo de conspirar en el asesinato. Marquitos Rodríguez fue condenado a muerte y fusilado. Ordoqui y García Buchaca fueron arrestados y eliminados de la vida pública, pero esa es otra historia. Faure Chomón no volvió a hablar del asunto, al menos, en público. Pero todo esto ocurrió mucho después, en 1964.

El 15 de octubre de 1959, Martínez Sánchez, hasta entonces ministro de las Fuerzas Armadas, fue encargado de la cartera de Trabajo. Para sustituirle en su antiguo cargo fue nombrado Raúl Castro. Huber Matos, uno de los comandantes de la sierra, entonces gobernador militar en Camagüey, dimitió de su cargo. Para él el nombramiento de Raúl como ministro de Defensa era la gota que colmaba el vaso y demostraba el sesgo comunista que estaba tomando la revolución. Catorce de sus oficiales dimitieron con él. «El riesgo que corro no importa. Creo que tengo el valor y la serenidad para afrontar todas las contingencias. Es preferible morir antes que volver la espalda a los valores que animan la causa de la verdad, la razón y la justicia. Sabes que tengo valor para pasar veinte años en la cárcel. No ordenaré a mis soldados que hagan un solo disparo contra nadie, ni siquiera contra los asesinos que tú tal vez envíes.» Esto escribió a Fidel Castro el día antes de que éste ordenara la ocupación de Camagüey por las fuerzas armadas de la provincia. Matos esperó, sentado en su casa.

El 20 de octubre, Fidel Castro viajó hasta Camagüey para arrestar personalmente a Matos «por traidor, que había obstruido la Reforma Agraria». Matos se entregó sin luchar, tal como había anunciado. Camilo Cienfuegos se hizo cargo del puesto de Matos y le condenó con violencia a través de la radio. A los pocos días, Camilo Cienfuegos desapareció con el avión que lo transportaba, perdido en una tormenta, probablemente sobre el mar. Su cuerpo nunca apareció.

El Consejo de Ministros que siguió a la detención de Huber Matos, y al que asistían personas que no eran miembros del gabinete, fue duro. Faustino Pérez tomó la palabra.

—Creo que el comandante Huber Matos es inocente y debe ser puesto inmediatamente en libertad —dijo.

—Huber Matos es un traidor y hay que fusilarlo —contestó Raúl Castro.

Ray y Oltuski insistieron en la inocencia de Matos. En ese momento de tensión, el Che dijo riendo:

—Vamos a tener que fusilarlos a todos.

—Menos bromas —cortó Fidel Castro—, o Huber Matos es un traidor o yo soy un mentiroso.

—Eso es terrorismo batistiano —replicó Faustino Pérez.

—Eso es terror revolucionario —contestó Fidel Castro fuera de sí.

—Gente que tiene el valor de sostener sus opiniones a riesgo de su vida —intervino entonces el Che, tranquilo y sin sonreír— como Faustino, Oltuski o Ray no sólo no pueden ser fusilados, han de seguir de ministros.

—No. No vamos a fusilar a Matos. No lo haremos un héroe. En cuanto a vosotros —dijo Fidel, dirigiéndose a Faustino—, no podéis seguir de ministros. No tenéis la confianza de la revolución.

Faustino Pérez fue sustituido por Díaz Aztarain, un oportunista a juicio de Carlos. Aztarain estaba casado con una hermana de Vilma Espín, la esposa de Raúl Castro. A Ray lo sustituyó Osmani Cienfuegos, el hermano de Camilo. Oltuski quedó algún tiempo más en el Gobierno. Felipe Pazos fue cesado al frente del Banco Nacional. Lo sustituyó Che Guevara.

Dos meses después, en diciembre, Huber Matos fue condenado a veinte años de prisión. El juicio fue un trámite donde nada se demostró, si es que algo se pretendía demostrar. Matos hizo su alegato ante el tribunal a las seis de la mañana. Nadie lo oyó ni lo leyó. *Revolución*, que había informado puntualmente del juicio los días anteriores, no dio cuenta del largo discurso de Matos. Carlos se debatía entre sus convicciones y la lealtad hacia Fidel. Cedió, pero algo empezó a rompérsele por dentro.

La vida política galopaba. Por todos lados surgían variopintas conspiraciones contra-revolucionarias, que no conseguían sino radicalizar las posiciones del Gobierno. El *habeas corpus* fue definitivamente suprimido. En los primeros meses de 1960, la prensa opositora fue obligada a introducir coletillas en sus informaciones. Estas coletillas eran redactadas por los trabajadores del Sindicato de Artes Gráficas o por el Colegio de Periodistas Cubanos. Primero *Avance*, luego *El Mundo*... y finalmente El *Diario de la Marina*, de una u otra forma, pasaron a manos del Gobierno. Carlos, que decía defender la libertad de prensa (y sigo pensando que lo decía sinceramente) se alegró, sin embargo, de la clausura de *La Marina*. Se sumó a la fiesta y fue él quien acudió personalmente al viejo edificio de Prado y editó el último número, que en primera página y en grandes letras negras decía «*140 años con la reacción. Un día con el pueblo*».

—Esa imprenta de *La Marina* es una maravilla. Ha de ser la Imprenta Nacional —nos dijo—. El primer libro, del que tiraremos millones de ejemplares, será *El Quijote*.

Se equivocaba. En el edificio de *La Marina* se instaló *Hoy*, el periódico comunista que él tanto despreciaba. *Revolución* se fue al moderno edificio de *Prensa Libre* en la Plaza de la Revolución. El edificio con mucho vidrio, que hubiera encantando a Percy por su estilo a lo Gropius, dependía del aire acondicionado. Cuando se estropeaba, era un horno.

Quevedo, el director y dueño de *Bohemia*, amigo de Fidel Castro, que había apoyado la revolución, salió un día de pesca y le envió un pez enorme. Luego puso rumbo al norte y se exilió. Antonio Ortega, el editor de *Carteles*, siguió el mismo camino. En marzo de 1960, Conte Agüero, el antiguo secretario general del Partido Ortodoxo, también amigo de Fidel, condenó al Gobierno por la televisión de CMQ. A continuación se marchó de Cuba. Cuando el 30 de marzo Abel Mestre, dueño de la CMQ, fue a cobrar unos talones al banco, le dijeron que el sindicato de empleados no quería aceptarlos. Al día siguiente, se presentó en el estudio desde el cual se emitía *Ante la prensa*, un programa semanal en el que se entrevistaba a un invitado, con frecuencia el propio Fidel. Cerró la puerta y dijo que esa semana él sería el invitado. Lanzó una diatriba contra Fidel Castro e inmediatamente salió para el exilio. La CMQ pasó a manos del Gobierno.

El 18 de noviembre de 1959, el Sindicato, la CTC, tuvo su congreso. De los tres mil delegados elegidos, tan sólo 260 eran comunistas. Carlos estaba encantado. «La cosa marcha», dijo. «Los sindicatos cubanos se deshacen de los rojos» fue el titular del *New York Times*. La alegría le duró a Carlos bien poco. En enero de 1960, el nuevo ministro de Trabajo, Augusto Martínez, movió los hilos para deshacer la dirección elegida en el Congreso. La campaña de desprestigio, en el mejor estilo de la caza de brujas, tuvo un efecto rápido. No quedó títere con cabeza. Todos los nuevos dirigentes colocados allí desde arriba eran gente segura. La inmensa mayoría resultaron ser comunistas. La nueva dirección sindical pidió dos cosas insólitas: que se congelaran los precios y se aboliese el derecho de huelga. El Gobierno promulgó las correspondientes leyes para asegurar estos fines.

Manuel Ray volvió a la universidad y me pidió que fuera a trabajar con él. Me apetecía dedicar algún tiempo a la enseñanza y lo hice, pero sin abandonar el Ministerio. Hablé con el nuevo ministro, que se mostró distante, pero correcto. Le pedí que concretáramos mi trabajo y así lo hicimos. Hube de preparar un proyecto de casas baratas para Santiago. Durante varios meses simultaneé el trabajo en la universidad y la dirección del proyecto.

Ser útil, ver algo físico que saliera de mis manos, ése era mi deseo. Creer que uno por sí y ante sí podía cambiar la historia resultaba demasiado pretencioso. Pensé entonces que se trataba de elegir entre empujar o salirse. Decidí empujar haciendo lo que sabía y aprendiendo. Desde el punto de vista personal y profesional aquellos meses me fueron muy útiles. También el contacto con los jóvenes aspirantes a arquitectos en la universidad me hizo madurar. Volví con ganas al estudio y a la práctica de la arquitectura. Recuperé un intenso contacto con Anita y gusté del trato con mis sobrinas. Me afeité la barba.

Cada día, Anita veía partir amigos o conocidos hacia el exilio. Una clase social estaba desapareciendo de Cuba ante nuestra vista a gran velocidad, y Anita, como yo, pertenecía cultural y sociológicamente a ella.

Aunque conversábamos continuamente, no hacíamos planes a largo plazo y nuestros comentarios sobre la situación política eran superficiales. Una noche en la que, como tantas, estábamos tomando café en la biblioteca, comenzó a hablar para sí, sin mirarme.

—Vivir en un país tan agitado tiene sin duda inconvenientes, pero también ventajas. A una le dan ocasión de asistir a un espectáculo a veces demasiado terrible, pero no hubiera preferido vivir en la tranquilidad, haberme casado como Dios manda y aburrirme —me miró un momento antes de continuar—. Cuando te marchaste a la sierra estuve segura de perderte. Fueron meses muy largos de angustia y sufrimiento. Una dictadura había matado a mi padre y otra... iba a acabar contigo. Durante aquellos meses, puse muchas flores en la tumba de Nela... también en la de Isidora. Cuando te vi volver... fui la mujer más feliz de la tierra. Creo que hiciste bien en pelear. Esas dudas que yo sé que tienes ahora, aunque no hables de ellas, naturalmente me conciernen, pero no deben hacerte pensar que cometiste un error —calló unos instantes. Después continuó—: ¿Te acuerdas de aquel profesor que fue mi amante? Marchó ayer hacia Venezuela. La vida se le había hecho imposible. Tengo la sensación de que nos quedaremos solos, pero no me importa. No quiero convertirme en una exiliada. He nacido aquí y ésta es mi ciudad. Es posible que tus amigos del Gobierno sean un desastre, pero a pesar de que voy a cumplir cuarenta... y muchos años... siento curiosidad por ver cómo termina todo esto y deseo que acabe bien. Te lo aseguro. Si te he de ser sincera, nunca he visto a tanta gente tan contenta en Cuba, aunque para algunos resulte insoportable seguir viviendo aquí. Me han dicho que el Gobierno prepara una gran campaña de alfabetización. Pienso participar en ella.

El 4 de marzo de 1960, un barco francés, el *Coubre*, que transportaba armas belgas, hizo explosion en el puerto de La Habana. Murieron setenta y cinco obreros y doscientos resultaron heridos. Estábamos en plena batalla diplomática sobre el cupo del azúcar, nadie tuvo la menor duda de que se trataba de un atentado patrocinado por la CIA. La amenaza extranjera se instaló en las cabezas y los corazones de la inmensa mayoría de los cubanos.

Me vi con Marcos a solas y también en compañía de Ray. Habían decidido pasar activamente a la oposición. El padre de Marcos que, como ya dije, había regentado una delegación de la General Motors, partió con casi toda la familia hacia Florida. Marcos me comunicó que ya estaban instalados en Tampa. Por primera vez oí a Marcos hablar contra Fidel con gran virulencia, con una saña que me sorprendió. Ray se dirigió a mí más sereno y también más práctico.

—Lo que voy a decirte lo hago porque confío en ti. Sé que eres un caballero y que, cualquiera que sea tu respuesta, esta conversación no saldrá de entre nosotros tres. Estamos organizando un movimiento para conseguir dar un giro radical a la situación política. No en los objetivos generales, pero sí en los procedimientos. Hemos de construir un fidelismo sin Fidel. No podemos pasar de una dictadura a otra, de un caudillo de derechas a otro de izquierdas. O nos movemos con prontitud o acabaremos siendo cazados como conejos o haciendo cola en la aduana de Miami. Ésta es mi revolución y también la tuya, no tenemos derecho a entregarla sin lucha. Sería inmoral.

—Pero ¿crees en serio que volviendo a la clandestinidad se podrá derrotar a Fidel Castro y a su hermano? No ves cómo les sigue la gente —dije—. Pero no sólo la gente en la calle. Cuando la explosión del *Coubre* ¿sabéis quiénes estaban aquí en La Habana? Jean Paul Sartre y Simone de Beauvoir. Carlos se había encargado de invitarlos y por casualidad su estancia coincidió con la explosión. Asistieron al mitin de Fidel. Tienen influencia en muchos sectores de la opinión europea. Todo el progresismo mundial comulga con ellos y Sartre ha escrito que allí, en ese mitin, descubrió la cara de la revolución, la amenaza angustiosamente sentida. «Descubrí esa angustia porque la comparto», eso ha escrito. ¿Quién va a entender un fidelismo sin Fidel?

—Te equivocas —replicó—, hay demasiada gente valiosa desengañada y decididamente en contra de este caudillismo. Hemos tomado contacto con cientos de personas del M-26... sindicalistas, gente de la universidad. Somos muchos y decididos. Robespierre también era seguido por el pueblo y tuvo su Thermidor. Cuando perdió el poder y le subieron al cadalso nadie movió un dedo por él.

—Creo que quien se equivoca eres tú —contesté—. Sabes más de política que yo, pero no te das cuenta de que Cuba es ya algo más que Cuba, que la partida se juega en el tablero mundial, que entre Fidel Castro y la CIA empieza a no haber espacio para nadie y esto que digo será cada vez más cierto, porque a Fidel le interesa y porque le interesa al Departamento de Estado. Y ya que hablas de Robespierre —continué— conviene que releas toda su historia y no sólo el final. Cuando llegó al poder, los ingleses ocupaban Toulon y amenazaban Dunkerque, los austriacos habían tomado Valenciennes y los prusianos Alsacia. Por si fuera poco, los realistas y los girondinos se habían levantado en la Vendée, en Burdeos, en el Midi... en pocos meses acabó con todos.

—También Batista parecía imbatible y le doblamos la espina dorsal. La resignación sólo conduce a la melancolía.

—Lo malo es que los errores suelen conducir a la cárcel —dije e inmediatamente me arrepentí de haberlo dicho—. Y tú, Marcos, ¿estás de acuerdo?

—Sí —contestó—, estoy completamente de acuerdo con él.

En una cosa tenía razón Ray, muchos desengañados y otros alimentados por la CIA empezaban a moverse y a montar partidas en la montaña, pero no había de pasar mucho tiempo hasta que ellos dos y toda Cuba entendieran que, en efecto, entre Fidel Castro y la CIA no cabía un alfiler, no existía el menor espacio político. No se producen guerras a tres bandas, puede haber alianzas de muchos elementos, naciones o grupos en una guerra, pero el enfrentamiento dicotomiza, divide el campo en dos y cuando eso ocurre no valen las palabras, ni las componendas, ni los matices. Fidel Castro podría buscar y buscaba aliados externos, pero en Cuba no iba a pactar con nadie, no lo necesitaba. «O estás conmigo o estás contra mí.» Claro que él no hablaba en primera persona, sino en nombre de la revolución y directamente con el pueblo.

Julio había seguido trabajando en el *Diario de la Marina*, ansiando, según me dijo, que el periódico desapareciera. Su vida allí se estaba haciendo difícil, pues en la batalla por la supervivencia del periódico, los dueños trataban de implicar a sus quinientos empleados. Julio, con unos cien trabajadores más, se había negado a suscribir un manifiesto en favor del diario, lo que les hacía muy difícil la convivencia allí. Cuando, al fin, como ya conté, *La Ma-*

rina desapareció, Julio pasó a trabajar en *Hoy* que, al fin y al cabo, era el periódico de su partido. Comimos y le encontré exultante. Ante las moderadas críticas y las dudas que le expresé acerca del camino que tomaba la revolución mostró una firmeza que me asustó.

—Si dudas de Fidel, dudas de la revolución —dijo—. Para mí Fidel y la revolución son una misma cosa. De nada vale darle vueltas... los intelectuales tienen eso de malo... le dan demasiadas vueltas en la cabeza a las cosas.

De repente, a sus ojos, me había convertido en un intelectual, no sé si también en un sospechoso.

—He de aclararte —dije— que la política norteamericana me parece nefasta. Creo que la revolución ha de seguir adelante repartiendo la tierra, el trabajo y la riqueza, pero me preocupa que estemos enajenándonos las voluntades de tantos que han estado con nosotros desde el principio, muchos de ellos han hecho la revolución y tienen tanto derecho a opinar como cualquiera sobre el futuro de este país.

Me encontré discutiendo a la defensiva, como si tuviera que justificarme ante él.

—Pero ¿quién les impide hablar? —replicó—. ¡Que hablen cuanto quieran!, pero que no jodan. La revolución no puede andarse con paños calientes, porque está en juego su propia supervivencia. No podemos volver atrás. Mira esos de *La Marina,* ¿para qué querían el periódico? ¿Para informar? No. Para atacar a la revolución, para destruirla. ¡Que se vayan y nos dejen en paz!

—No estabas tan convencido de las bondades de Fidel Castro cuando algunos nos fuimos con él a la sierra —dije con rencor—. Pensabas entonces, como pensaban todos los comunistas, que aquello era una aventura condenada al fracaso. ¡Quién te ha visto y quién te ve!

—El partido ha podido cometer errores, pero no los cometerá más —concluyó muy seguro de sí.

Tuve la sensación de que se había levantado un muro entre él y yo. Un muro que la vieja amistad era incapaz de saltar. No eran sólo palabras lo que nos separaba, algo parecido a la intolerancia había hecho acto de presencia. La conversación, esa conversación, era ya imposible. Le pregunté por su familia, por su madre. «Todos bien, dijo, ella es más fidelista que yo.»

El proyecto de casas en Santiago, el Nuevo Vista Alegre, iba hacia adelante y hasta allí acompañé al ministro y allí me quedé montando el equipo que había de construir las viviendas.

Conseguir las máquinas adecuadas, seleccionar los hombres... resultó complicado, más si se tiene en cuenta que era la primera obra que yo dirigía. Comprobé que una cosa son los planos y los cálculos y otra muy distinta el vérselas con los ladrillos y el cemento. Por suerte, conté con un arquitecto local, acostumbrado a la obra pública, aunque, él mismo me lo confesó, era la primera vez que se las tenía que ver con un proyecto sin una gran empresa que, como tal, se encargara de sacarlo adelante. Sólo hacer funcionar las máquinas para mover la tierra y organizar el trabajo me llevó con frecuencia a la desesperación. Una vez puestos los cimientos, las cosas empezaron a ir medio regular. Trabajé quizá con poco orden, pero intensamente. Aprendí y, a ratos, hasta fue divertido. Tres semanas estaba en Santiago y una en La Habana, resolviendo asuntos burocráticos y minucias sin cuento en el ministerio y haciendo vida civil y familiar. Aunque escaso, aún tenía tiempo para atender alguna de mis clases en la universidad.

A los dos días de llegar a Santiago, apenas instalados en una destartalada oficina que había pertenecido a una empresa de importación, se presentó Marina. En su mirada se había instalado la tristeza. Lucía un avanzado embarazo que deformaba su menudo cuerpo forzando su columna vertebral hacia atrás.

—Te he visto en las fotos del periódico y he venido a visitarte —dijo.

En efecto, el inicio de las obras y la presencia del ministro habían sido recogidas con gran despliegue por todos los periódicos, radios y TV locales.

—Me alegra verte —dije— y verte así. ¿Para cuándo esperas el bebé?

—Para dentro de tres meses —contestó, mirándose la tripa y pasando sus manos por ella.

El ligero vestido sin mangas, debido al grosor de su vientre, colgaba por detrás notablemente más que por delante, dejando al descubierto sus rodillas. Llevado por la ternura que ella me producía a la que se añadía, tal vez, una curiosidad casi infantil, alargué mi mano y toqué, yo también, su vientre hinchado. El contacto con la piel tirante, que se percibía a través del leve tejido, me produjo una impresión cercana a un descubrimiento, como si aquel embarazo la hubiera transformado en otra persona, no diré extraña, sino nueva.

—¿Quieres que almorcemos o cenemos juntos? —le propuse—. Vente con tu marido, así lo conoceré.

Concretamos la cita para el día siguiente. El restaurante, una vieja taberna cercana al puerto, se hallaba casi lleno cuando entré, pero no vi a Marina. Pedí mesa para tres y me colocaron en una apartada, al fondo, desde donde podía observar la puerta de entrada. Me senté a esperar y me hice servir un mojito. Al rato, vi entrar a Marina. Venía sola. Mientras me buscaba con su mirada, la observé y su figura me trajo una vez más la imagen de la fragilidad. Le hice señas, sonrió y vino a sentarse a mi lado.

—Estoy sola. Mi marido no vendrá —me dijo—. Ya te explicaré más tarde.

Recuerdo que comió muy poco, «como un pajarito», le reproché. «Ahora que necesitas comer para dos», añadí.

Su cara, pese a todo, era tersa y hermosa. El embarazo le sentaba bien, aunque hubiera vuelto más torpes sus movimientos cuando andaba.

—He de contarte algunas cosas —dijo, cuando salíamos del restaurante—. La vida no me va muy bien.

Pensé en alguna pelea con su esposo, pero dejé que hablara.

—Lo que quiero contarte ha de quedar entre nosotros dos...

—De acuerdo —le dije.

—Mi marido se ha ido...

—¿Te ha abandonado en estas circunstancias? —pregunté alarmado.

—No exactamente —contestó—. Se ha ido otra vez a la sierra. Bueno, lo supongo, porque no sé exactamente dónde está.

Callé esperando alguna precisión, aunque convencido del abandono. Algo, por otro lado, muy frecuente en Cuba. El embarazo había sido el detonante, pensé. Ella continuó.

—En los últimos meses, al poco de quedarme embarazada, no hacía más que hablar de lo mal que iba la revolución. Pensaba que Fidel la estaba traicionando. Cuando lo de Huber Matos, él y unos cuantos más —algunos habían estado con nosotros en la Maestra, otros eran de aquí, de Santiago, todos luchadores contra Batista— se hicieron con armas y acabaron por irse. No sé bien dónde, pero yo creo que al Escambray. Me dijo que se iba el día antes de marchar.

La noche era agradable, la brisa del mar cercano refrescaba el aire. Lejos, sobre el horizonte rojizo, la luna llena atraía mi mirada como un imán. No supe qué decirle. Al fin le pregunté una obviedad:

—¿Qué piensas hacer?

—Nada —contestó—. Tengo trabajo, no me preocupa el niño. Pienso en él, en Antonio, mi marido. Serán tratados como bandidos... Yo le intenté convencer, pero fue inútil.

Estábamos sentados en una terraza sin mirarnos. Cuando volví la vista, pude ver que las lágrimas mojaban sus mejillas. La besé en la frente y al hacerlo estalló en sollozos.

—Si necesitas algo de mí, no lo pienses, pídemelo —le dije. No debes angustiarte. Estas cosas parecen insuperables cuando ocurren, pero luego la vida se encarga de hacerlas más llevaderas. Vas a tener un hijo y eso, que es muy hermoso, es lo único que te debe preocupar —le dije con convicción, pero sin estar convencido.

—¿Me podrás ayudar?

—Claro que sí —le aseguré.

—Incluso si Antonio es detenido, ¿podrás hacer algo?

—Al menos, lo podré intentar, aunque la cosa, no debo engañarte, es muy grave —concluí.

A finales de 1960, al volver por la universidad para dar mis clases noté un aire especial en el ambiente e inmediatamente me informaron. Ray se había exiliado. Llevaba varias semanas en Santiago y no había tenido ocasión de saberlo. Llamé a Marcos, pero en su casa no había nadie. Indagué en *Revolución* y allí pude enterarme de que Ray, Marcos y algunos más estaban en los EE UU trabajando codo con codo al lado de la contrarrevolución.

—No es ninguna broma —me dijo Carlos—, sabemos que tienen gente entrenando en Guatemala por cuenta de la CIA.

Puse cara de no creerme nada de lo que me estaba diciendo.

—No te engaño —insistió—, la cosa va en serio. Están preparando un desembarco y Ray es uno de los dirigentes. Es él quien ha pedido que echen de la operación a los batistianos, pero no creo que la CIA le vaya a hacer el menor caso. Es triste, pero es así. El Gobierno tiene buena información. No te estoy engañando, ni pretendo asustarte. A mí también me duele que sea precisamente Ray quien haya dado ese paso.

Le conté mis conversaciones con Marcos y con Ray.

—No le comentes a nadie eso y tampoco esta charla. Por ahora, es una información reservada —me dijo.

Anita y yo estábamos en la biblioteca después de cenar, las niñas ya se habían acostado, cuando llamaron a la puerta. Fui a ver quién era. Tres hombres a quienes no conocía preguntaban por mí. Pidieron que les acompañara «para unas preguntas sin importancia», murmuraron.

—Entren —les dije abriéndoles paso— estoy a su disposición.

—Tendrá que acompañarnos —contestó el que parecía dirigirlos—. Es cosa de trámite. No se debe preocupar.

Fue precisamente esa última frase la que me inquietó. Anita, que se había acercado, pidió también explicaciones.

—No se preocupe señora Cagigas —insistió—, es cosa de puro trámite. Dentro de un rato estará de vuelta.

Y me llevaron. Al salir pude ver la cara de Anita llena de temor.

No era la policía, se trataba de las Fuerzas Armadas. El servicio de información, que ya dirigía Ramiro Valdés. El cuarto en el que me metieron mediría ocho metros cuadrados y en él había tan sólo una mesa con dos sillas. Me senté en una de ellas, pensando que inmediatamente me llevarían al despacho de Valdés. Me equivoqué. Estuve allí más de dos horas. Al fin, alguien entró y me saludó con seriedad, llamándome por mi nombre. Era un tipo alto a quien no conocía e iba de paisano. Le pedí que me llevara con Valdés. «Él sabe bien quién soy.»

—Nosotros también sabemos bien quién eres... compañero —dijo y aquel plural volvió a inquietarme.

Tuve que hacer un relato pormenorizado de mi vida, de mi trabajo y, aunque a esas alturas yo sabía bien hacia dónde se dirigía, el nombre de Ray tardó en salir. Antes, tuve que explicar con todo detalle el contenido de mis clases en la universidad, mis amistades y contactos. Por qué parte de mi familia vivía en los EE UU. En fin, un interrogatorio en toda regla. En esa situación uno pasa del enfado displicente («éste no sabe con quién está hablando») al miedo a cometer un error («qué querrá saber con esa pregunta») para, por fin, colaborar con una única finalidad: salir de allí cuanto antes y hacerse perdonar no se sabe qué pecados.

—Es cierto, pues, que eres amigo de Marcos Montes de Oca —dijo en un momento del interrogatorio.

—*Era* amigo de Marcos hasta que se marchó sin avisarme a los EE UU —contesté.

Pensé entonces, y sigo pensando hoy, que un interrogatorio busca ante todo la humillación para el interrogado. Es también una advertencia, un aviso, una amenaza. («Lo sabemos todo, ándate con cuidado.») Tengo para mí que los interrogadores son siempre los mismos, con distintas máscaras, pero los mismos en cualquier régimen político. Debe de haber un gen con el que se nace interrogador, como se nace corredor de fondo. El resto lo da el entrenamiento.

Tres horas más tarde, el hombre se puso en pie con intención de salir de aquel cuartucho. Me levanté para acompañarlo, pero me retuvo. «Espera aquí, dijo, aún no hemos terminado.» Pasó otra hora y al cabo, llegó un soldado para comunicarme: «Ya puede irse, señor Cagigas».

Amanecía cuando gané la calle y hube de caminar un buen trayecto hasta llegar al centro. Allí tomé una guagua, donde una docena larga de trabajadores desperezaba su sueño. El autobús me dejó en el Malecón, desde donde fui andando hasta nuestra casa. Anita estaba aún esperando. No me hizo ninguna pregunta, pero yo le expliqué lo que buscaban, le ahorré los detalles desagradables del interrogatorio. Quienes eran interrogados con tortura en tiempos de Batista se resistían a hablar de ello con sus compañeros, aún en los casos frecuentes en que nada relevante hubieran dicho a sus torturadores. Entonces entendí el porqué de esa actitud aparentemente incomprensible. Es el recuerdo de la humillación lo que se desea alejar, apartar de uno mismo.

La inquietud dio paso a la duda. No sabía si para ellos seguía siendo un compañero de la Sierra Maestra o me había convertido en un bulto sospechoso. Hablé con Carlos y me prometió conversar con Ramiro Valdés. Cuando lo hizo me lo transmitió: «Me ha dicho que no te preocupes. Fue un interrogatorio de seguridad. No hay nada contra ti». Hablé con el ministro, que, como siempre, estuvo distante, pero amable y me dijo: «Todos estamos preocupados por lo que prepara la CIA y Ray está con ellos, pero no lo pienses más, tú sigue proyectando casas. Es tu trabajo y lo haces bien».

A través del rector me ofrecieron hacerme cargo de la cátedra de Ray. Quedaba claro que no era sospechoso. Por lo menos no lo era de ser amigo político de Manuel Ray. Fuera como fuera, ni me sentía con ganas, ni quería dejar mi trabajo en el ministerio, que forzosamente me tendría alejado de La Habana muchos días del año. Se lo agradecí, pero abandoné por completo la universidad que, además, deglutía en aquellos días la correspondiente purga política, que había tenido lugar meses antes y que acabó con las tradicionales libertades universitarias y, de paso, con la antigua FEU y los eternos estudiantes que la seguían dirigiendo.

También fui a ver al Che a su despacho del Banco Nacional. Me recibió sin ninguna reticencia, lo cual también me tranquilizó y sorprendentemente me ofreció trabajo.

—No sé absolutamente nada de dinero y mucho menos de finanzas —le dije.

—Yo tampoco y aquí me tienes. Además, lo pienso hacer bien. Todo es cuestión de ponerse a ello y trabajar, trabajar y trabajar. Es el secreto.

—No lo dudo —contesté—, pero además de no entender nada, es que no me interesa. Yo hago casas, ¿recuerdas?

—Sí, pero aquí nos hemos quedado sin técnicos de confianza. Por eso te lo digo. Pero hacer casas está bien.

Le conté lo que hacía y el incidente de mi interrogatorio. Me quejé con alguna amargura. Él se explayó.

—La revolución, ya te lo dije, puede cometer errores. Los comete sin duda, pero el peor error de todos, la equivocación definitiva, consiste en abandonar la revolución y pasarse, aún sin desearlo, al enemigo. Las grandes obras exigen enormes sacrificios individuales a quienes se embarcan en ellas. Las «jornadas» de los conquistadores españoles en América, leídas hoy, parecen tarea inalcanzable para cualquier hombre y, sin embargo, fueron realizadas. ¿Qué les movía? Probablemente un objetivo tan rastrero como el oro o el poder. Sin embargo, aquella aventura colectiva no deja por ello de ser admirable. Más cerca de nosotros en el tiempo, los ingleses de la era victoriana tienen en su haber hazañas igualmente desmesuradas que les llevaron a construir un imperio, cuyo final ahora recién comienza. ¿Sabés algo del capitán Burton? —negué con la cabeza—, pues te interesará conocer la historia de un hombre que pudo en muy poco tiempo aprender y vivir tantas experiencias. La Larga Marcha de Mao-Tse-Tung no difiere mucho de los dos ejemplos anteriores. Los grandes objetivos, sean nobles o sean reprobables, arrastran tras de sí voluntades hasta el límite de las posibilidades humanas. Un límite que es mucho más ancho de lo que comúnmente se cree. Se diría que los objetivos, las metas, transforman a los hombres hasta el heroísmo. A nosotros nos ha tocado asumir uno de esos objetivos que cambian la historia del mundo. Una meta que es, además, noble: liberar a los pueblos de su esclavitud, del dominio del capital y del imperialismo. Estar a la altura de esa misión es lo único que debemos hacer. Hemos de ser la llama que encenderá esa hoguera. Al lado de ello, las miserias humanas y aun las injusticias parciales son tan sólo una sombra en la pared. Latinoamérica es muy grande y Cuba muy pequeña. Alcanzar la victoria exigirá no sólo sacrificios, también habilidad política. No creas que Kruchev y los rusos nos ayudarán de buen grado. Están comprometidos en un pacto con los yanquis para dejar las cosas tal como quedaron al final de la última Guerra Mundial. Ninguno de los dos cuenta con los pueblos que siguen oprimidos, pero que ya vislumbran su liberación. Somos la primera revolución que triunfa en Occidente después de la II Guerra y hemos de ser ejemplo y vanguardia. La revolución, a veces, me recuerda al soldado herido que se niega a que le corten una pierna, pero el cirujano sabe que si no lo hace el hombre morirá. El médico no puede andarse con paños calientes o con aspirinas, toma la sierra y corta. Incluso sin anestesia. Un dolor que salva una vida.

Aquella mirada tenía el poder de engendrar grandes pasiones. Una chispa brillaba en sus ojos. A veces fijos en algo que hubiera detrás de mí, como si me traspasara. Una especie de película transparente parecía cubrirlos. Cuando, no tantos años después, una tarde lluviosa, en circunstancias personales muy dolorosas, recibí la noticia de su muerte, de su asesinato, en un lugar perdido de la selva boliviana, recordé ese día y esa mirada y en el fondo de mí sentí admiración hacia aquel hombre. Un hombre sin dudas, que había puesto su vida a disposición de una tan alta meta con toda la convicción de la que era capaz. Una meta esquiva o imposible, pero noble, como su muerte, la buena muerte del Che.

Su retrato, que con tanta profusión han hecho circular después de su desaparición, no le hace justicia. Los unos le han convertido en un icono romántico y aguado, sin mordiente, como si se tratara de un Cristo laico y biempensante. Los otros han buscado en él, en su pasado heroico, la justificación de su acción renqueante y burocrática. Un pasado que no se compadece con las miserias del presente.

Al principio de 1960, Marina tuvo su hija. Una niña menuda que, cuando me acerqué al hospital para visitar a su madre, apenas se movía en la diminuta cuna en la que estaba. La familia de Marina, su madre viuda, vieja y enferma, y una hermana casada en Sancti Spiritus, apenas podía aportarle compañía y ayuda, ni a ella, ni a la recién nacida. Cuando a la semana del nacimiento salieron las dos del hospital para instalarse en el apartamento que Marina ocupaba en el centro de Santiago —un viejo apartamento de apenas treinta metros cuadrados en un piso tercero— les hice una visita. Marina atravesaba por una gran depresión. Cansada por el parto, enfrentada a nuevas obligaciones y responsabilidades para con un ser tan pequeño y desvalido, pero también falta de horizontes. Situación en que estaba sumida a causa de la marcha de su marido, a quien maldije en su presencia. Mis palabras, tan poco meditadas, resultaron, más que inoportunas, dolorosas, provocando una llantina de la que misteriosamente se contagió la pequeña. Encerrado en aquel habitáculo, pasé horas sin saber qué hacer.

Cuando la niña acababa de cumplir un mes, con Marina aún bajo el efecto de la depresión que la hacía perder peso a ojos vista, llegó la noticia. Antonio había sido apresado en una colina, cerca de El Escambray. Eran ocho «bandidos», según ella pudo ver en la televisión. Yo estaba en La Habana y también conocí la noticia, pero ni los nombres ni las caras me pusieron alerta. Al regresar a Santiago, encontré a Marina en un estado de total postración. Con las pocas fuerzas que tenía, me pidió que intercediera cerca de Fidel o de quien fuera para intentar salvar la vida de su esposo.

—Júrame que lo harás —me dijo, y en su mirada había más que angustia.

Sentí la desesperación y la impotencia. Tomé el avión de vuelta a La Habana y allí intenté mover los pocos hilos que, tras la huida de Ray, podían quedarme sin levantar nuevas sospechas. Carlos, que recordaba bien a Marina, hizo alguna gestión. Luego me dijo:

—No hay esperanza. Los van a fusilar. Sólo se me ocurre que sea ella quien le escriba directamente a Fidel. Vamos a redactar la carta. Has de saber para tu información que sólo en El Escambray están alzados casi mil hombres armados. La mayor parte de ellos eran nuestros antes del 59. Como puedes ver, la cosa es grave.

Escribimos un borrador de carta. Volví a Santiago y le di esperanzas. Ella firmó la carta. Cuando la hice llegar al «líder máximo», ya no servía de nada. Esa madrugada los habían fusilado. Me sentí sin fuerzas para comunicárselo a Marina, pero de eso ya se encargaron los periódicos, la radio y la televisión. Debí volver inmediatamente a Santiago, pero me demoré a causa del trabajo un par de días. Un error que habré de lamentar toda mi vida. Llegué a Santiago de mañana y estuve trabajando hasta mediada la tarde, luego fui a cambiarme al hotel en el que me hospedaba. Cuando me disponía a subir al apartamento de Marina, alguien, una mujer, me detuvo en el portal.

—Si busca a Marina, no suba hasta el tercero —dijo lacónica.

Me quedé mirándola sorprendido. Ella continuó:

—En el segundo piso tienen un recado para usted, yo le acompañaré.

La mujer, enjuta, de unos cuarenta años, me precedió, subiendo delante de mí por la escalera. Llegamos al segundo piso y llamó a la puerta. «Marta, dijo desde el rellano, abre. Está aquí el señor Cagigas.»

Marta, una mujer joven, entornó la puerta y me pareció que una multitud de niños la rodeaban agarrados a su vestido. «Pase, señor Cagigas», dijo. Entré. La mujer que me había acompañado se retiró, cerrando la puerta a mis espaldas. Marta se echó a llorar y con ella alguno de los críos.

—¿Me puede decir usted lo que ha pasado? —le pregunté inquieto.

Entre sollozos, me contó que esa misma mañana muy temprano Marina había llamado a su puerta. No habló con ella, sino con su marido, que salía en ese momento hacia el trabajo. «Dejó una carta para usted», dijo, volviéndose hacia el interior a buscar el sobre. «Mi marido acababa de salir del portal cuando oyó el ruido. Se había tirado por el balcón. La llevaron al hospital, pero debió morir en el camino.» Me dio la carta y siguió llorando. Mientras yo la leía, ella continuó con sus atropelladas explicaciones. A la niña la habían llevado también al hospital. «Allí están las dos. Marina muerta y la niña al cuidado de las enfermeras. Hemos avisado a la hermana de Marina que vive en Sancti Spiritus. Llegará esta noche o mañana temprano», concluyó.

* * *

Querido Jesús:

Sé que no aprobarás lo que voy a hacer. La vida es ya una carga que no soy capaz de arrastrar. Tampoco sé en qué creer. La muerte de Antonio me deja sola, pero además me ha hecho perder la fe en todo. No puedo más. En mi vida no he hecho más que cometer errores y malgastar los años. Es la primera vez que te escribo una carta. Recordar ahora lo que fuimos el uno para el otro sólo me entristece. Todo se ha vuelto una losa que me aplasta.

    Sé que tienes buen corazón. Me dijiste que estabas dispuesto a ayudarme y aunque nada has podido hacer para evitar la muerte de Antonio, sí podrás hacer algo por la niña. Es lo único que me preocupa. Si puedes, intenta que sea feliz. Al menos, que no sea tan desgraciada como su madre.

    Un abrazo, compañero.

Marina

* * *

    Pasé toda la noche en el hospital. Allí, en los sótanos, dentro de una estrecha estancia oscura y descuidada, estaba el cadáver de Marina. Metido en una caja de madera apenas pulida sobre la que habían pasado una brocha con una pintura parecida al barniz. Salí de allí y desperté al encargado de la funeraria. Le pagué bien para que llevara al hospital un féretro más digno y unas flores. Cumplió y por la mañana, cuando llegaron la hermana y su marido, Marina, tan pequeña, estaba ya dentro de una gran caja forrada en tela y adornada con flores. Sólo se le veía el rostro. Su cabeza estaba envuelta, bajo el mentón y sobre el cráneo, por unas vendas que ocultaban las trepanaciones de la autopsia.

    El cuñado de Marina había sido un trabajador del azúcar que antes de la revolución había instalado un pequeño comercio en Sancti Spiritus. El matrimonio tenía dos hijos y esperaba el tercero. «Nosotros podríamos hacernos cargo, pero no nos sobra el dinero», me dijo cuando le hablé de la niña. Me aseguró que su suegra y los padres de Antonio no estaban ni en edad ni en disposición de quedarse con la niña.

    Después del entierro hablé con Anita. Le conté lo que había sucedido y le leí la carta de Marina, entonces ella dijo:

—Habla con la familia y, si ellos están de acuerdo, te la traes a casa. Creo que tengo ya suficiente experiencia como para sacar adelante a un bebé. Eso sí, no le podré dar el pecho —imaginé su sonrisa al decirlo—. Esa mujer te quería y estaría contenta... si lo pudiera ver.

Consulté con la hermana y con su marido. Ambos mostraron su conformidad. «No es necesario que hable usted con mi madre ni con los padres de Antonio. Nosotros nos encargaremos de eso.» Dos días después, llegó Anita con la criada. Acompañada por la hermana de Marina fueron al hospital y Anita voló ese mismo día hasta La Habana con la niña. Un renacuajo que no hacía más que llorar en brazos de la criada o en los de Anita, indistintamente.

—Tus sobrinas han recibido a Tonia como si se tratara de un regalo —me dijo por teléfono la semana siguiente—. Una muñeca que llora de verdad y a la que dedican buena parte del tiempo cuando están en casa. Bertita hace de mamá con mucha dedicación, pero yo creo que Lita le tiene algo de pelusa a la pequeña. No te preocupes. Eso poco importa.

—Habrá que decirle a mi padre que ha aumentado la familia —le dije, algo inquieto.

—De eso me encargo yo.

Era la respuesta que esperaba.

—Te lo agradezco mucho. Yo no hubiera sabido cómo encarar el asunto —le confesé.

—¡Vaya con el guerrillero! Ni se atreve a hablar de cosas serias con su propio padre. Ahora que hay tiempo, conviene que vayas preparando los papeles de la niña. No puede vivir de prestado toda su vida.

—¿Qué papeles? —pregunté sorprendido.

—Los de la adopción. ¿Cuáles iban a ser?

No había pensado en ello y la verdad me inquietó el asunto. Cuando le confesé que no me veía como padre, Anita se puso seria y me lo recriminó.

—También podría adoptarla yo. Al fin y al cabo, yo no tengo hijos —dijo con mala intención—, pero me había hecho a la idea de ser la abuela. Ya estoy en edad para ello.

La burocracia estuvo pesada, como siempre, pero al cabo de unos meses y tras miles de trámites fui declarado padre adoptivo de Tonia, aunque la niña conservó los apellidos de sus padres biológicos.

Recordar ahora el suicidio de Marina me sigue produciendo un profundo dolor. Un suicidio siempre se vuelve contra alguien más que el propio suicida. En algún registro de mi conciencia llevaré probablemente siempre un sentimiento de indefinida culpa. Un sentimiento tenaz. La paternidad a la que accedí en tales circunstancias, aparte de no ser deseada (lo cual no es infrecuente dentro de matrimonios o parejas consideradas normales), trajo consigo una responsabilidad, inconscientemente rechazada entonces, la cual, pasado el tiempo, habría de resultarme beneficiosa.

El racismo, que había sido proscrito en Cuba, como en otros lugares, por decreto, es considerado de mal gusto ideológico, pero me ha acompañado desde entonces con esa pertinaz sutileza que toman los gestos y las palabras para expresar actitudes atávicas. Imposibles, al parecer, de erradicar, aunque se disimulen. El hecho mismo de que Anita y yo mismo advirtiéramos a Tonia desde que fue consciente de que el color de su piel no la hacía distinta de nosotros o de sus primos evidenciaba esa diferencia. La pigmentación de la piel, una obviedad de la cual el razonamiento no puede extraer conclusión alguna, resulta en la práctica una identificación insoslayablemente impuesta a quien lo soporta.

Anita trabajó durante todo el año 1961 en la campaña de alfabetización. Dirigía un grupo de jóvenes y tuvo que ausentarse con frecuencia de La Habana. Se las arregló, sin embargo, para llevar la casa con una eficacia admirable. Mi cuñado Juan, el marido de Laura, fue enviado a Oriente dentro de esa campaña. Laura se trasladó a vivir con nosotros. Cuando nuestros alfabetizadores descansaban en La Habana, la casa se llenaba de gente: tres niños, Bertita, cuatro adultos y dos criadas, una de éstas recién contratada gracias a las habilidades de Anita. Completaba la plantilla la asistenta de Laura que también acudía tres días a la semana. Ni en los tiempos de mi niñez recordaba yo la casa tan llena. A primeros de abril de ese año, di por acabada mi labor en Santiago y pasé a trabajar en un nuevo proyecto de viviendas que habían de construirse en Pinar del Río.

Durante los meses finales de 1960 y los primeros de 1961, Carlos viajó frecuentemente al extranjero. Esa circunstancia y mi trabajo fuera de La Habana hicieron que mis visitas a *Revolución* se fueran espaciando. Sin embargo, en abril acudí varias veces a la redacción, que era un hervidero de noticias y rumores. Todo el mundo daba por supuesto que habría una invasión norteamericana, aunque los más templados creían que el nuevo Gobierno yanqui no intervendría directamente, sino que se limitaría al apoyo logístico de los cubanos que, se sabía, estaban recibiendo entrenamiento en Guatemala y quizá también en territorio norteamericano.

X.

El 15 de abril de 1961, de madrugada, poco después de las seis, llamaron por teléfono. La criada subió a despertarme muy agitada. «Le llaman urgente, dijo, parece que los yanquis han bombardeado Santiago.» Mi ayudante en el Ministerio, nervioso, me aseguraba que la invasión estaba teniendo lugar. Decidido a salir, desperté a Anita y le di las noticias. Supuse que la orden de movilización dada un par de días antes se haría efectiva de inmediato. Al verme vestido otra vez de uniforme se asustó de veras. Salí con el coche hacia el cuartel general. Las noticias eran allí algo más precisas. Grupos de B-26 (no se sabía cuántos) habían bombardeado Santiago, San Antonio de los Baños y Baracoa intentando inmovilizar a nuestros aviones en tierra. No lo habían conseguido, pues en espera de una acción semejante nuestra escasa fuerza aérea había sido puesta a buen recaudo. La invasión se creía inminente. Pedí que me asignaran a una unidad. Osmani Cienfuegos me dijo entonces que iba a hacerse cargo de un batallón y con él me fui. Ese mismo día nos instalamos en la central Australia, a unos treinta kilómetros de Playa Larga.

No conocía aquella parte de Cuba, una región pantanosa e insalubre. Al llegar pudimos ver a pelotones armados de trabajadores del carbón. Ninguno de los oficiales con los que hablé, algunos de ellos compañeros de Sierra Maestra, pensaba que por allí pudiera producirse desembarco alguno. Detrás del terreno firme y arbolado, que estaba tierra adentro a unos diez kilómetros de la costa, se extendía una marisma por la que era imposible transitar. En la zona, donde vivían las familias de unos tres mil hombres dedicados a obtener carbón de leña, nos encontramos también con algunos grupos de alfabetizadores. Todo el mundo con conocimientos militares pensaba lo mismo: la invasión tendría lugar en Oriente, cerca de Guantánamo.

Se equivocaron. El grueso del desembarco se produjo pocos kilómetros al sur de donde estábamos, en Playa Girón. Cuando recibimos la orden de avanzar hacia el sur para detener la invasión, nos costó creérnoslo. Pensamos que se trataba de una operación de diversión y que la invasión en serio habría de ocurrir en otro lugar.

La luna estaba en cuarto creciente y soplaba un viento moderado que venía del Norte. Playa Larga está situada en el interior de la Bahía de Cochinos, a unos treinta kilómetros de Playa Girón. A medianoche observamos la luz del tiroteo que venía de allí. Desde los barcos —luego supimos sus nombres: *Houston* y *Barbara J.*— disparaban contra nosotros. Los invasores alcanzaron la costa en tres puntos: Playa Girón, Hornos y Playa Larga. Además de la infantería, habían conseguido desembarcar cañones pesados, artillería motorizada y tanques.

A las diez de la mañana del 17 de abril me encontraba allí, en Playa Larga, disparando contra lo que parecía ser un batallón de paracaidistas con gran capacidad de fuego. Tenían cañones lanzacohetes y morteros. Para ellos era vital hacernos retroceder, para nosotros echarles al mar. Entre los nuestros había demasiada gente inexperta que o bien se exponía imprudentemente o bien se arrugaba ante los disparos de mortero a los que no estaban acostumbrados. El hecho de que los proyectiles de mortero caigan en vertical detrás de las defensas desmoraliza siempre a las tropas bisoñas. Pese a todo, nos mantuvimos firmes. Nuestra aviación, a la que veíamos sobrevolar en dirección al mar, no ayudaba. Luego supimos que en las primeras horas estuvo muy ocupada en expulsar a los barcos invasores impidiendo la llegada de refuerzos y suministros.

A mediodía fui enviado de vuelta a la central Australia. Allí estaba Fidel, de nuevo metido en harina. Volví con el batallón 111 a Playa Larga donde pasamos una noche inquieta. En la madrugada nos atacaron los tanques. Los B-26 no nos dejaban en paz. Pese a todo, nuestros enemigos no conseguían abrirse paso. Durante el día 18, nuestro fuego y nuestros tanques comenzaron a dañar sus fuerzas. El día 19 por la mañana contraatacamos sobre Playa Girón con una buena preparación artillera. Después del mediodía, ya con la playa a la vista, aparecieron dos barcos de guerra y empezaron a lanzar lanchones al agua. No consiguieron alcanzar la playa. Nuestra aviación les hizo volver hacia alta mar.

La brigada invasora había perdido la batalla, aunque quedaran muchos grupos dispersos y armados a lo largo de la región. Desde donde estaba, exhausto por el sueño y el cansancio, vi pasar a Fidel Castro en un jeep, a su lado iba Carlos, que me vio antes que yo a él. Me hizo señas y me acerqué. «Te veo cansado, arquitecto», dijo Fidel. Me invitaron a subir y allí me instalé. De pronto entre unas matas salió un grupo de invasores con las manos en alto. Aún llevaban al hombro sus fusiles ametralladores, que nos hubieran enviado al otro mundo caso de que los hubiesen usado. «Voy a anunciar la rendición de la brigada. Así ganaremos tiempo y evitaremos cualquier reacción yanqui», dijo Fidel. Alguien le advirtió que aún quedaban más de mil invasores armados. «Sí, pero nadie pelea en esas condiciones», contestó, para añadir a continuación: «Que se respete a los prisioneros». Entonces, se dirigió a los que acababan de entregarse y les gritó: «No vamos a fusilar a nadie. Les garantizamos la vida. Les doy mi palabra». Se volvió hacia nosotros y nos dijo en voz baja y sonriendo: «Se los voy a cambiar a los yanquis por tractores».

Ya en La Habana y después de dormir un día entero, al leer la lista de prisioneros, me encontré con la desagradable sorpresa de ver en ella a Marcos Montes de Oca. Miles de personas sospechosas o simplemente flojas fueron detenidas en toda la isla. Se utilizaron, como campos de prisioneros, establos, potreros con alambradas, estadios... cualquier sitio. La ola de denuncias y la acción represora indiscriminada me asustó. Por suerte, la inmensa mayoría de los detenidos fueron liberados al poco tiempo.

La invasión sirvió para reforzar, ¡y de qué forma!, a Fidel Castro. El régimen fue declarado socialista el día antes de la invasión. «Ésta es la revolución socialista y democrática de los humildes», había dicho Fidel Castro. A partir de ese momento y dentro de la lógica de los acontecimientos, Cuba se alineó con el bloque socialista y cesó la ambigüedad, si es que alguna había. Las relaciones con los EE UU quedaron definitivamente rotas y hasta el vuelo de la PAN fue suspendido. A partir de entonces, para viajar a los EE UU sería preciso pasar por Canadá, ir a México o dar un rodeo hasta España. El régimen de Franco, pese al enfrentamiento tiempo atrás de su embajador, un tal Lojendio, con Fidel Castro en directo y por la televisión, mantenía no sólo las relaciones diplomáticas, también las económicas. La línea aérea española mantuvo siempre sus vuelos con La Habana.

Marcos estaba en la cárcel y yo no sabía qué hacer al respecto. Podíamos habernos matado el uno al otro sin enterarnos siquiera. De golpe, nos habíamos convertido en enemigos, lo cual me parecía un dislate imposible de entender. Le di muchas vueltas antes de decidirme, pero al fin llegué a la convicción de que si no iba a verlo, o al menos lo intentaba, no era porque hubiera ningún rencor entre ambos, sino por miedo a los comentarios que aquella visita podría levantar en mi entorno. Se lo comenté a Carlos.

—Si crees que es tu obligación —me dijo—, vete a verlo, aunque él no te pidió opinión para embarcarse en esta aventura.

Hablé con Osmani y le comuniqué mis intenciones. No puso objeciones. Hice las gestiones y, la verdad, no se presentaron inconvenientes. Provisto de comida, ropa y algunos libros, me entrevisté con Marcos en una salita del cuartel en donde se encontraba preso. La comida no me dejaron dársela: «Aquí comen lo mismo que nosotros, capitán», me dijo amable un teniente que, quizá porque yo fuera vestido de uniforme o por ser de natural amable, tuvo la deferencia de dejarnos a solas en un despacho que era parte de las dependencias normales del cuartel.

Al verme, y aunque ya había sido avisado el día anterior, Marcos se emocionó. Nos abrazamos. No lo habíamos hecho después del 1 de enero de 1959.

—Eres el único que se ha atrevido a venir —me dijo.

Nos sentamos uno frente al otro sin saber qué decirnos. Él estaba más flaco y parecía haber envejecido. Acababa de cumplir los veintinueve. Por lo demás, estaba moreno y saludable. Se lo dije.

—No nos tratan mal. Gimnasia. Vida cuartelera. La comida pasable. No estamos en el Hilton —dijo con humor—. ¡Qué razón tenías! —se arrancó por fin—. La CIA... una cuadrilla de miserables e incompetentes. Nos dejaron solos. No sé cómo a Kennedy no se le cae la cara de vergüenza. Nos han engañado como a niños. Ni siquiera nos dejaron tomar contacto con la oposición que operaba aquí dentro. Hemos sido carne de cañón para nada.

—No te desesperes. No creo que estés mucho tiempo en prisión, Fidel Castro tiene intención de intercambiaros por tractores —le dije para animarle.

—Tractores... pero si ya están preparando el juicio.

—Bueno —contesté—, habrá juicio, pero eso no va a empeorar las cosas. Hazme caso, aunque sea por una vez, saldrás de aquí y pronto.

—Lo malo de la cárcel —me dijo— es la lentitud. Aquí los días se hacen eternos. Además, está el juicio. Lo menos que me declaran es traidor a la revolución. Cuánta mierda. No sabes cómo te agradezco la visita... y los libros. Se levantó y se probó una camisa azul —ni a la medida, chico— dijo riendo. Si puedes enviarme algunos libros de matemáticas y diseño... a lo mejor recupero aquí el tiempo que perdí haciendo la revolución. ¿Te acuerdas?

Nos despedimos y me alegré de haber ido. Volví dos o tres veces más y puntualmente le envié los libros que pedía, algunos de arquitectura, y también ropa.

En marzo del año siguiente, se celebraron los juicios y, en efecto, poco después Marcos fue intercambiado, no por tractores, sino por dinero. Esta vez la CIA, o quien fuera, puso los doscientos mil dólares que el Gobierno pidió por su libertad.

Cuando, algunos años después, tuve ocasión de volver a verlo, se había convertido en un hombre de negocios y vivía en Tampa. Le sobraba el dinero y se pasó todo el día intentando que le aceptara un obsequio... un auto. Tanto insistió que le dije: «Lo nuestro es regalarnos libros». A las dos semanas llegaba a mi domicilio un gran paquete. Dentro, el teatro completo de Shakespeare en una edición muy cuidada con las tapas en piel y una tarjeta suya que decía: «Supongo que te sigue gustando el teatro. Vuelve a leer *Julio César*, da qué pensar.»

Pertenecer al bloque socialista exigía el montaje de un partido único, pero hasta llegar a la constitución del Partido Comunista de Cuba hubo varios intentos. El primero fue la ORI, en cuyos manejos anduvo, para desesperación de Carlos, Aníbal Escalante, el viejo secretario general del PSP, hasta que en 1962 cayó en desgracia. Se dijo que a causa del sectarismo que había impuesto dentro y fuera de la ORI. En 1962, Aníbal Escalante, a quien Carlos apodaba *Caníbal,* acabó por hartar a Fidel Castro, quien, como siempre, inició una campaña, esta vez, contra «el sectarismo». En el aniversario de la muerte de José Antonio Echeverría, se leyó su testamento político, que ya estaba publicado. En el texto leído, habían sido escamoteadas unas frases y Fidel, que lo iba siguiendo por escrito, se dio cuenta. El párrafo censurado aludía a Dios, pues Echeverría era creyente. «Confiamos en que la pureza de nuestras intenciones nos atraiga el favor de Dios para permitirnos establecer el reinado de la justicia en nuestro país» —decía el párrafo suprimido.

—¿Cómo es posible, camaradas? —rugió Fidel—. ¿Somos tan cobardes, tan fanáticos, que hemos de omitir tres líneas del testamento de José Antonio Echeverría simplemente porque creía en Dios?

Pero la gota que colmó el vaso fue una maniobra doméstica de Escalante. Casaba éste a una hija y ordenó que se le entregara una de las casas que, aunque no las usara, estaban a disposición del Comandante. Escalante quedó liquidado y Carlos —«¡cuán poco duran las ilusiones en casa del pobre!» (es frase suya)— creyó que la hora final del sectarismo comunista había llegado.

En julio de 1961, Edith García Buchaca, que presidía el Consejo Nacional de Cultura, le dijo a Carlos que Fidel Castro quería tener una reunión con los escritores. Una película, en realidad un corto de título *PM*, promocionado por *Lunes* y dirigido por Sabá Cabrera, hermano de Guillermo Cabrera Infante, había sido secuestrada por el Instituto de Cine, el ICAIC, que dirigía Alfredo Guevara, un comunista amigo de la García Buchaca. El corto era un documental sobre la noche habanera. Al parecer, su contenido resultaba ser poco revolucionario. Tan poco como el alcohol y la rumba.

La reunión que había solicitado Fidel Castro tuvo lugar un domingo en la Biblioteca Nacional. El salón estaba lleno. Carlos se había negado a ir. Yo sí acudí, movido por la curiosidad. En la mesa presidencial estaban Ordoqui, Carlos Rafael Rodríguez, la Buchaca, Alfredo Guevara, Armando Hart, Dorticós... y, por supuesto, Fidel Castro.

Se inició la reunión y tras los primeros escarceos, Fidel Castro tomó la palabra para concluir su parlamento de forma contundente.

—Y ahora, que hable el que tenga más miedo —dijo.

Un tipo flaco, desgarbado, a quien yo había visto en alguna ocasión por el periódico, se levantó. Pregunté sobre su identidad a un joven que se sentaba a mi lado y me dijo que quien iba a hablar era Virgilio Piñera. Entonces recordé haber leído algún cuento suyo que me había gustado.

—Doctor Castro —comenzó Piñera—, ¿y usted no se ha preguntado por qué un escritor debe tener miedo a la revolución? Y puesto que de los presentes parece que soy yo el que tiene más miedo, le pregunto, ¿por qué la revolución debe tener miedo de los escritores?

El miedoso tenía bastante valor.

Alfredo Guevara soltó una soflama contra la peliculita y pasando de la anécdota a la categoría arremetió contra «la ideología contrarrevolucionaria» de *Lunes* y de *Revolución*. La polémica tomaba caracteres duros, pero allí faltaba el actor principal que no era otro sino Carlos. Fidel Castro, tras aquel debate, al convocar una segunda sesión, hizo alusión a «los arrogantes que debiendo de estar aquí, no están».

El domingo siguiente, Carlos, que se negó a compartir la mesa presidencial, hizo una defensa encendida de su periódico. De su historia y de sus muertos. De su combate anti-imperialista. De su papel en las transformaciones sociales. «Los de *Lunes* estaban en Playa Girón, dijo, mientras otros o no fueron o pusieron pies en polvorosa.» Habló del apoyo que él y su periódico habían conseguido de gentes como Picasso, Calder, Miró, Cortázar, Paz, Fuentes, Tennessee Williams, Arthur Miller, María Zambrano... Defendió la película *PM* argumentando que, para los cubanos, la fiesta, el amor, la pachanga, eran una manera de ser. Terminó citando a Martí: «Ser cultos para ser libres».

El debate se animó y las tesis oficiales no conseguían culminar la encerrona que se habían propuesto.

Carlos Rafael Rodríguez, más inteligente o más cuco que Alfredo Guevara, se replegó. «Está bien que se publique lo moderno o lo hermético, pero poco a poco. En pequeñas tiradas para ir educando al pueblo y sin gastar enormes cantidades de papel que no tenemos.» Luego, se enzarzó con uno de los colaboradores de *Lunes*, Heberto Padilla, a propósito de la poesía de Eliot, y el viejo *aparatchik* quedó desairado, en ridículo.

Fidel, pulsado el ambiente, oteado el horizonte, tomó por la calle de la ambigüedad sin condenar a nadie, pero dejando al final, sobrevolando, lo que podía ser y sería una amenaza. «Con la revolución todo, contra la revolución nada.» Eso dijo.

La Iglesia católica ya lo había enunciado mucho antes: «Fuera de la Iglesia no hay salvación». A diferencia de ésta, Fidel Castro no ha definido nunca cuáles son los dogmas. A no ser que éstos se redujeran a la habilidad para detectar con el dedo índice levantado y húmedo la velocidad, la dirección y el sentido del viento en el que navegaban y navegan los pensamientos del *líder máximo*.

A la salida, más de uno se acercó a Carlos para felicitarlo. Entre otros, el poeta ruso Eugeni Evtuchenko, que estaba presente, sorprendido por la briosa defensa que allí se había hecho de la libertad. José Lezama Lima abrazó a

Carlos y le aconsejó: «Joven, éste es un país frustrado. Deje usted la política y dedíquese a la cultura». El viejo escritor sabía lo que decía.

Las espadas quedaron en alto. Sin vencedores ni vencidos... sólo en apariencia. *Lunes* dejó de publicarse... por falta de papel. Eso sí, se anunció un congreso y la fundación de la Unión de Escritores. La burocracia tiene caminos y razones que la razón nunca podrá ni transitar ni comprender.

Mi única relación directa con *Lunes* fueron un par de artículos acerca de la arquitectura de Viena, «la roja», y sobre la *Bauhaus* que escribí a petición de Carlos y con la anuencia de Cabrera Infante. Sinceramente, no creo que fueran gran cosa pero me sentí muy concernido por aquel debate en la Biblioteca Nacional. De allí podía haber salido una concepción menos estrecha, una forma más inteligente de entender el papel de los intelectuales en una sociedad que, cualesquiera que fueran sus defectos, se estaba construyendo. Hubo miedo. Temor al pensamiento, a que éste se convirtiera en política. Hubiera bastado con prohibir al arte y a la literatura que hicieran política, pero también les faltó cinismo para ello. Imbuido aún de la idea o la consigna del «arte comprometido», el pensamiento oficial no entendió que tal consigna estaba pensada para la sociedad capitalista. Aplicada a un régimen socialista, se convertía automáticamente en castradora, como ya había ocurrido en los países comunistas.

Han existido y existen una literatura y un arte comprometidos de extraordinaria calidad, mas la imposición excluyente del compromiso, que desprecia la producción literaria o artística no comprometida, no es sino sectarismo y pérdida del gusto por lo bello. Eso en todo tiempo y en toda latitud. Reclamar el compromiso, como única medida acerca de la validez de la literatura o de las otras artes, aparte de castrador, resulta inconsecuente en un régimen que no acepta las libertades públicas. Lo que se reclama como compromiso, a la postre, no es sino la obligación del halago o la penosa elaboración, siempre *a posteriori*, de la razón histórica o de Estado.

«La revolución es la primera en lamentar que no se puedan otorgar garantías y libertades individuales porque servirían al poderoso enemigo que trata de destruirla. Yo no sé si estos caballeros que escriben que *la verdad nunca hace daño* conciben la verdad como una entidad abstracta. La verdad es un concepto concreto al servicio de una causa noble», dijo Fidel Castro a finales de 1961.

Ciento setenta y ocho años antes, Robespierre había llegado a conclusiones parecidas: «Bajo el régimen constitucional es preciso proteger a los individuos contra los abusos del poder público, bajo el régimen revolucionario el poder público está obligado a defenderse contra todas las facciones que lo atacan. El Gobierno revolucionario dará a los buenos ciudadanos toda la protección nacional, pero no dará a los enemigos del pueblo más que la muerte».

La pregunta, que surge inmediatamente, reclama información acerca de *quién es el pueblo*. «El pueblo —diría Robespierre— no está constituido por el conjunto de los ciudadanos sino por los virtuosos, por aquéllos que aman a la Patria y sus leyes. No hay otros ciudadanos en la República que los republicanos.»

¿Y quién mide la cantidad de virtud que hay en el corazón y en la cabeza de cada individuo? Naturalmente, el gobierno revolucionario. En palabras de Robespierre: «La fuerza del gobierno en tiempos de paz es la virtud, durante la revolución es a la vez la virtud y el terror». Más claro, ni el agua clara.

Cohonestar la virtud y el terror es misión imposible, pero en Cuba, después de la invasión de Playa Girón, los imposibles no existían. Se quería todo: el apoyo de los intelectuales europeos con su buena conciencia y el control gubernamental del pensamiento. Mas, ya me lo había dicho Aguadé, no es factible engañar a todos todo el tiempo. Además, los intelectuales europeos, siempre partidarios de la revolución, pero no en su casa, adolecían no sólo del defecto de la incongruencia, también eran proclives a la inconstancia.

En 1968, y a causa de un incidente políticamente menor del que fue protagonista precisamente Heberto Padilla (el defensor de Eliot en la famosa reunión de la Biblioteca Nacional), la nómina completa de intelectuales europeos, influidos quizá por los acontecimientos que ese año trajeron nuevos aires libertarios, no dudaron en separarse definitivamente de Castro. Para entonces habían pasado en Cuba demasiadas cosas. Había muerto el Che y la URSS había invadido ese mismo año Checoslovaquia. Pero en el año 1961, cuando se realizó una auténtica *razzia* en todas las ciudades (la operación «P»: prostitutas, pederastas y proxenetas), desde la «progresista» Europa no se alzó ni una sola voz.

—Putas, maricones, chulos, santeros, vagos... todos a campos de trabajo —dijo Carlos—. La policía y los comités lo decidieron solos... la verdad, no tan solos, Fidel, Raúl y Ramiro Valdés estaban detrás. Detuvieron a Virgilio Piñera, ¿recuerdas quién es? —asentí y continuó—. Le llevaron al castillo del Príncipe, le desnudaron y le dieron un traje a rayas con la *P*. Fui a palacio indignado a protestar. Allí estaban reunidos Fidel y Raúl con Ramiro Valdés, Malmierca... Ramiro contaba ante la risa del coro la eficacia de la operación. «Sí, ya sé, me dijo Ramiro, vienes a protestar por Piñera. No te preocupes, tiene muchos amigos. Ya se ordenó que lo suelten.» Le dije que no venía a protestar por Virgilio Piñera, sino por todos. Por la barbaridad que se estaba cometiendo en nombre de la revolución. Me gritó que yo era el defensor de los homosexuales. «Si leen un poco de historia, de sicología, si leen a Freud, les dije, descubrirán algo que no les va a gustar.» «¿Qué cosas dicen tus libritos?», me preguntó Ramiro. «Pues que en la historia los mayores perseguidores de los homosexuales han sido precisamente homosexuales.» Entonces se puso hecho una fiera y me gritó: «Me estás llamando maricón. No te lo permito». Le dije que estudiara historia. «No me interesan tus libritos escritos por homosexuales. Me los llevo presos.» «Eso es lo que dicen siempre los policías», contesté. Ramiro estaba encabronado, así que intervinieron Fidel y Dorticós para decir que se estudiaría cada caso, que harían de las prostitutas mujeres nuevas, que se dejaría de perseguir a los homosexuales, aunque no se permitiría que tuvieran influencia en el arte, la cultura, la escuela... Como te imaginarás es para estar preocupado. Pelear contra el sectarismo es lo único que se me ocurre.

No supe qué argumentar. Las cosas «estaban bien jodidas», como él siempre decía.

La economía tampoco funcionaba. No se producía lo suficiente y parte de la producción se perdía en los canales de distribución. Se vaciaron las tiendas, confundiendo la causa con el efecto, se nacionalizó todo y apareció la serpiente andante y humana: la cola, conocida maldición del socialismo real, y con ella vino el racionamiento. El paso hacia una mayor dependencia de la URSS habría de aliviar más tarde las urgencias alimenticias a cambio de una deuda inmensa con los soviéticos que Cuba nunca pagaría.

De China llegaron preservativos que debían de producirse allí en grandes cantidades para frenar una demografía explosiva. Hubo un grave problema con las dimensiones de aquellos elementos de plástico que, según se decía, eran *pícolos-pícolos*. Oí contar que durante el viaje del presidente Dorticós a China, éste no sabía cómo explicar a Mao que los condones resultaban pequeños.

En casa no llegamos a pasar necesidad. Ni a los niños cubanos les faltó entonces leche, pero por primera vez desde enero de 1959 Anita estaba realmente preocupada. Yo entregaba mi paga y lo mismo hacía mi cuñado Juan, el marido de Laura. El racionamiento permitía adquirir los alimentos básicos a precios muy bajos, pero aquello resultaba insuficiente y Anita conseguía surtirse en el mercado negro, lo cual me resultaba muy incómodo desde el punto de vista ideológico y político. Mi padre se las arregló siempre para enviarle dólares, pero tras la ruptura radical con los EE UU estos trasiegos se complicaron mucho y el cambio de dólares por pesos la ponía a ella y a todos nosotros en entredicho. Anita era consciente de que, más temprano que tarde, iba a tomar una decisión y quería que la tomásemos juntos. Me pidió que mandásemos a los niños: a Bertita, que habría de estar en la universidad el curso siguiente, a Lita y a Jesús, los hijos de Laura, y a Tonia a los EE UU Juan y Laura se negaron a tal posibilidad. «Si nos hemos de ir, nos iremos todos», dijeron.

Anita habló conmigo a solas y convinimos en seguir en Cuba.

—No me parece bien que salgamos, huyendo de unas necesidades que compartimos con todos los cubanos —le dije—. No te arrugues ante las dificultades materiales. Sinceramente creo que hay problemas más graves. Esos sí que me hacen dudar.

Aceptó, pero la angustia cotidiana la minaba sicológicamente y yo no era indiferente a ello.

—Tu padre está muy preocupado —me dijo—. Según él, estamos pasando hambre y eso le pone fuera de sí. Tengo miedo de que estalle contra ti. No está dispuesto a que sus nietos y su hija vivan en la miseria por hacerte caso. Le he dicho a Juan que llame él a su suegro y le tranquilice. Es mejor que tú no hables con tu padre... de momento.

Juan, mi cuñado, que, aunque era contrario a Batista nunca había colaborado con la revolución antes de 1959, estaba ahora ilusionado con lo que para él era un trabajo realmente útil. Como profesor, se sentía a gusto con lo que entonces se iniciaba. No sólo con la campaña de alfabetización, sobre todo, con las perspectivas de una escolarización masiva. «Eso sacará a Cuba del atraso más que cualquier otra política de desarrollo que se pueda emprender», decía. Laura buscó trabajo y lo encontró. Para ello tuvo que aprender a manejar la máquina de escribir y Carlos echó una mano para colocarla en el Ministerio de Asuntos Exteriores. La voluntad de mi padre para que sus hijos aprendieran inglés le fue de alguna utilidad, pero era el ruso lo que tuvo que aprender en cursos acelerados y con buen provecho. A sus treinta y cinco años fue capaz, no sólo de meterse con un idioma tan distinto, sino de adaptarse a una nueva forma de vivir.

—He llevado una vida fácil, pero yo creo que ahora soy más útil. Me encuentro muy a gusto, aunque algo cansada —me dijo.

—Pues comunícaselo a nuestro padre que anda preocupado por ti —le pedí.

En efecto, habló con él y una vez que lo hubo hecho fui yo quien me atreví a llamarlo. Juan y Laura ya lo habían calmado y la conversación, entrecortada y algo tensa, me dejó tranquilo. Aunque no me lo dijo, yo sabía que las cosas económicamente le iban muy bien. El negocio de la construcción se le había quedado pequeño y estaba a punto de entrar en la Coca-Cola como accionista. Al poco, recibí una carta, la primera que me enviaba en su vida.

* * *

Querido Jesús:
La conversación telefónica del otro día me dejó una sensación ambigua en el cuerpo. No pude decirte todo lo que quería, ni tampoco en esta carta va a ser posible hacerlo. Me gustaría que tuvieras ocasión de viajar por unos

días a los EE UU. Hemos de tomar algunas decisiones que afectarán al futuro económico de nuestra familia y quisiera quedaras cabalmente enterado y dieras tu opinión. Ya no soy joven y me gustaría saber qué va a ser de todo esto cuando yo falte. Luis está de acuerdo en que nos veamos todos, también Lucía y su esposo. Laura y el suyo, si pueden y quieren, podrían venir. No se trata sólo de hablar de dinero, es sobre todo de mis empresas de lo que tenemos que discutir. Cuando uno llega a la edad que yo tengo (los próximos que cumpliré serán sesenta y siete) ha de preocuparse por el futuro más que nunca... por el futuro de los suyos no por el propio, que en mi caso está más que asegurado.

Una empresa no es una máquina de hacer dinero, sino una máquina para hacer cosas. Hasta ahora hemos trabajado, primero en el transporte marítimo y luego en la construcción. Ha llegado el momento de decidir si, al menos en parte, pasamos a otro sector. No se trata sólo de comprar más acciones y cobrar a fin de año la cuota de beneficios que corresponda, es preciso saber si estamos preparados para codirigir o influir en la marcha de la empresa en la que queremos entrar. Estos términos, lo sé, te resultarán «odiosamente capitalistas», pero la solidaridad con el mundo, empieza, supongo, con la solidaridad hacia los más próximos, hacia la familia, por poner un ejemplo. Y el futuro de tu familia dependerá de estas decisiones. No he de decirte que aquí tienes un puesto. Quiero verte y oír tu voz fuera del teléfono. Creo que tengo derecho a pedírtelo.

Un abrazo de tu padre.

Ángel

* * *

Le contesté que aceptaba el encuentro, pero que para salir hacia los EE UU necesitaba prepararlo con tiempo. También le dije que tomara las decisiones que creyera oportunas. De antemano contaba para ello con mi total acuerdo.

En una de las visitas que hice a Marcos hablamos un buen rato de Isidora, ello me llevó a intentar localizar a sus hermanos. Supe entonces que toda la familia había emigrado a Colombia, país con el que, al parecer, el padre tenía amigos de antiguo. En La Habana había quedado, sin embargo, Ignacio, el hermano tan querido por ella. Seguía viviendo en la casa de los padres. Licenciado en Derecho, trabajaba como oficinista en unas dependencias del INRA, en la Reforma Agraria. Le llamé por teléfono y nos vimos. Le dije quién era y cuál había sido mi relación con su hermana. Para mi sorpresa él ya lo sabía. Me contó que había podido ver a Isidora en La Habana durante los meses anteriores a su muerte.

—Siempre tan optimista... creía que Batista caería pronto. El día del asalto al palacio supe que había participado porque aquella noche llamó a casa y pude hablar con ella apenas un minuto. Cuando la mataron no lo podía creer.

Me contó que sus padres quedaron afectados y dolidos, no tanto contra Batista, sino contra quienes habían llevado a su hija a la muerte al introducirla en la revolución. Él sí creía en la revolución, por eso se había quedado y quería seguir trabajando, aunque «donde estoy me considero desaprovechado», me dijo.

Yo sabía que la delegación cubana en la URSS se iba a ampliar, no costó mucho mover los hilos para que Ignacio viajara hasta Moscú. Yo personalmente le llevé al aeropuerto y le presté quinientos dólares: «Gástalos en ropa —le dije—, allí hace mucho frío».

—¿De dónde los has sacado? —me preguntó.

—Recuerda que mi familia es rica... ¿por qué te crees, si no, que se enamoró de mí la chica más linda de la universidad? —le dije.

Sonrió y nos despedimos. A los seis meses pidió volver a Cuba. «Búscame algo donde trabajar en La Habana, aquí hace un frío insoportable... pero no sólo el que marcan los termómetros. Ya te contaré», me escribió. Se lo comenté a Carlos. «No me extraña. Allí no se puede vivir», me dijo, y le hizo un hueco en el periódico. Cuando Ignacio volvió, me contó que en Moscú la vida era difícil para los rusos, pero para un cubano era imposible. «No es un problema de subsistencia, comer se come todos los días, es cuestión de ambiente y de política. La KGB está por todas partes y en la embajada nuestra yo creo que hay más policías que funcionarios trabajando. Tuve un encontronazo con un individuo, un cubano, y me amenazó. No estoy dispuesto a soportar vejaciones de esta gentuza», dijo.

Escribí a Percy a fin de que alguien me invitara a dar una charla, a un congreso, a lo que él se le ocurriera a fin de tener un pretexto para viajar a los EE UU. Sus viejas conexiones liberales en la Columbia funcionaron y al cabo de un mes recibí una invitación oficial de la universidad para dar allí una conferencia sobre *Arquitectura en Cuba*. También me informó de que Sara se había casado el año anterior y ahora andaba divorciándose. Él aún estaba soltero, pero pensaba casarse en breve. «Sí, con Judith... no soy tan inconstante», me dijo por teléfono.

Con la invitación en la mano, no me fue difícil conseguir el visto bueno para salir. Pasé por Madrid y visité en Santander a mi tía Angelita a quien no veía desde hacía tanto tiempo. Me impresionó su aspecto cuidado, casi pulido, pero decrépito. Me encontré con una anciana, lejos de la mujer que había sido y que aún estaba en mi recuerdo. Había abandonado la casa en el campo, que sólo habitaba durante el verano, para instalarse en la capital.

Llovió durante el corto viaje entre Santander y Asón. Recorrí con detenimiento la casa donde yo había nacido exactamente veintiocho años atrás. Todo se conservaba allí tal como estaba entonces. «Cada mes se hace limpieza general», me dijo Angelita. Los viejos discos, la gramola, no tenían una mota de polvo, como si el tiempo se hubiera detenido. Le pedí a mi tía que la hiciera funcionar. Dio cuerda al aparato y yo seleccioné un disco.

> *Rechiflao en mi tristeza,*
> *hoy te evoco y veo que has sido*
> *en mi pobre vida paria,*
> *sólo una buena mujer;*
> *tu presencia de bacana*
> *puso calor en mi nido...*

La voz de Gardel se oía lejana y con algunos ruidos de fondo, como salida de ultratumba. Conecté la vieja y enorme radio, pero no funcionaba. «Tiene fundidas unas lámparas... ya no las fabrican», explicó mi tía. «Vámonos a mi casa. Aquí vamos a pillar una pulmonía», concluyó.

La casa de mi tía Angelita distaba un kilómetro. Allí todo era moderno: televisión, frigorífico, lavadora... Antes de anochecer estábamos de vuelta en Santander. Ella se había comprado un amplísimo apartamento que compartía con una criada casi de su edad con quien se pasaba el día discutiendo.

Los tres días que estuve en Madrid no dejó de nevar. Una ciudad inhabitable, pensé al principio. Visité el Prado y allí dentro estuve dos mañanas completas. Era más de lo que había imaginado. Alquilé un auto y me acerqué a El Escorial. En verdad, edificar aquel monasterio había sido una idea grande y tenebrosa. La complejidad acumulada hasta llegar a expresar aquella limpia sencillez debió de ser inmensa. Me imaginé a Bautista de Toledo y a Juan de Herrera entre planos, dirigiendo los cortes de cantería o peleando con los albañiles y no los envidié... sólo sentí admiración. ¡Cuánto trabajo!, pero también... ¡Qué obra!

Mi padre seguía manteniendo el apartamento en Nueva York y allí me fui directamente desde el aeropuerto. Paseé esa tarde por el Village, el Soho y también por Broadway. Hacía frío, pero el cielo estaba despejado. Una larga caminata. Tomé algo cerca de casa y a ella volví cansado, pero con tiempo para hablar con los Ross. Percy estaba preparando su boda y me dijo que su madre estaría muy contenta de verme... «Bueno, toda la familia, pero ella ha pasado un año bastante malo. Nada físico, más bien cuestiones ideológicas. Ya te explicará», concluyó.

Al día siguiente cené con ellos. Fue un reencuentro agradable y familiar. Nadie habló del fracasado matrimonio de Sara, que había vuelto a ocupar su antigua habitación en la casa. Anna había pasado varios meses en Jerusalén realizando amplios reportajes para un periódico de Nueva York acerca del juicio que allí se había celebrado contra el nazi Eichman. Las crónicas levantaron algunas protestas en los círculos judíos americanos, pero cuando las publicó en forma de libro y éste se distribuyó también en Europa la polémica subió de tono. Anna había trabajado antes de la II Guerra en los círculos sionistas, pero ni eso, ni su exilio, ni siquiera la masacre de su familia en los campos nazis la pusieron a salvo de las violentas críticas.

—He dicho dos verdades y eso es lo que les duele —argumentó durante la cena—. Primera: que sin la colaboración, por muy pasiva que fuera, de los líderes de las comunidades judías, el holocausto no hubiera alcanzado las dimensiones que tuvo. Por perfecta que se quiera montar, una máquina de matar, como la que pusieron en marcha los nazis no alcanza la eficacia de aquélla sin una miserable colaboración entre las víctimas y los verdugos. Moralmente ambas actitudes no son equiparables. Unos querían tan sólo matar y los otros creían defenderse mejor, como pueblo, colaborando en la selección de los destinados a los hornos crematorios, pero desde el punto de vista político sostengo que esa colaboración fue un trágico y condenable error. Segunda cuestión que no se me perdona: sostengo que el mal, aun el mal absoluto del nazismo, no se encarna en personas genéticamente proclives al asesinato, ni tan siquiera en fanáticos de la masacre. Eichman era un tipo trivial, un padre de familia que había integrado los asesinatos en masa a los que dedicaba su trabajo dentro de su podrida cotidianidad de funcionario. No pongo en duda, ni la legitimidad del pueblo judío para hacer justicia, ni la sentencia de muerte que se le ha aplicado, pero no se trata de un monstruo, sino de un hombre normal. Tan normal como repetible. Ahí está precisamente el problema.

Anna estaba muy afectada por las críticas que estaba recibiendo, algunas de una virulencia inusitada, pero aquello no hacía sino reafirmar sus ideas, aunque la polémica la hería. «Creo que no podré volver a Jerusalén», concluyó dolida.

Había seguido, ahora más distante, los acontecimientos cubanos y éstos tampoco le gustaban.

—No habrá elecciones en Cuba, ¿verdad? —me dijo.

—Creo que no. Por lo menos en años —contesté lacónico.

Tuvo la deferencia de no recordarme conversaciones anteriores. Obvió cualquier comentario, sólo me dijo:

—Y tú... ¿qué piensas hacer?

Conté en qué me ocupaba, les hablé del desembarco en Playa Girón y de mi papel durante la batalla..., de los resultados políticos de la intentona... En fin, les transmití mis dudas.

Percy que, como su padre, había intervenido muy activamente en la campaña electoral demócrata, en su intento de exonerar a Kennedy, argumentó diciendo que todo el montaje de la CIA había sido hecho por los republicanos antes de las elecciones.

—Pues podría haberlo detenido —intervino Anna—. Para empezar, lo primero era echar al reaccionario de Allan Dulles que acabó por meterlo en el lío. Una intervención militar directa era un camino inaceptable. Pero intentar, como hizo Kennedy, tirar la piedra y esconder la mano, invadir Cuba, pero sin poner todos los medios militares para conseguirlo, fue aún peor. Una chapuza innoble, miserable y, sobre todo, estúpida.

Al día siguiente hablé con Percy y le amplié mis dudas sobre el proceso político que se vivía en Cuba.

—Es difícil dar consejos y más a distancia, pero si quieres venir a trabajar aquí, estoy seguro de que no tendrías problemas. En el grupo buscamos en este momento arquitectos con experiencia y tú la tienes.

Se lo agradecí. Visité su despacho y juntos volvimos a la Columbia donde yo había de dar la conferencia. Su novia, Judith, que estaba presente en la conversación me animó a dar el salto.

—Cuando se duda —dijo—, lo mejor es cambiar de aires. ¿No crees? Además, a Percy le vendrá muy bien tener alguien que le oriente y le ayude —se rió—, ahora que se va a casar le conviene un amigo con quien conllevar las penas del matrimonio.

Salimos con Sara y los cuatro volvimos al teatro, al cine... Vimos *The Hustler,* una tragedia americana, donde Paul Newman, un jugador de billar, conseguía arruinar la vida de su amante, una pobre y linda chica coja. El director de la película era Robert Rossen, uno de los perseguidos por McCarthy, cosa que Percy se encargó de recordarnos y que mostraba, según él, que los tiempos estaban cambiando, incluso en Hollywood. Volvimos sobre nuestros antiguos pasos en el Village. Sara estaba lejos de sus retozos juveniles. Se veía que el fracaso matrimonial la había dejado malparada. Por fin quedé con ella a solas y cenamos juntos. Entonces le pregunté por su matrimonio.

—No me gusta hablar de ello, pero... en fin, haré una excepción —me dijo sonriendo—. En resumen que las cosas no son como parecen. Eso de la libertad, del hagamos cada uno nuestra vida, se acepta, y hasta se defiende en público, pero luego la vida cotidiana impone su ley. El control, que se quiere disfrazar de cariño... y los celos. ¿Habrá algún hombre que no sea celoso?

—Yo mismo —dije en broma.

Me miró, como si lo hiciera por encima del hombro y dijo:

—¿Tú?... Habría que comprobarlo. Es la maldita posesión ¿sabes? Ya no se trata de que te metas en la cama con otro, te quieren controlar hasta la mirada. La última pelea que tuve con mi ex-marido tuvo ese origen. ¿No te lo crees? Pues así fue.

Mientras hablaba, mi imaginación y mi memoria me estaban llevando a la última vez que estuvimos juntos en mi apartamento. Tuve que hacer esfuerzos para quitármelo de la cabeza. Llegamos a su casa en taxi y al despedirnos fue ella quien me citó para la tarde siguiente. Llevaba algún tiempo trabajando en el bufete que dirigía su padre, quien en aquellos días se postulaba para fiscal, puesto que consiguió alcanzar meses más tarde, y no saldría del trabajo hasta las cuatro.

Hacía una tarde hermosa y limpia, como si la primavera tuviera prisa por llegar. Fuimos hasta Long Island. Anduvimos cogidos de la mano por el paseo marítimo y me atreví a besarla. Ella contestó a mis caricias, primero, amable y, luego, apasionada.

—¿Por qué será todo tan endiabladamente complicado? —se preguntó—. Con lo bien que se vive sin tener que estar pendientes ni del pasado ni del futuro.

—*Carpe diem* —dije.

—Y eso, ¿qué significa?

—Pues que hay que vivir al día, aprovechar el momento. Ya ves, los romanos también sabían de estas cosas.

—Y tú, ¿no te acuerdas nunca de Isidora? Quiero decir, si no te viene continuamente a la cabeza.

Me quedé pensando.

—Continuamente no, pero naturalmente la recuerdo y ese recuerdo me entristece o por mejor expresarlo me produce nostalgia. Al principio era algo insoportable y permanente. Con el tiempo, se apaga la llama, pero queda el rescoldo. La nostalgia del futuro que no tuvo lugar, pero la presencia física, la memoria casi táctil del cuerpo o de las horas pasadas juntos se difumina y es imposible recuperar la nitidez. Supongo que es un sabio mecanismo, adecuado para la supervivencia. En el fondo, el olvido es una nube piadosa, aunque también sea una derrota.

Le conté las circunstancias en que se había producido la muerte de Isidora. La traición de la que habían sido objeto ella y sus compañeros.

—La lucha política —dijo— está llena de trampas. Las zancadillas muchas veces provienen de las personas más inesperadas. Mi padre lo está comprobando ahora. Pero de eso a la traición que conduce al asesinato hay un largo trecho que sinceramente me es difícil de entender.

En efecto, a Sara, como a la mayor parte de los norteamericanos liberales, le era difícil de comprender que la revolución cubana fuera algo más que una aventura romántica con efectos políticos. Una acción política que durante la dictadura de Batista carecía de reglas y que ahora seguía sin ellas.

—Va a tener razón mi madre cuando repite que la gran ventaja de la democracia son las reglas, las limitaciones —comentó—. Ella sostiene que sólo las leyes pueden darnos la libertad. Pero si se quiere la revolución, es decir, acabar con el poder económico de una minoría para que, de verdad, todos seamos iguales y no sólo a la hora de votar, debe haber un período en que las libertades, sobre todo la libertad para atacar a la revolución en marcha, han de ser suspendidas.

—Desde el punto de vista de la lógica no veo por qué. Si la revolución se hace en beneficio de la mayoría —argumenté—, ¿por qué no constatar esos apoyos mediante unas elecciones libres? Pero hay más. Ni siquiera unas elecciones están autorizadas a destruir o suspender las libertades. Las libertades y los derechos de los individuos no pueden estar al albur de unos resultados electorales. Éste es el principio básico de cualquier democracia. Además —concluí—, suspendidas esas garantías, ¿cuándo y cómo vuelven a ser reimplantadas? Quienes están en el poder, sinceramente convencidos de que su labor histórica ha de ser irreversible, nunca van a otorgar, ni las libertades, a las que se moteja de formales, ni van a convocar elecciones.

—Tengo la impresión de estar hablando con mi madre —dijo mirándome con una sonrisa irónica—. Me resulta difícil discutir con ella de estas cosas. Ha leído demasiado, sabe demasiado y ha vivido demasiado.

—No son defectos —contesté.

—Es posible que hasta sean virtudes, pero tú no eres su hijo ni has tenido que convivir con ella. Yo deseo vivir mi vida y tener mis propias ideas. Desde que tengo uso de razón, mi madre siempre ha tenido conmigo la palabra justa en el momento preciso, y tanta perfección cansa.

—Y ¿qué opina tu madre de tu fallido matrimonio? —me atreví a preguntar.

—Me ha tratado bien, no hubo reproches. Al fin y al cabo soy su hija. Pero no se ha ahorrado la frasecita definitiva: «La próxima vez procura buscar a alguien que no esté de acuerdo en todo contigo antes del matrimonio, sino después.» Este asunto de mi divorcio nos ha servido a Percy y a mí para enterarnos de que nuestra madre también estuvo casada antes, en Alemania, cuando era una jovencita. No me digas que no es un poco rara nuestra progenitora. Ni que se tratara de un crimen. Ha perseguido toda su vida la perfección, la excelencia y ese primer matrimonio era una tacha en su *curriculum*. Lo extraño es que mi padre, que naturalmente lo sabía, haya guardado el secreto con tanta discreción como ella.

—No es necesario que seas tan mal pensada —le dije—. Es más probable otra explicación. Aquella época de su vida debió de ser especialmente amarga y ese primer matrimonio está inscrito en ese pasado. Olvidarlo es parte de la destrucción de esa memoria.

—Sea como sea, no parece que esté por la labor de destruir esos recuerdos. Al menos, en lo que se refiere a la memoria colectiva. ¿A qué ha ido a Jerusalén? ¿Tú sabes la que ha armado con sus teorías sobre el holocausto? Probablemente, una vez más tenga razón en lo que dice, pero se podía haber callado. ¡Qué importa si los rabinos, o quienes fueran, colaboraron con los nazis en la preselección de los deportados! Al final, los seleccionados y los seleccionadores, todos, fueron convertidos en humo.

—Ella sostiene —argumenté— que podrían haberse salvado muchas vidas.

—Y a estas alturas, ¿qué arregla esa discusión? Los judíos hemos de olvidar, de una jodida vez, esa historia. No podemos vivir perpetuamente en el pasado. Cuando Percy y yo le exigimos que nos dijera cómo se llamaba su primer marido y qué había sido de él, nos contestó: «Se llamaba Samuel y murió en Auschwitz». Fue todo lo que dijo, luego salió de la habitación y cerró tras de sí la puerta suavemente, sin hacer el menor ruido.

Fuimos al cine a ver el éxito de aquella temporada, *West Side Story,* un musical que recreaba la historia de Romeo y Julieta en Nueva York. Julieta era esta vez una latina. La hermosa música de Berstein y los números de baile me gustaron. No me agradaron tanto los actores, especialmente «el Romeo» que me pareció un pasmarote. A la salida, Sara me confesó que era la tercera vez que veía la película. Me preguntó si en mi casa había algo para comer.

—No —contesté—, ahora hago vida de turista, sólo hay leche, café y zumos, lo único que te puedo preparar es el desayuno.

Cenamos ligero y tomamos un taxi. Una vez más se me adelantó y dio al taxista la dirección de mi apartamento. Evitó cualquier conversación previa. Ni hubo música, ni el menor comentario. Se metió en mi habitación y encendió todas las luces que allí existían, incluida la lámpara que estaba sobre la mesa de trabajo, ahora vacía de planos y de cualquier otro material. «Quiero que nos veamos bien esta noche», dijo y se desnudó a gran velocidad. Inmediatamente, vino a mí con intención de hacer lo propio con mi indumentaria con tal ímpetu que dos botones de mi camisa saltaron por el aire. Cuando intenté levantar del suelo la ropa desparramada, Sara, abrazada a mi cuerpo, se dejó resbalar hasta quedar de rodillas, aplicándose sobre mi sexo intensa y largamente.

«Ahora me toca a mí», dijo al cabo de no sé cuánto tiempo. Retiré la colcha, las mantas, la sábana, y se enseñoreó del centro de la cama, con la autoridad de su cuerpo desnudo. Apoyó la cabeza en la almohada sobre sus brazos cruzados. Separó las piernas y con los ojos muy abiertos y la voz enronquecida me dijo: «Es tu turno». Llegué sobre aquel cuerpo con la necesidad y el hambre de quien acaba de dar la vuelta al mundo en barco y sin escalas.

Fue una larga noche de encuentros. La pasión no nos dio tregua. Ni el afán de descubrirnos, de decirnos cosas. Cosas obscenas, cariñosas, locas. Entre los jadeos y esos gritos suyos, Sara me enseñó la mejor manera de llevar un contencioso sucesorio. Y nuestras carcajadas debieron tener en vela a todo el edificio.

—¿Sabes que te quiero? —le dije durante uno de los descansos.

—Y eso ¿qué quiere decir? —contestó, mirando al techo—. Yo también te quiero y lo que quiero es que vuelvas dentro de mí, ahora mismo.

Sus manos sobre mi sexo tenían la virtud de romper la ley de la gravedad. Inmediatamente reincidimos.

Eran cerca de las ocho cuando me levanté sin haber pegado ojo para hacer el desayuno. Avisé cuando estuvo dispuesto. Entró en la cocina cubierta con una bata de baño y renqueando. Cuando se sentó en la silla, un leve rictus de dolor se le instaló en la cara.

—¡Cómo me duele *ahí!* —dijo.

—¿Precisamente *ahí?* —pregunté riendo.

—Sí, *ahí...* y quiero que me siga doliendo todo el día.

Cuando se marchó a trabajar, ventilé la habitación, luego cerré las contraventanas y me volví a la cama. Aún dormía, cuando, a las cuatro de la tarde, llamaron a la puerta. A juzgar por su aspecto, Sara parecía volver de la guerra.

—Vamos inmediatamente a la cama —ordenó.

—Te duele mucho *ahí,* ¿recuerdas? —dije.

—No lo suficiente.

Volvimos a las carcajadas, pero esta vez, tras el primer asalto, quedó dormida y yo me fui al salón a intentar terminar la redacción de la conferencia que había de dar dos días más tarde en la Columbia. Cuando mis ideas acerca de la arquitectura habanera se secaron, salí a comprar comida. Pasadas las diez de la noche, desperté a Sara y preparé lo mejor que supe una cena que ella devoró. «Hoy no he almorzado», dijo, justificando su apetito. Entonces le conté la muerte de Marina y mi decisión de adoptar a Tonia.

—Ya ves... —me dijo—, tú tienes una hija sin haber pasado por el matrimonio y yo, casada, divorciada y sin hijos.

—¿Te hubiera gustado tener un hijo? —pregunté.

—Mejor que haya sido así, pero no te engaño. Yo creo que toda mujer en algún momento de su vida desea tener hijos. Al menos uno. Supongo que los hombres no lo podéis entender. Un hijo es una carga, quizá para siempre.

No ayuda precisamente en una carrera profesional, pero se echa de menos. Habré de decidirme, tengo veintisiete años y los médicos dicen que conviene tener el primer hijo antes de los treinta.

En ese momento, sin pensarlo, como si las palabras salieran de otra boca, le dije.

—¿Te casarías conmigo?

Volvió la cabeza hacia mí, como si un resorte se hubiera disparado dentro de su cuello. Yo mismo quedé sorprendido por mis propias palabras. Me miraba fijamente, sin hablar.

—¿Cómo se te ha ocurrido, así sin previo aviso? —dijo al fin.

Se levantó, dio una vuelta por la cocina sin ir a ningún sitio, se me acercó y me besó. Luego, sentada, continuó.

—Me agrada que me lo hayas dicho, pero si lo mantienes, debes pensarlo bien. En frío.

—Ya sé que no soy judío —dije sonriendo.

—Judío o gentil, el matrimonio es cosa difícil y yo no soy fácil. ¿Tú crees que el amor es suficiente para mantener en pie un asunto tan complicado como la convivencia? Además, ¿qué es eso del amor?

—De repente —dije, intentando contestar—, viéndote ahí he sentido que no quería perderte. Me he hecho, supongo, la ilusión de detener el tiempo, de agarrarlo, precisamente ahora en que me siento, ¿cómo decirlo?, lleno... lleno de ti, de tu carne y de tus palabras.

—¿Es eso una declaración de amor? —preguntó mirándome con la ternura saliéndosele por los ojos.

—Supongo que sí —contesté.

—Pues entonces, vamos a dar una vuelta. A compartirlo con la noche... Ahora debe estar casi todo cerrado —dijo mirando el reloj—, pero no importa, yo también quiero decirte algo hermoso. Sé de un sitio junto al río...

Anduvimos por un Nueva York desierto. A ratos cogidos de la mano. No hablamos mucho y cuando llegamos al pequeño parque sobre el Hudson y nos sentamos embutidos en nuestros abrigos, se quedó mirando abajo, al río, sobre el que se movía el reflejo de unas escasas luces. Estuvimos en silencio un buen rato. Luego, habló.

—Te quiero... te he querido mucho, desde hace tantos años. Me gustaría tenerte para siempre en mi corazón. Si eso es el amor, estoy enamorada, pero me da miedo que este encanto se rompa... como me hubiera gustado que Isidora y tú hubierais sido felices. Teneros a los dos, aunque fuera lejos. Sólo con verte, con veros alguna vez, me hubiera conformado. Además, estoy segura de que ella te hubiera compartido conmigo. Ahora, te toca decidir a ti... yo soy más insegura de lo que intento aparentar. Si dentro de un tiempo, el que tú quieras, me vuelves a pedir lo de esta noche, te diré que sí, pero antes de insistir piénsatelo. Ahora no hables... y vámonos que hace mucho frío.

A la conferencia que di en la Columbia asistió un número crecido de alumnos y algunos de mis viejos profesores. De las preguntas y opiniones que se expresaron en el debate posterior a la charla pude deducir que esperaban de mí más una defensa política de la revolución cubana que una conferencia sobre arquitectura. Me había limitado a exponer en la primera parte de mi conferencia la génesis de una ciudad, La Habana, sus bellezas y virtudes. También sus defectos urbanísticos y por qué éstos se habían producido. En la segunda parte, expuse lo que para mí debía de ser un proyecto habitacional en una sociedad igualitaria. Las preguntas, como digo, no entraron en los temas expuestos, sino que se orientaron hacia la política. Tampoco a este respecto fui nada heterodoxo. Defendí las medidas que se habían tomado respecto a la Reforma Agraria, el Urbanismo y la Vivienda y, sobre todo, el programa de alfabetización y enseñanza. Naturalmente salieron a relucir los temas de las elecciones y las libertades. Expresé mis opiniones acerca de lo que, a mi juicio, debiera hacerse. «Pero eso no se hace», me interpeló un muchacho. «Ya veremos», contesté para, a continuación, criticar con dureza la política de los EE UU con Cuba y especialmente el desembarco en Playa Girón. Nadie allí defendió lo indefendible. El personal de la delegación cubana, que vino al final a saludarme, debió de quedar satisfecho con mi intervención.

Al día siguiente, volaría hacia Atlanta, donde tenía prevista la reunión con mi padre. Sara y yo pasamos esa noche juntos. Alegres, pero preocupados por mi próxima salida. No concretamos nada acerca de nuestro noviazgo o nuestro posible matrimonio. Quise que habláramos, pero ella se negó.

—Vuelve a La Habana —me dijo—, te lo piensas, si quieres me escribes o me llamas, pero no tomemos ahora ninguna decisión.

En Atlanta, toda la familia se alegró de verme y yo de encontrarme con ellos. La ciudad me siguió pareciendo un lugar inhóspito. Mi padre había adelgazado y su aspecto era, en general, bueno, aunque el tiempo ya no pasaba en balde por su cuerpo. Su preocupación radicaba en algo bastante simple. Quería dividir su patrimonio en vida y que fuéramos sus hijos quienes empezáramos a tomar las decisiones. Deseaba que las acciones que tenía, tanto de la empresa constructora, como las que había comprado (un buen paquete) de la Coca-Cola, permanecieran sindicadas. Le habían ofrecido entrar con algún peso en el Consejo de Administración y quería que mi hermano Luis contara con la confianza de todos.

—Si voy a ser yo quien represente los intereses de la familia —dijo Luis—, quiero vuestra confianza. No porque lo diga o lo quiera papá, sino porque la tenga por mí mismo.

Me pareció justo y digno de su parte y así se lo dije. Para mi sorpresa me lo agradeció efusivamente. Estábamos sentados alrededor de una mesa: nuestro padre, Luis, Lucía, su marido Ovidio y yo. Cuando acabé mi corto parlamento, Luis se levantó, se acercó a mí, me hizo ponerme en pie y, sin decir palabra, me abrazó. Quizá en algún momento había pensado que yo me opondría a una operación cuya lógica y justicia eran evidentes. Era él quien había estado llevando con mi padre el negocio y, a juzgar por los resultados, lo había hecho muy bien.

—Os agradezco vuestra confianza. Yo mismo hablaré con Laura y con Juan y espero que estén de acuerdo. Tengo vuestra confianza, pero el dinero también os pertenece. Eso que quede claro —concluyó Luis, sonriendo.

Era evidente que le apetecía entrar en una gran corporación. Me gustó que no ocultara sus deseos.

Esa noche cenamos temprano todos juntos en casa de Luis y Katy. Sus dos niños, Ramón de nueve años e Isabelita de seis, estaban estupendos, pero apenas hablaban español. Sacarles unas palabras en castellano me costó un triunfo. Lucía y Ovidio vivían con mi padre, aunque él tenía otro apartamento que apenas utilizaba. En ese apartamento pasé yo los pocos días que permanecí en Atlanta. Ángel, el niño pequeño de Lucía, era el ojo derecho de su abuelo. Mi padre me pidió, después de la cena, que fuéramos a tomar una copa. No me pude negar, aunque supuse que me esperaba alguna filípica. Me equivoqué. Apenas hablamos de política. Estaba ante un hombre en tránsito hacia la vejez, que quería aflojar el ritmo de trabajo, prejubilarse, ese término empleó.

—Para hacer ¿qué? —le pregunté.

—Vivir un poco. Viajar. Pasar una temporada en España. ¿Sabes que no he vuelto desde que me casé con tu madre?

Le conté las impresiones que yo había sacado de mi única y reciente visita.

—Y de la señora Parker-Shaw, ¿qué se hizo? —me atreví a indagar.

Me miró como si le hubiera preguntado sobre el aspecto de la cara oculta de la luna.

—Agua pasada —se limitó a decir.

—Quizá me case con una chica norteamericana —le dije, metido en confidencias.

Su cara se alegró y yo sabía muy bien por qué.

—Eso está bien, conviene casarse antes de los treinta. Además, ya llevas algo adelantado. Aportas al matrimonio una hija sin estar viudo —dijo irónico.

Le expliqué quién era Sara, aunque le advertí: «La cosa está muy verde aún».

—Podrías invitarlos, a ella y a su hermano, a visitar Miami, así verías tú también lo que allí hemos hecho. No es correcto, además, que el arquitecto se quede sin ver su obra. La torre de tu amigo se vendió bien. Estoy seguro de que le gustará.

Salí de México para La Habana y fue durante el viaje cuando percibí que todos los pasos que yo había dado durante los últimos quince días se habían encaminado a preparar mi salida de Cuba. Anita y Bertita me estaban esperando en Rancho Boyeros y desde allí fuimos a casa a desempaquetar los regalos.

Aquella noche, Anita me exigió un relato pormenorizado de cada minuto transcurrido durante mi ausencia. Cuando le hablé de Sara, me interrumpió para decirme:

—Si eso va en serio, y no quiero pensar en que vas haciendo ese tipo de proposiciones a la primera que se te cruza en el camino, las cosas cambiarán para todos nosotros. ¿Te das cuenta que ella difícilmente podrá vivir aquí? Para empezar no habla español, al menos, no lo hablaba cuando la conocí.

—Bueno... tan sólo es una posibilidad.

—Pero ¿qué dices? No puedes tener a esa mujer esperando tu decisión eternamente, por mucho tiempo que te haya dado.

Cuando visité el periódico, ya le habían llegado a Carlos los libros de arte que le había enviado desde Madrid. Me lo agradeció, como si le hubiera hecho llegar todo el fondo del Museo del Prado.

El ánimo político de Carlos, que tanto había subido con la caída de Escalante, estaba por los suelos. No veía que el proceso abierto contra el sectarismo fuera otra cosa que un lavado de cara y un pretexto para eliminar a Escalante y a algunos de sus fieles que se habían puesto demasiado impertinentes.

—Pero, ¿qué se puede hacer? —me preguntó o se preguntó a sí mismo.

—Yo lo tengo más fácil —le dije—, me basta con hacer edificios o con ocuparme un poco del urbanismo. En último caso, hasta puedo dar clases de matemáticas en una escuela, pero tú lo tienes más bravo. Estás en el centro de la tormenta. Diriges un periódico. El periódico del 26 de Julio, además.

—Mira —me dijo—, cuando me salieron los dientes ya estaba en la política. Si se tratara de buscar una solución individual hace tiempo que la hubiera encontrado. Qué hacer colectivamente, eso es lo que me preocupa.

—Hace unos meses... y parece que ya han pasado años, les dije a Ray y a mi amigo Marcos que entre Fidel y la CIA no había espacio. Me duele haber tenido razón. Marcos acaba de salir de la cárcel a cambio de los dólares que habrá puesto, supongo, precisamente la CIA. A ti te digo lo mismo. Lo que en el fondo te encabrona es que Fidel no te haga caso, pero el problema no está ahí, en quien influye más o menos sobre el líder máximo, sino en que tenga que ser él o Raúl, o Carlos Rafael Rodríguez, o Ramiro Valdés, o Malmierca, de quienes dependa todo lo que aquí se haga. Te voy a ser sincero. Entre una dictadura y una democracia tampoco hay espacios intermedios. Lo malo es que la CIA no representa la democracia, pero Fidel sí es la dictadura. Si alguna vez me voy de Cuba no moveré un solo dedo en contra de Fidel —le dije— y seguiré defendiendo todo lo que aquí se ha hecho y se hará para que los cubanos sean realmente iguales entre sí, pero por muy justas que sean las conquistas sociales, esto, querido Carlos, es una dictadura. Tan claro como que ahora es de día.

—Hace tiempo que he llegado a esa conclusión —me dijo en voz baja—, pero todavía creo que se puede trabajar para que la revolución no caiga en manos de los dictadores de tipo comunista, para que llegue a ser una verdadera democracia. ¿Dónde está escrito —dime— que una empresa o cualquier proyecto colectivo haya de funcionar mejor si se lleva a cabo desde la óptica de la propiedad privada? Aunque resultara un fracaso, ¿no merecería la pena abordar de forma distinta los problemas económicos? La economía, dicen, trata de la gestión de bienes escasos (cuando los bienes son o parecen abundantes la economía se despreocupa del asunto), pues bien, precisamente por ser escasos merecería la pena que *todos* pudieran disponer de ellos en igual medida. Una revolución ha de intentarlo. Por eso estoy a favor de la revolución. Lo que me repatea es contemplar delante de mis ojos, a la altura de mis narices, cómo se reproducen los mismos métodos ya fracasados del comunismo ruso. Lo que me encorajina es asistir a la toma del poder, lento, pero implacable, de los comunistas. Personas sin imaginación, individuos sin ideas propias, que miran con un ojo hacia la realidad inmediata y con el otro observan atentos las reacciones de Rusia, de su embajada, del jefe... y de todos ellos esperan la aquiescencia. Matar la imaginación es matar nuestro futuro. No es grave equivocarse abriendo caminos, lo jodido es andar por sendas transitadas que sabemos conducen al adocenamiento y al desastre.

—Créeme —le dije—, estoy de acuerdo con tus intenciones, con esos objetivos, pero hay un elemento invariable que es, si bien se mira el fondo del asunto, el único problema que tú no quieres abordar. Me refiero a la condición humana. Hay gente heroica, personas convencidas que están dispuestas a olvidarse de lo inmediato, a dejar de lado sus intereses y necesidades personales, pero la política trabaja con números grandes y ahí es donde los comportamientos no varían. Ahí es donde el hombre, con minúsculas, pero con millones de minúsculas, no produce respuestas, ni románticas, ni heroicas. Se come todos los días, ¿sabes?, se desea seguridad, estabilidad, se quiere controlar el futuro... en todo tiempo y en todo lugar. Por eso es importante el *cómo*, tan importante como el *qué*. Los grandes objetivos no pueden, no deben, sacrificar a esos pequeños hombres. Tan pequeños, y tan grandes, como tú y como yo. No vale trabajar para un futuro donde se imponga un paraíso, que alcanzarán hombres que no conocemos, a cambio de vender la piel de los que sí conocemos, de quienes nos rodean. No quiero resumirte, ni interpretarte, ni siquiera compararte, pero entre tú y el Che, sólo hay una diferencia. Él es más realista y, si me apuras, más coherente. El Che no cree en milagros, ni en que los pobres de la tierra vayan por sí mismos a traernos las soluciones a todos los problemas. Cree —eso sí— en que unos pocos pueden conseguir mucho, casi todo. Es posible que hasta tenga razón, pero cada vez veo más claro que no me gustaría vivir en ese mundo que él quiere construir. Para decírtelo con sinceridad: estoy en contra de todo mesianismo, de cualquier salvador, se llame *el pueblo*, *el partido comunista* o Fidel Castro. Hace bastante tiempo que la ciencia descubrió que se avanza a base de pruebas y errores y, si eso es aplicable a la vida y a la política, lo mejor es que haya elecciones que son la única prueba que la política ha inventado y, sobre todo, se precisan unas reglas del juego que impidan la existencia de cualquier tiranía. Así que empieza a pedir elecciones y una Constitución como es debido. En la sierra pedíamos la vuelta a la Constitución de 1940, ¿lo recuerdas? ¿Qué se hizo de esa reivindicación?

—Sabes tan bien como yo lo que ha pasado. Tampoco creo que volver atrás sea posible... ni conveniente. No creo en la magia de la Constitución.

—Pues en eso disentimos y a fondo —le dije—. Una Constitución no es un papel escrito. Es un acuerdo acerca de las reglas del juego político y una lista de derechos y deberes a los que atenerse todos y en primer lugar el Gobierno, el líder máximo, su hermano y la madre que los parió.

Los soviéticos habían comenzado a llegar a Cuba en cantidades crecientes. Expertos agrícolas y económicos y también militares. El paso dado tras la invasión de Playa Girón empezaba a producir sus efectos. Discretos, sin uniforme, pero ocupando ya un espacio difícil de ocultar. «Ya es imposible una segunda intentona, no habrá otra invasión», se decía.

Mi proyecto de casas para Pinar del Río avanzaba rápidamente sobre el papel, incluso habíamos seleccionado el suelo, pero políticamente estaba estancado. Acabado el plan de la obra para Pinar del Río, propuse al INAV un plan especial para La Habana. Las viviendas abandonadas por los emigrados eran ocupadas por nuevos inquilinos, muchos de ellos no acostumbrados al uso de los servicios disponibles en aquellas casas. Ello provocaba, como era previsible, un deterioro en el mantenimiento de los edificios que era necesario detener. Creía que desde el punto de vista financiero no sería difícil abordar el problema. Para ello se precisaba una agencia especializada y un plan. No se trataba de un plan general urbanístico, sino de la redacción de unas normas para el mantenimiento de edificios y una agencia capaz de gestionarlo. Educadamente se me remitió *ad kalendas graecas*. Me sentí frustrado, aunque seguí trabajando por mi cuenta en el proyecto, recopilando un material teórico y práctico que aún conservo.

En el discurso anual para conmemorar el ataque al Moncada, Fidel Castro habló aquel 26 de julio de 1962 de que Cuba sólo podría ya temer una invasión directa de los EE UU. La defensa para cualquier otro tipo de invasión estaba asegurada. Raúl Castro acababa de visitar Moscú y, según se sabía en círculos próximos al Gobierno, el equipo militar moderno estaba al llegar, incluidos cohetes tierra-aire con cabezas nucleares. Según se supo después, el proyecto suponía la instalación en Cuba de un poderoso cinturón defensivo. Veinticinco baterías de cohetes tierra-aire, cien aviones Mig, treinta bombarderos y, al menos, cuatro grupos de combate con armas nucleares de las llamadas tácticas.

El 22 de octubre de 1962, la mayor parte de los cubanos nos desayunamos con un discurso de Kennedy en el que denunciaba la instalación en Cuba de bases rusas para el lanzamiento de cohetes nucleares. «Los cohetes de mayor alcance —dijo— amenazan todo el territorio que va desde Lima hasta la bahía de Hudson.» Kennedy habló directamente de la guerra nuclear y pidió una inspección de la ONU sobre el terreno. De momento, los EE UU establecían una «cuarentena» (así llamó Kennedy al bloqueo) para impedir que un sólo barco soviético llegase a Cuba con más material de guerra. Dieciséis destructores, tres cruceros, un portaaviones y seis barcos nodriza se hicieron a la mar y bloquearon el paso de cualquier barco que se dirigiera a Cuba. De repente estábamos doblemente aislados. Kennedy consiguió el apoyo unánime de la OEA y el de sus aliados europeos.

El Gobierno cubano decretó la movilización general. «Listos para vencer» fue la consigna. Me volví a meter dentro del uniforme. Fidel habló el 23 de octubre y, por una vez, lo hizo con brevedad. Comparó a Kennedy con el pirata Morgan, no con Drake, «que tenía indudables cualidades». «Cuba no es una sardinita que se vaya a comer fácilmente el tiburón yanqui.» «Nos negamos a toda inspección», dijo. Luego vino una larga espera. La URSS aseguró ese mismo día que todas las armas nucleares que tenía en Cuba eran solamente defensivas. La noche del 23 conseguí hablar con Sara y me dijo que en Nueva York los periódicos de esa tarde habían publicado en primera página: «Esta noche puede ser la hora de la verdad». Estaba muy nerviosa y me transmitió su inquietud. No dije nada en casa y, como suele ocurrirme ante graves acontecimientos sobre los que no tengo la menor influencia, me eché en la cama y dormí como un oso.

    La partida se jugaba entre Washington y Moscú, aunque el peón directamente amenazado fuese Cuba. A quien ahora le tocaba mover era a Kruschev y lo hizo. En el fondo, tras las palabras ambiguas que la diplomacia utiliza en abundancia, Kruschev prometió retirar los cohetes a cambio de que Kennedy se comprometiera a no invadir Cuba. Durante la noche del 27 al 28 de octubre de 1962 los rusos que estaban en la isla recibieron la orden de comenzar a desmantelar las bases ya construidas o a medio construir. El líder soviético no consultó a Fidel Castro. Éste se enteró de los hechos consumados cuando estaba en una reunión. Lanzó un juramento, se levantó y dio una patada contra la pared. Hecho una furia, tiró un objeto contra un espejo y lo hizo añicos. Sin embargo, todo el mundo respiró.

    La alegría de Sara me llegó a través del teléfono. A su entender, la guerra nuclear habría estallado si Kruschev no se hubiera avenido a las propuestas de Kennedy. «No lo digo yo, todo el mundo piensa aquí lo mismo», me dijo.

    A pesar del enfado y de las críticas vertidas contra la URSS —«Nos han dejado solos, como hicieron en España»—, «Nikita, Nikita, lo que se da no se quita», la situación de Fidel Castro mejoró, pues, aunque Kennedy no se comprometiera formalmente a nada, era obvio que implícitamente las negociaciones más o menos secretas entre ambas grandes potencias suponían que los EE UU se desentendían de cualquier intento para derribar por la fuerza al régimen cubano.

    En los primeros días de noviembre tuve una amarga discusión con un alto funcionario del Ministerio. El asunto que encendió la disputa no era otro que el deterioro físico que estaba sufriendo ya el patrimonio inmobiliario de La Habana y para el cual yo había propuesto una solución. Me dolía que una ciudad tan bella se pudiera venir literalmente abajo por culpa de la incuria de la que daban muestras los *administradores* de la revolución.

—No creo que ésa sea cuestión prioritaria —me dijo el hombre, un alto cargo del ministerio, cuya identidad no revelaré aquí.

—¿Cómo no va a ser prioritaria la conservación de un capital social que nos identifica, construido con siglos de trabajo?

—¿Construido por quién y para quién? —inquirió.

—Edificado con el esfuerzo de los trabajadores, o ¿crees que las casas se construyen solas? Y para quien las ocupa, que ya no son ni los ricos ni los poderosos. Ese patrimonio es propiedad de todos los cubanos.

—Bueno, algunos seguís habitando auténticas mansiones mientras otros viven en bohíos. ¿No crees?

La alusión personal me enfureció de tal modo que le restregué mi grado de capitán de la guerrilla para concluir diciéndole:

—Y mientras nosotros estábamos en la sierra, ¿qué hacías tú? ¿Esperar? ¿Repartir por las calles el periódico del Partido Comunista?

La provocación de aquel miserable me había hecho perder los papeles. El rencor le había ido subiendo a los ojos mientras yo hablaba.

—Creo que no tenemos más que discutir —dijo.

Le miré con desprecio, me levanté y salí de su despacho. Tal era mi encono que, al cerrarla, golpeé la puerta concentrando todo mi enfado en ello. Los cristales esmerilados saltaron por los aires y fueron a dar en el suelo con estrépito. No volví atrás la mirada y recorrí la estancia ante los ojos atemorizados de los funcionarios que ocupaban aquella amplia oficina y cuyo silencio me acompañó hasta que gané la calle.

Cuando esa noche le conté a Anita el incidente no hizo ningún comentario, pero me dijo

—¿Por qué no llamas a Sara? Habla con ella, te hará bien —luego me dejó solo.

Conseguí comunicar con Nueva York y las palabras de Sara me tranquilizaron.

—Quiero casarme contigo —le dije—, vete preparando las cosas porque en cuanto pueda iré a Nueva York.

—De acuerdo —contestó—, mañana me pondré a ello, pero tú, ¿qué vas a hacer... después?

—Ya hablaremos cuando estemos juntos —le dije. Me despedí y colgué.

Según me informaron en *Revolución* el incidente se había corrido como la pólvora. Hablé con Carlos, que me miró con preocupada complicidad.

—La cosa está jodida —comenzó como siempre— pero no creo que sea tan grave. Habla con Osmani Cienfuegos y arréglalo.

—No tengo ganas de perpetrar ningún apaño. Me voy a casar. Ya veré lo que hago después.

Le conté con quien iba a casarme. Apenas se acordaba de Sara, pero se alegró de mi decisión.

—Vamos a la calle, lo celebraremos con un daiquiri —me dijo.

Salimos y mientras caminábamos, Carlos se arrancó.

—Allí dentro, en el diario, ya no puedo hablar con libertad. Nunca se sabe quién te puede estar escuchando. Por lo que me has dicho, deduzco que te vas y no es difícil predecir que ya no has de volver. No te lo reprocho. Si quieres un consejo te lo daré —y me lo dio sin que yo insistiera—: Vete sin ruido. No creo que pongan pegas a tu salida. Pero te podías haber ahorrado el número de la puerta. Créeme, ese miserable no se merece un enfado.

Aquella noche nos pusimos de daiquiris hasta el pelo. Una vez en casa estuve durmiendo sin que nadie me molestara hasta bien entrada la tarde del día siguiente.

Anita consiguió arreglar los papeles de Tonia. Bertita y ella tenían pasaporte, lo mismo que yo.

Dos o tres días después hablé con el ministro y le pedí disculpas por los cristales rotos. Él quitó importancia al incidente. Le comuniqué entonces que deseaba casarme y le dije dónde y con quién. Me ofreció su ayuda en el papeleo. Se lo agradecí de veras.

Al día siguiente concreté una cita con Ignacio, el hermano de Isidora. Vino a buscarme a casa. Aproveché para presentárselo a Anita. Estuvimos un buen rato charlando los tres. Recuerdo que Bertita nos interrumpió a cuenta de unos problemas de cálculo diferencial que tenía atragantados e intenté resolvérselos con mis mejores aptitudes pedagógicas.

¡Cuán selectiva es la memoria!, al recordar ahora esta minucia, y a pesar del tiempo transcurrido, se me viene a la mente con absoluta nitidez el tipo de ejercicios de los que se trataba: las derivadas de unas funciones exponenciales, unos mazacotes, y también lo que le dije a la muchacha: «Ahora puedes comprobar para qué sirven los logaritmos. Una multiplicación se convierte en suma y una potencia en multiplicación. Recuerda que la derivada del logaritmo de una función es igual a la derivada de la función dividida por la función primitiva». Se me quedó mirando incrédula y al levantarse con el cuaderno entre sus manos, dijo:

—Parece un trabalenguas. Lo pensaré.

—No lo pienses. Aplícalo —le contesté, quizá en tono suficiente.

Ella fue caminando hasta la puerta y, al abrirla, se volvió hacia mí y me sacó la lengua. Los tres adultos estallamos simultáneamente en una carcajada.

Ignacio y yo nos fuimos andando hacia el Malecón. Allí nos sentamos frente al mar, de espaldas al Hotel Nacional.

—Me voy —le dije—, quería que lo supieras y despedirme. Si alguna vez te decides a marchar, cuenta conmigo.

—¿Qué vas a hacer? —preguntó.

—Trabajar en EE UU. Probablemente en Nueva York —contesté—. Aquí no aguanto más. Esto ya no me pertenece. Lo he pensado bastante —continué— y creo que Isidora, de estar aquí, pensaría y actuaría como yo. No quiero convertirme en un funcionario amargado, que ve pasar los días mientras otros han tomado las riendas de una historia que ya no es la suya. No es una frustración personal, aunque también la sienta, es un disparate colectivo. Nunca pensé, mientras estaba en la sierra y aún antes, viendo y sufriendo el trabajo de tu hermana, que el camino de la revolución fuera a ser éste.

Se quedó un buen rato sin hablar. La tarde caía sobre el mar tan en calma y a nuestra derecha brillaba una luz malva sobre la ciudad. Luego dijo:

—Me quedaré, al menos, algún tiempo. La verdad, no sé muy bien qué hacer. No quiero irme a Colombia con la familia, pero tampoco por aquí la vida me resulta agradable. No porque Carlos, o en general, los compañeros del periódico me traten con menosprecio, sino por el silencio que paso a paso se va imponiendo. Hace algún tiempo que la gente, casi sin darse cuenta, prefiere el silencio, no hablar de asuntos que rocen la política. Te agradezco el ofrecimiento que me haces. Si me decido a marchar te lo diré, pues necesitaré un trabajo. Reconocerás que irse a los EE UU, exiliado, después de haber hecho y ganado una revolución, es una cosa bien triste.

—Así lo siento —contesté.

Dimos un largo paseo hasta el centro y le sugerí subir con él a la casa familiar que aún ocupaba. Una vez dentro, le pedí me enseñara la habitación de Isidora. En aquel armario habían conservado sus vestidos, sus zapatos, su ropa íntima... todo lo escudriñé como un arqueólogo.

Ignacio descolgó de la pared una vieja fotografía donde ella estaba con sus dos hermanos. Sonreían los tres y al fondo se veía la costa y un grupo de palmeras reales. «Quédate con ella», me dijo.

Ahora, mientras escribo, la tengo ante mí. Virado su color hacia el sepia, mantiene, sin embargo, la frescura de aquella juventud. La del tiempo en que Isidora todavía no había ingresado en la universidad, cuando Batista era aún, según los textos escolares, un militar que en los años treinta había traído la democracia y la Constitución.

El 3 de enero de 1963, Tonia, Bertita, Anita y yo tomamos el avión de Iberia que nos había de llevar a Madrid. Laura y su marido nos acompañaron al aeropuerto. Con nadie, ni siquiera con ellos, habíamos hecho explícito que nuestra marcha era definitiva. Tampoco nosotros creíamos que la ausencia iba a resultar tan larga. En el momento de la despedida, cuando Anita besó a Lita y a Jesús, los hijos de Laura, su entereza se vino a tierra y lloró con un llanto que se nos contagió a todos. Sólo los niños mantuvieron la calma. Mas no era a causa de ellos, a quienes volveríamos a ver más temprano que tarde, sino por nosotros mismos. Por esas vidas individuales y en común que, hasta aquel momento, habían estado encerradas en nuestra casa de El Vedado.

Anita y yo habíamos visitado las tumbas de Nela e Isidora en Colón la tarde anterior. La clara luz del invierno habanero se estaba ya escondiendo cuando abandonamos el cementerio, y es el horizonte limpio de aquella Habana lo que me trae el recuerdo ahora, al evocar la despedida.

Durante el largo vuelo, con Tonia sobre mis rodillas o sobre las de Anita sentada a mi lado, tuve tiempo de meditar inútilmente acerca de nuestro destino. No del que me esperaba, sino del pasado, enterrado en Cuba: Nela, Isidora, Aguadé, Marina... y tantos otros. Probablemente la vida es un desgarro en manos de la muerte, pero ese fracaso general y permanente se acrecentaba en mi caso. Yo había marrado mi mejor apuesta.

Bien cerca, es cierto, me esperaba, aunque para llegar allí tuviéramos que dar un estúpido rodeo, una persona a la que quería y con la que iba a construir una vida nueva. Tenía trabajo y me sobraba el dinero. La familia estaba más unida que nunca y a mi lado, dentro de aquel avión, se sentaba un extraño personaje que resultaba ser mi madre. La miré y me pareció hermosa y transparente. Cualquier persona estaría feliz en tales circunstancias, pero yo sentía todo lo contrario de la felicidad. ¿Por qué? ¿Por la desazón o el disgusto a causa de un fracaso, por grande que éste fuera? No lo creo. La cosa era más profunda y también más simple.

Acababa de perder mi patria. Una palabra horrible, la más manipulada, aquélla en cuyo nombre se han cometido tantos crímenes, pero operante y omnipresente. Lo sentí aquel día y lo he llevado dentro desde entonces.

Mi padre nos había reservado dos habitaciones en el Hotel Palace de Madrid. Allí nos instalamos los tres días que permanecimos en España. Anduvimos perdidos entre el frío de la ciudad y vimos llegar a los Reyes Magos entre una muchedumbre de chiquillos.

—Y ahora, ¿qué haremos? —le pregunté a Anita en una de nuestras conversaciones madrileñas.

Hasta ese momento no habíamos querido hablar del futuro que iniciábamos con nuestra huida.

—Te casarás dentro de pocos días y espero que seas feliz.

—¿Y tú qué vas a hacer? —insistí.

—Supongo que tu padre lo tendrá previsto, algo me ha hablado de ello, insiste en lo de siempre, pero no me casaré con él, aunque sí estoy dispuesta a aceptarle un trabajo. Llevo dos años mejorando mi inglés. No me importa instalarme en Atlanta, estar con los niños, ir a veros a Nueva York... Pero quiero tener mi independencia. Respecto a vosotros dos, a Sara y a ti, he de decirte que no acepto el pesado papel de suegra. Así que podréis llamarme y acudiré, si es que los dos, digo los dos, lo deseáis, pero tendréis que pedirlo cada vez. Supongo que decidiréis tener hijos, me gustaría hacer de abuela... a ratos.

El 7 de enero volamos hacia Nueva York. En el aeropuerto nos estaba esperando buena parte de la familia: mi padre, Luis, Lucía y entre ellos Sara. Ángel Cagigas dirigía aquella orquesta con una alegría que yo no recordaba en él.

La felicidad y, por qué no decirlo, su triunfo sobre el hijo pródigo se le salían por todos los poros del cuerpo. Un trasiego de abrazos nos tuvo entretenidos un buen rato. Ninguno de los que allí estaban conocía a la pequeña Tonia que se convirtió en una muñeca festejada, de mano en mano.

Lucía y Bertita se encargaron de pastorear a Tonia aquella noche. Mi padre, Anita, Luis y yo cenamos con los Ross en un restaurante donde mi padre, con todas sus armas dedicadas a la intendencia, había hecho reservar un más que elegante comedor privado. Lucía, Anita, la cría y yo compartimos el apartamento de la calle 78. Luis y nuestro padre se hospedaron en el Plaza.

Yo deseaba quedarme con Sara y protesté por esa separación, pero esto también estaba previsto.

—Tu padre nos ha reservado la suite nupcial en el Plaza... pero para después de la boda —me dijo Sara—. Hasta entonces debemos dormir en casas distintas. Dice que eso da buena suerte.

—Tengo ganas de estar contigo. Llevo meses pensando en ello y ahora resulta que da mala suerte —protesté.

Me miró de arriba abajo con ojos que pretendían parecer insaciables, luego me dijo.

—Haz como yo, acumula el deseo. Esa cama del Hotel Plaza... la vamos a destrozar.

—Pues podíamos ensayar antes. Existe un consejo que recomienda no dejar para mañana lo que se puede hacer hoy.

Por toda respuesta se cruzó delante de mis pasos y me besó con una pasión que no hizo sino acrecentar mis urgencias. Ella era consciente del estado en que me estaba poniendo, pero le gustaba jugar, como el gato hace con el ovillo de lana.

Anna, la madre de Sara, quiso que habláramos a solas. Me invitó a almorzar en un restaurante italiano. Me trató con el cariño y la afabilidad de siempre.

—Siento de veras —dijo— que hayas tenido que abandonar Cuba. Te aseguro que sé muy bien lo que es el exilio. Ojalá que no tengas tiempo para comprobarlo por ti mismo. Te casas con mi hija y eso me alegra, créeme, pero sabrás, supongo, que Sara no es persona fácil. Al menos, no lo ha sido conmigo. Sabe ser cariñosa y es inteligente. Lo digo con orgullo de madre, pero no me ciega la pasión al pensarlo. Te pido que la trates con benevolencia. Lo necesita. Su primer matrimonio, aunque ella no hable de ello, no le hizo bien. Ahora requiere seguridad en sí misma y tú se la has de dar. Espero que seáis muy felices, en la medida que la vida permite hablar de tales cosas. Yo lo he sido con el padre de Sara y ello se basó en el respeto y la tolerancia mutuos. Estoy convencida que es el cimiento sobre el que se construye una, siempre difícil, convivencia. Más decisivo que la pasión. Por mucho que se espere de ésta, suele ser esquiva. Aunque en este terreno intuyo que nada habré de explicarte —concluyó con una sonrisa.

La tarde anterior a la boda, Anita, Sara y yo fuimos al cine y luego a cenar. Sara nos transportaba en su automóvil y después de la cena nos acercó al apartamento. Le pregunté a Anita si no le importaba que me demorara un rato más con Sara. «Encantada, pero recuerda que mañana tienes algo importante que hacer», me dijo. Fuimos hasta el Village a sentarnos en un bar. Yo quería, antes de nuestra boda, contarle a Sara cuál era la verdadera relación que me unía con Anita.

—Vaya sorpresa —dijo, cuando terminé mi narración—. ¿Y ella ha sido feliz? Yo no hubiera soportado vivir así, en el secreto permanente.

—Quizá el secreto —reflexioné en voz alta— ha sido, sobre todo, una forma de complicidad con su amiga, con mi madre legal, con Nela, que hasta su muerte ejerció de madre conmigo. Compartir la maternidad de manera absoluta fue, quizá, la forma más íntima de expresarle cada día el profundo cariño, el amor que por ella sentía y que era mutuo.

—¿Y tu padre?

—Nunca ha habido entre él y yo la más leve insinuación al respecto. No sé nada de esto por él. Es mi padre y ha ejercido de padre. También ignoro si mis hermanos conocen la verdad. Es más, no pienso indagarlo.

Sara movió la cabeza sonriendo. Había complicidad y un halo de satisfacción en su mirada. Dejó el vaso sobre la mesa, se abrazó a mi cuerpo, me pidió al oído que la besara.

—Cuando llegué, el apartamento estaba al completo. Lucía charlaba con Anita. Las habitaciones estaban ocupadas, así que dormí la noche previa a mi boda en el cuarto del servicio.

Me levanté temprano y desayuné con Percy.

—Cuando vuelvas del viaje de boda, tendrás ya tu despacho en el estudio —dijo alegre—. Yo me caso en marzo y pienso estar un mes fuera. Tu padre ha insistido en que vaya a Miami a ver nuestra torre. Se ha empeñado en pagarnos la estancia en Florida. Me temo que si no le hubiera aceptado la invitación le hubiera dado un gran disgusto.

—Creo que has hecho bien —le dije.

Cuando regresé al apartamento para colocarme el chaqué que mi padre había comprado (supongo que las medidas las había obtenido ampliando las de alguno de los trajes que estaban en mi armario y resultaron algo grandes), el revuelo era notable. Había olvidado lo tenaces y madrugadoras que son las mujeres cuando les toca vestirse de fiesta. Bertita estaba radiante, vestida de largo, era ya una hermosa mujercita.

Pese a los apuros de última hora, estábamos dispuestos cuando mi padre y Luis llegaron dentro de una limusina negra de quince metros de eslora. Recuerdo el silencioso e interminable abrazo que me dio Luis cuando subió a buscarnos. «Por fin», dijo como todo saludo.

Cuando llegamos al Juzgado, los Ross y sus amigos, la mayor parte desconocidos para mí, estaban al completo. Todos, menos la novia. Por un momento tuve la sospecha de un arrepentimiento de última hora, pero no. Llegó con el tiempo justo, acompañada por Judith, la prometida de Percy. Sara estaba radiante con su traje largo color hueso y su tocado. Se había maquillado a conciencia.

Se celebró la boda y firmamos, contrayentes y testigos, una infinidad de papeles. El señor Ross fue el primero en abrazarme, emocionado y alegre. Después pasé por todos los brazos de los allí presentes y lo mismo hubo de hacer la novia. Recalamos después en Long Island y allí, frente al mar, se celebró el banquete. Cuando hubimos de cortar la tarta, pude ver el final de aquella cariñosa tortura.

Antes de retirarnos se me acercó mi padre y discretamente me entregó un voluminoso sobre. «Es para vuestro viaje», dijo. Dentro estaban los billetes para Madrid, en avión, otros de tren, a Santander y París, y otra vez avión desde París hacia Milán, Florencia y Roma. Había cheques de viaje con dinero suficiente para dar la vuelta al mundo. Sara, que estaba cerca mientras yo escudriñaba el sobre, me preguntó sobre su contenido. «El amargo caviar del exilio», contesté. Se me quedó mirando sin entender la frase.

Cambiados ya a nuestra vestimenta de calle, entramos en el hotel Plaza con dos pequeñas bolsas de mano por todo equipaje. La *suite* era tan amplia, tan recargada su decoración, que durante unos instantes temimos ver aparecer a Doris Day.

—El Hotel les desea toda suerte de bienes y felicidad y les invita a una cena que les será servida aquí, cuando ustedes deseen.

—Gracias, pero cenaremos fuera —dijo Sara, ante los ojos espantados del *maître*.

—Como gusten los señores —contestó untuoso, pero en su mirada, en el fondo de sus ojos, latía el desprecio hacia unos clientes tan poco considerados, tan fuera de lugar.

En efecto, salimos al frío de la calle, fuimos al cine y luego viejos hábitos nos condujeron al Village.

—Al fin, solos —dijo riendo Sara al volver al Plaza, y señalar la cama, tan ancha... tan larga... cuya superficie con toda seguridad no era inferior a los cuatro metros cuadrados.

Sin preludio alguno, Sara mostró sus conocidas habilidades para desprenderse de la ropa a la velocidad de un tornado. Deshizo la cama con saña y en ella se tendió mostrándome la espalda, el trasero —que obscena y cadenciosamente comenzó a mover—, los muslos y las pantorrillas. Y al reclamo acudí con ansias de novicio.

Atacamos con brío aquella sinfonía. Hablamos. Dormimos y recomenzamos un envidiable número de veces. A las once de la mañana siguiente, medio dormido aún, solicité el desayuno que fue tan abundante como para saciar nuestro bien cultivado apetito.

—Como en las películas —me dijo atragantándose con un pastelito de crema—, como en las películas que más me gustan. Las que acaban en boda.

Sara se levantó y, con la bata abierta, semidesnuda, comenzó meticulosamente a inspeccionar la pieza sin parar de hablarme. Yo, sentado, escuchaba su discurso procurando no interrumpirla.

—Tendremos dos o tres hijos. Mejor dos, pues ya tenemos una niña. Nada de monotonía. Al amor hay que sorprenderlo, no dejarlo parar, pues funciona como una bicicleta, o pedaleas o te caes. Pase lo que pase, desde ahora sabemos que nosotros no lo dejaremos caer. Que la costumbre no lo arruine, que no tenga tiempo para pensar en otra cosa, y si alguna vez un tercero aparece por el horizonte ha de saber que no podrá separarnos. No tendremos secretos que puedan herir a la otra parte. Seremos divertidos y cómplices. Eso es, cómplices en todo y ante todos. Nada de celos. No habrá celos, porque no habrá inseguridad. Para mí eres lo más grande y eso mismo seré yo para ti. No, el mundo no se reduce a ti y a mí, el mundo es ancho y no nos es ajeno, pero aunque nos separen miles de kilómetros, desde el otro extremo del planeta yo sabré y tú sabrás que estamos juntos, unidos por una línea invisible y real. Tan real y tangible como lo que ahora siento y me desborda.

—¡Para el carro! —le dije riendo—. Deja algo para mañana. No te comas todo el pastel de un solo bocado.

Se acercó a la cama, y sin dejar de mirarme arrancó la colcha, la manta y la sábana superior arrojándolas de nuevo al suelo. Estiró con habilidad la sábana inferior, se quitó la bata de felpa blanca y se tendió sobre el lecho. Abrió el compás de sus piernas tanto como pudo y acercando sus dos manos al sexo lo abrió mostrándome su rosado interior mientras decía: «Ven aquí». Y allí fui, como si aquel rincón salado y breve fuera el origen de la vida y del mundo y en verdad que lo era.

Al día siguiente visité el estudio de Percy, un lugar agradable, cerca de Washington Square y fui presentado a quienes, a partir del mes siguiente, habrían de ser mis compañeros y mis jefes.

Sara se había citado para almorzar con Anita. Cuando volví al hotel después de mi almuerzo con Percy y alguno de mis futuros compañeros, aún no había llegado y hube de aguardarla hasta las seis de la tarde.

—¿Cómo has tardado tanto? —le pregunté nada más aparecer.

—Una declaración de amor lleva su tiempo —dijo—, además, si es doble, la cosa se alarga más. Me gusta, me gusta esa mujer —concluyó como para sí.

Al día siguiente volamos los dos hacia Madrid y tres días después visitamos a mi tía Angelita en Santander. Se movía ya con muchas dificultades, la artrosis la había convertido en una anciana semi-inválida. Estuvimos también en Bilbao y salimos de España por la frontera de Irún. Una fría mañana amanecimos en París, donde pasamos una semana. Aunque el sol apenas tuvo la amabilidad de dejarse ver. Una noche, mientras cenábamos en los aledaños de St Germain des Prés, le conté a Sara aquel deseo de Marina de conocer París. «Créeme, lo hubiera compartido con ella muy a gusto», dijo, y yo me sentí triste y, a pesar de ello, feliz de estar allí con Sara apoyando su mano en la mía.

Milán, Florencia, Siena, Pisa y finalmente Roma. Todo cuanto sabíamos de Italia se nos quedó pequeño durante nuestro viaje. En la fuente de Trevi, Sara se empeñó en practicar el estúpido rito de arrojar la moneda y me obligó a realizarlo junto a ella.

—Ves —dijo—, como en las películas: *Carpe diem*. Fuiste tú quien me lo enseñó. Haz el favor de practicarlo.

—Te aseguro que lo voy a intentar.

El avión que nos llevó de Roma a Nueva York no sólo nos trasladó de continente, el Atlántico fue para mí en aquella ocasión el verdadero Rubicón que me cambió la vida.

No he vuelto a Cuba desde entonces.

XI. Y final

No he vuelto a Cuba —lo acabo de escribir—, pero ni un solo día ha estado ausente de mi cabeza.

El primero en salir tras nuestra marcha fue Ignacio, el hermano de Isidora, que marchó a trabajar con Luis en Atlanta. Se casó con una cubana y allí viven. Nos vemos al menos una vez al año.

Laura y Juan, su marido, salieron de Cuba inmediatamente detrás y ahora viven con los niños en Madrid. Ambos trabajan en la empresa española que montó mi padre.

Carlos tuvo un exilio sonado y me he visto con él en varias ocasiones en Italia, donde ejerce de crítico de arte. Nos escribimos y su herida no cesa de sangrar. Aunque procuro no expresarlo, tampoco la mía cicatriza.

Apenas una semana después del asesinato de Kennedy, el 1 de diciembre de 1963, nació nuestro hijo Inmanuel (Manuel le hemos llamado siempre en la familia) y el 12 de abril de 1965 vino al mundo Rebeca. Fue entonces cuando Sara y yo nos decidimos a cambiar de casa, trasladándonos a un apartamento más amplio en el Village. Ella siempre había querido vivir allí. No lejos de su despacho de abogada, labor que ha hecho y sigue haciendo con dedicación y, al decir de todos, con sabiduría.

Mi padre acabó por abandonar, casi permanentemente, los EE UU para volver a iniciar —a sus años— negocios de construcción en España. Apoyado por Luis, nunca dejó de tentarme hasta conseguir que compartiera mi tiempo y mi trabajo entre Nueva York y Madrid. A ello me animó Sara, convencida de que la larga convivencia arruina las sorpresas, que según ella son la sal que permiten conservar el amor. «Un reencuentro vale más que cien días poniéndose juntos el pijama» (prenda que se ha negado a vestir hasta en el hospital, al que ha ido forzada para parir a nuestros hijos).

La mayor parte de las veces que he salido por la puerta de casa en Nueva York, la víspera ya estaba en ella Anita, quien ha acudido a la llamada de Sara con la frecuencia con la que ésta la ha requerido. Hasta tal punto, que durante algunos años Sara ha convivido con Anita tanto o más que conmigo. La *entente* se ha construido de manera que, a veces, me siento entre ellas como un extraño. La sensación me agrada, aunque la querencia a la posesión que nuestros genes ordenan, me ataca por la espalda y procuro rechazarla.

Pocos meses después de nacer Manuel, murió nuestra tía Angelita. Anna Aron nos dejó en 1966. De repente, su corazón no aguantó más y se paró sin hacer ruido. Viendo llorar a Sara, percibí hasta qué punto, en contra de lo que pretendía afirmar y afirmarse, su madre había sido importante para ella. También para mí lo había sido, aunque por motivos distintos.

El Che fue asesinado el 9 de octubre de 1967 en la escuela de Higueras, en la selva boliviana. La noticia me impresionó por muchas razones, algunas ya escritas anteriormente. Aquella muerte lejana revolvió mi espíritu en un momento especialmente delicado. Mi padre agonizaba en un hospital de Madrid. Había sufrido un infarto el día 3 de octubre y, alertados por Laura, Anita y yo habíamos viajado a España desde Nueva York. Bajamos del avión e inmediatamente fuimos al hospital, cercano a la Ciudad Universitaria. Verlo postrado y disminuido, con el torso desnudo y cruzado de cables y goteros, me derrumbó, aunque yo hiciera esfuerzos por aparentar una normalidad que estaba lejos de controlar. En ningún momento había perdido la consciencia y aunque hablaba con más lentitud de la acostumbrada lo hacía con todos los sentidos alerta.

Tras los saludos, me pidió que abandonara la habitación. «Tengo que hablar con Anita, discúlpame», me dijo. Salí y aproveché para consultar con los médicos. «Han de prepararse para lo peor. El episodio se le ha repetido dos veces y no es probable que resista un tercero.» Acababa de cumplir setenta y un años y no me hacía a la idea de su muerte. Siempre activo y en forma, la sorpresa añadía dolor a mi angustia.

—¿Para qué te quería? —le pregunté a Anita, cuando con cara descompuesta apareció en el pasillo.

Pasamos a una salita y me explicó:

—Quiere que me case con él, aquí en el hospital. Dice que se va a morir y que le ayude.

—¿Tú que le has dicho? —volví a preguntar.

—No lo deseo, eso le he dicho. Está muy enfermo y no quiero que nadie pueda pensar en modo alguno que me aprovecho de su estado.

En ese momento una enfermera me informó de que mi padre me requería. Volví a su habitación y me senté a su lado.

—Pídeselo tú, a ti te hará más caso —dijo sin mirarme—. No son momentos para entrar en explicaciones, ni largas ni cortas. Obedéceme por una vez, aunque sea la última. Habla con el cura, ya le he expresado mis deseos. Ha de ser hoy mismo.

Guardó silencio y no quise romperlo. «Lo haré», dije al salir y volví a la sala donde esperaba Anita junto a Laura.

—Nuestro padre quiere casarse con Anita —dije, hablándole a mi hermana.

—Me lo dijo ayer. Se va a morir. Debes hacerlo —dijo ella dirigiéndose a Anita.

—¿Y tú? —me preguntó Anita—. ¿También estás de acuerdo?

—Acabo de prometerle que te convencería.

—Está bien, me casaré con él —concluyó, e inmediatamente comenzó a sollozar.

El cura preparó todo con la velocidad de quien ya lo ha previsto. Anita, llorosa, cogida de la mano de nuestro padre, asintió cuando el sacerdote hizo las preguntas del caso. Laura, un doctor, una enfermera y yo ejercimos de testigos en aquella apresurada ceremonia en la que el viudo Cagigas se casaba *in articulo mortis* con mi madre. El patetismo de la escena, su aspecto funeral, me produjeron un nudo en la garganta, que me tuvo en silencio largo rato. «Ahora dejadnos solos», nos dijo, y la sonrisa que pretendía ofrecernos era ya una mueca.

Mi padre murió el día 11 de octubre. Antes me pidió que dedicara más tiempo «a tus negocios, aquí en España. Porque van a ser tuyos bien pronto ¿sabes?». Fue la última vez que pudimos hablar.

Lo enterramos en el cementerio de Asón, no lejos de la casa en que yo había nacido. Donde volví con Anita en tan triste ocasión. Algún día, si puedo, haré llevar sus restos al cementerio Colón de La Habana, con Nela y con sus padres. También a mí me gustaría ser enterrado allí y supongo que Anita es del mismo parecer.

La empresa de mi padre había iniciado una promoción urbanística en el Sardinero, cerca de lo que en Santander llaman la segunda playa. Presionado por las palabras de mi padre y por la insistencia de mi hermano para que me hiciera cargo de la dirección de las obras, al menos hasta que los edificios despegaran del suelo, Anita y yo nos instalamos en Asón y ocupamos también el apartamento de mi tía Angelita en Santander. Fue un año de estancia casi ininterrumpida en la tierra a la que Anita no había vuelto desde treinta y cuatro años atrás.

En la Navidad de 1967, Sara se trajo a nuestros tres hijos desde Nueva York y pasamos las fiestas juntos.

La noche de fin de año hicimos en Asón una fiesta familiar a la cual acudieron desde Madrid Laura, su marido y los chicos. Lita había cumplido los quince y Jesús, mi ahijado, los ocho años. La reciente muerte de nuestro padre estaba muy presente. Pese a ello, me atreví a buscar entre los viejos discos uno. Puse en marcha la gramola y lo coloqué sobre el plato. Cuando estaba dando cuerda al vetusto cacharro, Juan preguntó:

—¿Qué música nos vas a poner?

—La marcha Radetzky de los Cagigas —contesté mientras sonaban los primeros compases y se hizo oír, ronca y lejana, la voz de Gardel.

> *Rechiflao en mi tristeza*
> *hoy te evoco y veo que has sido*
> *en mi pobre vida paria,*
> *sólo una buena mujer...*

Anita me miró, primero sorprendida, cómplice después. Era su sonrisa lo que yo buscaba y obtuve.

—¿Quién canta? —preguntó Sara.

—Creo que es Carlos Gardel —contestó Juan, buscando mi aprobación.

—En efecto —dije—, es Gardel. Un tango que gustaba mucho a nuestra madre.

Anita, que se había vestido para la ocasión con un traje de fiesta, negro hasta los pies, se levantó de improviso y dirigiéndose a Sara la sacó a bailar. La atrajo hacia sí y la llevó en volandas con movimientos precisos, de profesional. Una fuerza interior la impulsaba y bailaron el tango con el desgarro y el ritmo que la música requería. Todos, incluidos los niños, quedamos mudos, los ojos fijos en la pareja que se deslizaba sobre la pulida y brillante madera. Cuando la música concluyó, Anita abrazó a Sara y le dio un beso al que mi mujer, sorprendida por un instante, respondió con intensidad.

Pasaron las fiestas, Sara volvió a su trabajo en Nueva York, llevándose a la pequeña Rebeca. Con nosotros quedaron Tonia y Manuel. Al cuidado de Anita la mayor parte del tiempo, pero siempre contamos en Asón con la ayuda de un entretejido familiar denso y diligente.

Fue en ese año, que entonces comenzaba, 1968, cuando empecé a escribir estos recuerdos. La decisión la tomé al abrir los baúles que habían hecho traer desde La Habana Laura y Juan cuando de allí salieron tras deshacer la casa de El Vedado. La casa de Nela y de nuestra juventud.

Viendo los nombres de todos los revolucionarios, de la sierra y el llano, que han abandonado la isla, sumándoles los de aquéllos que en ella permanecen en las cárceles o en el ostracismo, se diría que Saturno, como los dioses de Anatole France, en verdad tiene sed. Una sed implacable y devastadora.

He cumplido hasta ahora con la promesa que un día me hice de no criticar en público a la revolución, en cuyo triunfo yo participé. No estoy seguro de haber sido cabal al comportarme así.

Respeto algunas, no todas, las actitudes políticas contrarias a Castro y a su régimen. (Aclaro: he estado, estoy y estaré en contra de quienes defienden el embargo de Cuba. Es más, creo que el único beneficiado de tal política es precisamente Fidel Castro.)

He preferido el silencio al riesgo de que se me malinterprete. He creído que era lo mejor para mi salud psíquica y para el bien de los cubanos. Insisto, ahora me asaltan dudas muy serias acerca de lo segundo, no respecto a lo primero. He visto, escuchado y leído a demasiados cubanos del exilio arrastrando su obsesión contra Castro como una pesadilla. Personas a las que respeto y admiro por su inteligencia y su bondad que, suscitado el tema, pierden la compostura y el odio les invade hasta dejar reducidas a escombros sus razones y sus buenas maneras. Muchos de ellos han sido arruinados, no sólo moralmente, sino físicamente. Rotos por el exilio, privados de su patria, su casa y su paisaje, tienen buenas razones para ser como son, pero no he querido ni quiero seguirles en ese itinerario. Pienso que si un día, ojalá no lejano, llegara la reconciliación de mano de la libertad, no podrá construirse un futuro habitable para Cuba sin arrancar de nuestros corazones el odio y la venganza causados por esta ya larga y triste historia. Una historia construida con demasiado dolor, desarraigo y sangre.

Quien escribió: «Ningún hombre es una isla», es evidente que no conocía a Fidel Castro. Más que convertirse en una isla, es la isla quien ha acabado por convertirse en él.

¿Quién es Fidel Castro? ¿Un caudillo, un patriarca, un loco teatral, un soñador? Implacable, orgulloso, desatado. La desmesura viviente. Un militar que ha pretendido emular a Escipión, *El Africano,* trasladando sus tropas hasta Abisinia (como ya hiciera Mussolini, aunque desde menor distancia) o hasta Angola, para luchar allí, tan lejos, contra el imperialismo yanqui, que le obsesiona y al que tiene a tiro de piedra.

El «líder máximo», que ya lo era en 1957 cuando subí a Sierra Maestra, ocupa hoy, al escribirlo, los cargos de comandante en jefe del ejército, primer secretario del Partido Comunista, jefe del Estado, jefe del Gobierno... es la única persona, que yo sepa, a la cual se cita por su nombre en una Constitución (una Constitución ayuna de verdaderas libertades y auténticos derechos).

«Si me dijeran que el noventa y ocho por cien del pueblo no cree en la revolución, continuaría luchando. Si me dijeran que tan sólo yo creo en ella, continuaría luchando.»

Sólo un hombre iluminado por una enloquecida fe en sí mismo puede afirmar tal cosa y creérsela. No ha de extrañar que, tantos años después de aquel primer día de 1959, aún no haya encontrado el momento de quitarse el uniforme de campaña.

Me cuentan amigos con quienes de tarde en tarde hablo que se ha hecho pintar dos cuadros con los paisajes que él veía, a derecha e izquierda, al levantarse por la mañana en la Sierra Maestra. Los tiene en su despacho y allí, sobre la pared, contempla aquel paisaje inmóvil, donde el tiempo no existe, en la eternidad de su legitimidad originaria. Esos orígenes no se ven afectados por las muertes y los nacimientos que la vida procura en su permanente renovación.

Años atrás, me encontré en Nueva York con Max Lesnick, que había sido compañero de Castro en el Partido Ortodoxo. Me dijo: «Mira chico, para entender a Castro basta con haber leído tres libros: *El Príncipe* de Maquiavelo, *Los ejercicios espirituales* de San Ignacio de Loyola y *El padrino* de Mario Puzo».

No he de seguir con esta exégesis que me desazona y enfada. A la postre, se trata de una verdad simple, y a la vez compleja, aplicable a todas las tiranías que en el mundo han sido. Un poderoso, dejado al solo impulso de su propio poder, acaba por convertirse en su sangrienta caricatura.

Parece un misterio, pero al final es tan simple como un truco de magia: quienes pusimos todo nuestro empeño, arriesgando la vida, para que Cuba fuera, más allá del paisaje, la tierra más hermosa, la Isla de la Libertad, dimos paso y ocasión para que el despropósito, la incuria y el desprecio se impusieran por la fuerza de las armas y de la demagogia.

Pero ha de quedar claro que nuestra responsabilidad no fue moral (los objetivos que nos movieron siguen siendo nobles y las vidas entregadas a ellos no lo fueron en vano). Nuestra responsabilidad era y es política. Se nos escapó un pequeño detalle, pegado a la política como el músculo está adherido al hueso: la cuestión del poder, del ejercicio del poder. Le entregamos toda la confianza a un solo hombre para que la usara a su arbitrio en nombre del pueblo.

Otros hombres, otras mujeres, vendrán y arreglarán tamaño desatino. Cuando tal cosa ocurra, nos tocará pedirles comprensión para nuestros errores. Una gota de piedad para nuestras vidas.

Precisiones y agradecimientos

Este libro, cuyos personajes son en gran número cubanos, está escrito en el idioma español que se usa comúnmente en la península Ibérica. Los términos y giros propios de la isla escasean en él.

Su autor es deudor de numerosos escritores cuyas obras se han ocupado de Cuba. Sobre todos ellos destaca Guillermo Cabrera Infante, pero también están presentes Jesús Díaz, Zenobia Camprubí, Alejo Carpentier, Virgilio Piñera, Pablo Armando Fernández, Lisardo Otero, Miguel Barnet, Rolando Rodríguez, Manuel Cofiño... y en la parte estadounidense del libro, un cubano insólito nacido en Santiago de las Vegas en 1923: Italo Calvino.

El contexto histórico debe mucho a *Cuba*, la obra de Hugh Thomas y también a la abundante producción revolucionaria, entre la cual es preciso señalar cuatro libros: *Pasajes de la guerra revolucionaria* de Ernesto Guevara. *La revolución cubana, Dice la Palma* y *Retrato de familia con Fidel* de Carlos Franqui.

El autor agradece a Rafael Portaencasa, Jesús Ayuso y Clara Isabel Francia el material que tuvieron a bien proporcionarle. Su agradecimiento se extiende a todas las personas que leyeron el manuscrito en distintas fases de elaboración y le aportaron críticas y recomendaciones. Finalmente, le da las gracias a Ana López Amor, que soportó pacientemente su letra y sus continuas correcciones.

Este libro
se terminó de imprimir
en los Talleres Gráficos
de Palgraphic, S. A.
Humanes (Madrid)
en el mes de mayo de 1996

ÚLTIMOS TÍTULOS PUBLICADOS

Mario Benedetti
EL AMOR, LAS MUJERES
Y LA VIDA

Javier Alfaya
LEYENDA

Marina Mayoral
DAR LA VIDA Y EL ALMA

Carme Riera
EN EL ÚLTIMO AZUL

José María Merino
LAS VISIONES DE LUCRECIA

Clara Sánchez
DESDE EL MIRADOR

Augusto Roa Bastos
MADAMA SUI

José Saramago
ENSAYO SOBRE LA CEGUERA

Guillermo Cabrera Infante
ELLA CANTABA BOLEROS